LES ORDRES RELIGIEUX

Guide historique

Gaston Duchet-Suchaux

Monique Duchet-Suchaux

LES ORDRES RELIGIEUX

Guide historique

Flammarion

Chez le même éditeur :

La Bible et les saints. Guide iconographique
par Gaston Duchet-Suchaux et Michel Pastoureau

Les Dieux du bouddhisme. Guide iconographique
par Louis Frédéric

À paraître :

Dieux et héros antiques. Guide iconographique
par Irène Aghion, Claire Barbillon
et François Lissarrague

ISBN : 2-08-011745-9

PRÉFACE

«Seul le Saint-Esprit connaît le nombre des congrégations», proclame un dicton monastique. À peu près aussi nombreux, en effet, que les étoiles du firmament, les ordres et congrégations monastiques présentent une grande diversité. Ils ont cependant en commun de se situer tous dans l'Histoire, des premiers anachorètes et cénobites apparus en Haute et Basse-Égypte dès le IIIe siècle, aux nouvelles fondations du XXe siècle.

Longue et mouvementée est l'histoire de la vie monastique en Occident. En rupture avec le monde temporel, les ordres religieux doivent cependant concilier les exigences de la vie matérielle avec la spécificité spirituelle de leur vocation. Saint François, Étienne de Muret, Robert d'Arbrissel et tant d'autres «fous de Dieu» brûlent du désir de pousser à l'extrême l'imitation du Christ et de ses apôtres. Lorsque le mouvement né de ce feu intense prend de l'ampleur, il faut organiser, structurer, accepter des compromis, sinon des compromissions. Ces difficultés, cette tension existentielle aident à comprendre les mouvements de réforme, toujours véhéments et parfois violents, qui ont jalonné l'histoire de la plupart des ordres et congrégations. Un exemple célèbre est offert par l'histoire des frères mineurs, souvent marquée par des conflits entre les «spirituels», attachés au strict respect de l'idéal franciscain primitif, et leurs frères hostiles à toute radicalisation. Cette tension se retrouve dans l'histoire des bénédictins, des cisterciens, ou des carmes.

Les rapports avec le monde profane, avec les détenteurs des pouvoirs politique et économique, ont été la cause et l'occasion de débats incessants, souvent violents, illustrés notamment par l'histoire de l'institution de la commende. Une autre contradiction, opposant la volonté d'un renoncement, d'un dépouillement radical à la nécessité d'entretenir et de développer la culture intellectuelle, a été résolue dans une perspective dynamique par les bénédictins, les ordres mendiants, et enfin les jésuites.

Dans cette histoire complexe et nécessairement conflictuelle, s'opère cependant un mouvement de balancier qui fera succéder à une phase de confusion et de déclin, un retour de l'espoir, de l'esprit de réforme et de renouveau spirituel.

Un grand nombre de livres présentent cette histoire complexe sur le mode discursif — tel est le parti adopté par exemple dans les deux volumes édités en 1972 par les éditions Flammarion sous le titre *Les Ordres religieux* (dir. Gabriel Le Bras), ainsi que dans le livre remarquable de Raymond Hostie, *Vie et mort des ordres religieux*, (éd. Desclée de Brouwer, 1972). Pour ce guide historique, nous avons privilégié l'ordre alphabétique, présentant en plus de deux cent cinquante entrées les grandes abbayes, les principaux ordres et congrégations, leur fondateur, ainsi que certains personnages éminents qui intéressent l'histoire monacale en général, comme Pierre de Bérulle, ou qui ont particulièrement illustré leur ordre — notamment Bernard de Clairvaux ou Thomas d'Aquin. Le nombre nécessairement limité des entrées a imposé des choix qui pourront parfois paraître arbitraires — nous n'en sommes que trop conscients, et regrettons particulièrement de n'avoir pu faire place, par exemple, aux Petits Frères de Jésus, à la Communauté de Saint-Jean, à la Fraternité de Jérusalem (église Saint-Gervais, à Paris), ou encore aux Sœurs de Béthléem. Nous nous sommes efforcés de suivre une méthode rationnelle, en mettant délibérément l'accent sur les grands ordres dont l'histoire couvre plusieurs siècles. Ainsi les bénédictins, dont on ne saurait nier l'importance et la primauté, les carmes, les cisterciens, les franciscains, les jésuites ou les dominicains.

Le champ couvert par ce volume embrasse essentiellement le catholicisme occidental. Une place est faite cependant aux débuts du monachisme, avec entre autres *Pacôme* et *Sabas*, tandis que quelques articles abordent une altérité religieuse — *Ashram*, la *Communauté de Qumran* ou *Charismatique*. Plusieurs abbayes ou sites hors de France sont également traités comme *Camaldoli*, *Einsiedeln*, *Fulda* ou *Maria Laach*...

Nous avons voulu que ce livre apporte des informations à tous ceux qui, devant une abbaye, s'interrogent sur son histoire, sur les religieux qui l'occupent ou l'ont occupée, comme sur l'ordre auquel ils appartiennent. Ainsi l'article *Abbaye* souligne-t-il les liens entre la disposition des bâtiments et les aspects fondamentaux de la vie monastique, ou encore la distinction juridique entre une abbaye *nullius* et une abbaye *sui juris*.

Certaines notions essentielles à la compréhension de l'univers monastique sont l'objet d'une notice : les types d'ordres (*mendiants*,

Jean Gualbert instruisant des moines dans le cloître de l'abbaye de Vallombreuse. Dessin. Berlin, Staatliche Museum.

militaires...), l'état ou la fonction des religieux (*chanoine*, *convers*, *ermite*, *oblat*...), les différentes parties, le fonctionnement et l'usage des locaux communautaires (*prieuré*, *couvent*, *celle*, *clôture*...), ainsi que les termes de droit ou d'administration réglementant la vie des ordres (*bulle*, *code de droit canonique*, *exemption monastique*...). Des extraits de la règle fondatrice de saint Benoît, présentés selon un ordre thématique, suivis d'une bibliographie et un index complètent cet ouvrage. L'idée majeure qui a présidé à l'élaboration de ce guide peut se résumer succinctement en ces termes : comprendre permet de mieux voir.

Les auteurs présentent de vifs remerciements à toutes celles et tous ceux qui ont bien voulu relire et passer au crible d'une critique vigilante les textes de ce volume, et tout spécialement au frère Gérard, O.S.B., au père Pierre Vallin de la Compagnie de Jésus, au frère Jean-Baptiste Auberger des frères mineurs, au frère Michel Albaric des frères prêcheurs. Tous ont bien voulu aider les auteurs, par leurs avis judicieux et des suggestions constructives, à mieux discerner les aspects originaux de l'histoire et de la spiritualité des ordres religieux auxquels ils appartiennent.

ABRÉVIATIONS

Dict. d'archéo. chrét. et de liturgie : *Dictionnaire d'archéologie chrétienne et de liturgie*
Dict. de biographie française : *Dictionnaire de biographie française*
Dict. de droit canonique : *Dictionnaire de droit canonique*
Dict. de spiritualité : *Dictionnaire de spiritualité*
Dict. d'hist. et de géo. eccl. : *Dictionnaire d'histoire et de géographie ecclésiastique*
Dict. encycl. du christianisme ancien : *Dictionnaire encyclopédique du christianisme ancien*
Diz. degli Ist. di Perf. : *Dizionario degli Istituti di Perfezione*

Pour les références bibliographiques complètes, voir page 305 sqq.

Église abbatiale. Oxford. Gravure de King, XVIIe siècle.

ABBATIALE (église)

On désigne l'église d'une abbaye sous le nom d'église abbatiale. Généralement accolée au cloître, l'église abbatiale est placée hors de la clôture. À l'intérieur de l'église, le chœur est réservé aux moines (ou aux moniales) ; ses côtés sont garnis de stalles où les moines prennent place durant les offices.

Renvois : Abbaye. Chœur. Stalles.

ABBAYE

Monastère *sui juris* (c'est-à-dire autonome, doué d'une personnalité juridique propre), gouverné par un abbé ou une abbesse.

HISTORIQUE

Les origines des abbayes, et des monastères en général, sont aujourd'hui encore l'objet de recherches et de discussions : certains érudits soulignent la présence d'éléments claustraux dans des communautés orientales de Syrie au cours du haut Moyen Âge ; d'autres établissent une parenté entre le plan de la maison romaine antique et celui des monastères bénédictins, avec ses bâtiments groupés autour d'une cour centrale.

En fait, ce sont les monastères carolingiens de Saint-Riquier, de Saint-Gall ou de Fontenelle qui ont servi de modèle aux grandes abbayes bénédictines. Cluny (X[e]-XIe s.) en est l'exemple le plus parfait. Les normes architecturales bénédictines n'ont pas été entièrement reje-

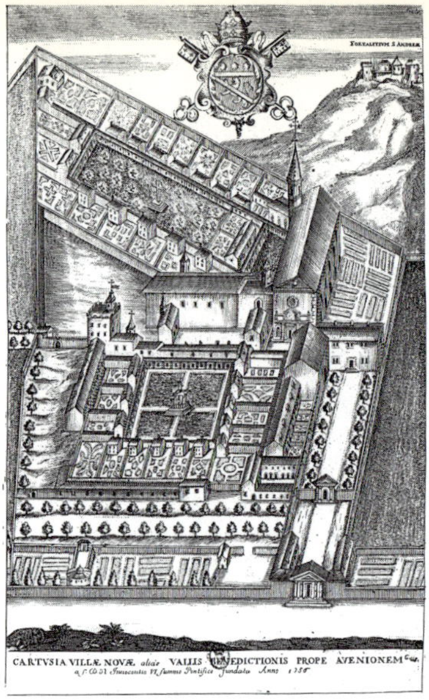

Abbaye. Villeneuve-les-Avignon. Gravure. Paris, Bibliothèque nationale.

Abbaye. Saint-Riquier. Gravure, 1673.

tées par les cisterciens (XIe-XIIe s.), qui se sont bornés à les adapter à leur exigence de dépouillement et d'austérité. Au XIIIe siècle, avec l'irruption des ordres mendiants liée au développement urbain, un souffle nouveau de liberté circule et assouplit ce que les structures traditionnelles pouvaient avoir de rigide et de clos.

FORMES ET STRUCTURES

Elles traduisent dans l'espace l'esprit d'harmonie qui caractérise la règle de saint Benoît. Ce fondateur a en effet voulu créer une communauté fraternelle, priant et travaillant selon un rythme bien défini, tout en vivant isolée du reste du monde, à l'abri d'une clôture à la fois matérielle et morale. La vie tout entière de l'abbaye est centrée sur le cloître, cour de forme rectangulaire ou carrée, entourée de quatre galeries courantes. Dans le plan idéal de l'abbaye de Saint-Gall, que nous a légué le IXe siècle, le cloître est accolé au flanc sud de l'église abbatiale. Autour de ces deux éléments centraux, sont groupés la salle conventuelle, les cuisines, le réfectoire, un parloir et, bien sûr, la porterie où sont accueillis les visiteurs venus du monde extérieur.

STATUT JURIDIQUE

Pourvues en principe d'une autonomie juridique, les abbayes sont cependant soumises à la juridiction de l'évêque dans le diocèse duquel elles se trouvent. Une abbaye est dite exempte lorsqu'elle est soustraite à la juridiction de l'évêque diocésain. Elle dépend alors directement du Saint-Siège. Une grande diversité et complexité règnent dans le domaine du statut des abbayes : il convient donc de ne pas se montrer trop catégorique dans l'analyse des différents types offerts par la réalité.

Abbaye. Saint-Pierre de Montmartre. Gravure. Paris, Bibliothèque nationale.

Une abbaye *sui juris* est une abbaye autonome, qui ne dépend pas d'une autre abbaye. Une abbaye *nullius*, autre expression juridique, désigne une abbaye dont le territoire ne fait partie d'aucun diocèse (*nullius diœcesis*). L'abbaye *nullius* a un privilège d'exemption entière, et de plus elle jouit de l'exterritorialité. Les juridictions diocésaines s'arrêtent aux limites de l'abbaye *nullius*, qui est assimilée juridiquement à un diocèse. Seul le souverain pontife peut ériger ou supprimer une abbaye *nullius*. Le nombre de ces abbayes est limité à quelques dizaines.

Abbaye. Granet, *Intérieur d'un cloître,* XIXe siècle. Compiègne, musée Vivenel.

UNE COMMUNAUTÉ

L'ensemble de bâtiments constituant une abbaye est conçu et articulé de manière à abriter une communauté et à servir de cadre parfaitement adapté à la vie religieuse de celle-ci, aussi conforme que possible aux exigences de la règle. Ceux qui aspirent à embrasser la vie religieuse sont tout d'abord admis en qualité de postulants. Ils peuvent ensuite devenir novices, dont la responsabilité est confiée à un maître des novices. Le novice peut être admis à prononcer des vœux au terme d'une durée non déterminée, et à devenir alors religieux. Au Moyen Âge, les grandes abbayes avaient organisé des écoles — il n'était pas rare que des parents destinent leurs enfants à la vie religieuse et les confient très jeunes à des abbayes.

Renvois : Abbé. Cloître. Clôture. Cluny. Commende. Exemption monastique. Laure. Moine. Monachisme. Monastère. Moniale. Porterie.

Bibl. : *Diz. degli Ist. di Perf.*, art. Abbazia. *Dict. d'archéo. chrét. et de liturgie*, art. Abbaye (dom Cabrol et dom Leclercq). A. Dimier, *Les Moines bâtisseurs. Architecture et vie monastique*, Paris, 1964. M. Eschapasse, *L'Architecture bénédictine en Europe*, Paris, 1963.

ABBÉ

Supérieur d'un monastère, d'une abbaye *sui juris*.

HISTORIQUE

À l'origine, le terme syriaque *apa*, qui signifie «père», s'applique à un personnage important; il s'agit le plus souvent d'une formule de déférence de caractère général. Aux premiers siècles du monachisme, ce terme tend à se spécialiser et désigne alors le moine placé à la tête d'une communauté. Peu à peu il est employé surtout pour le supérieur d'un monastère *sui juris*, ou abbaye. Aux premiers siècles du christianisme, ce supérieur était un personnage doué d'une aura charismatique et groupait autour de lui un certain nombre de frères. Hellénisé, le nom devient *abbas*, et passe au latin sous cette même forme. Il apparaît sous sa forme latine dans la traduction de la Bible par saint Jérôme (Ga 4, 6 et Mt 23, 9). Il est alors en concurrence avec d'autres termes, *præpositus* notamment; ce dernier mot ne désigne plus ensuite que le frère placé à la tête d'une maison dépendant d'une autorité supérieure. Les Grecs, pour leur part, parlent d'higoumène ou d'archimandrite, entre autres.

Au ve siècle, la règle dite *des quatre Pères* place l'obéissance à l'abbé au cœur même de toute vie cénobitique. C'est saint Benoît qui, au VIe siècle, pose avec force le principe de la primauté de l'abbé dans la communauté, et consacre à l'*abbas* un long chapitre au début de sa règle. Il s'efforce de bien préciser la situation de l'abbé relativement à l'évêque du diocèse où se trouve le monastère : point toujours sensible

Abbé. *L'évêque remet la crosse au nouvel abbé*, Pontifical d'Étienne Loypeau, vers 1405. Paris, Bibliothèque nationale.

et discuté. L'autorité de l'abbé n'est pas celle d'un simple administrateur, mais est essentiellement d'ordre charismatique, l'abbé agissant au nom du Christ (*Christi vice agens*). L'abbé est élu librement par la communauté, et en principe à vie. Soucieux de créer une hiérarchie au sein de la communauté, saint Benoît semble distinguer parmi les frères les *priores* des *juniores*. Pris au singulier, le mot *prior* désigne l'abbé, en retenant surtout son autorité d'ordre administratif. Benoît veille cependant à mettre en lumière l'importance fondamentale de la charité fraternelle et du respect d'autrui dans toute communauté monastique. Il se montre hostile à l'idée d'adjoindre à l'abbé un second, un autre personnage doué d'autorité.

Les conceptions de saint Benoît sur le pouvoir et l'autorité abbatiaux se sont révélées assez solides et vivaces pour s'adapter aux formes et structures médiévales sans perdre leur originalité. En revanche, les siècles de l'absolutisme royal ont été marqués par le dépérissement de l'institution abbatiale, minée de l'intérieur par le système de la commende. L'esprit bénédictin a repris vie au XIXe siècle et a maintenu ce difficile équilibre qui le caractérise entre une exigence de hiérarchie et d'autorité, et la liberté de don manifestée dans ces liens d'amour fraternel — équilibre qui a assuré un net renouveau du mouvement monastique.

ÉTAT ACTUEL

On trouve un abbé à la tête des monastères *sui juris* dans un certain nombre d'ordres religieux et de congrégations : chez les bénédictins tout d'abord, les cisterciens, les chanoines réguliers de Saint-Augustin, l'ordre de Prémontré. D'autres congrégations préfèrent le titre de prieur pour désigner le chef de chaque communauté, notamment chez les camaldules. Quel que soit son titre, le supérieur de chaque monastère *sui juris* a un statut et détient des pouvoirs conformes à la tradition initiée par la règle de saint Benoît. Cette tradition bénédictine n'assigne guère de limite au pouvoir dont jouit l'abbé sur la communauté à la tête de laquelle il est placé. Ce pouvoir d'ordre éminemment spirituel s'exerce aussi sur le plan matériel et administratif. On s'est parfois demandé s'il ne convenait pas de chercher dans les abbayes du Moyen Âge l'origine des formes de la vie démocratique moderne. La solidarité fraternelle, la cohésion de ces communautés librement constituées, le recours à l'élection pour désigner leur supérieur peuvent inciter à le penser, quoique les perspectives soient totalement différentes. La communauté est en outre représentée par une assemblée groupant les moines, le conseil des frères et une assemblée restreinte, le chapitre, correspondant aux *seniores* de saint Benoît. Les moines qui ont «voix au chapitre» participent à l'élaboration des décisions importantes. L'abbé, élu par le chapitre, doit en effet solliciter l'avis du conseil et du chapitre pour toute décision intéressant la communauté. Il n'est cependant pas tenu de suivre ces avis, et garde une entière liberté de décision. Toutes ces formes d'activité et d'organisation se situent sous le signe de la vie et de la charité chrétiennes, qui leur donnent sens et raison.

Les rapports entre un abbé et l'évêque du diocèse où se trouve son monastère méritent attention; ils ont en effet été l'enjeu de multiples conflits au long des siècles. En droit, l'évêque est placé au-dessus de l'abbé dans la hiérarchie de l'Église : c'est lui qui consacre le nouvel abbé, car il tient du pape même sa consécration épiscopale. Il n'intervient cependant pas dans la désignation du nouvel abbé. C'est à ce dernier qu'il appartient de présenter ses moines à l'ordination sacerdotale. De même, il peut autoriser un moine nouvellement consacré prêtre à exercer son sacerdoce au sein de la communauté. Les modalités précises du cadre dans lequel s'inscrivent les rapports entre un abbé et son évêque sont très complexes, et les brèves indications données ici ne peuvent servir que d'incitation à une étude plus approfondie.

HIÉRARCHIE

Au temps de saint Benoît, chaque abbaye jouissait d'une pleine autonomie. Le succès même de différents ordres religieux parut requérir une organisation groupant les différentes abbayes d'une même appartenance; les efforts faits dans ce sens ne réussirent qu'inégalement. Dans l'ordre bénédictin, une primauté de fait a été exercée par Cluny, sans que cette supériorité ait été transposée sur le plan juridique. En 1893, Léon XIII tenta de conférer une autorité supérieure à un «primat» élu pour douze ans à la tête d'une confédération groupant les congrégations des moines noirs. L'opposition des abbés des différentes abbayes le convainquit d'enlever à ce «primat» le pouvoir d'ordre ainsi que celui de juridiction.

Chez les cisterciens, l'abbé de Cîteaux et l'abbé «père» de la maison fondatrice, dans le cas d'une fondation nouvelle, détiennent une autorité véritable, à côté du chapitre général. Les ordres actifs, comme les ordres mendiants, ont cependant une organisation centralisée avec un supérieur à sa tête.

DURÉE DE LA CHARGE ABBATIALE

Un abbé de monastère est élu par la communauté pour un ministère d'une durée, en principe, indéterminée. Force a été cependant de prévoir sur le plan institutionnel différentes éventualités : celles liées à l'âge et au vieillissement inéluctable. L'Église s'est ingéniée à répondre avec prudence à ces contraintes et à trouver des solutions appropriées. En 1967, le Congrès général des abbés bénédictins, qui s'est tenu à Sant' Anselmo à Rome, s'est prononcé pour une durée étendue de la charge abbatiale, de préférence sans limites dans le temps, excepté celles imposées par l'âge et les conditions générales d'efficience.

Renvois : Abbaye. Bénédictins. Chanoines réguliers. Cisterciens. Cluny. Commende. Congrégation. Prieur.

Bibl. : *Dict. d'archéo. chrét. et de liturgie*, art. Abbé (Y. Baudot). *Enciclopedia cattolica*, art. Abate (F.M. Capello). *Catholicisme*, art. Abbé (F. Cimetier). *Diz. degli Ist. di Perf.*, art. Abate (A. Nocent). A.-G. Martimort, «La bénédiction d'un abbé» dans *L'Église en prière*, t. III, pp. 321-329.

ABÉLARD (Pierre)

Philosophe et théologien. 1079-1142.

Abélard. Gravure de Giroux d'après J. David, XIXe siècle. Paris, Bibliothèque nationale.

Issu d'une famille de petite noblesse, Pierre Abélard naît au Pallet, près de Nantes. Il étudie en différents endroits, et pratique avec un succès croissant l'exercice scolaire de la *disputatio* ; sa dialectique acerbe le brouille avec Guillaume de Champeaux, qu'il a pour maître à l'école du cloître Notre-Dame, et dont il se fait un ennemi irréductible. Dès cette époque, Abélard rejette les théories réalistes de son maître ; il adopte des positions qu'on appelle nominalistes, et qui étaient fondées sur des considérations d'ordre logique et grammatical. Devenu professeur, il enseigne à Corbeil, Melun, puis Paris, où il connaît la célébrité. Après une retraite de quelques années, il se voit allouer la chaire de son ancien maître Guillaume de Champeaux ; n'ayant pas oublié sa rancune, ce dernier lui fait bientôt retirer cette charge. Abélard retourne à Melun, puis à Paris où il enseigne à la montagne Sainte-Geneviève. À cette époque encore, il blesse par ses critiques saint Anselme dont il suit les leçons à Laon : le voici obligé de repartir. L'épisode mouvementé des amours d'Héloïse et d'Abélard survient au moment où le renom de celui-ci attire autour de sa chaire parisienne des étudiants venus de toute l'Europe. En 1118, Héloïse met au monde en Bretagne un petit garçon qu'elle nomme Astrolabe. Après le mariage secret des amants, une indiscrétion du chanoine Fulbert, tuteur de la jeune femme, divulgue cette union secrète ; Héloïse proteste et nie ; Abélard la fait entrer au monastère d'Argenteuil. Furieux, Fulbert fait émasculer Abélard. Retiré à l'abbaye de Saint-Denis, il y prononce des vœux solennels en 1119. Toujours plein de fougue, le nouveau moine entreprend de promouvoir la réforme grégorienne de son abbaye ; mais, trop ardent, il est une fois de plus obligé de partir. Il reprend son enseignement dans un prieuré de Champagne. Il est encore en butte à des attaques : son opuscule *De unitate et trinitate divina* est condamné par un synode réuni à Soissons en 1121. De retour à Saint-Denis, Abélard doit à nouveau quitter l'abbaye après avoir dénoncé l'erreur des moines qui confondaient leur saint patron avec Denys l'Aréopagite. C'est alors qu'il construit un oratoire près de Nogent-sur-Seine qu'il dédie à la Sainte Trinité. Devant l'afflux des élèves qui l'y rejoignent, il édifie avec leur aide une grande église consacrée au Paraclet, titre donné à la troisième personne de la Trinité. En 1129, Abélard est élu abbé par les moines de l'abbaye de Saint-Gildas-de-Rhuys (Morbihan). Comme à Saint-Denis, la méthode dont il use pour imposer une réforme déchaîne la révolte des moines. L'abbé Abélard doit céder la place et s'enfuir devant l'émeute. Cependant, Héloïse, qui a quitté le monastère d'Argenteuil en 1129, fonde au Paraclet, en accord avec Abélard, un monastère féminin érigé en abbaye par le pape Eugène III en 1147.

Héloise et Abélard. Miniature du *Roman de la Rose*. Chantilly, musée Condé.

De nouvelles épreuves attendent Abélard lorsqu'il reprend son enseignement à la montagne Sainte-Geneviève. Alerté par un moine de Signy (diocèse de Reims), saint Bernard accuse Abélard d'hérésie devant le concile de Sens en 1140, condamnation confirmée par le pape Innocent II le 16 juillet. Pierre le Vénérable, abbé de l'abbaye de Cluny, n'abandonne cependant pas Abélard, auquel le lie une amitié fondée sur l'admiration, et l'accueille dans son monastère. Abélard meurt le 21 avril 1142 dans le prieuré de Saint-Marcel, près de Chalon-sur-Saône. Il semble qu'il se soit auparavant réconcilié avec saint Bernard.

Renvois : Bernard de Clairvaux. Paraclet.

Bibl. : *Catholicisme*, art. Abélard (G. Jacquemet). *Dict. de biographie française*, art. Abélard Pierre (H. Labrosse). *Grande Encyclopédie Larousse*, t. I, 1971, pp. 28-29, art. Abélard ou Abailard, (M.-D. Chenu). *Encyclopædia Universalis*, t. I, 1968, p. 22, art. Abélard (J. Jolivet). J. Verger et J. Jolivet, *Bernard-Abélard ou le Cloître de l'école*, Paris, 1982.

ACARIE (Mme) voir : Marie de l'Incarnation.

ALCUIN

Angl.-sax. *Alchuine* ; lat. *Alcuinus* ; Albinus (nom qu'il se donne lui-même) ; Flaccus (son surnom à la cour de Charlemagne).
Conseiller de Charlemagne. Abbé de plusieurs abbayes, Saint-Martin de Tours en particulier. V. 735-804.

VIE

Né vers 735 en Northumbrie, Alcuin est formé à l'école cathédrale d'York, centre de la vie intellectuelle en Angleterre. En 781, Charlemagne le rencontre à Parme, et en fait son conseiller intime pour tout ce qui concerne la vie intellectuelle, les questions théologiques et l'enseignement. Il le charge de la réorganisation et de la direction de l'école du palais d'Aix-la-Chapelle ainsi que de la réforme de la liturgie. Charlemagne lui confie aussi la direction de plusieurs abbayes, dont celle de Ferrières (Loiret) en 793. En 796, il est nommé abbé de l'abbaye Saint-Martin de Tours où, après être, semble-t-il, tombé en disgrâce, il meurt le 19 mai 804.

Alcuin, XVIIIe siècle. Gravure. Paris, Bibliothèque nationale.

ŒUVRE

Outre son rôle prépondérant dans la vie religieuse, dans la lutte contre les hérésies et dans l'organisation d'un enseignement méthodique, Alcuin a laissé un nombre considérable d'écrits. Il a exposé son programme pour l'éducation dans la *Disputatio de vera philosophia*, et écrit un traité, *De fide sanctæ et individuæ Trinitatis*, qui est son chef-d'œuvre en matière théologique.

Renvoi : Martin de Tours.

Bibl. : *Catholicisme*, art. Alcuin (G. Hocquard). *Dict. de spiritualité*, art. Alcuin (M. Mähler). F. Brünholz, *Histoire de la littérature latine du Moyen Âge*, t. II, Louvain-la-Neuve, Brepols, 1991, pp. 29-46 et 267-272.

ALZON Voir Augustins de l'Assomption.

ANIANE

Abbaye bénédictine du Saint-Sauveur (ancien diocèse de Maguelonne).

L'abbaye d'Aniane est fondée en 780 par Witiza, fils du comte wisigoth de Maguelonne. Ce Witiza devient moine en 774 sous le nom de Benoît. Charlemagne accorde le privilège de l'immunité à cette abbaye d'où a rayonné le mouvement de réforme monastique promu par Benoît d'Aniane. Foyer de vie intellectuelle, elle est l'un des plus importants centres monastiques de la Gaule carolingienne. En 817, le concile d'Aix-la-Chapelle impose à tous les moines de l'empire de Charlemagne l'observance des coutumes d'Aniane. De 822 à 830, Aniane et Gellone ont un seul et même abbé qui réside à Aniane. Cette dernière abbaye veut ensuite se prévaloir d'un droit éminent sur Gellone. Le pape Urbain II rejette cette prétention et garantit à Gellone son indépendance. Trop favorables aux papes d'Avignon, les moines d'Aniane se voient imposer en 1411 une réforme générale par le pape

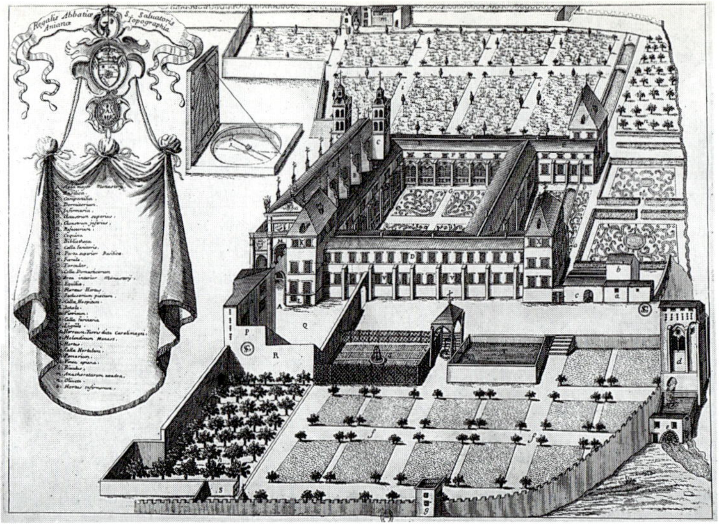

Aniane. Abbaye Saint-Sauveur. Gravure extraite du *Monasticon Gallicanum*, 1687. Paris, Bibliothèque nationale.

légitime. L'abbaye passe sous le régime de la commende en 1542. Vingt ans plus tard, en 1562, elle est mise à sac par les calvinistes, qui détruisent les bâtiments conventuels et l'église. Reconstruite, elle suit la réforme de Saint-Maur en 1633. Elle est supprimée en 1790. Devenus biens nationaux, les édifices sont ensuite vendus.

Renvoi : Benoît d'Aniane.

Bibl. : *Catholicisme*, art. Aniane (dom Gazeau). *Dict. d'Hist. et de Géo. eccl.*, art. Aniane (A. Rastoul).

ANNONCIADES DE BOURGES. Voir Jeanne de France.

ANSELME DE CANTORBÉRY

Théologien. Abbé de l'abbaye du Bec. Archevêque de Cantorbéry. Docteur de l'Église. 1033-1109.

Né en 1033 à Aoste dans une famille noble, Anselme est confié comme oblat par son père à un monastère bénédictin, alors qu'il est encore enfant. À moins de quinze ans, il demande à être admis comme moine dans une abbaye de la région d'Aoste. Sa demande repoussée, il sombre dans une crise, entre en conflit avec son père et s'engage pour trois ans dans la vie des étudiants vagabonds. Pourtant, il a très tôt manifesté des dons intellectuels éclatants. Attiré par le renom de Lanfranc de Pavie, prieur de l'abbaye du Bec, en Normandie, il s'y arrête et s'y fait moine en 1060. Il succède à Lanfranc lorsque celui-ci devient abbé de Saint-Étienne de Caen. Moine voué à la prière, animé d'une vie spirituelle exceptionnelle, il compose plusieurs traités de théologie entre 1070 et 1076, notamment le *Monologion* et le *Proslogion.* À la mort de l'abbé Herluin (ou Hellouin), fondateur de l'abbaye du Bec, Anselme est élu abbé par les moines de ce monastère. En rapport avec les grands personnages de l'époque, il déploie une forte activité et visite régulièrement les prieurés de l'abbaye. Le roi d'Angleterre Guillaume le Roux le remarque à l'occasion d'un des déplacements d'Anselme outre-Manche, et le nomme archevêque de Cantorbéry en 1093. Entre-temps, il poursuit au Bec son «entreprise de méditation théologique» et y rédige son ouvrage *Cur Deus Homo*, où son thème majeur du rapport entre foi et raison est associé au mystère de l'Incarnation rédemptrice de Dieu. Intransigeant, Anselme s'élève contre le pouvoir royal et entre en conflit avec Guillaume le Roux, puis avec son successeur sur le trône d'Angleterre, Henri Ier Beauclerc. À deux reprises, il est exilé pendant trois ans. En 1106 cependant, il sort vainqueur du conflit qui l'a opposé à la couronne d'Angleterre, notamment sur les problèmes liés à l'investiture des dignitaires de l'Église. Il meurt archevêque de Cantorbéry à soixante-seize ans, en 1109.

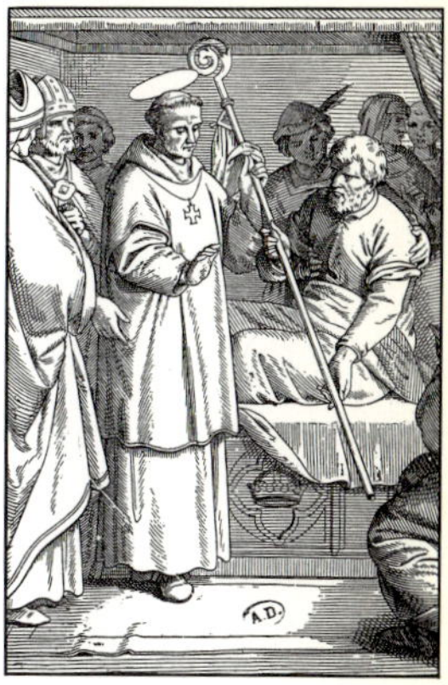

Anselme de Cantorbéry. Gravure. Paris, Bibliothèque des arts décoratifs.

L'œuvre d'Anselme est d'une profondeur rare; elle a dominé la vie intellectuelle et la pensée théologique du XIIIe siècle. Toute sa vie il est resté fidèle à l'idéal monastique; maintes fois il cite la règle de saint Benoît dans sa correspondance, et diffuse «une véritable pastorale monastique». Le souci d'harmonie, d'équilibre qui l'anime le place parmi les grands classiques de la vie spirituelle.

Renvoi : Bec-Hellouin.

Bibl. : *Catholicisme*, art. Anselme de Cantorbéry (P. Rousseau). *Dict. de spiritualité*, art. Anselme de Cantorbéry (M. Mähler). *Dict. de théologie catholique*, art. Anselme de Cantorbéry (J. Bainoel). *Grande Encyclopédie Larousse,* art. Anselme de Cantorbéry (M.-D. Chenu). *Diz. degli ist. di perf.*, art. Anselmo di Aosta. J. de Ghellinck, *La Littérature latine au Moyen Âge*, t. II, Paris, 1939. F.S. Schmitt, *Anselm of Canterbury*, Munich, 1937.

ANTOINE LE GRAND

Fondateur du cénobitisme. V. 251-356.

Antoine le Grand. Anonyme provençal, 1490-1500. Musée de Carpentras.

Né à Qeman en Haute-Égypte dans une famille aisée, Antoine le Grand se retire dans le désert — à moins de vingt ans, selon la légende — dans un fortin abandonné de Pispir, aujourd'hui Deir el-Mnemoun. Il y fonde une communauté, semble-t-il, et invente le cénobitisme (v. 280). Ces données ne sont toutefois pas sûres, et l'on a tendance à considérer que l'installation d'une communauté se situerait plutôt vers le début du IVe siècle. Athanase, qui fut l'ami et le disciple de saint Antoine, fut aussi son biographe. Cette biographie, trop riche en faits

Antoine le Grand. Stalle de Saint-Lucien-de-Beauvais. Paris, musée de Cluny.

singuliers, présente Antoine en héros de la sainteté ; on ne l'en tient pas moins comme une source à manier avec précaution. Différents textes permettent d'affirmer l'historicité du personnage d'Antoine (notamment la lettre de Sérapion et sept lettres d'Antoine, dont on conserve quelques fragments).

En réalité, Antoine n'a pas créé *ex nihilo* des formes de vie érémitique. Il n'a pas laissé de règle à proprement parler, mais a surtout œuvré par l'exemple d'une vie hors norme. C'est à bon droit qu'on voit en lui le père du cénobitisme, situé à l'origine du développement de la vie monastique en Occident. À son exemple, saint Jérôme s'est voué à la vie érémitique. La *Vie de saint Antoine* rédigée par Athanase a véhiculé un certain nombre de miracles et de faits légendaires qui ont alimenté une immense vénération populaire.

Renvois : Ermite. Antonins et hospitaliers de Saint-Antoine.

Bibl. : *Bibliotheca Sanctorum*, art. Antonio abate (A. Rigoli). *Dict. de Spiritualité*, art. Antoine (G. Bardy). *Diz. degli Ist. di Perf.*, art. Antonio l'eremita (J. Gribomont). *La Bible et les saints. Guide iconographique*, art. Antoine le Grand, Paris, 1990. L. Bouyer, *La Vie de saint Antoine*, Saint-Wandrille, 1950. J. Quasten, *Initiation aux Pères de l'Église*, t. III, 1963, pp. 71-79.

ANTONINS ET HOSPITALIERS DE SAINT-ANTOINE

Ordre placé sous le patronage d'Antoine le Grand.

On désigne sous le nom d'antonins une série d'ordres placés sous le patronage d'Antoine le Grand. Dans *Catholicisme*, A. Odil a dressé la liste de ces congrégations sous deux rubriques : les antonins d'Orient et les antonins d'Occident.

Les antonins d'Orient comprennent quatre branches : les antonins d'Orient (maronites de l'ordre alepin) ; les antonins de l'ordre baladite ; les maronites de l'ordre de Saint-Isaïe ; les chaldiens de l'ordre de Saint-Hormisdas.

En Occident, on peut retenir les hospitaliers de Saint-Antoine, ordre fondé à la fin du XIe siècle, en 1095, par un seigneur du Dauphiné, dont le fils, selon la légende, a été guéri du «mal des Ardents» (ou mal de saint Antoine — sorte d'épilepsie engendrée par l'ergot de seigle) en vénérant les reliques de ce saint conservées à Saint-Didier de la Motthe, en Dauphiné. En 1218, le pape Honorius III autorise les membres du nouvel ordre à prononcer les trois vœux de religion, puis il leur accorde en 1298 le statut de chanoines réguliers. La constitution des hospitaliers de Saint-Antoine emprunte ses traits principaux aux règles des ordres militaires. La congrégation des hospitaliers de Saint-Antoine a compté jusqu'à trois cent soixante-neuf hôpitaux, répandus

Antonins.
Le Miracle des Ardents.
Manuscrit, XVe siècle.
Paris, Bibliothèque nationale.

dans toute l'Europe. Uni aux chevaliers de Malte en 1777, l'ordre a disparu en 1803.

Costume : habit noir, avec tau de couleur bleue.

Renvois : Antoine le Grand. Ordres militaires.

Bibl. : *Catholicisme*, art. Antonins (A. Odil), et art. Antonins d'Occident (G. Hocquard). *Diz. degli Ist. di Perf.*, art. Antoniani (J. Gribomont), et art. Canonici regolari di Sant' Agostino di Sant' Antonio di Vienne (I. Ruffino).

APOSTOLAT

Terme dérivé d'«apôtre», pris au sens d'évangélisateur. Saint Martin est appelé ainsi l'apôtre des Gaules. L'apostolat exercé par un prêtre, un religieux, ou plus généralement un clerc, a pour but de faire connaître et de répandre la foi et la doctrine chrétiennes. Les formes sous lesquelles peut s'exercer l'apostolat sont nombreuses, et comprennent notamment la prédication, l'exemple d'une vie édifiante, les œuvres de bienfaisance, l'enseignement.

ASHRAM

Le mot indien *asram* désigne la demeure d'un maître et de ses disciples qui se consacrent à une vie religieuse d'inspiration brahmanique.

En 1955, le père Francis Mahieu, cistercien de l'abbaye de Scourmont, en Belgique, fonde à Kurisumala, dans les monts du Kerala (Inde), une communauté de moines chrétiens s'inspirant de la vie contemplative brahmanique de l'Inde, qu'il dénomme un «ashram». Le père Bède Griffiths, bénédictin anglais, le rejoint et reçoit la nationalité indienne et le nom de François Acharya en 1968. Ils adoptent le rite syro-malabre pour leur liturgie.

Bibl. : *Diz. degli Ist. di Perf.*, art. Asrama. *Les Ordres religieux* (dir. Gabriel Le Bras), t.1, p. 76, ill. 138. G. Weckman, «The Ashram, A different kind of religion community», *American Benedictine Review*, 23, 1972, pp. 98-112.

ASSISE

Ville d'Ombrie, centre du culte de saint François et de sainte Claire. Le diocèse d'Assise est placé sous la dépendance immédiate du Saint-Siège.

ASPECT HISTORIQUE

Simple village d'Ombrie, puis municipe romain où naquit le poète Properce, Assise devient un diocèse sans doute vers le IIIe siècle. Le quatrième de ses évêques et martyrs, Rufinus, en est le saint patron. Aventius est le premier évêque attesté (VIe s.). Après avoir fait partie du duché de Spolète (VIIIe-XIIe s.), Assise devient une commune libre gibeline au XIe siècle. L'évêque Gui II (1204-1228) approuve la fondation de l'ordre franciscain. Le XIIIe siècle est le grand siècle d'Assise. Tombée sous la domination des Visconti de Milan, des Montefeltre d'Urbino, et enfin des Sforza, maîtres de Milan au XVe siècle, Assise appartient aux États de l'Église du XVIe au XVIIIe siècle.

LES ÉGLISES D'ASSISE

Assise, riche aussi en monuments civils — le Palazzo del Capitano del Popolo (XIIIe s.) et le Palazzo dei Priori (XIVe s.) —, ne possède pas moins de huit grandes et célèbres églises; parmi celles-ci ses deux cathédrales, l'abbaye bénédictine San Pietro, reconstruite en 1253; la basilique Sainte-Claire, élevée en 1237 à la place d'une ancienne église Saint-Georges sur la tombe de sainte Claire. Outre la

Assise.
L'église Saint-François.

basilique gothique de Saint-François, avec les églises haute et basse et la crypte de la tombe de saint François, il convient de mentionner, hors les murs de la ville, le couvent Saint-Damien (XIIIe s.) ainsi que l'ermitage de la Portioncule, où mourut saint François le 3 octobre 1226.

ACTIVITÉ RELIGIEUSE ACTUELLE

Assise est un foyer d'activités multiples dans le domaine religieux, toutes placées sous le signe de la fraternité franciscaine. Les Rencontres de vie et de fraternité (*Incontri di vita e fraternità*) sont organisées plusieurs fois par an par l'ordre franciscain pour une présence plus forte du charisme franciscain au sein de l'Église. Le siège du tiers ordre franciscain est à Assise, où les activités œcuméniques se multiplient, avec une messe œcuménique chaque dimanche dans la Chiesa Nuova, et la présence du Centre œcuménique diocésain (Segretario Ecumenico diocesano).

Renvois : Claire d'Assise. Clarisses. Franciscains. François d'Assise.

Bibl. : *Catholicisme*, art. Assise. *Dict. d'Hist. et Géo. Eccl.*, art. Assise. *Diz. degli Ist. di Perf.*, art. Assisi (A. Pompei). *Enciclopedia cattolica*, art. Assise.

ASSOMPTIONNISTES. Voir Augustins de l'Assomption.

AUGUSTIN

Évêque. Docteur de l'Église. 354-430.

VIE

Né à Thagaste, près d'Hippone, en Numidie (l'actuelle Algérie), Augustin a pour père un fonctionnaire romain de la classe des *curiales*. Sa mère Monique s'étant convertie à la religion chrétienne, elle fait inscrire son fils au nombre des catéchumènes : il reçoit alors une formation chrétienne très superficielle. Il ne sera baptisé que beaucoup plus tard. Augustin a vingt-six ans en 380 lorsque Théodose, associé à l'empire par Gratien, proclame par un édit à Thessalonique que tous les peuples de l'Empire romain doivent se rallier à la foi transmise aux Romains par l'apôtre Pierre. Augustin, arrivé à Carthage en 370 pour y poursuivre ses études, n'a que dédain pour la doctrine chrétienne. Il a en effet été profondément influencé par la lecture d'un traité de Cicéron, l'*Hortensius*, qui l'a rendu sensible aux richesses de la pensée et de la sagesse antiques. Très cultivé, il se tourne vers le manichéisme, où il espère trouver une pensée cohérente et forte. Il mène alors une vie de plaisirs. Une liaison amoureuse lui donne un fils, Adéodat. Rentré à Thagaste, il y ouvre une école de grammaire.

La Cité de Dieu de saint Augustin. Frontispice par Maître François, 1473. Au premier plan, les docteurs de l'Église entourés de trois franciscains et de trois carmes; au second plan, trois augustins et trois dominicains. Paris, Bibliothèque nationale.

Saint Antoine et saint Augustin. École vénitienne, XVe siècle. Paris, Louvre.

Vittore Carpaccio, *La Vision de saint* ***Augustin***, 1502. Venise, Scuola di San Giorgio.

Le voici de retour à Carthage en 376, où il enseigne la rhétorique. Il se détache alors du manichéisme.

À Rome, puis à Milan en 384, il explore la philosophie néoplatonicienne et suit la prédication de l'évêque de Milan, Ambroise. C'est à Milan, dans le jardin de sa maison, que survient sa conversion. Il reçoit le baptême dans la nuit de Pâques de l'an 387. Il se retire avec sa mère dans le domaine d'un ami dans le Milanais. Là, avec quelques familiers, il élabore le projet de fonder une communauté de chrétiens à l'écart du monde, puis décide de regagner l'Afrique. Sa mère Monique meurt à Ostie sur le chemin du retour. Augustin s'installe à Thagaste afin d'y mener une vie de travail et de prière. Dès lors, il semble avoir conçu un ensemble de préceptes, de normes de vie commune servant de cadre à une communauté qu'il installe dans la propriété paternelle. Ordonné prêtre en 391 à Hippone, il y organise une nouvelle communauté avec l'autorisation de l'évêque Valère, dans les dépendances de l'église d'Hippone. En 396 il succède à Valère sur le siège épiscopal. Laissant le monastère qu'il a créé, Augustin regroupe une nouvelle communauté, avec le clergé de l'église épiscopale. Deux sermons (355 et 356), et la *Vie de saint Augustin* écrite par Posidonius, son disciple, nous renseignent sur cette communauté épiscopale. Augustin fait montre d'une activité prodigieuse; il prêche, enseigne dans différentes villes, combat les hérésies qui prolifèrent de toutes parts — manichéens, donatistes, pélagiens... À sa mort, survenue le 28 août 430, saint Augustin laisse une œuvre immense dont *La Cité de Dieu* écrite pendant le siège d'Hippone par les Vandales.

Augustin. Pinturrichio, XVe siècle. Pérouse, Pinacoteca.

LA «RÈGLE» DE SAINT AUGUSTIN

À proprement parler, Augustin n'a pas rédigé de règle. À partir du VIe siècle, on a donné le nom de règle de saint Augustin à un texte (document normatif pour une communauté masculine), qui a été utilisé par saint Césaire, évêque d'Arles (470-542), à l'intention d'une communauté de religieuses en difficulté après la disparition de leur supé-

Augustin. Anonyme, 1518. Paris, Bibliothèque nationale.

rieure. Il comprend deux parties : d'une part une sorte de réglementation de la vie religieuse, texte de peu d'étendue indiquant l'ordre et la manière selon lesquels doivent être occupés les divers moments de la journée, et indiquant les heures de l'office ; d'autre part une «exhortation» plus longue, qui consiste en une série de conseils sur la vie d'une communauté féminine. Augustin est généralement considéré comme l'auteur de cette seconde partie. Toutefois, ces deux documents ne suffisent pas comme cadre de vie pour une communauté religieuse. Cette règle de saint Augustin, dont le plus ancien manuscrit actuellement connu date du VIIe siècle, sert de document régulateur à plusieurs ordres ou congrégations, tels les frères prêcheurs de Saint-Dominique, les prémontrés de Saint-Norbert, les chanoines réguliers de Saint-Augustin, ou les ermites de Saint-Augustin.

Renvois : Augustins. Chanoines réguliers. Dominicains. Prémontrés.

Bibl. : *Catholicisme*, art. Augustin, évêque d'Hippone (G. Bardy). *Diz. degli Ist. di Perf.*, art. Agostino Aurelio (J. Moran). *Encyclopædia Universalis*, art. Augustin (M. Meslin). *Grande Encyclopédie Larousse*, art. Augustin (P. Pierrard). L. Verheijen, *La Règle de saint Augustin*, Paris, 1967.
Sur la règle de saint Augustin : *Catholicisme*, art. Règle de saint Augustin (G. Bardy). *Diz. degli Ist. di Perf.*, art. Regula Augustini (L. Verheijen et B. Rano).
Œuvres de saint Augustin : *Œuvres complètes*, trad. J.M. Péronne, P.F. Ecalle et Vincent, Paris, 1869-1878. *Bibliothèque augustinienne*, texte latin et français en regard, Paris, en cours de publication.

AUGUSTINS

Augustins. Gravure extraite de *Rosetum exercitiorum spiritualium*, 1494.

Ordre fondé en 1256.
Autres dénominations : ordre de Saint-Augustin. *Ordo fratrum Sancti Augustini*. Ancien nom : *Ordo eremitarum Sancti Augustini* (ermites de Saint-Augustin).

HISTORIQUE

Différents mouvements érémitiques se sont réclamés de saint Augustin et de sa «règle» depuis le Xe siècle jusqu'au XIVe. La bulle *Incumbit nobis*, en 1243, peut être considérée comme la charte de fondation du futur ordre. Plusieurs communautés d'ermites sont invitées à se grouper sous la règle de saint Augustin. C'est cependant le pape Alexandre IV (1254-1261) qui a réuni en une congrégation unique — les ermites de Saint-Augustin — les différents ermites qui se réclamaient de lui. La bulle *Licet Ecclesiæ* du 9 avril 1256 les place sous l'autorité d'un prieur général unique. L'ordre est divisé en quatre provinces. Le Saint-Siège est ainsi le véritable fondateur du nouvel ordre, qui compte en 1329 vingt-quatre provinces. Le pape Pie V (1566-1572) déclare le 1er octobre 1567 que les ermites de Saint-Augustin seront désormais placés au nombre des ordres mendiants.

Augustins.
Tombeau d'Hugues de Châtillon, XIVᵉ siècle. Cathédrale Notre-Dame-de-Saint-Bernard de Comminges.

SRUCTURES DE L'ORDRE

À la tête de l'ordre on trouve d'une part le prieur général, d'autre part les chapitres généraux, tenus tous les ans jusqu'au XVᵉ siècle, puis tous les six ans. Depuis 1968, un chapitre général est tenu tous les trois ans, le plus souvent en Italie. Quant au prieur général, il est élu pour six ans.

Augustins.
Miniature de la *Vita Sancti Augustini*.

Augustines servant le repas des pauvres. Anonyme, XVIIe siècle. Paris, Bibliothèque nationale.

FINALITÉ ET SPIRITUALITÉ DE L'ORDRE

La fin propre de l'ordre des Augustins est de vivre en pleine conformité avec l'esprit de la règle de saint Augustin, qui peut se résumer dans cette formule : «Une seule âme et un seul cœur tournés vers Dieu.» Vivant sous le signe de l'intériorité, tous les membres de l'ordre doivent n'être qu'un dans leur chemin vers Dieu. Autres traits essentiels de cette spiritualité augustinienne : une unité, ou unanimité, qui va de pair avec le respect d'une pluralité vécue ; l'exigence de fraternité, fondamentale aussi, exclut tout esprit de domination chez les membres chargés de responsabilités. Exigences très rigoureuses donc, et dont le respect explique sans doute la pérennité de l'ordre.

Renvois : Augustin. Ordres mendiants.

Bibl. : *Catholicisme*, art. Augustins (A. Odil). *Diz. degli Ist. di Perf.*, art. Agostiniani (B. Rano).

AUGUSTINS DÉCHAUX

Ordre mendiant clérical fondé en 1593.

Les augustins déchaux sont nés, comme les augustins récollets, dans le cadre général du mouvement de la Réforme catholique. Ils proviennent d'un démembrement de la congrégation des ermites de Sicile, branche de l'ordre des Augustins, survenu le 16 novembre 1593. Ces augustins sont «déchaussés», comme les carmélites réformées par Thérèse d'Ávila : par humilité ils se chaussent de simples sandales. L'ordre nouveau est désigné sous le nom de «congrégation des Frères déchaussés de Saint-Augustin du royaume de Naples». Sa première constitution, rédigée en 1598, est approuvée en 1599 par le pape Clément VIII, qui leur accorde un surintendant apostolique (son propre confesseur, un carme déchaux espagnol). Doués de privilèges particuliers, les augustins déchaux ne constituent cependant pas un ordre indépendant, ils font partie de l'ordre des religieux augustins auxquels ils sont juridiquement unis. En 1931, les constitutions approuvées par le Saint-Siège introduisent pour la première fois le titre de prieur général pour le supérieur général des déchaux, ce qui laisse entendre que l'ordre jouit alors d'une entière autonomie.

Renvois : Augustin. Augustins. Augustins récollets. Carmélites.

Bibl. : *Diz. degli Ist. di Perf.*, art. Agostiniani Scalzi (I. Barbogallo).

AUGUSTINS DE L'ASSOMPTION OU ASSOMPTIONNISTES

Ordre fondé en 1845 par le père Emmanuel d'Alzon.

HISTORIQUE

Parmi les innombrables congrégations fondées au XIXe siècle, celle des assomptionnistes compte parmi les plus connues. En 1843, Emmanuel d'Alzon (1810-1880), prêtre et chanoine de l'évêché de Nîmes, prend la direction d'une école fondée en 1838 par un bénédictin, dom Vermot; il y crée avec quelques disciples une « association de prêtres et de laïcs », et lui donne pour devise la prière apostolique : *Adveniat regnum tuum*. Cette communauté fraternelle s'inspire de la conception augustinienne de vie religieuse. Emmanuel d'Alzon formule clairement son but : préparer l'avènement du règne du Christ, d'une part en chacun des assomptionnistes, d'autre part en tous les hommes (le «prochain»). La vocation de l'institut est d'abord de se consacrer aux plus diverses entreprises apostoliques. Dès 1843, Emmanuel d'Alzon se propose expressément de lutter contre le monopole de l'Université, en développant un enseignement ouvertement chrétien et en défendant la liberté de l'enseignement. Le nom d'«assomptionnistes» a d'abord été donné aux élèves et aux professeurs de ce collège de l'Assomption à Nîmes, où Emmanuel d'Alzon a fondé son institut, puis a ensuite désigné tous les augustins de l'Assomption. Dès 1847, le pape Pie IX envoie sa bénédiction à la communauté. En 1851, Alzon et quatre de ses disciples s'engagent définitivement et prononcent les trois vœux religieux fondamentaux, ainsi que celui d'apostolat formulé en ces termes : «Insuper specialiter promitto me regnum Domini nostri Jesu Christi pro viribus propagaturum apud animas tam christianorum quam infidelium» («En outre je promets solennellement de propager de toutes mes forces le règne de Notre Seigneur Jésus-Christ auprès des âmes tant des chrétiens que des incroyants»). En 1857, la congrégation des Augustins de l'Assomption obtient le «décret de louange» du Saint-Siège, puis en 1864 un «décret d'approbation». Depuis 1855, Alzon a rédigé la première règle de l'Assomption, communauté fraternelle placée dans le cadre du concept augustinien de vie religieuse. À sa mort en 1880, il avait réussi à imposer sa volonté de fonder un nouvel ordre à vœux solennels, y compris le quatrième vœu d'apostolat. On comptait en 1880 une centaine de religieux.

STRUCTURES ET INSTITUTIONS

L'approbation définitive de la constitution de l'ordre ne survient qu'en 1923. Conformément au nouveau Code de droit canonique publié en 1917, l'association, divisée en provinces, devient une congrégation cléricale comprenant des membres non prêtres, assortie d'une association de membres auxiliaires ou amis laïcs (sorte de tiers ordre). Une deuxième réforme, suscitée par l'occurrence du concile Vatican II, a été promulguée par le chapitre général de 1969. Elle définit expressément les assomptionnistes comme des «religieux vivant en communauté d'apostolat». Ces constitutions nouvelles accordent un rôle fondamental aux communautés locales, tout en préservant l'unité de l'institut incarnée dans la personne du supérieur général, et dans la fermeté de structures clairement définies.

PRÉSENCE DES AUGUSTINS ASSOMPTIONNISTES

La vocation apostolique de l'ordre s'est d'une part manifestée par son rôle dans l'organisation et la vie de l'enseignement catholique, mais aussi dans de nombreux champs d'activité, telles l'édition ou la presse (*La Croix*, et plus récemment la *Documentation catholique*). Remarquable aussi est l'activité purement intellectuelle qu'entretiennent les instituts de recherche spécialisés, comme les «Études augustiniennes».

Renvoi : Augustins.

Bibl. : *Catholicisme*, art. Augustins de l'Assomption (L. Merklen), et art. Alzon. *Diz. degli Ist. di Perf.*, art. Agostiniani dell'Assunzione (P. Touveneraud), et art. Alzon (A. Pépin).

AUGUSTINS RÉCOLLETS

Ordre fondé en 1589. Déclaré ordre indépendant en 1912.

HISTORIQUE

Les augustins récollets sont nés au sein de la province de Castille, de l'ordre des Augustins ; sans rompre leurs liens avec celui-ci, ils aspirent à une rigueur accrue, une *recoleccion*, terme espagnol issu du latin *recollectio*. Ce mot, auquel correspond le terme français «récollection», évoque l'idée de recueillement pieux, et désigne dans le monde monastique une exigence d'observance plus rigoureuse de la règle. Les «récollets» sont donc des religieux réformés dans le sens d'une exigence accrue. Cette récollection augustine s'inscrit dans le cadre du mouvement de réforme catholique espagnol, illustré notamment par la réforme carmélitaine de sainte Thérèse d'Ávila (ou de Jésus), qui fonde en 1562 le couvent Saint-Joseph d'Ávila. Un bref du pape Clément VIII du 11 février 1602 érige les maisons réformées des récollets en une province de l'ordre des Augustins, indépendante de la province de Castille d'où elles étaient issues. Cette nouvelle branche des augustins répond alors à sa vocation missionnaire, et essaime aux Philippines. En 1621, les Philippines forment en effet une quatrième province (Saint-Nicolas des Philippines), les trois autres étant espagnoles. Une cinquième province, en Colombie, est constituée par des lettres apostoliques d'Alexandre VII en 1661 et confirmée en 1668 par le pape Clément IX. L'action apostolique de la congrégation s'organise dès lors entre trois pôles, l'Espagne, les Philippines et la Colombie. En 1912 enfin, après une période de crise au XIXe siècle (suppression des ordres religieux en Espagne en 1835, en Colombie en 1861), un acte de Pie X daté du 16 septembre fait des augustins récollets un ordre régulier et distinct. Ils cessent alors d'être une simple congrégation de l'ordre des Augustins. Cet ordre nouveau continue cependant d'appartenir à la famille augustinienne et suit la règle de saint Augustin.

SITUATION ACTUELLE

Le changement survenu en 1912 a donné une nouvelle impulsion à l'ordre des Augustins récollets, qui avaient été durement éprouvés par les remous du XIXe siècle. L'ordre, dont la maison généralice est située à Rome, comptait alors mille trois cent quatre-vingts religieux, et était divisé en sept provinces.

Renvois : Augustins. Augustins déchaux. Thérèse d'Avila.

Bibl. : *Catholicisme*, art. Augustins religieux (A. Odil). *Diz. degli Ist. di Perf.*, art. Agostiniani recolletti (J.A. Salazar).

AUXILIATRICES

Titre général recouvrant plusieurs congrégations féminines à vocation de charité universelle, fondées au XIXe ou au XXe siècle : la Société des auxiliatrices (1856), les auxiliatrices de l'Immaculée-Conception (1858) et les auxiliatrices de la Charité (1927).

SOCIÉTÉ DES AUXILIATRICES

Elle est fondée à Paris par Eugénie Smet (1825-1871), en religion Marie de la Providence. Animées par une spiritualité venue de saint Ignace de Loyola, les sœurs se vouent à aider «à tout bien quel qu'il soit». De vocation missionnaire, elles sont réparties en petites communautés dans les différents continents. Pénétrées de foi en la communion des saints, elles ont le désir de travailler à une œuvre de libération «des profondeurs du purgatoire aux dernières limites de la terre», selon leurs constitutions de 1978. C'est pourquoi elles se sont à l'origine appelées auxiliatrices des âmes du Purgatoire.

AUXILIATRICES DE L'IMMACULÉE-CONCEPTION

Le dogme de l'Immaculée Conception, défini en 1854 par le pape Pie IX, a tenu un grand rôle dans la vie religieuse du XIXe siècle. C'est ainsi que l'abbé Largentier, vicaire à Saint-Merri, a placé la nouvelle congrégation sous le vocable de l'Immaculée Conception, lorsqu'il l'a fondée en 1856. Les auxiliatrices se vouent essentiellement à deux fins, la prière pour les morts et le service du prochain, concrétisées par des visites aux malades et l'instruction des enfants pauvres. Après Mlle Smet, qui prend la tête de la communauté en 1856, Sophie Jouffroy (en religion mère Anaclet) en devient la supérieure.

AUXILIATRICES DE LA CHARITÉ

Autre congrégation féminine, ces auxiliatrices ont été fondées en 1927 par le père Anizan et Mlle Th. Joly. Communauté contemplative et active, les auxiliatrices mènent une vie monastique d'inspiration carmélitaine en leurs maisons, et se mettent au service du clergé pour leurs activités charitables. Répandues en France et en Europe occidentale plus généralement, la congrégation est présente aussi en Extrême-Orient (Chine et Japon).

Renvois : Carmélites. Ignace de Loyola.

Bibl. : *Catholicisme*, art. Auxiliatrices des âmes du Purgatoire, Auxiliatrices de la Charité, Auxiliatrices de l'Immaculée-Conception (M. Gaucheron). *Les Ordres Religieux* (dir. G. Le Bras), t. I, p. 70, ill. 126.

BANGOR

Abbaye celtique fondée en 557, dans le comté de Down, en Irlande.

Située à vingt-cinq kilomètres de la ville actuelle de Belfast, l'abbaye de Bangor a été fondée vers 557 par Comgall, qui en fut le premier abbé. Malgré l'extrême rigueur que celui-ci impose, les moines affluent, séduits par l'intensité de la ferveur religieuse et de l'activité intellectuelle. L'école monastique qu'il crée acquiert très vite un renom suffisant pour attirer des étudiants venus du continent. Parmi les disciples de Comgall, les plus célèbres sont saint Colomban et saint Colomba d'Iona. Parti dès 563 pour évangéliser les Pictes du nord et des îles Hébrides, ce dernier se fixe finalement dans la petite île d'Iona. Quant à Colomban, il diffuse la règle de Bangor en Gaule, en Germanie et dans le nord de l'Italie.

Un célèbre manuscrit témoigne de l'activité du scriptorium de l'abbaye : l'*Antiphonaire de Bangor*, produit vers 680. Emporté à Bobbio lors des grandes invasions, il appartient depuis le XVIIe siècle à la Bibliothèque ambrosienne de Milan.

Pillé à deux reprises par les pirates danois en 812 et 823, le monastère tombe aux mains de laïcs au Xe siècle. Il est relevé de cette décadence au XIIe siècle par Malachie, évêque d'Armagh et ami de saint Bernard, qui y introduit une communauté cistercienne en 1141. Dévastée derechef en 1149 par des pillards, l'abbaye tombe à nouveau en décadence au XIVe siècle, ruinée par l'invasion anglo-normande de cette partie de l'île et par la guerre civile qui s'ensuit. En 1489, le pape Paul II introduit des tertiaires réguliers de Saint-François, qui cèdent ensuite la place à des augustins. Le monastère est définitivement fermé en 1539, à la mort du dernier abbé, Guillaume O'Dornan. Seuls l'*Antiphonaire de Bangor* et une cloche trouvée dans les ruines du monastère en 1793 sont parvenus jusqu'à nous.

Renvois : Bernard de Clairvaux. Colomban. Comgall.

Bibl. : *Catholicisme*, art. Bangor (dom Gazeau). *Dict. d'archéo. chrét. et de liturgie*, art. Bangor (F. Cabrol). *Diz. degli Ist. di Perf.*, art. Bangor (P. Cousin).

BARNABITES

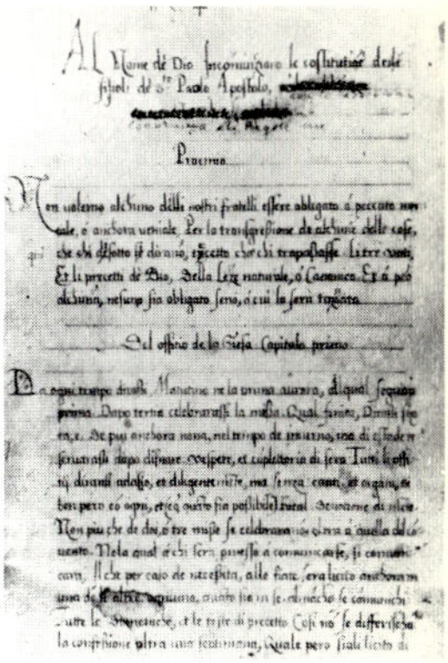

Constitution
des **barnabites**.

Ordre fondé en 1530. Déclaré ordre religieux en 1550.

Antoine-Marie Zaccaria (1502-1539) étudie la médecine à Padoue entre 1520 et 1524 ; la prédication de Luther déchire les étudiants de la ville, où nombreux étaient ceux venus d'Allemagne. Antoine défend ardemment les positions catholiques ; devenu médecin, il exerce son métier à Crémone puis décide de se faire prêtre et se lance dans l'apostolat. On le voit même prêcher dans la rue. Ordonné prêtre en 1528, il se fixe à Milan et crée en 1530 la communauté religieuse des Clercs réguliers de la congrégation de Saint-Paul avec deux compagnons, Morigia et Ferrari. Le pape Paul III leur accorde le privilège de l'exemption de leur archevêque. Cette fondation, qui a pour but l'apostolat, est approuvée officiellement par Clément VII le 18 février 1533. Antoine et ses compagnons s'installent en 1538 dans l'église Saint-Barnabé à Milan, c'est pourquoi on les dénomma ensuite les barnabites. Au décès d'Antoine-Marie Zaccaria en 1539, le nouvel ordre ne comptait qu'une vingtaine de clercs réguliers. Antoine avait défini par écrit les grandes lignes de la règle des barnabites que le pape Jules III déclara ordre religieux en 1550. Revue et complétée sous la direction de Charles Borromée, elle fut approuvée avec les constitutions de l'ordre par un bref de Grégoire XIII, en 1579.

Actuellement, les barnabites comptent environ six cents profès, et sont répartis en six provinces. Leur maison généralice se trouve à Rome ; ils sont peu connus en France.

Renvoi : Charles Borromée.

Bibl. : *Catholicisme*, art. Antoine-Marie Zaccaria (D. Sixdenier), et art. Barnabites (A. Odil). *Enciclopedia cattolica*, art. Congregazione di San Paolo (V.M. Colciago).

Approbation
de l'ordre
des **barnabites**
par le pape
Clément VII
en 1533.

Basile. Icône du mont Sinaï.

BASCI. Voir Matthieu de Basci.

BASILE DE CÉSARÉE

Évêque de Césarée en Cappadoce. Docteur de l'Église. V. 330-379.

VIE

Né à Césarée dans une famille noble de tradition chrétienne, Basile reçoit une éducation qui fait de lui un lettré. Baptisé en 358, il adopte une vie d'austérité. Il subit l'influence de saint Eustache, qui a inauguré une forme primitive de monachisme, et qui fut évêque de Sébaste. Au terme d'un voyage au cours duquel il étudie les formes de vie ascétique élaborées par des communautés de Syrie, de Mésopotamie et d'Égypte, Basile se retire dans une propriété familiale à Annesi, où il cherche vainement à attirer Grégoire de Nazianze avec lequel il s'est lié pendant ses études. Une correspondance active se noue entre les deux amis, qui s'évertuent à montrer que le monachisme naissant réalise pleinement l'idéal de la sagesse antique, tel qu'il est formulé par la philosophie néo-platonicienne et le stoïcisme. Profondément ancré dans la foi chrétienne et désireux de conformer sa vie aux exigences de l'Évangile, il rédige une série de *Règles morales* (*Regulæ brevius tractatæ*) prônant un renoncement total au monde. Après cinq ou six ans passés à Annesi, il est ordonné prêtre. Lors d'une disette, il fonde un hospice à Césarée. En 370, Basile est élu évêque de cette ville ; il se heurte à l'opposition de ceux qui blâment ce que peut avoir d'excessif son ascétisme. Il rompt à cette époque avec Eustache de Sébaste et s'oppose violemment aux positions hérétiques de ce prêtre qui avait exercé une influence décisive sur sa propre vocation religieuse. Saint Basile est vénéré comme le fondateur par excellence du mouvement d'ascétisme dans l'Église d'Orient.

ŒUVRE

D'une activité stupéfiante pour un homme affligé d'une santé précaire, Basile a laissé une œuvre doctrinale immense, qui va des *Règles morales* à une riche série de discours et d'homélies. La partie la plus vivante de son œuvre est sa correspondance, qui ne compte pas moins de trois cent soixante-cinq lettres.

RÈGLE DE SAINT BASILE

Une lettre adressée par Basile à Grégoire de Nazianze décrit la vie menée dans la petite communauté qu'il a réunie à Annesi. Elle ne constitue pas une règle à proprement parler. Les conférences qu'il faisait à ses frères en religion abordent les différents aspects de leur vie et de leur ascèse. Le recueil de ces propos, intitulé *Regulæ brevius tractatæ*, contient surtout des conseils et des réponses à des questions posées.

INFLUENCE DE SAINT BASILE

Le monachisme oriental tire une partie notable de son inspiration des enseignements de Basile et de la vie cénobitique qu'il a inaugurée. Son exemple a d'abord été suivi en Asie Mineure, ensuite en Palestine, où les laures des ascètes ont constitué un relais de première importance dans l'histoire du monachisme. En Occident, la règle de saint Benoît est pénétrée de la pensée de saint Basile.

Renvois : Benoît de Nursie. Règle monastique.

Bibl. : *Catholicisme*, art. Basile, évêque de Césarée, et art. Règle de saint Basile (G. Bardy). *Dict. encycl. du christianisme ancien*, art. Basile de Césarée de Cappadoce (J. Gribomont). *Diz. degli Ist. di Perf.*, art. Basilio (J. Gribomont).

BEC-HELLOUIN

Abbaye bénédictine de Notre-Dame du Bec-Hellouin, fondée en 1034, et située dans le département de l'Eure.

HISTORIQUE

Le XIe siècle est marqué par une renaissance du monachisme en Normandie, orchestrée sous les auspices des ducs de Normandie qui font reconstruire les abbayes ravagées par les envahisseurs, tandis que Guillaume de Volpiano marque le mouvement de réforme de l'empreinte de sa personnalité. Lorsqu'il décide de quitter le monde pour se vouer à une vie de prière, Herluin, ou Hellouin, chevalier du comte de Brionne, ne gagne cependant aucun des monatères ainsi restaurés, mais se retire avec quelques compagnons dans sa propriété du Bec, où ils adoptent une vie de pauvreté, de prière et de dur labeur. L'arrivée de l'Italien Lanfranc, né à Pavie vers 1010, qui fait profes-

Bec-Hellouin. Le cloître de l'abbaye.

sion au Bec, contribue à faire de cette maison un foyer de vie spirituelle et intellectuelle. Lanfranc devient archevêque de Cantorbéry en 1070, et œuvre à la renaissance des monastères et des évêchés anglo-saxons lancée à l'instigation de Guillaume le Conquérant après 1066. Il adapte à ces diverses fondations ou restaurations les modes de vie et les principes expérimentés au Bec, qui prend une position dominante dans la réforme monastique normande.

En 1078, Anselme de Cantorbéry succède à Herluin à la tête de l'abbaye, où il est entré comme moine. Il est ensuite porté au siège primatial de Cantorbéry, où il succède à Lanfranc en 1093. L'abbaye possède alors de nombreux prieurés en Angleterre et en France. Ce développement explique la constitution d'un ordre du Bec, qui diffuse dans ces deux pays la règle de vie élaborée et expérimentée au Bec par les trois fondateurs, Herluin, Lanfranc et Anselme. L'ordre a une organisation centralisée ; les prieurs conventuels des différents prieurés sont soumis à l'autorité de l'abbé du Bec, avec un chapitre général qui les rassemble chaque année au Bec.

Durant le Moyen Âge, les prieurés anglais s'émancipent progressivement de l'autorité de l'abbé du Bec, qui garde longtemps sa prédominance en Normandie. Une remarquable fidélité aux rigueurs de la règle caractérise le Bec-Hellouin, ainsi qu'une indépendance affirmée dès le début à l'égard du pouvoir royal et de l'évêque. La guerre de Cent Ans marque le début de la décadence du Bec, aggravée par les guerres de religion et le régime de la commende.

Au XVIIe siècle, les mauristes restaurent l'abbaye et construisent des bâtiments grandioses ; le Bec retrouve ainsi une place importante dans la vie religieuse normande. Envahie par l'esprit nouveau des Lumières à la fin du XVIIIe siècle, l'abbaye du Bec devient bien national à la Révolution ; les moines sont dispersés. Au début du XIXe siècle, l'église et la salle capitulaire sont rasées ; les bâtiments subsistant abritent une caserne de cavalerie.

ÉPOQUE MODERNE

Évacuée en 1945 par les militaires, l'abbaye du Bec-Hellouin est de nouveau confiée aux bénédictins; elle est alors occupée par une communauté de moines de la congrégation de Monte Oliveto (olivétains). Ceux-ci arrivent de Cormeilles-en-Parisis sous la direction de leur abbé dom Paul Grammont. Le réfectoire du XVIIIe siècle est transformé en un oratoire où est déposée la dépouille d'Herluin. Peu après 1948, une communauté de religieuses s'établit aux abords du Bec; elles sont soumises à la règle bénédictine et se réunissent avec les moines dans l'église abbatiale pour les offices solennels. Les moniales y font profession, sous l'autorité de l'abbé. Elles ont cependant une organisation propre, avec à leur tête une prieure, et un chapitre conventuel. L'abbaye du Bec-Hellouin est actuellement un important centre de contacts œcuméniques.

Costume : Les moines du Bec-Hellouin portent la tenue bénédictine, mais leur habit est blanc depuis le début du XIIe siècle, et non noir comme les autres bénédictins.

Renvois : Bénédictins. Mauristes. Olivétains.

Bibl. : *Diz. degli Ist. di Perf.*, art. Bec (Pizobel). *Les Ordres religieux* (dir. G. Le Bras), t. I, pP. 230-231, ill. 312. A. Porée, *Histoire de l'abbaye du Bec*, 2 vol., Évreux, 1901. *Bulletin des Amis du Bec*, 1961 et suiv.

BÉGUINAGE

Dès la fin du XIIe siècle, les béguines logent dans des maisons groupées les unes auprès des autres. Au XIIIe siècle apparaissent les béguinages proprement dits. Il s'agit de maisons religieuses insérées dans les villes, et qui groupent une série de petites maisons, généralement de style uniforme, avec des places, des rues, une église et un bâtiment important destiné aux besoins de la vie conventuelle. L'ensemble est entouré d'un fossé et d'une enceinte. À partir du XVIe siècle, on ne construit plus en torchis périssable, mais en belles pierres ; le temps est venu des édifices grandioses, par leurs proportions et la qualité de leur matériau.

Renvoi : Béguines.

Bibl. : *Diz. degli Ist. di Perf.*, art. Beghine, Begardi, Beghinaggi (A. Mens). G. Van Bever, *Les Béguinages*, Bruxelles, 1943.

BÉGUINES

Le grand béguinage de Louvain.

À partir de la fin du XIIe siècle, ce terme désigne des communautés mi-religieuses mi-laïques, de veuves et de vierges vouées au travail, aux œuvres charitables et à la contemplation.

L'origine du mot reste obscure. Diverses hypothèses ont dû être abandonnées. On a songé au verbe vieil allemand *beggen*, qui signifie prier, mendier ; une autre hypothèse consiste à mettre béguin, béguine en rapport avec le latin *albigensis*. On a songé aussi à rapprocher ce terme de la couleur grège du costume des cathares (les *beggini*, vêtus de *bège*) ; il semble en effet qu'on ait désigné initialement sous le nom de *beggini* des hérétiques d'origine cathare. Deux formes sont en usage concuremment dès le XIIe siècle : béguine (pour les femmes) et bégard (pour les hommes surtout).

Apparues à une époque où les créations spontanées d'ordre religieux prolifèrent, les communautés de béguines, appelées d'abord *mulieres religiosæ*, ou *sanctæ*, naissent à l'instigation de riches bourgeois, dans les villes de Flandre principalement, où différents facteurs contribuent à multiplier le nombre des veuves et des filles non mariées, et de façon plus générale à accroître le nombre des démunis et des exclus. Les maisons créées par les béguines ont pour raison

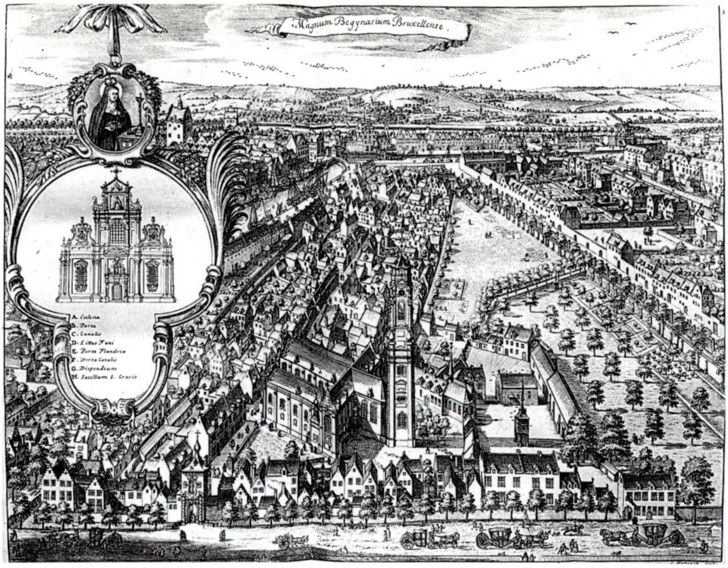

Le grand béguinage de Bruxelles. Harrewÿn, *Presbyteri Chorographia*, 1726. Chantilly, bibliothèque les Fontaines.

d'être primordiale l'accueil et le soutien des déshérités. Parmi les femmes qui entrent dans ces communautés nouvelles, certaines viennent précisément de ces milieux défavorisés. Les béguines forment d'abord de petites communautés disséminées dans les villes, puis de véritables «béguinages» organisés en paroisses, avec église, cimetière, hôpital, l'espace béguinal étant clos par une enceinte.

Le premier établissement de ce type apparaît vers 1180 à Liège. Une cinquantaine d'années plus tard, on dénombre à Paris un millier de béguines, et deux mille environ à Cologne. Prospères dans le nord de l'Europe, entre la Seine et le Rhin surtout, elles se répandent dans une grande partie de l'Europe, de la Pologne à l'Espagne. Les béguines vivent généralement en groupes, qui peuvent compter plusieurs centaines de femmes. Elles tirent leur subsistance de leur travail, et ont pour fonction principale les œuvres de miséricorde, en ménageant un temps de prière et de contemplation dans leur emploi du temps. Elles ne prononcent pas de vœux — elles ne sont donc pas des religieuses —, mais se soumettent à une règle, qui varie d'une communauté à l'autre, et est composée par un directeur, généralement un religieux appartenant à un ordre mendiant. Ces règles de vie s'inspirent dans leur formulation de celles des tiers ordres. Indépendantes des ordres monastiques, mais soumises à l'autorité de l'évêque, ces communautés disposent d'une certaine indépendance, qui irrite le clergé séculier, tandis que les franciscains et les dominicains voient en elles des concurrentes qui les frustrent d'une partie de leurs sources de revenus (donations et ensevelissement des défunts notamment). D'autre part, cette liberté même incite certaines communautés de béguines à adhérer à des doctrines parfois aberrantes. Ainsi, au XIVe siècle, en 1311, le concile de Vienne dénonce ces déviations, décelant l'influence de la pensée de Joachim de Flore, et la présence çà et là des thèses proprement libertaires du «libre-esprit». L'Église revient enfin sur sa condamnation et, au XVe siècle, accorde sa protection aux béguines qui acceptent de se rattacher à l'ordre franciscain ou à l'ordre dominicain. On distingue alors les béguines, de stricte obédience, des «bégards», tenus pour être le plus souvent des hérétiques. Au XVe siècle, les béguines disparaissent de France et d'Allemagne, et se maintiennent seulement aux Pays-Bas. Le terme béguinage apparaît à cette même époque pour désigner les maisons des béguines.

Renvois : Béguinage. Frères du Libre-Esprit.

Bibl. : *Dict. d'Hist. et de Géog. eccl.*, art. Bégardisme (J. Van Mierlo), et art. Béguinage (J. Van Mierlo). *Dict. de Spiritualité*, art. Béguins, Béguines, Béguinage (J. Van Mierlo). *Diz. degli Ist. di Perf.*, art. Beghines, Begardi, Beghinaggi (A. Mens), et art. Beghine di Provenza (P. Peano). *Enciclopœdia Universalis*, art. Béguines et Béguards (M.-M. Davy et R. Vaneigem). *New Catholic Encyclopedia*, art. Béguines and Beghars (E.W. McDonnell). «Les Béguines» dans A. Fliche et V. Martin, *Histoire de l'Église*, 1959, t. XII, p. 197.

BÉNÉDICTINES

Bénédictines. *La Mort de sainte Walburge*, tapisserie de Nuremberg, 1460. Château de Harburg.

LES ORIGINES

Traditionnellement, depuis les débuts mêmes du christianisme, on signale la présence de vierges consacrées, de saintes femmes. La sœur de saint Benoît, Scholastique, a parfois été présentée comme la fondatrice lointaine du monachisme bénédictin féminin. En réalité, les communautés de femmes religieuses qu'on entrevoit au VIe siècle se référaient, semble-t-il, à différents textes normatifs, mais aucune d'entre elles ne peut être appelée «bénédictine». Un point de départ est fourni par saint Walbert (629-670), abbé de Luxeuil, qui combine la règle de saint Benoît et les préceptes de saint Colomban à l'intention des communautés féminines. Règle sans doute adoptée à Faremoutiers. Au VIIe siècle, la diffusion de la règle de saint Benoît est liée au mouvement de conversion de la Germanie, sous l'impulsion de saint Boniface. Les moniales de quelques monastères privilégiés participent à l'œuvre d'évangélisation. Parmi les plus célèbres au VIIIe siècle, on retient les noms de sainte Walburge, abbesse de Heidenheim en Allemagne, et de sainte Liska, abbesse de Bischofsheim. D'ores et déjà, la règle bénédictine est adaptée aux communautés féminines. À l'époque carolingienne, celles-ci sont trop souvent accaparées par des femmes — qui ne sont pas toutes des saintes — appartenant à l'aristocratie ou aux familles régnantes. Au XIIe siècle, un courant de renouveau suscite un regain d'observance de la règle dans différents monastères féminins. En Europe, on dénombre à cette époque beaucoup de maisons religieuses féminines. C'est alors qu'Héloïse fonde, avec l'aide d'Abélard, le monastère du Paraclet. On peut retenir aussi le monastère double de Fontevrault, où les deux communautés de moines et de moniales sont placées sous l'autorité d'une abbesse. Toujours au

Bénédictines. *L'Arrivée à Mayence de sainte Walburge*, tapisserie de Nuremberg, 1460. Château de Harburg.

XIIe siècle, deux moniales allemandes font date dans l'histoire de la spiritualité et de la culture : Élisabeth, abbesse de Schönau (morte en 1164), et Hildegarde, abbesse de Rupertsberg, près de Bingen (morte en 1179). Durant cette période foisonnante, on constate en effet la présence d'un monachisme féminin qui se plie à la règle de saint Benoît, mais peut-on parler de «religieuses bénédictines» au sens moderne de l'expression ? Cela paraît douteux.

Au cours de la période subséquente, et en plein cœur de la crise des XIVe et XVe siècles, les contours d'une réalité plus expressément bénédictine semblent se préciser. Au XIIIe siècle déjà, de grandes abbesses émergent d'une situation parfois confuse. En Allemagne, on citera surtout sainte Gertrude la Grande (morte en 1302), figure dominante du groupe bénédictin de Heft qui a contribué à la diffusion du culte du Sacré Cœur de Jésus. Le XVe siècle, période de crise et de ruptures, a cependant vu s'affirmer des efforts de regroupement proprement bénédictins, avec la congrégation de sainte Justine de Padoue (1424), à la structure particulièrement rigide, la congrégation bénédictine de Bursfeld, en Allemagne (1446) ; en France, un mouvement semblable part de l'abbaye de Chelles. Les guerres de religion éprouvent durement les communautés de religieuses.

Le premier tiers du XVIIe siècle est marqué par un effort de réforme, de restauration de l'ordre et de la clôture, dans l'esprit rigoureux du concile de Trente. La crise janséniste puis la Révolution portent des coups souvent mortels aux communautés de bénédictines.

XIXe ET XXe SIÈCLES

La vie religieuse renaît avec une vigueur nouvelle en France au début du XIXe siècle. Thérèse de Bavoz fonde en 1814 les bénédictines du Saint-Cœur-de-Marie ; la communauté qu'elle groupe à Pradines est le premier monastère de bénédictines rouvert après la Révolution (1804-1814). Les créations nouvelles sont légion. La fondation par Guéranger du monastère de sainte Cécile à Solesmes, en 1867, invite à

Saint Augustin enseigne la philosophie. Benozzo Gozzoli, fresque, 1463-1465. San Gimignano, Sant'Agostino.

Saint Basile dictant sa doctrine. Francisco de Herrera, XVIIe siècle. Paris, Louvre.

relever au passage un parallélisme frappant entre la vitalité des communautés féminines et celle des ordres masculins, les seconds inspirant et orchestrant souvent les premières. Les instituts féminins, autant que les monastères masculins, ont été frappés de plein fouet par les mesures discriminatoires de 1901-1902. Pour la plupart exilées à l'étranger, les bénédictines rentrent en France après 1918. Des fédérations se créent, tissant des liens entre les divers monastères. En 1950, la constitution *Sponsa Christi* et les *Statuta monalium* édictés par Pie XII modifient le régime instauré par Boniface VIII en 1298, et confirmé par le concile de Trente en 1563. Le concile de Trente avait accentué le caractère contraignant de celle-ci, en introduisant la formule d'«incarcération volontaire », et en décrétant que toute violation de la clôture entraînait l'excommunication *ipso facto*. Après 1950, on distingue la clôture papale mineure; moins stricte, elle ouvre aux religieuses la possibilité de se vouer à des activités apostoliques. Les moniales bénédictines se caractérisent par les vœux solennels qu'elles émettent et leur adhésion à la vie purement contemplative; elles sont soumises à la clôture papale majeure. Ces principes généraux admettent cependant des exceptions.

À la différence des moniales, les sœurs bénédictines prononcent généralement des vœux simples, tout en étant soumises à la règle de saint Benoît; elles sont astreintes à la clôture épiscopale (régime commun) ou à la clôture papale mineure. Ces religieuses mènent une vie d'apostilicité active, et ont donc des contacts plus fréquents que les moniales avec le monde extérieur. La part que font ces sœurs à l'office liturgique est moins importante que chez les moniales. Cette forme de vie bénédictine est apparue dans la seconde moitié du XIXe siècle, et a suscité la création de multiples congrégations de sœurs vouées à des œuvres d'aide à tout genre de détresse.

Renvois : Abélard. Bénédictins. Benoît de Nursie. Bursfeld. Chelles. Clôture. Colomban. Faremoutiers. Guéranger (dom). Solesmes.

Bibl. : *Dict. d'Hist. et de Geo. eccl.*, art. Les Bénédictines, *Diz. degli Ist. di Perf.*, art. Benedettine, monache et Benedettine, suore. M. Parisse, *Les Nonnes au Moyen Âge*, Paris, 1983.

BÉNÉDICTINS

Les bénédictins sont à proprement parler les moines qui suivent la règle de saint Benoît (vers 480 - vers 547). L'expression «*Ordo sancti Benedicti*» (O S B), n'apparaît pas avant le XIIIe siècle.

Bénédictin. Miniature des *Miracles de Notre-Dame*, XVe siècle. Paris, Bibliothèque nationale.

HISTORIQUE

Les premières fondations de saint Benoît se situent à Subiaco (Latium), avec plusieurs maisons placées sous l'autorité d'un abbé, et pourvues chacune d'une église, leur ensemble étant régi par saint Benoît. Les fondations qui suivront, Mont-Cassin et Terracina, sont

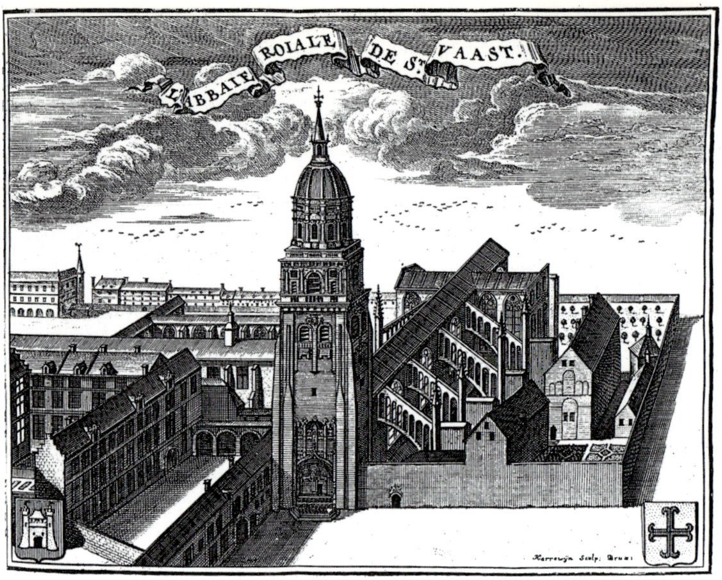

L'abbaye bénédictine de Saint-Vaast. Gravure de Harrewÿn, 1743. Chantilly, bibliothèque les Fontaines.

de nature toute différente : un monastère unique, se suffisant à lui-même et pleinement autonome. L'organisation interne de chacun de ces deux monastères est de caractère familial, avec une concentration de la *domestica potestas* dans les mains de l'abbé. Saint Benoît, dans sa règle, renonce expressément à créer des liens obligatoires entre différents monastères. Dans un nombre de cas limités, énumérés dans la règle, un droit de regard est accordé à l'évêque du lieu. Par exemple en cas de «mauvaise élection», c'est-à-dire faussée par des manœuvres de mauvais aloi.

Dans la seconde moitié du VIe siècle, il est encore difficile de déterminer la mesure dans laquelle la règle de saint Benoît a été diffusée. D'ores et déjà il existe un nombre élevé de règles différentes qui circulent d'un monastère à l'autre, tant et si bien que parfois on trouve deux ou plusieurs règles monastiques suivies dans une même maison.

Vers 580, lors de l'invasion de l'Italie du Nord par les Lombards, le monastère du Mont-Cassin est détruit. Les moines de cette abbaye trouvent refuge à Rome — on admet que cette circonstance a contribué à mieux y diffuser la connaissance de la règle de saint Benoît. Au VIIIe siècle, apparaît çà et là l'idée d'un mode de vie monastique *sub regula Benedicti*, mais, dans leur forme de vie religieuse, la plupart des monastères continuent de s'inspirer de plusieurs règles à la fois. Au siècle suivant, l'empereur Louis le Pieux, au concile d'Aix-la-Chapelle (817), tente d'imposer dans tous les monastères de ses territoires une règle unique, celle de saint Benoît, qui avait tendance à prédominer.

La fondation en 910 du monastère de Cluny, en Bourgogne, marque un tournant important dans l'histoire du monachisme occidental. Empruntant certains traits à l'organisation juridique de la féodalité, les abbés de Cluny regroupent les différents monastères de l'ordre clunisien sous leur autorité; ils ne relèvent eux-mêmes que du Saint-Siège, à l'exclusion de tout autre pouvoir. Immense fut l'influence de Cluny dans le monde occidental des XIe et XIIe siècles. *Ordo cluniacensis*, s'intitule-t-il, expression dans laquelle *ordo* a le sens très général d'organisation, plutôt que celui d'ordre religieux. Victime de sa réussite même, Cluny suscite par réaction nombre de mouvements de réforme intégrale. Ainsi voit-on notamment surgir les camaldules en 1012, l'ordre de Vallombreuse en 1037, celui de Fontevrault en 1100, tandis que la fondation de Cîteaux en 1098 illustre avec force le radicalisme de ce retour à l'ascétisme.

Au XIIIe siècle, les documents issus de la chancellerie pontificale font mention d'un *Ordo sancti Benedicti*; il ne s'agit pas là d'un «ordre bénédictin» structurel, au sens moderne de l'expression, mais d'un mode de vie religieuse s'inspirant de la règle de saint Benoît. Un nombre croissant de monastères l'adoptent alors. Cela reste vrai jusqu'à l'époque moderne. Cependant, de nombreux monastères s'organisent en congrégations. Chacune d'elle constitue un «ordre religieux» au sens moderne de l'expression. Mais nulle part n'apparaît l'épithète «bénédictin» pour qualifier aucun de ces ordres.

Abbayes bénédictines. Gravure extraite de la *Corona benedictina adornata*. Barcelone, 1677. Chantilly, bibliothèque les Fontaines.

Isolées, autonomes par principe, les abbayes bénédictines sont plus sensibles aux effets pernicieux de la commende que les instituts plus fortement structurés, comme les franciscains par exemple. Le concile de Latran IV de 1215 prescrit des réunions périodiques de tous les abbés d'un même pays. Ces mesures sont de peu d'effet en raison du caractère disparate du statut social des abbés. Au XIVe siècle, le pape Benoît XII (1334-1342) tente d'imposer une réforme plus efficace par la bulle *Summi magistri dignatis* (1336), dont le principe est de regrouper les différentes abbayes en un certain nombre de provinces et de les soumettre à une discipline commune. Cette bulle dite «bénédictine» n'est en réalité guère observée, les troubles de cette période étant peu propices à une telle entreprise. Différents mouvements de réforme réussissent cependant, telle la réforme de l'abbaye de Kastl en Bavière, commencée en 1381, ou celle de l'abbaye de Melk en Autriche. On doit citer aussi la congrégation de Sainte-Justine de Padoue, qui fut la première congrégation de type moderne. Son premier chapitre général date de 1424.

Au XVIe siècle, la révolution religieuse protestante est néfaste au monachisme, surtout en Angleterre et en Allemagne. Le concile de Trente (1545-1563) estime que le seul remède adapté à l'étendue des dégâts consiste à imposer aux différents monastères l'obligation de s'unir en congrégations. Tandis qu'on s'efforce de dégager la vie religieuse des pressions venues de l'extérieur, la commende, confortée par le Concordat de Bologne en 1516, n'en continue pas moins à exercer son influence.

On voit se développer aux XVIIe et XVIIIe siècles de nombreuses congrégations autonomes — vingt-trois congrégations bénédictines se constituent en Europe. Fondé à Rome en 1687 par Innocent XI, le collège de Saint-Anselme est appelé à devenir au XIXe siècle le siège de l'abbé primat de la confédération bénédictine, et le centre international d'études pour tout l'ordre. On distingue deux types de congrégations. L'un plus libéral, et de type fédéral, laisse à chaque abbaye son autonomie, avec à sa tête un abbé élu. L'autre, centralisé,

Armes du monastère **bénédictin** de San Millan de la Cogolla. Chantilly, bibliothèque les Fontaines.

donne à la congrégation un rôle prépondérant; chaque abbaye y sacrifie une grande part de son autonomie; la congrégation devient alors la véritable famille de chaque moine. Jusqu'au dernier tiers du XVIIIe siècle, l'ordre bénédictin connaît une remarquable période d'essor.

La fin du XVIIIe siècle puis la Révolution française démantèlent l'ordre bénédictin et le monachisme, mais le XIXe siècle est marqué par un grand mouvement de renaissance. Dom Prosper Guéranger en a été l'un des principaux acteurs. Il réinstalle les bénédictins à Solesmes en 1833, et fonde en 1837 la congrégation de Solesmes. Il préside à la fondation de Ligugé en 1858, à celle de Marseille en 1865. Jean-Baptiste Muard, autre figure marquante du renouveau bénédictin au XIXe siècle, fonde le monastère de La-Pierre-qui-Vire en 1854.

SITUATION ACTUELLE

En 1893 le pape Léon XIII institue une confédération de toutes les congrégations de bénédictins noirs, la confédération bénédictine. Afin de donner un signe visible de l'unité nouvelle, il crée la charge d'abbé primat, placé à la tête de la confédération. Léon XIII avait reconstruit entre 1887 et 1890 le collège de Saint-Anselme, disparu au cours du XIXe siècle, et avait décidé que l'abbé primat serait aussi abbé de Saint-Anselme. Une *Lex propria... sen Constitutiones Confœderationis Congregationum monasticarum Ordinis sancti Benedicti,* promulguée en 1952 par Pie XII, est revue et approuvée par le congrès des abbés en 1970. Après la confédération des Olivétains en 1960, celle de Vallombreuse en 1966, celle des ermites Camaldules en 1966, et celle des Silvestrini en 1973 ont rallié la confédération des congrégations de l'ordre.

ŒUVRE CIVILISATRICE DE L'ORDRE

Cet aspect est largement développé dans les deux encyclopédies citées en bibliographie. Seules quelques annotations brèves sont présentées ici. On connaît le rôle des grandes abbayes du Moyen Âge dans la vie économique et sociale. Traditionnellement, les moines vivant sous la règle de saint Benoît se sont illustrés dans le domaine de l'activité intellectuelle et artistique. Les grandes abbayes bénédictines du Moyen Âge entretenaient des scriptoriums qui souvent ont produit des manuscrits d'un art raffiné, et ont contribué à sauver la pensée et la littérature antiques. Beaucoup de monastères se sont aussi illustrés par la richesse de leur bibliothèque. Cette fécondité a connu un éclat renouvelé au XVIIe siècle avec des œuvres produites par les mauristes.

Costume : Les bénédictins portent actuellement une robe avec une ceinture de tissu ou de cuir à la taille, et généralement le scapulaire à capuchon. La coule, long vêtement très ample aux manches évasées, est une tenue de cérémonie. Tous les éléments du costume bénédictin sont de couleur noire d'où le nom qui leur a été donné de «moines noirs». Les bénédictins portent toujours des chaussures.

Renvois : Benoît de Nursie. Bibliothèque monastique. Camaldules. Cluny. Congrégations bénédictines. Mauristes. Mont-Cassin.

Bibl. : *Enciclopedia cattolica*, art. Benedettini (T. Leccisotti). *Diz. degli Ist. di Perf.*, art. Benedettini (J. Leclercq, G. Picasso, E. Zaramella).

BENOÎT D'ANIANE

Premier unificateur du monachisme d'Occident. V. 750-821.

VIE

Issu de l'aristocratie wisigothique, Benoît vit à la cour de Pépin le Bref, père du futur Charlemagne. Il se retire à vingt-sept ans au monastère de Saint-Seine, près de Dijon, mais le quitte déçu par l'indiscipline qui y règne. Il part alors pour le Languedoc, à Aniane. Avec d'autres moines, il fonde une communauté régie d'abord par la règle de saint Basile. Puis, vers 787, il adopte la règle de Benoît de Nursie, moins difficile à pratiquer. La réussite de cette fondation, ajoutée aux relations personnelles de Benoît avec la haute aristocratie franque, explique le privilège impérial accordé au monastère d'Aniane.

L'empereur Louis le Pieux charge Benoît de la réforme des monastères d'Aquitaine, et fonde à son intention un monastère situé sur le cours d'eau Inden, près d'Aix-la-Chapelle. Avec l'appui du pouvoir impérial, Benoît s'emploie à diffuser la règle de saint Benoît dans les monastères d'Occident. Cette entreprise est toutefois entachée d'une contradiction flagrante, qui explique en partie le faible nombre de monastères ayant adopté la *Regula Benedicti* à l'époque carolingienne : ce document fondamental pose en effet la libre élection de l'abbé, alors que les souverains carolingiens ou leurs représentants avaient pour habitude de nommer l'abbé destiné à diriger chaque communauté monastique qu'ils fondaient, au gré des nécessités politiques.

ŒUVRE

L'œuvre majeure de Benoît d'Aniane est le *Liber ex regulis diversorum patrum collectus*, qui est généralement désigné sous le nom de *Codex regularum*. Benoît a aussi écrit une *Concordia regularum*. Ces deux ouvrages étaient destinés à mieux faire connaître la règle de saint Benoît, en la comparant à celles d'autres ordres monastiques. Benoît d'Aniane a surtout travaillé à diffuser la règle de saint Benoît dans le plus grand nombre possible de monastères. Il a aussi œuvré à réformer la liturgie.

Renvois : Aniane. Basile de Césarée. Bénédictins. Benoît de Nursie.

Bibl. : *Diz. degli Ist. di Perf.*, art. Benedetto d'Aniane (G. Picasso). J. Winandy, «L'œuvre monastique de saint Benoît d'Aniane», *Mélanges bénédictins*, Saint-Wandrille, 1947, pp. 237-258.

BENOÎT DE NURSIE

Fondateur et abbé de l'abbaye du Mont-Cassin. V. 480-v. 547.

VIE

Ce que nous connaissons de la vie de saint Benoît provient principalement du livre II des *Dialogues* de Grégoire le Grand, rédigés moins de cinquante ans après la mort de Benoît, en 593 ou 594. Issu d'une famille noble de la région de Nursie, il a pu y découvrir dès son enfance les formes de vie monastique développées dans les monastères et par les nombreux ermites de cette province italienne. Il fait des études à Rome, dans une période sombre de l'histoire de la péninsule. L'Empire romain d'Occident a cessé d'exister en 476, et l'Italie est un champ de bataille où s'affrontent les bandes armées d'Odoacre et de Théodoric le Jeune. Ce dernier, qui règne jusqu'en 526, impose sa loi dans une partie de l'Italie. Benoît interrompt bientôt ses études pour se consacrer au service de Dieu. Il veut imiter les moines des temps anciens, se retire d'abord auprès d'un groupe de prêtres attachés au service de l'église Saint-Pierre, à Enfide. Sa fidèle nourrice l'accompagne. Cette circonstance, apparemment insignifiante, éclaire cependant un épisode miraculeux présenté comme déterminant par saint Grégoire : celle-ci laisse tomber un crible de terre cuite qui lui a été prêté; il se brise en mille morceaux. Or Benoît reconstitue cet objet par l'effet d'un miracle. L'excès de notoriété que lui vaut cet exploit décide le jeune ascète à se retirer définitivement du monde. Il s'installe sur les ruines de la villa de Néron, près de Subiaco, et y mène la vie d'un ermite. Seul un jeune moine d'un monastère voisin vient rompre sa solitude et lui procure de quoi subsister. Peu à peu, des disciples viennent s'agréger autour de lui, tandis qu'il veille à rester fidèle à l'esprit des traditions monastiques anciennes. Les moines du monastère

Benoît de Nursie. Spinello Aretino, *Le Miracle du crible*, vers 1400. Florence, église San Miniato al Monte.

Benoît de Nursie
entouré
de saint Cyrille
et de saint Méthode.
Anonyme,
IXe siècle.
Assise, église San Pietro.

voisin de Vicovaro lui demandent de devenir leur abbé. Il entreprend de réformer leur communauté, mais se heurte à une partie d'entres eux qui se révoltent et tentent de l'empoisonner. Benoît se réfugie à nouveau dans la solitude. D'autres disciples le rejoignent, en nombre croissant. Fidèle à l'idéal du monachisme ancien, nourri des écrits des Pères du désert, il crée douze petites communautés, groupant chacune douze moines. Chacun de ces monastères jouit pourtant d'une nette autonomie, avec à sa tête un abbé et pourvu d'un oratoire particulier. Benoît rassemble les novices et les moines ayant besoin d'une formation dans un treizième monastère dont il est l'abbé, les douze autres étant soumis à son autorité. L'hostilité du clergé local semble décider Benoît à se lancer dans une nouvelle entreprise : c'est à cette date, vers 529, qu'il fonde le monastère du Mont-Cassin — celui-ci remplace un temple romain dédié à Jupiter-Apollon. D'une inlassable activité, Benoît surveille les travaux de construction, tout en œuvrant à la formation des moines. Une fois la communauté installée dans ce vaste monastère, Benoît entreprend l'évangélisation des populations avoisinantes, avec l'aide des moines qui l'entourent. C'est au Mont-Cassin que Benoît compose la règle qui porte son nom, *Regula Benedicti*. En même temps, il fonde un nouveau monastère à Terracina. En relation avec de très grands personnages, saint Benoît jouit d'une autorité considérable de son vivant. Il meurt peu de temps après sa sœur Scholastique, qui l'a accompagné tout au long de sa carrière.

LA RÈGLE DE SAINT BENOÎT

Elle a été composée à partir de 530, et l'on s'accorde à admettre aujourd'hui que Benoît a utilisé une règle anonyme légèrement antérieure, la *Regula Magistri* (ou règle du Maître), dont la rédaction doit se situer entre 500 et 530. «Monument de vastes proportions, à l'architecture solide», la règle de saint Benoît place un abbé à la tête de chaque monastère. Alors que la règle du Maître fait désigner l'abbé par son prédécesseur, celle de saint Benoît prévoit l'élection de l'abbé par la communauté à la tête de laquelle il est placé. Selon Benoît, l'abbé doit aussi aimer ses moines comme s'ils étaient ses enfants, et se faire aimer d'eux. Rigoureuse et exigeante lorsqu'il s'agit de la discipline et du respect des promesses, stricte sur la tenue de l'office divin, cette règle se distingue cependant par son caractère humain, son souci de miséricorde, d'harmonie. Elle introduit un changement décisif : les communautés monastiques, jusqu'alors le plus souvent laïques, sont désormais en partie composées de prêtres et de clercs. D'abord d'une influence limitée, la règle de saint Benoît commence à être largement diffusée à l'époque carolingienne, grâce à l'autorité dans l'Église de Grégoire le Grand, qui accorde une place éminente à Benoît et à sa règle. À partir de l'époque romane, elle devient le document fondamental de la vie monastique, et sert de modèle à un grand nombre d'ordres nouveaux qui l'adoptent ou s'en inspirent.

Renvois : Augustins. Bénédictins. Règle monastique.

Bibl. : *Catholicisme,* art. Benoït de Nursie. *Dictionnaire de Spiritualité*, art. Benoît de Nursie. *Diz. degli Ist. di Perf.*, art. Benedetto di Nurcia, Regula Benedicti. *Les Ordres religieux* (dir. Gabriel Le Bras), t. I, pp. 25-28. *Saint Benoît. Règle*, trad. H. Rochais, Rochefort, 1980.

BERNARD DE CLAIRVAUX

Docteur de l'Église en 1830. 1090-1153.

VIE

Né dans une famille noble à Fontaine-lès-Dijon (Côte-d'Or), Bernard reçoit sa première éducation à l'école des chanoines de Saint-Vorles à Châtillon-sur-Seine. Il a vingt ans environ lorsqu'il décide d'embrasser la vie religieuse, et entre vers 1112 à l'abbaye de Cîteaux, fondée peu auparavant, en 1098, par Robert de Molesmes. Il y arrive en compagnie de trente amis et membres de sa famille. L'abbé Étienne Harding est à la tête du monastère. Bernard nourrit dès lors sa vie spirituelle en lisant avec passion la Bible et les Pères de l'Église, en même temps qu'il se soumet à d'épuisants exercices de mortification. En 1115, deux ans après sa profession, il est chargé par Étienne Harding de fonder avec douze moines un monastère à Clairvaux, dans le diocèse de Langres, en Champagne. Il en devient abbé et reçoit la consécration abbatiale à Châlons-sur-Marne par Guillaume de Champeaux. Toujours malade, il puise dans ses troubles de santé une partie de son énergie, car il y voit un signe de sa vocation. La vigueur de sa foi, sa personnalité hors pair, sa réputation de saint mystique expliquent la rapidité avec laquelle s'impose son autorité.

Dès 1118, Clairvaux, où Bernard et ses compagnons avaient tout d'abord vécu précairement, dans des huttes de branchages, essaime et fonde sa première filiale, à Trois-Fontaines, puis l'année suivante à Fontenay. On dénombre ainsi soixante-neuf abbayes fondées par Bernard en trente-cinq ans ; celles-ci essaiment à leur tour ; à sa mort, en 1153, cent soixante-sept monastères cisterciens relèvent de Cîteaux. Le rayonnement de Bernard s'étend ainsi à l'Europe entière. D'une activité phénoménale, il entretient des relations suivies avec chacune des filiales de Clairvaux : en attestent sa correspondance, les visites annuelles auxquelles il s'astreint, et une nuée de messagers à travers toute l'Europe. Notons au passage le développement d'un véritable système postal, assez élaboré pour assurer une correspondance régulière, même lointaine.

Bernard de Clairvaux (à droite) et saint Jérôme. Anonyme provençal, début du XVe siècle. Vercelli, Museo Borgogna.

Figure dominante en Europe, Bernard ne fait pas seulement autorité dans le domaine de la théologie monastique ; il est amené à intervenir dans les affaires de l'Église, et trouve généralement des solutions acceptables pour les différentes parties. Appelé à apaiser un conflit survenu entre cisterciens et bénédictins, il calme les passions et rédige son *Apologia*. À contre-cœur d'abord, il accepte de participer à l'action intentée contre Abélard, et l'on regrette qu'il ait quelque peu oublié son sens de la mesure en cette occurrence. Entre 1130 et 1133, il défend avec succès la cause du pape Innocent II dans le schisme qui l'oppose à Anaclet. Saint Bernard aide aussi les templiers à concilier leur vocation militaire — qu'il considère comme parfaitement légitime lorsqu'il s'agit de lutter contre les Sarrasins ennemis du Christ — avec les impératifs de la vie contemplative, propre à tous les moines. Au concile de Troyes, en 1128, il contribue à l'élaboration de leur règle, qui doit beaucoup de son inspiration à la règle cistercienne.

Il n'est pas exagéré de voir en saint Bernard l'arbitre de l'Europe du XIIe siècle. À l'appel du pape Eugène III — ancien moine cistercien et disciple de Bernard —, il se lance dans la prédication de la deuxième croisade : il professe un respect sans réserve pour la hiérarchie, dont il exige une pureté de mœurs absolue, ainsi que pour l'autorité et la primauté du Saint-Siège. À l'assemblée de Vézelay (1146), la force de sa parole décide les Allemands et les Français à partir pour une grande aventure, qui se solde néanmoins par un échec. Jamais cependant il n'oublie qu'il est moine et abbé de Clairvaux : lorsqu'il prêche la croisade en Flandre et en Rhénanie, il recrute certes des croisés, mais il décide aussi une trentaine de jeunes nobles à entrer au noviciat de son abbaye.

SAINT BERNARD ET LE MONDE RELIGIEUX

Dom J. Leclerc a mis en lumière l'importance de l'action du «théologien de la vie monastique» que fut saint Bernard. Ce dernier impose à Cîteaux et aux monastères de l'ordre cistercien une discipline austère et une règle de vie fondée sur la prière et le dépouillement le plus complet possible. En conflit avec Cluny, dont il dénonce la richesse des églises et la pompe de la liturgie, il s'attache à définir le sens profond de la spécificité cistercienne : le renouveau monastique voulu par Dieu — la pureté de la règle cistercienne symbolise à ses yeux la pureté du cœur demandée par le Christ à ses disciples. Charité et pauvreté sont les deux pôles autour desquels s'élabore la pensée de

Bernard de Clairvaux. Miniature du *Miroir historial*, de Vincent de Beauvais, XVe siècle. Chantilly, musée Condé.

Bernard. Autres fondements de toute vie monastique, l'obéissance due au père spirituel que représente l'abbé dans chaque monastère, ainsi qu'à la règle, qui puise l'essentiel de son inspiration dans la règle de saint Benoît.

ŒUVRES DE SAINT BERNARD

Outre différents traités théologiques, ou de circonstances, comme son *Apologia*, le *Liber de deligendo Deo* ou le *De consideratione* adressé au pape Eugène II, saint Bernard a laissé près de cinq cents lettres où se révèlent sa pensée et sa personnalité exceptionnelles. Il nous reste aussi de nombreux sermons prononcés au cours de l'année liturgique, ou à l'occasion de grandes fêtes.

Renvois : Abélard. Benoît de Nursie. Cisterciens. Cîteaux. Ordres militaires. Règle monastique.

Bibl. : *Catholicisme*, art. Bernard de Clairvaux (J. Leclercq). *Dict. d'Hist. et de Géo. eccl.*, art. Bernard (J.-M. Canivez). *Diz. degli Ist. di Perf.*, art. Bernardo di Clairvaux (J. Leclercq). *Enciclopedia cattolica*, art. Bernardo di Chiaravallo (F. Oppenheim). J. Leclercq, *Recueil d'études sur saint Bernard*, 3 vol., Rome, 1962-1969, *Saint Bernard et l'esprit cistercien*, Paris, 1966, et *Vacandard de Vogue*, colloque, 1990. *Les Ordres religieux* (dir. G. Le Bras), t. I, pp. 348-352.

BERNARD DE MENTHON (ou d'Aoste)

Fondateur du Mont-Joux, ou Grand-Saint-Bernard. Mort vers 1081.

La tradition véhiculée par la *Vita* latine de Bernard le fait naître de la famille des comtes de Menthon, près d'Annecy, en Savoie. En réalité, on sait peu de chose sur sa naissance. Seuls points établis sans conteste : ce Bernard a été archidiacre d'Aoste et a fondé le monastère et l'hospice du Mont-Joux (ou Grand-Saint-Bernard), ainsi que la congrégation religieuse ayant pris en charge ce monastère, les chanoines réguliers de la congrégation hospitalière du Grand-Saint-Bernard. Saint Bernard d'Aoste a été l'un des principaux apôtres de la région alpestre. La tradition le dit ardent défenseur du Saint-Siège contre les prétentions du pouvoir impérial. Bernard de Menthon a été canonisé en 1123 par Riccardo (Richard), évêque de Novare. Pie XI, en 1923, a fait de lui le saint patron des alpinistes, ainsi que de tous les habitants des Alpes.

Renvoi : Grand-Saint-Bernard.

Bibl. : *Diz. degli. Ist. di Perf.*, art. Bernardo di Mentone o di Aosta (A. Lovey), et art. Canonici regolari della congregazione ospitaliera del Gran S. Bernardo.

BERNARDINS ET BERNARDINES

BERNARDINS

Dans la langue populaire, la dénomination de bernardins a été appliquée aux cisterciens en raison d'une tradition erronée qui a fait de Bernard de Clairvaux le fondateur de Cîteaux. À diverses reprises, le chapitre général de l'ordre cistercien s'est élevé contre l'expression abusive *Ordo sancti Bernardini*, employée communément au Moyen Âge pour le désigner. À Paris, le collège de Saint-Bernard dit des Bernardins a été fondé en 1245 par Étienne Lexington, abbé de Clairvaux, à l'intention des religieux de cette abbaye ; il a été ouvert à tous les cisterciens en 1321.

Enfin, le peuple polonais a appelé bernardins les frères mineurs observants (O.F.M.), rameau de la famille franciscaine établie en Pologne surtout à partir de 1453. Cette dénomination, toujours vivante, fait référence à Bernardin de Sienne, car le premier couvent de ces frères, fondé à Cracovie en 1453, fut dédié à ce saint personnage.

Bernardin.
Retable de saint Bernard, détail.
Palma de Majorque, musée archéologique Luliano.

BERNARDINES

À la différence des bernardins, le nom de bernardines est encore actuellement porté par plusieurs congrégations féminines. Il s'agit de congrégations plus ou moins liées à l'ordre de Cîteaux. Plusieurs de ces congrégations sont établies dans le nord de la France et en Belgique, comme par exemple celle créée au début du XIXe siècle, près de Lille, les bernardines d'Esquonnes, vouées à l'éducation religieuse des enfants, ou les bernardines d'Audenarde (Belgique) qui, au XIIIe siècle, se sont placées sous le patronage de saint Bernard.

Renvoi : Cisterciens.

Bibl. : *Diz. degli Ist. di Perf.*, art. Bernardini (L. di Fonzo). Dom Oury, *Dictionnaire des Ordres religieux*, Paris, 1991, art. Bernardines. G. Pillement, *Paris disparu*, Paris, 1966 (sur le collège des Bernardins).

BERNON

Premier abbé de Cluny (de 909 à 927). V. 860-927.

Né vers 860, Bernon est issu d'une famille qui possédait beaucoup de biens dans le comté de Bourgogne. L'abbaye de Saint-Martin d'Autun, où le jeune Bernon entre comme moine, reçoit la réforme de Benoît d'Aniane. Vers 885, il quitte cette maison et fonde un monastère à Gigny, sur ses propres terres. Peu après, le roi de Bourgogne Rodolphe Ier le fait abbé de Baume-les-Messieurs, dans le Jura. Puis, en 903, Rodolphe ajoute à la possession de Baume celle d'un petit monastère à Saint-Lothain. En septembre 909, le duc d'Aquitaine Guillaume Ier signe la charte de fondation de l'abbaye de Cluny : le duc fait nommément donation au Saint-Siège, et non à Bernon. Celui-ci a charge de la fondation et de la communauté à créer. Il est tenu expressément par la charte de fondation de veiller à ce que les moines

L'abbaye de Cluny. **Bernon** en fut le premier abbé. Gravure, détail, XVIIIe siècle.

de Cluny respectent la règle de saint Benoît, revue par Benoît d'Aniane. À la mort de Bernon, les moines devront choisir librement son successeur — et malheur au puissant qui entreprendrait de s'emparer des biens de l'abbaye. Avant de mourir, Bernon avait pris soin de répartir entre deux moines les différents monastères dont il est l'abbé. À l'époque carolingienne, la règle de saint Benoît était suivie avec beaucoup d'accommodements : le principe de l'élection ou du choix par la communauté était rarement respecté, et l'on ne voyait alors aucun inconvénient, semble-t-il, à placer un même religieux, ou laïc, à la tête de plusieurs abbayes. Une telle pratique était peu conforme à l'esprit de la règle de saint Benoît, bien que celui-ci ait été abbé de plusieurs maisons.

Renvois : Benoît d'Aniane. Benoît de Nursie. Cluny.

Bibl. : Marcel Pacault, *L'Ordre de Cluny*, Paris, 1986, pp. 80 *sq*.

BÉRULLE (Pierre de)

Cardinal français, fondateur de l'Oratoire. 1575-1629.

Pierre de Bérulle. Gravure d'après Philippe de Champaigne, 1661. Paris, Bibliothèque nationale.

VIE

Pierre de Bérulle naît le 4 février 1575 au château de Sérilly, près de Troyes. Son père est conseiller au parlement de Paris. Sa mère fait partie de la puissante famille Séguier. Pierre est donc le cousin du futur chancelier Séguier. D'une précocité religieuse étonnante, il étudie la philosophie au collège de Clermont, chez les jésuites. En 1600, à vingt-cinq ans, il suit une retraite chez les jésuites de Verdun. Il inspire assez de confiance au père provincial pour que celui-ci lui laisse le soin d'examiner, et éventuellement d'admettre, les jeunes désireux d'entrer dans la Société de Jésus. Au terme de cette retraite, Bérulle décide de devenir un prêtre séculier. Ayant très jeune côtoyé le cercle de Mme Acarie (Marie de l'Incarnation), il est en rapport étroit avec les maîtres de la spiritualité française groupés autour de celle-ci, et est ordonné prêtre le 5 juin 1599. Il fonde en 1611 l'ordre séculier de l'Oratoire, après avoir contribué, avec Mme Acarie, à introduire et établir le Carmel en France. Les membres de cet ordre nouveau de l'Oratoire avaient mission, selon la volonté de leur fondateur, de rappeler au clergé sa vocation primordiale de sainteté, de consécration au Seigneur. Le propos déclaré de Bérulle est de voir les oratoriens, prêtres séculiers, rivaliser de sainteté avec les ordres religieux ; tenus par les seuls vœux du sacerdoce, ils se doivent d'être autant élevés en pureté qu'en pauvreté, en humilité, en obéissance et en sainteté de vie par-dessus le commun des ecclésiastiques, que les plus saints des religieux sont élevés par-dessus le commun des laïques. L'ordre de l'Oratoire, fidèle à cette exigence sans égal, devait servir de fer de lance dans la lutte contre le protestantisme. Bérulle se trouve aussi engagé dans les jeux de la haute politique. Après avoir fait approuver à Rome le mariage d'Henriette de France avec le prince de Galles, le futur roi Charles Ier, il accompagne Henriette en Angleterre. Contraint par les intrigues de Buckingham de rentrer en France, il participe aux négociations qui précèdent la conclusion du traité d'alliance avec l'Espagne en mars 1627 et, en août, il est promu cardinal. Il devient pour peu de temps chef du conseil de la reine mère en 1629, et meurt à Paris en cette même année. La fondation de l'Oratoire et de ses filiales, Saint-Sulpice, la Mission et les eudistes, manifeste la force de ce mouvement mystique du premier tiers du XVIIe siècle, qui est aussi illustré par Mme Acarie et Vincent de Paul.

Renvois : Jésuites. Marie de l'Incarnation. Oratoire. Vincent de Paul.

Bibl. : *Catholicisme*, art. Bérulle (R. Notonnin). *Dict. de Spiritualité*, art. Bérulle (A. Mollien). *Les Ordres religieux* (dir. G. Le Bras), t. I, p. 61. H. Brémond, *Histoire littéraire du sentiment religieux en France*, t. III, 1929, pp. 3-42.

BEURON

Saint-Martin de Beuron, abbaye bénédictine située dans le Bade-Wurtemberg, fondée en 1077.

HISTORIQUE

Fondée en 1077, l'abbaye Saint-Martin de Beuron, dans la haute vallée du Danube, est d'abord une maison de moines augustins réguliers, et le reste jusqu'en 1803. À cette date, elle est sécularisée et assignée au prince de Hohenzollern-Sigmaringen. En 1862, l'abbaye est remise en vie par deux moines bénédictins, les frères Mauro et Placido Wolter, venus de l'abbaye cassinienne de Saint-Paul-hors-les-Murs, à Rome. Les bâtiments du XVIIIe siècle ont pour la plupart fait l'objet d'une donation de la princesse Catherine de Hohenzollern. En 1863, Saint-Martin de Beuron est érigé en prieuré autonome bénédictin par l'archevêque de Fribourg-en-Brisgau et par un bref du pape Pie IX. Mauro est nommé prieur cinq ans plus tard, puis le prieuré étant élevé au rang d'abbaye, il en devient le premier abbé. L'abbaye, constituée suivant la règle de saint Benoît et le modèle des constitutions de Solesmes rédigées par dom Guéranger, est à la tête d'une congrégation véritable. Le 15 août 1872, cette dernière fonde l'abbaye belge de Maredsous, appelée à devenir, avec celle de Maria Laach (en Allemagne), fondée en 1892, l'un des foyers du renouveau liturgique. Chassés de Beuron par le Kulturkampf de Bismarck, de 1875 à 1887, les moines de Beuron se réfugient au Tyrol et fondent en 1880 l'abbaye de Praga-Emaus en Bohême, et en 1883 celle de Steckau en Styrie.

Saint-Martin de Beuron reprend ensuite son essor. En 1935 elle compte trois cent trois personnes faisant partie du monastère, qui a été l'objet en 1898 de la donation de cent hectares de terrain par le prince Frédéric de Hohenzollern. L'abbé garde en 1938 le titre

Beuron. Abbaye Saint-Martin.

d'archi-abbé, mais la congrégation de Beuron a désormais à sa tête un président élu.

ACTIVITÉ DE L'ABBAYE

L'abbaye de Beuron, au cœur du mouvement liturgique dans le premier quart du XXe siècle, est un centre d'étude et de diffusion du chant grégorien et un foyer de vie artistique (décoration du Mont-Cassin). En 1948, le centre éditorial de l'abbaye a pris en charge la publication de l'antique *Biblia latina*, la «Vetus Latina». L'abbaye de Beuron est en outre un centre missionnaire de grand rayonnement.

Renvois : Benoît de Nursie. Chant grégorien. Maredsous. Maria Laach.

Bibl. : *Diz. degli Ist. di Perf.*, art. Beuron, et art. Beuron, Congregazione benedettina di (V.E. Fiala). *Les Ordres religieux* (dir. G. Le Bras), t. I, p. 70.

BIBLIOTHÈQUE MONASTIQUE

Le mot latin *bibliotheca* signifiait la Bible au début du Moyen Âge. On disait plutôt *armaria* pour désigner ce que nous appelons une bibliothèque. Puis on a parlé de *libraria*, et enfin de bibliothèque. Au XVIe siècle, Montaigne cite sa «librairie», qui n'est autre que sa bibliothèque. Une bibliothèque monastique a pour caractéristique d'être une partie intégrante d'un monastère. Un adage ancien assure qu'«un monastère sans livres est une place forte sans vivres».

Dès l'époque mérovingienne, l'abbaye de Corbie, fondée vers 657 par la reine Bathilde, possède un certain nombre d'ouvrages utiles pour la prière et la méditation des moniales, mais aussi pour l'enseignement dispensé dans l'école du monastère. Ces livres sont conservés dans des coffres fermés à clef ou des armoires (*armaria*) — les grands monastères possèdent donc alors des embryons de bibliothèques. Celles-ci se développent à l'époque carolingienne, et les bibliothèques d'abbayes comme Fleury-sur-Loire, Saint-Martin de Tours, Fulda ou le Mont-Cassin conservent d'assez nombreux manuscrits, le plus souvent venus d'Espagne ou d'Italie.

Des scriptoriums — ateliers où des moines copient, illustrent et relient des manuscrits parfois somptueux — sont organisés dans les abbayes importantes ; ils assurent une fonction comparable à celle des imprimeurs-éditeurs du XVIe siècle.

Les bibliothèques monastiques du haut Moyen Âge contribuent à sauver la culture antique et une partie des œuvres majeures des auteurs et des artistes de l'Antiquité. C'est donc grâce à ces bibliothèques et aux moines qui les gèrent que nous pouvons aujourd'hui approfondir la pensée et les connaissances du Moyen Âge. En France, les guerres de religion entraînent la ruine de trop nombreuses bibliothèques monastiques.

Le XVIIe siècle, après la renaissance de l'ordre bénédictin, est cependant marqué par un énergique développement des collections des bibliothèques des grands monastères appartenant à la congrégation de Saint-Maur, ou à celles de Saint-Vanne et de Saint-Hippolyte (pour l'est de la France), où une activité intellectuelle se développe. Dirigées par des bibliothécaires dont le nom et la fonction apparaissent alors, les bibliothèques des grands monastères bénédictins sont célèbres pour leur richesse en ouvrages couvrant l'ensemble des connaissances offertes à la curiosité des hommes des XVIIe et XVIIIe siècles. La décadence, amorcée au XVIIIe siècle, se termine en catastrophe avec la Révolution française. La renaissance monastique du XXe siècle rend pos-

Bibliothèque monastique de l'ancienne abbaye Sainte-Marie-aux-Bois, à Pont-à-Mousson (état avant-guerre).

Saint Bernard reçoit le Christ dans ses bras. École du Pérugin, fresque, XVe siècle. Florence, monastère Santa Maria Maddalena dei Pazzi.

Saint Bernard de Clairvaux rend visite au R. P. Général Guignon Ier. Vincente Carducho, 1626-1632. Paris, Louvre.

sible l'organisation de riches bibliothèques dans certaines abbayes, ainsi appelées à un nouvel essor.

Renvois : Abbaye. Monastère. Scriptorium.

Bibl. : *Histoire des bibliothèques françaises* (dir. André Vernet), Paris, 1989-1990, 3 vol..

BOBBIO

Monastère fondé en 612, à Bobbio (province de Plaisance).

En 612, saint Colomban obtient du roi des Lombards, Aiglulf, l'autorisation de se réfugier à Bobbio dans la vallée de la Trebbie. Son renom attire bientôt de nombreux disciples. Il y fonde un nouveau monastère qui, grâce à la protection des rois lombards, connaît un grand essor après la mort de Colomban, en 815. L'extrême rigueur de la règle colombanienne est tout d'abord respectée à Bobbio. Puis, au début du VIIIe siècle, on y adopte comme ailleurs la règle plus sage de saint Benoît. Les souverains lombards protègent l'abbaye jusqu'à la conquête de leur royaume par Charlemagne, en 774, et lui font de nombreuses donations.

Dans cette époque trouble, Bobbio brille par son développement culturel. Gerbert d'Aurillac, le futur pape Sylvestre II (999-1003), y fut abbé. Le scriptorium de l'abbaye de Bobbio a joué un rôle important dans la transmission des œuvres majeures de la patristique. Érigé en siège épiscopal en 1014, le monastère entre en décadence au XVe siècle, victime notamment des abus du système de la commende. Son adhésion à la congrégation de Sainte-Justine-de-Padoue,

Le monastère de Bobbio.

approuvée en 1449 par le pape Nicolas II, a permis une restauration de la vie régulière. L'abbaye est supprimée en 1795 et sa bibliothèque dispersée.

Renvoi : Colomban.

Bibl. : *Dict. d'Hist. et de Géo. eccl.*, art. Bobbio (F. Bonnard). *Diz. degli Ist. di Perf.*, art. Bobbio (V. Cattana).

Bonaventure. Anonyme, *Saint Augustin et les docteurs de l'Église*, détail. Cadix, musée des Beaux-Arts.

BONAVENTURE

Docteur de l'Église. V. 1217-1274.

VIE

Giovanni Fidanza naît vers 1217 à Bagnorea (aujourd'hui Bagnoregio), près de Viterbe. De 1235 à 1243, il étudie à la faculté des arts de Paris. En 1243, il entre dans l'ordre franciscain comme novice. C'est alors que Giovanni prend le nom de Bonaventure. Il a pour maître de théologie Alexandre de Halès. À son tour promu maître de théologie de l'université, il enseigne de 1253 à 1257 en qualité de maître régent de l'école franciscaine. Or cette période est marquée par un conflit virulent entre les maîtres laïques de l'université et les franciscains, les premiers considérant les seconds comme des intrus dans l'université. Il n'est vraiment reconnu comme maître régulier qu'en 1257, grâce à l'intervention du pape Alexandre IV. Cette même année, Bonaventure devient ministre général de l'ordre, et le reste pendant dix-sept ans. En 1273, il prépare le concile de Lyon de 1274 avec le pape Grégoire X, et meurt le 15 juillet 1274. Il est canonisé et nommé docteur de l'Église par le pape Sixte IV dès 1282.

ŒUVRE

Bonaventure peut être considéré comme le second fondateur de l'ordre franciscain. Non content de défendre son ordre contre les attaques venues des maîtres de l'université, et de lutter contre l'hérésie, il a su donner une forme durable à la vie religieuse selon saint François. Empli de respect pour la règle franciscaine et son observance, il a préféré ne pas imposer l'idéal franciscain dans toute sa radicalité à l'ordre entier, qui compte alors quelque trente mille frères, et est en plein essor.

En 1260, il réunit le premier chapitre général de l'ordre à Narbonne, et en promulgue les premières constitutions. On lui demande alors de préparer une nouvelle *Vie*, ou *Legenda major*, de saint François, afin de faire la synthèse des précédentes et mettre ainsi un terme aux débats qui ne cessent de renaître sur l'essence véritable de la spiritualité franciscaine. Au deuxième chapitre général, Bonaventure promeut la dévotion mariale comme l'un des fondements de la spiritualité franciscaine.

C'est un esprit de prudence et de sagesse qu'il a appliqué avec bonheur dans toute son œuvre, sans mettre en question l'essentiel. Toujours, on le voit s'appliquer à donner des structures solides à une vie religieuse centrée sur la charité, mode de vie spécifiquement chrétien. Il s'est en outre efforcé de sauvegarder et promouvoir une volonté opiniâtre de rénovation et de réforme permanente qui caractérise l'esprit franciscain. Sans céder à la tentation d'un retour à la pure source franciscaine devenue mythique, il a réussi à consolider les structures de l'ordre et en a complété sa législation.

Renvois : Franciscains. François.

Bibl. : *Bibliotheca Sanctorum*, art. Bonaventura da Bagnoregio (L. di Fonzo). *Catholicisme*, art. Bonaventure (R. Aigrain). *Dict. de Spiritualité*, art. Bonaventure (E. Longpré).

BONIFACE (Winfrid)

Apôtre de la Germanie. V. 673-754.

Né vers 673 à Credodunium, dans le sud-ouest de l'Angleterre, Winfrid est élevé à l'abbaye d'Exeter. Il est ensuite moine à l'abbaye de Nursling, où l'abbé Winbert veille à la formation de ce jeune moine particulièrement doué. Il enseigne bientôt dans l'école de l'abbaye, et est ordonné prêtre en 705. C'est alors la grande époque du mouvement missionnaire parti des monastères d'Irlande, d'Écosse et d'Angleterre. Winfrid décide de participer à l'évangélisation des Frisons, qui sont déjà soumis à une domination franque. Il part en 716 et débarque avec trois compagnons à Duurstede (Pays-Bas). Or la guerre ravage le pays, déchiré par une révolte du «duc» des Frisons, Radboch, contre les Francs. Saint Willibrord, apôtre des Frisons, le persuade de repartir car il ne peut rien entreprendre dans ces circonstances. Après avoir été momentanément abbé de Nursling, Winfrid est envoyé à Rome par l'évêque de Winchester. Le pape Grégoire II (715-731) lui donne mission d'évangéliser la Thuringe, en Germanie. C'est alors qu'il adopte le nom de Boniface, martyr romain (fête le 14 mai). Avec la protection spéciale du Saint-Siège, il repart pour une période assez brève, au terme de laquelle il rejoint Willibrord en Frise et travaille sous sa direction pendant deux ou trois ans. Ainsi fortifié par l'expérience, il assume seul la tâche de la christianisation de la Germanie transrhénane. En 722, le pape Grégoire II le nomme évêque de toute la Germanie située sur la rive droite du Rhin, et lui procure la protection de Charles Martel. Cependant, Boniface entre à plusieurs reprises en conflit avec les dignitaires de l'Église franque. Sa méthode d'évangélisation est en partie fondée sur l'établissement d'un réseau de monastères ; il obtient pour cela l'aide et le soutien des monastères anglo-saxons dont il est issu. En Thuringe, à partir de 725, où il construit une église avec ses diverses structures, une de ses premières fondations est celle du monastère d'Ohrdruf. Le pape Grégoire II continue à le soutenir, et en 732 le fait archevêque des territoires de missions en Germanie. Avec l'aide des Anglo-Saxons, il fonde la même année le monastère de Fritzlar, en Thuringe. La création du monastère féminin de Tauberbischofsheim, avec une grande abbesse à sa tête, Leoba, inaugure une série de fondations féminines. Le plus célèbre des monastères fondés par Boniface est celui de Fulda (744), qui deviendra le modèle des monastères bénédictins de Germanie. Il se fait donner par Rome la charge de réorganiser l'Église d'Alémanie et de Bavière, avec le titre de *Legatus Germanicus.* Il y crée une structure de diocèses appelés à perdurer. En 743, enfin, au *Concilium Germanicum*, Boniface mène à bien la réforme de l'Église dans le royaume franc — œuvre d'une grande ampleur, mais aux effets limités dans ce monde si déchiré par les coteries aristocratiques. Boniface meurt martyrisé à Dokkum le 5 juin 754, lors d'une ultime mission en Frise.

Dans l'ordre monastique, Boniface a efficacement œuvré à rénover les monastères de l'époque franque, en s'inspirant des modèles anglo-saxons. Disciple de saint Romuald, le fondateur des camaldules, il s'est montré fidèle à l'esprit de cette forme de vie religieuse embrassant à la fois l'idéal de vie cénobitique et l'idéal érémitique.

Renvois : Camaldules. Fulda.

Bibl. : *Bibliotheca Sanctorum,* art. Bonifacio. *Catholicisme*, art. Boniface. *Diz. degli Ist. di Perf.*, art. Bonifacio (F. Prinz). *Enciclopedia cattolica,* art. *Bonifacio,Santo.*

BORROMÉE. Voir Charles Borromée.

BOSCO. Voir Jean Bosco.

BOUQUET (Martin)

L'abbaye Saint-Germain-des-Prés. **Martin Bouquet** en fut le bibliothécaire. Gravure du *Monasticon Gallicanum,* 1687. Paris, Bibliothèque nationale.

Bénédictin de la congrégation de Saint-Maur. 1685-1754.

Martin Bouquet naît à Amiens le 6 août 1685. Il entre au monastère bénédictin de Saint-Faron à Meaux, et y prononce ses vœux le 16 août 1706, à vingt et un ans. Devenu prêtre, il est nommé par ses supérieurs bibliothécaire du monastère de l'abbaye Saint-Germain-des-Prés. Cette abbaye possède alors soixante mille ouvrages et huit mille manuscrits. Versé dans la connaissance du grec, il prépare une nouvelle édition de l'œuvre de l'historien juif Flavius Josèphe, quand il apprend qu'un moine allemand, Sigebert Haverkamp, s'est engagé dans la même entreprise. Généreux, dom Bouquet communique sa documentation à Haverkamp, qui l'inclut dans son édition. En 1717, à la mort de l'oratorien Le Long, qui avait accepté de reprendre la collection des *Historiæ francorum scriptores* commencée par André Duchesne au XVIIe siècle, dom Bouquet est chargé par le supérieur général de la congrégation de Saint-Maur de prendre à son compte cette publication. Après la crise provoquée dans l'Église par la bulle *Unigenitus*, qui a condamné le livre de Quesnel, le chef du parti janséniste, dom Bouquet trouve finalement refuge au monastère des Blancs-Manteaux, à Paris, où il publie entre 1738 et 1752 huit volumes comprenant les sources de l'Histoire de France, des origines à 987. Continuée par les membres de la congrégation de Saint-Maur, l'œuvre est parachevée en 1876 par l'Académie des inscriptions et belles-lettres.

Renvoi : Congrégation de Saint-Maur.

Bibl. : *The Catholic Encyclopedia*, art. Bouquet, Martin (M. Ott).

BREF

Lettre d'un pape de caractère moins solennel qu'une bulle, et portant en principe sur des sujets de moindre importance.

Renvoi : Bulle.

BRUNO

Bruno. Gravure du *Missale secundum ordinem carthusiensium* de Simon Bevilaqua, 1517, Lyon.

Fondateur de l'ordre des Chartreux. V. 1030-1101.

Bruno naît à Cologne entre 1030 et 1035 dans une famille noble. Après avoir étudié la théologie à l'école épiscopale de Reims, puis à Tours, il revient à Cologne vers 1048, où il est nommé chanoine de Saint-Cunibert. Sans doute est-il consacré prêtre vers 1055. Rappelé à Reims par l'archevêque Gervaise, il y enseigne et dirige l'école épiscopale de 1057 à 1075. Il maintient l'école à un haut niveau de culture, et a entre autres pour élèves Eudes de Châtillon, le futur Urbain II, ainsi que saint Hugues, évêque de Grenoble. Or, en 1079, Manassès de Gournay, personnage odieux et simoniaque de surcroît, succède à Gervaise à l'archevêché de Reims, où il a été nommé par le roi de France Philippe Ier. Scandalisé, Bruno ne cache pas ses sentiments et s'enfuit. Finalement, Manassès sera déposé en 1080, après avoir multiplié ses méfaits. Sans doute rebuté par ces épisodes crapuleux, Bruno quitte Reims, désormais décidé à se retirer du monde. Il rejoint à Sèche-Fontaine (commune d'Avirey, Aube) saint Robert, qui a fondé en 1075 le monastère de Molesmes où il mène une vie d'ermite, puis gagne Grenoble avec six compagnons spécialement choisis. En 1084, l'évêque Hugues les conduit dans une vallée solitaire des Alpes du Dauphiné, la Chartreuse, lieu-dit situé à vingt-quatre kilomètres au nord-est de Grenoble qui donne son nom à l'institution. L'aspect sauvage de l'endroit répond au vœu de solitude et de vie érémitique qui habite Bruno. Il y construit deux maisons, l'une destinée aux laïcs, l'autre aux clercs : la maison «basse» pour les laïcs est bâtie dans la vallée, la maison «haute», pour les clercs, est

Bruno. Gravure de Collaert, XVIIe siècle.

édifiée dans la montagne. Détruite en 1132 par une avalanche, elle est reconstruite là où se trouve le monastère actuel. Bientôt les compagnons de Bruno accentuent le caractère érémitique de leur vie en se logeant chacun dans une celle particulière. Ils se réunissent pour réciter une partie de l'office divin et pour la messe, qui n'est pas célébrée tous les jours. Soucieux de développer la culture religieuse de ses compagnons, Bruno partage la journée entre la prière, le travail manuel et le travail intellectuel, qui consiste surtout dans la copie de manuscrits. Vers 1230, Guibert de Nogent souligne dans sa description de la chartreuse la richesse de sa bibliothèque.

En 1090, Urbain II invite Bruno à le rejoindre à Rome comme conseiller. Avant de partir, Bruno confie la fondation de la chartreuse à l'abbé de La Chaise-Dieu (Haute-Loire), qui devait la remettre au prieur Landuin, l'un des premiers compagnons de Bruno et deuxième abbé de la chartreuse après la mort de Bruno. L'indépendance de l'ordre nouveau des Chartreux est reconnue par le pape Urbain II dès 1090. Personnage d'une haute autorité morale, Bruno est invité à participer à différents conciles. Il refuse l'archevêché de Reggio de Calabre que lui offre le pape ; ce dernier, chassé de Rome par les armées de l'empereur Henri II de Franconie, doit se réfugier à Capoue. Fidèle à son vœu de mener la vie d'un ermite, Bruno obtient l'autorisation de construire un ermitage, placé sous le vocable de Marie, sur la terre de La Torre, près de Serra en Calabre, que lui a cédée le roi Roger II de Sicile. Bruno passe à La Torre les dernières années de sa vie. Non loin de cet ermitage, il fonde une autre chartreuse, sous le patronage de San Stefano in Bosco, qui devient plus importante que celle de La Torre. Bruno meurt le 6 octobre 1101 à San Stefano, après avoir reçu du nouveau pape, Pascal II, la confirmation de l'ordre autonome des Ermites chartreux. Son corps est transféré en 1122 à la chartreuse de Sainte-Marie-de-La-Torre. L'approbation définitive de l'ordre par le Saint-Siège date du 2 septembre 1171. Toutes les chartreuses (en italien *certose*) fondées après la mort de Bruno ont pris pour modèles les chartreuses des Alpes grenobloises, et accessoirement celles de Calabre.

Bruno. Manuel Pereira, statue en bois peint, détail, XVIIe siècle. Chartreuse de Miraflores (Espagne).

La chartreuse de Grenoble a éprouvé et mis au point la formule d'une unique catégorie de religieux sujets à une discipline commune, et vivant en solitaires, sans exclure entièrement la vie communautaire. L'originalité de cette formule explique sans doute le succès considérable de l'ordre des Chartreux. Au contraire, les chartreuses de Calabre, plus proches de la règle camaldule, admettaient deux catégories de religieux, l'une constituée d'ermites solitaires, l'autre de religieux vivant en communauté. Cette formule fut peu imitée. Saint Bruno n'a pas rédigé de règle, semble-t-il. Les *Consuetudines*, ou coutumes réglementaires de l'ordre, rédigées en 1127 par le cinquième prieur de la chartreuse, nommé Guigues, condensent en un texte ordonné les observances que Bruno désirait et pratiquait.

Renvois : Chartreux. Grande-Chartreuse.

Bibl. : *Bibliotheca Sanctorum*, art. Bruno (M.A. Calabreses). *Catholicisme*, art. Bruno (R. Aigrain). *Dic. d'Hist. et de Géo. eccl.*, art. Bruno (P. de Farconnet). *Diz. degli Ist. di Perf.*, art. Brunone, (J. Dubois).

BULLE

Dans l'Antiquité romaine, le mot latin *bulla* se rapportait, entre autres, à une petite boule d'or portée au cou par les jeunes nobles. Le terme français « bulle » désigne d'abord une petite boule de plomb, plus rarement d'or et d'argent, servant de sceau et garantissant l'authenticité de l'acte auquel elle est attachée. Un sens dérivé qualifie l'acte lui-même, et plus particulièrement les actes pontificaux commis de manière solennelle, et portant sur des décisions d'une grande importance.

Bulla S. D. N. D. Pij diuina prouidentia Papæ V. super celebratione festiuitatis Angelici Doctoris sancti Thomæ de Aquino.

ROMAE,

Apud Hæredes Antonii Bladi Impressores Camerales. Anno. M. D. LXVII.

Bulle du pape Pie V, 1567.
Paris, Bibliothèque du Saulchoir.

BURSFELD

Abbaye bénédictine fondée en 1093.

Située à l'ouest de Göttingen, l'abbaye bénédictine de Bursfeld est fondée en 1093 par le comte Henri le Gros de Northeim, et confiée aux moines de Corvey. L'église abbatiale, construite au XIIe siècle, a été considérablement restaurée au XVe siècle, puis en 1589.

Le monastère subit au XIVe siècle le déclin général du monachisme, victime des méfaits de la commende, au temps du Grand Schisme (1378). Le concile de Constance (1414-1418) y met fin, et inaugure une réforme profonde de l'ordre monastique. Les bénédictins de l'abbaye de Melk sont alors chargés de préparer un programme de réforme : suppression de la commende, renouveau de la règle, hiérarchie restaurée. En Allemagne du Nord, ce mouvement de réforme constitutionnelle parti de Bursfeld est approuvé en 1446 par le concile de Bâle, et donne naissance à une congrégation au sein de laquelle les monastères conservent leur autonomie, à la différence de la congrégation de Sainte-Justine-de-Padoue (1424), qui se distingue par sa rigidité. À partir de 1542, l'abbaye abrite des abbés protestants. En 1574, un incendie détruit entièrement le monastère, qui n'a été que partiellement restauré.

Renvoi : Bénédictins.

Bibl. : *Diz. degli Ist. di Perf.*, art. Bursfeld (P. Volk). *Les Ordres religieux* (dir. G. Le Bras), t. I, p. 55.

Bursfeld. L'abbaye Saint-Thomas-et-Saint-Nicolas. Gravure extraite de la *Topographia Ducatus brunsvic*, de Merian. Paris, bibliothèque Sainte-Geneviève.

Caen.
L'abbaye aux Dames.

CAEN (Calvados)

Abbaye aux Dames et abbaye aux Hommes (v. 1160-1165).

La ville de Caen doit sa fortune, au XIe siècle, à Guillaume le Conquérant qui, après sa conquête de l'Angleterre en 1066, en fait sa résidence favorite. Guillaume et son épouse, la reine Mathilde, y fondent deux abbayes bénédictines dont les églises comptent parmi les chefs-d'œuvre de l'architecture romane.

L'abbaye aux Hommes est fondée par Guillaume entre 1062 et 1066 pour effacer l'irrégularité de son mariage avec Mathilde, épousée malgré les règles de l'Église qui interdisaient les unions entre cousins jusqu'au septième degré.

Mathilde, fille du comte de Flandre, Baudouin, à qui le pape Léon IX avait interdit de donner sa fille en mariage au Bâtard, son cousin, fait ériger l'abbaye aux Dames en 1062, ainsi que l'église abbatiale de la Trinité.

Renvoi : Bénédictins.

CAMALDOLI

Ermitage fondé vers 1012.

Dans la province et le diocèse d'Arezzo, l'ermitage de Camaldoli est situé au cœur d'un massif forestier de l'Apennin. Il est fondé vers 1012 par saint Romuald. Les circonstances de sa fondation sont décrites par Pierre Damien dans la *Vita Romualdi*. Le terrain a été cédé à Romuald par un seigneur local du nom de Maldolo, d'où son nom Campus Malduli, qui explique sans doute la dénomination de Camal-

Camaldoli. Gravure extraite des *Vies des Saints Pères du désert d'Occident*, par Mariette, 1708. Chantilly, bibliothèque les Fontaines.

doli. L'ermitage était composé d'une série de petites celles groupées autour d'une église, et séparées les unes des autres par des murs. Devant chaque celle s'étendait un jardinet.

Le Sacro Eremio de Camaldoli a sans doute servi de modèle à saint Bruno pour sa chartreuse. C'est seulement à partir du priorat de Rodolphe Ier (1080-1085) que l'ermitage de Camaldoli, protégé tout à la fois par le pape et l'empereur, est devenu la maison mère d'un vaste mouvement monastique et érémitique, d'où est issue la congrégation des Camaldules.

Vers 1015, Romuald a fondé un monastère à trois kilomètres de l'ermitage sous le nom de Fonte Buono, monastère placé sous l'autorité du prieur du Sacro Eremio. D'abord destiné à accueillir les ermites malades ainsi que des hôtes venus de l'extérieur, cette fondation est ensuite devenue un monastère *sui juris*, uni cependant à l'ermitage sous l'autorité du prieur.

Renvois : Camaldules. Celle. Ermite.

Camaldoli, quelques-uns des ermitages composant le monastère.

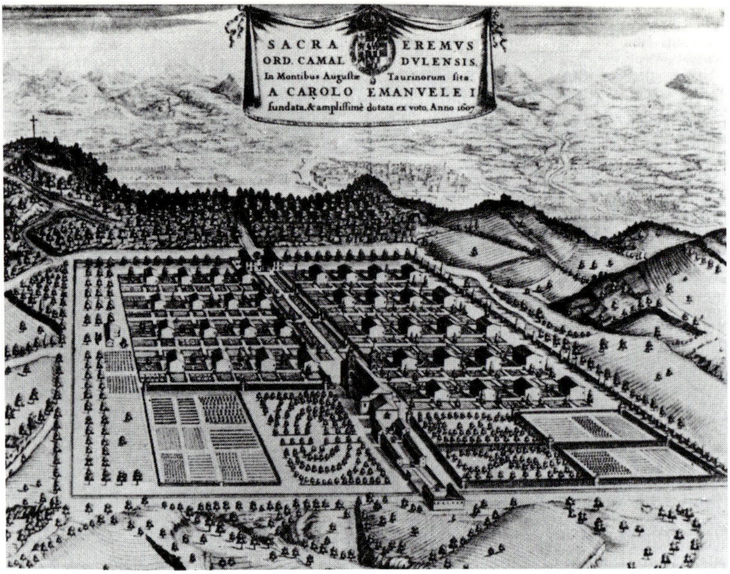

Ermitage camaldule de Santo Salvatore di Superga (Turin). Gravure, XVIIIe siècle.

Romuald, fondateur des **camaldules**. Gravure extraite de la *Beatissimi Romualdi Vita*, 1513, Florence.

CAMALDULES

Famille de religieux contemplatifs apparue au début du XIe siècle, et régie par la règle de saint Benoît interprétée par saint Romuald.

Les camaldules ont créé une forme de vie religieuse semblable à celle adoptée par les chartreux ; ceux qui ont choisi le mode de vie érémitique — considéré comme plus élevé dans l'échelle de la spiritualité — vivent dans de petites maisons, ou celles ; les autres vivent dans des monastères. Ces deux aspects sont réunis en un tout cohérent. À la différence des chartreux, les camaldules disposent d'une formule permettant de passer sans heurt de la vie cénobitique à la vie érémitique.

HISTORIQUE

Saint Romuald, ermite né à Ravenne en 952, devient abbé du monastère bénédictin Saint-Apollinaire-in-Classe à Ravenne, en 998. Puis il démissionne et fonde, en 1012 sans doute, à Camaldoli (province et diocèse d'Arezzo) un ermitage d'où est issu la congrégation camaldule, et qui en est resté la maison mère : le Sacro Eremio de Camaldoli. Peu après, est édifié à trois kilomètres de cet ermitage un monastère, qui sert d'abord de lieu d'accueil des ermites malades, ainsi que d'hôtes venus de l'extérieur. C'est là aussi qu'est logée l'administration des biens communaux. Bientôt, ce monastère acquiert un statut relativement autonome, tout en restant intégré au système érémitico-monastique propre aux camaldules. Les celles composant l'ermitage sont construites autour d'une église, avec un réfectoire commun.

Saint Romuald place ces moines ermites sous la règle de saint Benoît, qu'il interprète en mettant l'accent sur la rigueur de la vie érémitique et dans une perspective apparentée à celle qui caractérise le

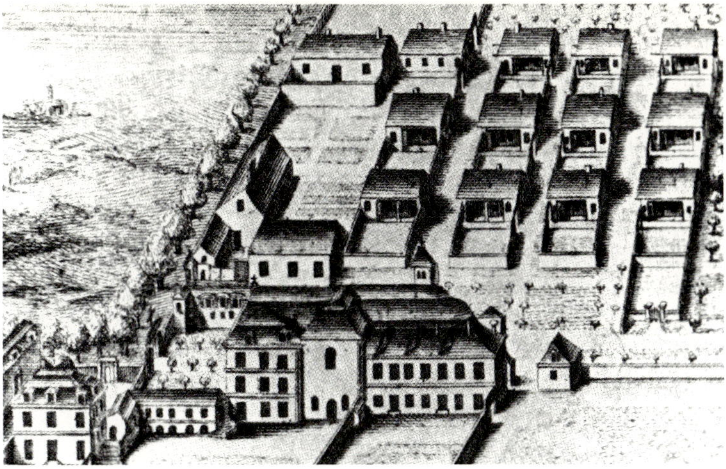

Ermitage camaldule de Gros-Bois (Versailles). Gravure, XIIIe siècle.

monachisme oriental. Les modalités de cette adaptation de la règle bénédictine à l'esprit érémitique sont consignées dans les *Consuetudines*, les coutumes, rédigées par Rodolphe, successeur de Romuald comme prieur du Sacro Eremio de Camaldoli entre 1080 et 1085.

Pierre Damien (1007-1072), contemporain de Romuald, auteur d'une *Vita Romualdi*, a en outre rédigé les *Consuetudines* propres à l'ermitage de Fonte Avellana, autre fondation de Romuald. Favorisé et protégé par le pape Alexandre II et ses successeurs, l'ordre camaldule a connu un essor remarquable entre le XIe et le XIVe siècle, et a largement contribué à la diffusion et au succès de la réforme grégorienne. Comme d'autres ordres, les camaldules ont subi les servitudes du régime de la commende à la fin du Moyen Âge.

Au XVe siècle, apparaît une congrégation nouvelle, le Monte Corona, dont les ermites professent un érémitisme rigide et exclusif, sans toutefois rompre l'unité de l'ordre camaldule. L'ordre est introduit en 1597 en Espagne. Après la tourmente de la Révolution française, la congrégation camaldule a survécu difficilement. Au XXe siècle, le chapitre général de 1969 a adapté les constitutions de l'ordre aux décisions du concile Vatican II.

ORGANISATION DE L'ORDRE

La congrégation camaldule comprend à la fois des ermitages et des monastères *sui juris*, ainsi que des communautés groupant un ermitage et un monastère ; toutes les maisons de l'ordre sont placées sous le gouvernement du prieur du Sacro Eremio de Camaldoli, la maison mère, qui est de droit supérieur général de la congrégation. Tous les six ans est tenu un chapitre général de l'ordre.

SPIRITUALITÉ ET CULTURE

Le principe fondamental de la spiritualité camaldule a été défini par saint Boniface, qui fut disciple de Romuald. Il décrit la voie ascendante conduisant de la vie cénobitique, dans une communauté monastique, à la pure solitude de l'ermite, chaque état gardant toute sa valeur. L'ermite isolé dans sa celle suit dans sa vie austère le modèle offert par les anciens Pères du désert.

Au Moyen Âge, les ermitages et monastères camaldules sont des foyers de culture théologique et profane. À Florence, Sainte-Marie-des-Anges est un centre ouvert aux humanistes. Au XIVe siècle, les moines créent un scriptorium dans leur monastère. Plus généralement, les scriporiums camaldules ont édité nombre de manuscrits prestigieux ; les bibliothèques conservent des collections bien connues des érudits modernes.

Costume : Les camaldules portent un costume blanc, comprenant une tunique, un scapulaire ceint à la taille, une coule et une capuce.

Renvois : Bruno. Camaldoli. Chartreux. Fonte Avellana.

Bibl. : *Diz. degli Ist. di Perf.*, art. Camaldolesi (G. Cacciamani). *Enciclopedia cattolica*, art. Benedettini Camaldocesi (O. Denicole).

CAMILLIENS

Congrégation de clercs réguliers à vocation hospitalière fondée à Rome en 1588 par Camille de Lellis.

Le XVIe siècle, bouleversé par les guerres de religion, est également marqué par la naissance de deux fondations spécialisées dans les services hospitaliers. Outre la compagnie de laïcs apparue en 1537 à Grenade à l'instigation de saint Jean de Dieu, un institut voué à l'assistance physique et morale des malades est fondé à Rome en 1586 par Camille de Lellis (1550-1614) et un certain nombre de compagnons. Le 18 mars 1586, le pape Sixte V approuve par le bref *Ex omnibus* la *Congregatio* ou *Societas Ministrantium Infirmis*, avec pour fin principale le soin et la sollicitude portés aux malades et pestiférés. Une série de chapitres généraux a élaboré les constitutions et règles de l'ordre, qui aujourd'hui poursuit son œuvre de miséricorde. L'exigence de pauvreté absolue, tant personnelle que collective, a dû être atténuée dès le XVIIe siècle.

Renvois : Clercs réguliers. Jean de Dieu.

Bibl. : *Diz. degli Ist. di Perf.*, art. Chierici regolari ministri degli infirmi (P. Sannazzaro).

CANTORBÉRY

Monastère de saint Augustin et prieuré de la cathédrale Christ Church.

Chargé par le pape Grégoire le Grand de convertir l'Angleterre, le moine Augustin, ou Austin, fixe son siège épiscopal entre 597 et 604 à

Cantorbéry.
La cathédrale
Christ Church.

Cantorbéry, capitale du roi de Kent Ethelbert, alors maître de l'Angleterre, et fonde hors de la ville une abbaye bénédictine qu'il place sous le vocable de saint Pierre et saint Paul ; Ethelbert fait construire auprès de celle-ci l'église du même nom. Ce monastère est par la suite dédié à son fondateur Augustin.

Le pape Grégoire le Grand nomme ce dernier à la tête de l'Église d'Angleterre. Cantorbéry est ainsi dès l'origine le siège d'un archevêché. Le service de la cathédrale (Christ Church) est assuré par une communauté monastique jusque vers 620, au temps de l'évêque Mellitus. Puis les membres de cette communauté deviennent des chanoines. Après la conquête normande, l'archevêque Lanfranc, lui-même moine, restaure la vie monastique dans la Christ Church. L'église cathédrale dès lors flanquée d'un monastère prend des dimensions considérables au Moyen Âge et dans les siècles suivants.

Renvois : Anselme de Cantorbéry. Chanoines.

Capuce.
Francisco Ribalta,
Saint Bruno
du silence, détail,
1627.
Valence,
musée des Beaux-Arts.

CAPUCE

Capuchon de forme pointue faisant partie de l'habit des capucins, à l'origine du surnom de cet ordre.

Renvoi : Capucins.

CAPUCINS

Dénomination populaire de la troisième branche du premier ordre franciscain, l'ordre des Frères mineurs capucins (O.F.M.C.), ou à l'origine (1528) l'ordre des Frères de la vie érémitique.

HISTORIQUE

La naissance des capucins s'insère dans le mouvement de renouveau monastique qui a précédé le concile de Trente, mais aussi dans l'effervescence survenue dans le mouvement franciscain après son éclatement entre les conventuels et les observantins. À l'origine de ce nouveau rameau franciscain, on place traditionnellement Matthieu de Basci, qui appartenait aux frères mineurs observantins. En 1525, il obtient la permission d'endosser le froc de couleur grise à l'imitation de saint François, et un capuce long et pointu, à l'origine du surnom de «capucin»; il est en outre autorisé à observer strictement la règle franciscaine. En 1528, le pape Clément VII donne une base juridique au mouvement avec la bulle *Religionis zelus* du 2 juillet. Cependant, cette invitation au retour à la pureté radicale des origines ne prend vraiment corps qu'avec le troisième vicaire général, Bernardin d'Asti, qui codifie les constitutions du nouvel ordre en 1536. En 1578, l'ordre compte près de quatre mille religieux. Il diffuse au-delà des frontières d'Italie et se répand dans l'Europe entière. Cet essor ne s'est pas effectué sans heurts avec les deux autres branches du premier ordre franciscain. Paul V prend leur défense et les déclare authentiques fils de saint François en 1608. En 1619, il leur accorde une complète indépendance en les soustrayant à la juridiction des franciscains conventuels. Les capucins ne restent pas étrangers aux remous politico-religieux. C'est ainsi qu'on trouve un frère mineur capucin, le père Joseph (François Le Clerc du Tremblay, 1577-1638), conseiller intime de Richelieu.

Plus importante est l'influence des capucins sur le mouvement de spiritualité qui s'épanouit en France dans le premier tiers du XVIIe siècle. Très actifs dans la lutte contre le protestantisme, les capucins déploient leur action charitable auprès des malades, pestiférés, soldats, organisant une sorte d'aumônerie militaire rudimentaire là où c'est possible. Ils ont aussi été les premiers à organiser la lutte contre les incendies. La prédication compte également au nombre des vocations primordiales de cet ordre.

ORGANISATION DE L'ORDRE

L'organisation interne est conforme aux structures traditionnelles franciscaines : centralisation hiérarchique, avec à la tête un ministre général, assisté d'un conseil élu périodiquement. L'ensemble de l'ordre est divisé en provinces gouvernées chacune par un supérieur assisté d'un conseil, et chaque couvent est sous la direction d'un gardien. Les religieux se répartissent entre deux catégories, les prêtres et les frères lais. Au sommet, un cardinal protecteur assure le maintien du lien avec l'Église dans son ensemble.

SPIRITUALITÉ

Une volonté héroïque de retour aux pures sources franciscaines se manifeste dans une ascèse sans compromission et l'exigence d'une charité toujours en éveil, au service des malades ou pestiférés. La pauvreté extrême va de pair avec la place accordée à la contemplation, à la prière diurne et nocturne. La générosité de leur vocation vaut très vite aux capucins une grande vénération populaire ; ce phénomène explique aussi le soutien qu'ils trouvent auprès de la hiérarchie catholique dans les conflits qui marquent les débuts de l'ordre.

Renvois : Franciscains. François d'Assise. Matthieu de Basci.

Bibl. : *Catholicisme*, art. Capucins. *Diz. degli Ist. di Perf.*, art. Cappucini (M. da Pobladura). *Enciclopedia cattolica*, art. Frati minori Cappucini (M. di Milano).

CARMÉLITES

Branche féminine de la famille du Carmel, les carmélites, réformées en 1562 par sainte Thérèse d'Ávila, se distinguent par une fidélité stricte aux origines du mouvement.

HISTORIQUE

Le mouvement de réforme, propagé par le général de l'ordre du Carmel Jean Soreth (1405-1471), suscite en 1453 l'apparition en Flandre des premiers couvents de religieuses du Carmel qui, un an

Carmélite.
Détail d'une peinture de la chapelle du Carmel d'Ouro Preto, Brésil, XVIIIe siècle.

plus tôt, ont été autorisées par le pape Nicolas V à constituer des communautés de moniales. Le mouvement diffuse en Italie, en Espagne, en France et en Allemagne. Les communautés carmélites adoptent généralement une forme de vie contemplative. La réforme de Thérèse se situe à Ávila, où la situation du monastère auquel elle appartient tend à se relâcher. La personnalité exceptionnelle de sainte Thérèse explique le succès immédiat de ses carmélites déchaussées (réformées). En France, Bérulle, aidé notamment par Mme Acarie (Marie de l'Incarnation), voit dans cette nouvelle forme de vie monastique un moyen de restaurer la vie religieuse au sortir d'une période sanglante. En 1604, six carmélites déchaussées espagnoles fondent un premier couvent à Paris. Quinze ans plus tard, on compte vingt-quatre monastères réformés en France. Les carmélites attachées à l'ancienne observance sont comme stimulées par cette sorte de concurrence et reprennent un certain essor. Le rayonnement spirituel et moral des carmélites déchaussées frappe par son intensité. On peut évoquer ici le martyre des carmélites de Compiègne en 1794 et, depuis la fin du XIXe siècle l'immense vénération qui entoure la figure de Thérèse de l'Enfant Jésus (1873-1897), entrée en 1888 et morte en 1897 au carmel de Lisieux, et canonisée en 1925.

SITUATION ACTUELLE

En 1973, on dénombre 1783 monastères de carmélites thérèsiennes dans le monde, et une cinquantaine de monastères de carmélites de l'ancienne observance.

Renvois : Bérulle. Carmes. Marie de l'Incarnation. Thérèse d'Ávila.

Bibl. : *Diz. degli Ist. di Perf.*, art. Carmelitane Scalze (V. Macca). *Grande Encyclopédie Larousse*, art. Carmes (R.P. Louis Marie).

Carmes
entourant le Christ. Gravure extraite d'un bréviaire, 1551. Paris, Bibliothèque nationale.

CARMES

La dénomination de carmes pour l'ordre des Frères de la Bienheureuse Vierge Marie du mont Carmel évoque le lien de cette congrégation avec le mont Carmel, où elle a pris naissance au XIIe siècle.

HISTORIQUE

L'histoire de l'ordre des Carmes est fort complexe, traversée de multiples réformes et contestations. Du moins son origine est claire et en rapport étroit avec les croisades. Dans la seconde moitié du XIIe siècle, un certain nombre de croisés vivent en ermites au mont Carmel, en Galilée, «à l'exemple du saint prophète Élie» qui, selon la Bible (1 R 18, 20-45), a confondu en ce lieu les prêtres de Baal grâce au feu qui embrasa son autel. Une première amorce de règle, ou *formula vitæ*, est donnée à ces ermites avant 1234 par le patriarche de Jérusalem, Albert, évêque de Verceil. Ils vivent dans des celles groupées autour d'une chapelle consacrée à la Vierge. Le culte marial tient dès lors une grande place dans la spiritualité carme. Ils mènent une vie strictement érémitique, vouée à la prière et au travail, et se réunissent à la chapelle pour les offices liturgiques.

Au XIIIe siècle, étant donné l'instabilité de la situation des croisés en Palestine, les carmes implantent plusieurs maisons en Europe. En 1247, le pape Innocent IV leur accorde le statut d'ordre mendiant. Ils adoptent alors un mode de vie cénobitique et multiplient les fondations de couvents dans les villes d'Europe. La chute de Jérusalem en 1291 et la fin des croisades accélèrent le processus. L'ordre se développe malgré l'hostilité des franciscains et des dominicains. Aux XIVe et XVe siècles, les carmes partagent les vicissitudes des autres ordres mendiants. En 1451, un maître en théologie à l'université de Paris, Jean Soreth, est élu prieur général de l'ordre. Il promulgue de nouvelles constitutions, conformes à la vie nouvelle de cet ordre, désormais voué à l'enseignement et à la prédication tout autant qu'à la prière et à la contemplation. Jean Soreth couronne en outre le mouvement de réforme apparu à Mantoue en 1412, et qui a donné naissance à une congrégation nouvelle en 1453, l'ordre féminin des Carmélites, institué par le pape Nicolas V avec la fondation d'un premier couvent à Gueldre.

La crise de la Réforme protestante ébranle gravement l'ordre des Carmes. Deux personnalités d'une force exceptionnelle émergent dans le dernier tiers du XVIe siècle : Nicolas Audet, général de l'ordre de 1525 à 1562, et Jean-Baptiste de Ravenne, qui lui succède de 1562 à 1565. L'un et l'autre s'emploient à rendre vie à leur ordre en restaurant dans toute leur rigueur les prescriptions antiques. En 1562, l'année où Jean-Baptiste arrive au généralat, Thérèse d'Ávila entreprend de réformer la vie des carmélites d'Ávila. Devant le succès de cette entreprise de réforme, Jean-Baptiste encourage Thérèse. Elle obtient de lui l'extension de sa réforme radicale aux couvents masculins des carmes. En 1567, deux couvents de carmes déchaussés, c'est-à-dire réformés, sont ouverts. Thérèse trouve un allié en la personne du mystique saint Jean de la Croix, qui fait entrer de nombreux carmes dans la réforme introduite par sainte Thérèse. Le nombre de ces religieux et religieuses réformés, qui sont qualifiés de déchaux ou déchaussés, croît rapidement ; ils supportent mal le contrôle des supérieurs des provinces non réformées (carmes chaussés, ou grands carmes).

Au terme d'une période marquée par des conflits souvent douloureux, la séparation est acquise au chapitre d'Almodivar de 1581. Les déchaussés restent sous l'autorité du général des carmes jusqu'en 1593, puis, cette même année, ils se voient accorder l'indépendance complète. Ainsi est scellée l'unité de l'ordre des Carmes. Cependant les grands carmes, ou carmes chaussés, continuent d'exister. Ils suivent une règle mitigée et vivent dans des couvents, se consacrent à l'enseignement dans des collèges et au ministère paroissial. Après l'épreuve de la Révolution, particulièrement meurtrière pour les carmes, ceux-ci se rétablissent au XIXe siècle, et manifestent une remarquable vitalité au XXe siècle.

ÉVOLUTION DE LA RÈGLE

À l'origine, la règle définie par saint Albert est très sommaire, et est approuvée en 1226 par le pape Honorius III. Elle codifie les coutumes suivies par les ermites du mont Carmel, laïcs animés d'une grande foi, mais pour la plupart fort ignorants et pauvres. Cette règle rompt avec les principes de la règle de saint Benoît par son caractère fortement érémitique.

Les frères vivent dans des celles séparées, obéissent à un supérieur dans une vie consacrée au travail. Ils se réunissent à la chapelle pour la messe quotidienne. En 1247, sous le pontificat d'Innocent IV, l'ordre du Carmel est classé parmi les ordres mendiants. La règle nouvelle conserve une grande rigueur, avec des amendements limités.

En 1431, le pape Eugène IV y apporte de nouveaux adoucissements. La règle est dès lors plus mitigée. De compromis en compromis, la forme de vie primitive est de plus en plus oubliée. La réforme instaurée par Thérèse d'Ávila réintroduit une grande exigence de rigueur et se réfère à la règle de 1247. Les carmes déchaux et les carmélites y restent désormais attachés. Quant aux grands carmes, ils conservent la règle mitigée de 1431.

Costume : À leur arrivée à Paris en 1254, les carmes portent une robe de couleur sombre et un manteau rayé qui les distingue des autres religieux, mais fait scandale. Ils doivent y renoncer en 1287 : les vêtements rayés, explique M. Pastoureau, sont le propre des catégories sociales réprouvées ou exclues. Dès lors, les carmes reviennent à une couleur terne.

Renvois : Carmélites. Jean de la Croix. Thérèse d'Ávila.
Bibl. : *Catholicisme*, art. Carmes (F. de Sainte-Marie). *Diz. degli Ist. di Perf.*, art. Carmelitani (C. Catena), et art. Carmelitani Scalzi (V. Macca). *Encyclopædia Universalis*, art. Carmel (M.-M. Davy). M. Pastoureau, *L'Étoffe du diable*, Paris, 1991, pp. 18-24.

Cathédrale. Façade occidentale de la cathédrale de Chartres.

CATHÉDRALE

Dans l'Occident chrétien, la cathédrale est par définition l'église où se trouve le siège (ou cathèdre, du latin *cathedra*) de l'évêque. Elle symbolise son autorité ainsi que sa présence liturgique. Au nombre des privilèges des cathédrales, figure l'exclusivité de l'ordination des prêtres, celle aussi du sacre des évêques. Les chanoines, chargés d'assurer la continuité de la vie liturgique dans la cathédrale, ont leurs stalles dans le chœur. Une église peut garder le statut de «cathédrale» après la suppression ou le transfert du siège épiscopal.

Renvois : Chanoine. Chœur. Stalles.

Bibl. : *Grande Encyclopédie Larousse*, art. Cathédrale (H. Poupée).

CÉLESTINS

Congrégation bénédictine fondée en 1264.

L'ordre célestin, né en Italie sur les pentes du mont Maiella autour de la petite église de Sainte-Marie, doit son nom à son fondateur, Pierre de Morrone, qui devient pape sous le vocable de Célestin V en 1294. Le pape Urbain IV autorise cette fondation en 1263 et l'agrège à l'ordre bénédictin. L'approbation officielle de la congrégation est acquise en 1274. L'ordre nouveau se répand largement en Italie, où il compte bientôt une centaine de maisons. Il a joui en France de l'appui du roi Philippe le Bel, qui veut exalter la mémoire de Célestin V, au détriment de Boniface VIII avec lequel il est en conflit ouvert. Le monastère des célestins de Paris est érigé en 1352, entre la rue du Petit Musc et le boulevard Henri IV. Son nom survit aujourd'hui dans celui de quai des Célestins. Le monastère devient le chef d'ordre de la province française de la congrégation. Les destructions des guerres de religion ont infligé aux célestins de France des dommages irréparables. En 1769, la commission des réguliers leur interdit de recevoir des novices. Les trésors de la bibliothèque des célestins de Paris sont dispersés avant même la Révolution, qui supprime l'ordre définitivement.

Costume : les célestins portaient une tunique blanche, un scapulaire noir, une coule noire (pour les profès) et un capuchon à collerette.

Bibl. : *Catholicisme*, art. Célestins. *Diz. degli Ist. di Perf.*, art Celestini, di Pietro del Morrone.

CELLE, CELLA

Le latin *cella* désigne un lieu secret, à l'abri. Le diminutif *cellula* donne en français cellule, qui désigne dans le langage monastique la petite chambre réservée à chaque moine.

Aux origines du monachisme, en Égypte, les *cellæ* étaient des huttes, des maisons rudimentaires où les ermites cherchaient un cadre de vie favorable à la prière et à la méditation. Au Moyen Âge, une cella (ou celle) est un petit monastère. Ce terme désigne en outre les maisonnettes des reclus ou, chez les chartreux et les camaldules, les maisons individuelles des moines voués à l'érémitisme.

Renvois : Laure. Monachisme. Monastère.

Bibl. : *Dict. d'archéo. chrét. et de liturgie*, art. Cella. *Dict. encycl. du christianisme ancien*, art. Cella.

Fig. 1

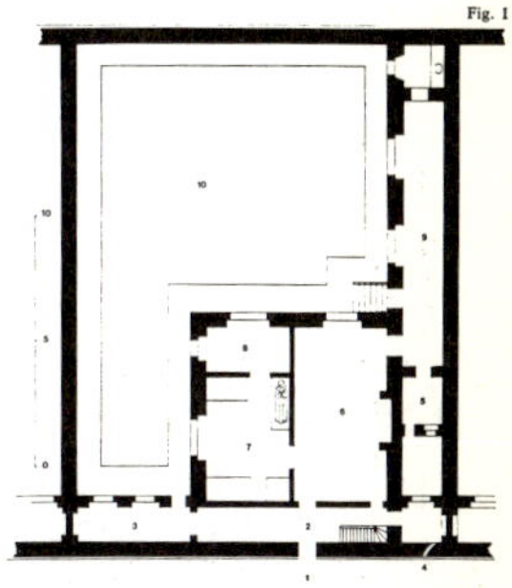

Celle. Plan d'une celle de la chartreuse de Clermont, par Viollet-le-Duc.

CÉNOBITE

Ce terme est dérivé du latin ecclésiastique *cœnobita*, lui-même dérivé du grec *koinobion*, qui signifie vie en commun.
Dans l'église primitive, un cénobite est un moine vivant avec d'autres, qui sont ses «frères».

CÉNOBITISME

Mode de vie des cénobites, des moines vivant en communauté, par opposition au mode de vie solitaire des ermites ou des anachorètes.

Césaire d'Arles. Anonyme. Paris, Bibliothèque nationale.

CÉSAIRE D'ARLES

Évêque d'Arles et primat des Gaules. 470-542.

Césaire occupe une place importante dans l'Église franque à l'époque mérovingienne. Nommé évêque d'Arles en 503, il est un ardent défenseur de l'augustinisme contre l'hérésie arienne. Son action est illustrée par plusieurs conciles régionaux réunis à son instigation, à Arles en 524, à Orange et Vaison en 529. Moine issu du monastère édifié à Lérins par saint Honorat, il fonde en Arles un monastère de religieuses que dirige sa sœur, et donne à celles-ci, vers 515, une règle tout à la fois empreinte de fermeté et de mesure, avec promesse de stabilité, clôture perpétuelle, pauvreté absolue et obéissance à la supérieure. En outre, Césaire veille à assurer l'autonomie de la communauté à l'égard de l'évêque d'Arles.

Renvoi : Lérins.

Bibl. : *Les Ordres religieux* (dir. G. Le Bras), t. I, 1979, pp. 23-24.

CHANOINES

Le terme *canonicus* (en français chanoine) s'est d'abord appliqué à des clercs vivant selon une règle, ou un canon. Ce dernier mot, d'origine grecque, désignait une tige de roseau ; puis, dans l'Antiquité, comme ces tiges servaient d'instruments de mesure, on passe au sens de ce qui est mesuré, ou régi par une règle, en particulier une règle religieuse. Les chanoines sont donc des prêtres vivant sous une règle religieuse, et qui constituent le chapitre d'une cathédrale ou d'une collégiale, parfois d'une autre institution religieuse.

HISTORIQUE

Après avoir désigné des clercs vivant selon les canons sacrés et soumis à l'autorité de l'évêque, le terme chanoine a été attribué à des clercs attachés au service d'une église cathédrale, ou d'une église importante. Au VIIIe siècle, saint Chrodegang, évêque de Metz, a rédigé une règle pour le chapitre de la cathédrale de cette ville, qui marque une date importante dans l'histoire des chanoines. Il y est en effet question de «*clerici canonici qui extra claustra in civitate commanent*», c'est-à-dire de clercs soumis à une règle et qui demeurent dans la cité hors des monastères.

De plus en plus, les règles de vie religieuse destinées aux chanoines se sont mises à ressembler à celles des moines. À partir du VIIIe siècle aussi, on a établi une distinction entre les chanoines soumis à l'évêque (*canonici sub episcopo*) et ceux placés sous l'autorité d'un abbé, ou d'un prieur (*canonici sub abbate*). Après une période de crise, on établit une distinction entre chanoines réguliers, vivant en communauté sous l'autorité de l'évêque aux abords d'une église, et observant une forme de vie religieuse, et chanoines séculiers, formant une catégorie à part dans le clergé de la ville épiscopale et attachés au service de la cathédrale.

À partir du XIe siècle, les chanoines séculiers ont le droit de posséder des biens personnels. Les communautés de chanoines séculiers ont dès lors constitué des menses capitulaires, terme désignant «l'ensemble des biens appartenant au chapitre comme tel». Chaque chanoine séculier a ensuite obtenu d'avoir des parts du revenu de la mense : la prébende. Bientôt, les chapitres des chanoines deviennent trop puissants; souvent ils nomment l'évêque, et les biens canoniaux sont parfois une source d'envie pour les puissants laïcs. Le XIIIe siècle marque l'apogée de la puissance de ces communautés, qui jouissent souvent du privilège de l'exemption, tandis que des membres de la classe noble entrent dans les chapitres. À chaque vacance du siège épiscopal, la régale enlève au chapitre l'administration temporelle. La fin du Moyen Âge et le début de l'époque moderne sont marqués par des conflits retentissants entre les chanoines et leurs évêques respectifs. Dans la seconde moitié du XVIe siècle, le concile de Trente ne parvient pas à réformer les abus qui ternissent l'image des chanoines séculiers.

LÉGISLATION ET USAGES ACTUELS

L'organisation et le fonctionnement des chapitres des chanoines sont définis par le Code de droit canonique de 1917, revu en 1983. Le pouvoir de fonder, d'établir, de doter et de supprimer un chapitre est réservé à la congrégation consistoriale. Les chanoines sont actuellement tous des prêtres, nommés par l'évêque sur l'avis du chapitre cathédral, ou collégial. Avant d'entrer en possession des bénéfices qui assurent leur subsistance, les chanoines sont tenus de présenter une profession de foi, selon des formes strictement définies, devant l'évêque du lieu et le chapitre de la communauté. Une fois nommés, ils sont astreints à la règle; ils ont le droit de porter les insignes propres à leur fonction; chaque chanoine a une stalle au chœur, et voix active au chapitre.

Costume : Outre le rochet, le scapulaire, les chanoines ont droit à la croix pectorale. Pour le reste, leur tenue est celle des membres du clergé.

Renvois : Chanoines réguliers. Chapitre. Collégiale. Exemption monastique. Règle monastique.

Bibl. : *Catholicisme*, art. Chanoine. *Enciclopedia cattolica*, art. Canonico (R. Souarn). *Dict. d'archéo. chrét. et de liturgie*, art. Chanoines (H.

Leclercq). *Dict. encycl. du christianisme ancien*, art. Canonique et Chanoine. *Dict. de droit canonique*, art. Mense. J. Chatillon, *Le mouvement canonial au Moyen-Âge*, Paris, Turnhaut, 1992.

Chanoines réguliers. Gravures de Le Doyen extraites des *Figures des différents habits des chanoines réguliers de ce siècle*, 1666. Chantilly, bibliothèque les Fontaines.

CHANOINES RÉGULIERS

Famille de religieux apparue au XIe siècle, et généralement régie par la règle dite de saint Augustin. Les chanoines réguliers sont liés par trois vœux : pauvreté, chasteté et obéissance. À la différence des moines, ils restent dans le monde, et forment toujours le clergé d'une église où ils célèbrent l'office divin collégialement.

HISTORIQUE

L'expression chanoine régulier apparaît pour la première fois au Xe siècle. Il s'agit alors de distinguer les chanoines (*canonici*) vivant dans le siècle (*sæculares*) de ceux qui vivent en communauté. Ce sont ces derniers qu'on désigne sous le nom de *canonici regulares*. En 1059, dans le cadre de la réforme grégorienne, un synode convoqué à Rome par le pape Nicolas II s'efforce d'établir une nette distinction entre chanoines séculiers, ayant le droit de posséder des biens personnels, et chanoines réguliers, qui y renoncent, et deviennent ainsi de véritables religieux. Ces chanoines réguliers sont astreints à la récitation en commun des Heures, dans le chœur de leur église (service de chœur).

Les chanoines réguliers se placent sous la règle dite de saint Augustin, ensemble de textes disparates codifiés à partir du XIe siècle.

Premières fondations :

— Saint Bernard de Menthon (923-1008) fonde au mont Joux, dans les Alpes, les chanoines réguliers du Grand-Saint-Bernard.

— Benoît, évêque d'Avignon (v. 1039-1095), fonde une congrégation canoniale à Saint-Ruff, près d'Avignon.

— À Paris, la congrégation de Saint-Victor est fondée en 1113.

— La communauté de Prémontré apparaît en 1130.

— À Rome, apparaîssent les chanoines du Latran, à ne pas confondre avec la congrégation des Chanoines réguliers du Latran organisée au XVe siècle.

Renvois : Augustin. Bernard de Menthon (ou d'Aoste). Chanoines. Prémontrés.

Bibl. : *Catholicisme*, art. Chanoines réguliers. *Les Ordres religieux* (dir. G. Le Bras), t. I, p. 42.

CHANOINESSES

Les religieuses portant le titre de chanoinesses vivent dans des monastères sans être cloîtrées. Elles prononcent des vœux simples.

Les chanoinesses (*canonicæ mulieres*) sont organisées pour la première fois à l'époque carolingienne par les conciles d'Aix-la-Chapelle (789) et de Châlons (813) ; ce dernier les désigne par cette périphrase : «sanctimoniales quæ se canonicas vocant» (ces saintes moniales qui se nomment chanoinesses). Au Xᵉ siècle, marqué par une crise générale, on se met à distinguer les *canonicæ seculares*, qui ne prononcent pas de vœux et ne renoncent pas à leurs biens, des chanoinesses régulières (*canonicæ regulares*), qui prononcent des vœux, se soumettent à une règle et mènent une vie de religieuses tout en ayant un rôle actif (enseignement, charité). La Révolution disperse indistinctement les chanoinesses séculières et régulières. Différentes communautés de religieuses portent actuellement le nom de chanoinesses. On peut citer les chanoinesses régulières de Saint-Augustin, créées dans les Vosges au début du XVIIᵉ siècle.

Chanoinesse. Gravure de Le Doyen extraite des *Figures des différents habits des chanoines réguliers de ce siècle*. Paris, 1666. Chantilly, bibliothèque les Fontaines.

Renvoi : Chanoines.

Bibl. : *Catholicisme*, art. Chanoinesse (A. Odil).

CHANT GRÉGORIEN

Forme de chant née à Rome et étroitement liée à la liturgie, le chant grégorien est en rapport avec les caractères propres de la langue latine. Une certaine cadence, une continuité mélodique, l'indivisibilité de l'unité rythmique, ainsi que la solennité d'un rythme adapté à la prière liturgique figurent parmi les traits caractéristiques du style dit grégorien.

HISTORIQUE

On attribue traditionnellement la naissance de ce mode de chant à Grégoire le Grand, qui fut pape de 590 à 604 sous le nom de Grégoire Iᵉʳ; c'est pourquoi il est souvent représenté avec la colombe du Saint-Esprit qui lui souffle les modes nouveaux à l'oreille (*Antiphonaire de Hartker*). Cependant, les plus anciens manuscrits portant des notations de mélodies liturgiques romaines ne sont pas antérieurs au Xᵉ siècle. D'après dom Froger, «l'ensemble du répertoire grégorien date, jusqu'à preuve du contraire, d'une époque assez voisine de celle où il apparaît dans l'histoire», soit le IXᵉ siècle environ. Il importe ici de rappeler qu'avant le IXᵉ siècle les clercs ne disposaient d'aucun système de notation musicale. Un système rudimentaire désigné sous le nom de «neumes» (ou signes neumatiques) apparaît à cette époque seulement. Le style de chant dit grégorien se répand en Gaule avec la liturgie romaine. Charlemagne s'emploie à le diffuser dans son empire. Le répertoire grégorien subit ensuite de multiples altérations, et finit par être dénaturé au contact de la polyphonie instrumentale dont on l'orne à la fin du Moyen Âge. Au XVIᵉ siècle, apparaît un goût nouveau, et le besoin se fait sentir au sommet de la hiérarchie catholique de réformer la musique sacrée, ne fût-ce que pour rivaliser avec l'essor musical né du protestantisme. Le pape Grégoire XIII, par un bref du 25 octobre 1577, confie le soin de préparer cette réforme à deux compositeurs de renom, Palestrina et Guidetti. La modernisation qu'ils imposent à la musique liturgique a pour effet d'éliminer toute trace de la tradition grégorienne. Dès le XVIe siècle, toutefois, certains érudits conçoivent le désir de retrouver des témoignages authentiques de ce qu'avait pu être le chant grégorien à ses débuts. La volonté de remonter aux sources se concrétise au XIXe siècle seulement, à l'instigation des archevêques de Reims, Mgr Gousset, et de Cambrai, Mgr Giraud, qui font préparer en 1849 une édition savante d'un graduel romain du XIe siècle découvert à Montpellier, et que l'on a tout d'abord attribué à Grégoire le Grand.

L'œuvre musicale de Solesmes se situe dans la période suivante sous l'impulsion de dom Guéranger, qui a rendu vie à l'abbaye en 1833. Souhaitant doter son monastère de livres de chants «aussi traditionnels que possible», il encourage dom Jausions à préparer un *Directorium chori* renouant avec la tradition des neumes. L'ouvrage le plus important paru sous les auspices de l'abbaye de Solesmes est sans doute la *Paléographie musicale*, éditée entre 1889 et 1955 ; cet ouvrage reproduit en phototypie de précieux manuscrits de recueils liturgiques anciens avec notations musicales. Enfin, le pontificat de Pie X fait date, et l'on a salué — ou dénoncé — en lui le restaurateur du chant grégorien dans l'Église catholique. En 1903, il émet sous la forme d'un *motu proprio* une «instruction à laquelle il entend donner force de loi». Parmi les trois sortes de musique religieuse définies dans ce document — chant grégorien, chant polyphonique et chant moderne — sa préférence va au premier. «L'Église, énonce-t-il, le propose aux fidèles comme étant proprement le sien.» Il s'agit de cultiver «avec soin et amour le chant grégorien dans les séminaires». Il est juste de noter que ce pontife s'est borné à émettre des recommandations, sans rejeter explicitement les autres formes de chant. En 1928, Pie XI célèbre la valeur éminente du chant grégorien dans la constitution apostolique *Divini cultus*. Le thème est repris en 1955 par Pie XII qui, dans l'encyclique *Musicæ sacræ disciplina* du 25 décembre, invite prêtres et évêques à veiller à ce que les fidèles sachent utiliser le chant grégorien dans les cérémonies liturgiques, afin d'affirmer l'unité et l'universalité de l'Église.

SITUATION ACTUELLE

Le chant grégorien a pu sembler menacé de disparition définitive après le concile Vatican II, qui fit largement adopter l'emploi des langues vernaculaires dans la liturgie. Lié cependant à la langue latine, symbole d'«unité et d'universalité», il reste vivant non seulement à Solesmes, mais aussi dans d'autres grandes abbayes bénédictines européennes. En France, de nombreux centres d'enseignement du grégorien fonctionnent avec persévérance, en liaison avec l'Institut grégorien de Paris.

Renvoi : Solesmes.

Bibl. : *Catholicisme*, art. Grégorien (chant) [G. Jaquemet]. *Dict. d'archéo. chrét. et de liturgie*, art. Chant romain et grégorien.

Saint Bernard prêchant la seconde croisade. Miniature de Jean Colombe, vers 1490. Paris, Bibliothèque nationale.

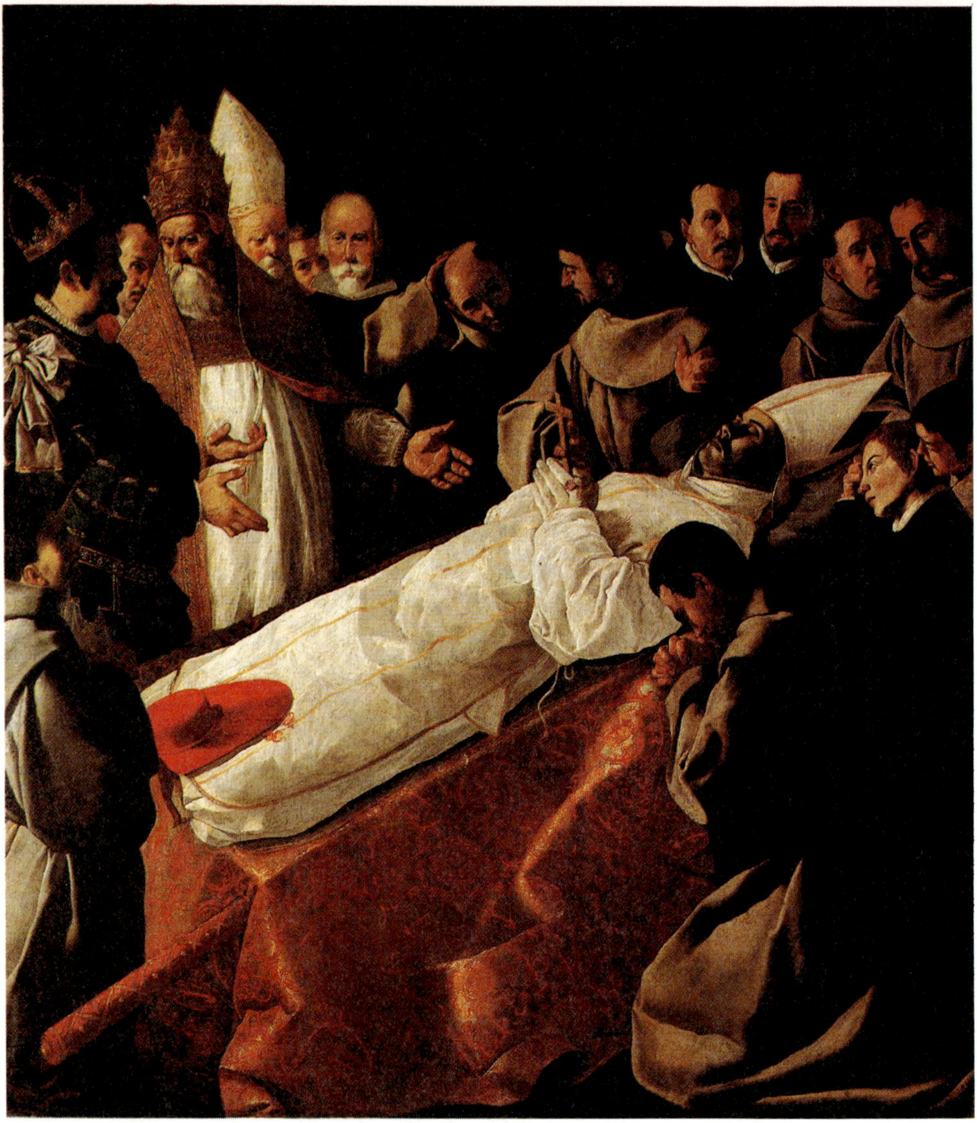

L'exposition du corps de saint Bonaventure. Zurbaran, 1629. Paris, Louvre.

Enciclopedia cattolica, art. Canto (G.M. Sunol). A. Mocquereau, *Le Nombre musical grégorien*, Tournai, 1908. M. de Sabloyrolles, «Chant grégorien», dans R. Aigrain, *Liturgia*, Paris, 1931, pp. 430-478.

CHAPITRE

Dans les monastères, l'usage est de lire des fragments, ou des chapitres, de la règle canonique devant les chanoines ou les moines assemblés. Ces «chapitres» ont donné leur nom à ces réunions particulières, puis à l'ensemble de ceux qui y participaient, enfin au lieu où elles se tenaient, la salle capitulaire.

HISTORIQUE

Depuis l'origine du mouvement monastique, les problèmes de la vie de la communauté étaient débattus dans les monastères sous l'autorité de l'abbé. Ces assemblées, les chapitres, ne comprenaient pas l'ensemble des moines, mais les plus dignes d'entre eux, selon leur fonction ou leur expérience, les membres du chapitre étant désignés par l'abbé du monastère.

SITUATION ACTUELLE

Dans chaque monastère, on distingue le chapitre, composé des membres désignés par l'abbé, du conseil des frères, qui comprend l'ensemble des moines de la communauté.

Chez les chanoines, le chapitre comprend l'ensemble des membres de la communauté, auquel on doit ajouter un nombre très limité de «dignités», personnages désignés par l'évêque.

Salle capitulaire de Fontenay.

CHARISMATIQUE

Don gratuit et effusion de l'Esprit Saint, le charisme est conféré pour le bien de la communauté, et non pour une quelconque satisfaction personnelle. Ce phénomène a tenu un rôle essentiel dans les diverses phases de la vie de l'Église, depuis ses débuts jusqu'à l'époque contemporaine. L'événement de la Pentecôte, où l'Esprit a été répandu sur tous les disciples qui «se mirent à parler d'autres langues» (Ac 2, 1-4), sert de modèle aux manifestations charismatiques. Le XXe siècle a vu naître un nouveau courant de réveil spirituel, de *revival* en anglais. Le mouvement «pentecôtiste» est né en effet aux États-Unis, dans diverses églises protestantes. Le début se situe plus précisément en 1900, au sein de la Bethel Bible School fondée à Topeka, Kansas, par le pasteur méthodiste Charles F. Parklam. Pour la première fois, semble-t-il, une femme inspirée reçoit le don charismatique de «prier en d'autres langues». Ces premières manifestations sont accueillies par la majorité des fidèles avec scepticisme, et non sans suspicion. Les «inspirés» se réunissent alors entre eux et forment des groupes «pentecôtistes». Par la suite, certains de ces groupes sont de nouveau accueillis dans leurs Églises d'origine.

Un pas nouveau est franchi, lorsque l'Église catholique s'ouvre à ces formes de ferveur qui tranchent sur ce qu'a de terne la vie quotidienne de nombreuses paroisses. Cela se passe d'abord aux États-Unis, vers 1967, puis le «renouveau charismatique» gagne l'Europe catholique. L'acceptation de ces nouveaux foyers de ferveur ne va pas sans difficulté, car on craint justement de voir naître une division entre les chrétiens «ordinaires» et les charismatiques aux dons exceptionnels. Parmi les nombreuses communautés charismatiques entrées ou rentrées dans le sein de l'Église, on peut citer notamment le Lion de Juda, Agneau immolé, communauté qui s'est installée en 1975 à Gordes-sur-Vues dans un monastère désaffecté, l'Emmanuel, fondé à Paris en 1972, Puits-Jacob à Strasbourg en 1976 et l'Eau vive à Nantes.

Bibl. : *Catholicisme*, art. Charisme. *Dict. de la vie spirituelle*, art. Charismatique. Cardinal Suarens, *Une nouvelle Pentecôte*, Paris, 1974. *Théo, Nouvelle Encyclopédie catholique*, «Les communautés du renouveau charismatique», Paris, 1991.

CHARITÉ-SUR-LOIRE (La)

Prieuré bénédictin de l'ordre de Cluny.

La ville de la Charité-sur-Loire est située à vingt-cinq kilomètres en aval de Nevers, dans le diocèse d'Auxerre. Selon la tradition, un premier monastère est fondé par Roland, seigneur du Roussillon, au début du VIIIe siècle. Pépin le Bref (roi de 751 à 768) le confie à des moines bénédictins. Il disparaît dans le dernier quart du VIIIe siècle. Au XIe siècle, Bernard de Chaillant est autorisé par l'évêque d'Auxerre à faire reconstruire sur son domaine une chapelle en ruine. En 1059, il en fait don à l'abbé de Cluny, saint Hugues, qui y envoie quelques

La-Charité-sur-Loire. Détail d'un linteau.

moines. La maison de La Charité est établie en prieuré de l'abbaye de Cluny. Le premier prieur, Gérard (mort en 1087), fait construire l'église du prieuré en style roman. Elle est consacrée en 1107 par le pape Pascal II. Protégé par le roi et le pape, le prieuré prospère. Surnommé «la fille aînée de Cluny», il a juridiction sur cinquante prieurés à la fin du XIIIe siècle. Ravagé par les guerres de religion, le prieuré se relève au XVIIe siècle. On y compte quatorze religieux en 1768. Il disparaît à la Révolution. Une partie des bâtiments claustraux, très endommagés, est encore debout. Ce qui reste de l'église constitue un exemple remarquable d'architecture romane déjà bourguignonne.

Renvoi : Cluny.

Bibl. : *Catholicisme*, art. La Charité. *Dict. d'Hist. et de Géo. eccl.*, art. Charité-sur-Loire (La).

CHARLES BORROMÉE

Charles Borromée. Gravure de Jean Le Clerc, 1616. Chantilly, bibliothèque les Fontaines.

Archevêque de Milan, fondateur des oblats de Saint-Amboise. 1538-1584.

Charles Borromée naît au château d'Arona, au bord du lac Majeur, le 20 octobre 1538. Tonsuré à sept ans, il reçoit la commende d'une abbaye à douze ans. En 1559, il termine à peine ses études de droit *in utraque jure* quand son oncle maternel, Gian Angelo de Medici, devient pape sous le nom de Pie IV. Ce dernier l'appelle à Rome et le nomme aussitôt cardinal, en janvier 1560; il le comble de charges et d'honneurs, et en fait son secrétaire.

Charles Borromée fonde une société littéraire sous le nom des Nuits vaticanes. La mort de son frère en 1562 le décide à s'engager dans la vie religieuse la plus stricte. Il reçoit le 15 août l'ordination sacerdotale. En 1563, il est consacré archevêque de Milan. Il revient à

Procession de Charles Borromée. Edme Bouchardon, vers 1730. Chapelle de Versailles.

Rome à la mort de Pie IV, participe au conclave qui élit Pie V avant de retourner à Milan. Il déploie une grande activité dans son archevêché, y organise six conciles provinciaux et onze synodes diocésains, dans lesquels il élabore un ensemble de textes normatifs diffusant certaines décisions du concile de Trente. En 1564, il organise un séminaire qu'il confie d'abord aux jésuites. Quatorze ans plus tard, en 1578, il fonde les oblats de Saint-Ambroise et leur confie la direction du séminaire diocésain l'année suivante ; il entend ainsi donner une formation solide au clergé de son diocèse. Charles Borromée crée ou ranime différentes confraternités milanaises, accordant un soin particulier à la Compagnie de Sainte-Ursule, fondée par Angèle Merici à Brescia, et il prescrit aux visiteurs qu'il dépêche dans les quinze diocèses dépendant du siège métropolitain de Milan d'introduire cette société ainsi que celle de Sainte-Anne dans les grandes villes. Charles Borromée se distingue surtout par l'impulsion qu'il a donnée au Piémont à la réforme religieuse issue du concile de Trente.

Renvoi : Ursulines.

Bibl. : *Catholicisme*, art. Charles Borromée (A. Duval). *Diz. degli Ist. di Perf.*, art. Carlo Borromeo (C. Marcora). *Les Ordres religieux* (dir. G. Le Bras), t. I, 1979, p. 57, ill. 107.

CHARTREUSE. Voir Grande-Chartreuse.

CHARTREUX

Famille de religieux fondée par saint Bruno en 1084. Elle doit son nom au premier ermitage créé par Bruno dans les Alpes du Sud, la Chartreuse. Comme les camaldules, les chartreux ont cherché une formule conciliant un érémitisme extrême et les exigences de la vie religieuse en communauté.

HISTORIQUE

Bruno fonde en 1084 un ermitage dans le massif de la Grande-Chartreuse, dans les Alpes grenobloises. La Grande-Chartreuse reste la seule fondation pendant trente ans. La seconde fondation que réalise Bruno est celle de Sainte-Marie-de-La-Torre, en Calabre. A sa mort, saint Bruno ne laisse aucune règle rédigée. Il n'a pas voulu fonder un nouvel ordre. Huit nouveaux ermitages sont créés sur le modèle de la Grande-Chartreuse à partir de 1115.

C'est à la demande des supérieurs de ces nouvelles maisons que le cinquième prieur de la Grande-Chartreuse, Guigues Ier (1109-1136), met par écrit les Coutumes (*Consuetudines*), qui servent dès lors de règle commune à tous. Achevé en 1127, ce texte de base devait par la suite faire l'objet d'un certain nombre de refontes. Cinq ans plus tard, une avalanche détruit la Grande-Chartreuse, qui est reconstruite mille huit cents mètres plus bas. Le premier chapitre général réunit tous les prieurs des ermitages en 1140, sous le priorat de saint Anthelme (1139-1151). L'approbation définitive du nouvel ordre des Ermites chartreux par le Saint-Siège survient en 1171. Entre cette date et 1371, l'ordre chartreux comptait cent cinquante maisons réparties dans tous les territoires de l'Europe. Le Grand Schisme (1378-1414) sépare l'ordre en deux partis : celui du pape de Rome et celui du pape d'Avignon. Les guerres de religion constituent une épreuve pour l'ordre. Les cent vingt-six chartreuses qui subsistent à la veille de la Révolution disparaissent presque toutes dans la tempête révolutionnaire. L'ordre renaît en 1816, et l'on dénombre une trentaine de chartreuses. En 1901, les chartreux sont expulsés de France. Ceux de la Grande-Chartreuse se réfugient dans la chartreuse toscane de Farneta (Lucques). La Grande-Chartreuse ne sera pas recouvrée par l'ordre avant 1940. On peut noter qu'il y a des moniales chartreuses depuis le XIIe siècle.

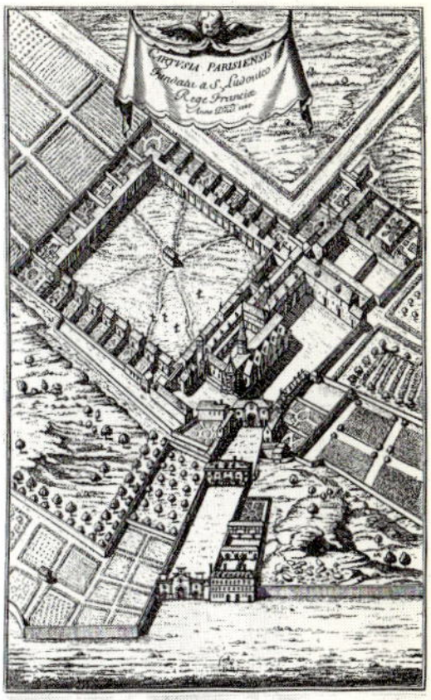

La Chartreuse de Paris. Gravure, XVIIe siècle.

Chartreux. Francisco Zurbarán, *Saint Hughes au réfectoire des chartreux*, 1630. Musée de Séville.

Chartreux au travail. Gravure de F. Chauveau, XVIIe siècle. Paris, Bibliothèque nationale.

ORGANISATION DE L'ORDRE

L'ordre est divisé en provinces, sans qu'il existe de gouvernements provinciaux. À l'origine, chaque maison était indépendante et se trouvait placée sous la juridiction de l'évêque. À partir de 1140, c'est le chapitre général qui détient l'autorité supérieure. Il comprend tous les prieurs de l'ordre — le supérieur de chaque chartreuse porte en effet le titre de prieur. Le chapitre général se réunit chaque année jusqu'à la Révolution.

À la tête de l'ordre il y a un ministre général, fonction détenue par le prieur de la Grande-Chartreuse. Il agit en rendant compte au chapitre général.

FORMES DE VIE DES CHARTREUX

Ordre voué à la contemplation, les chartreux vivent dans des celles groupées dans l'enceinte du monastère. La clôture est extrêmement rigoureuse. Chacun des pères chartreux vit et prie dans sa cellule : il y prend ses repas, y travaille et y dort. Chaque jour, cependant, il en sort pour la messe, à l'église. Le dimanche et les jours de grande fête sont marqués par une vie communautaire plus développée.

À côté des pères, il convient de distinguer la catégorie des frères, qui correspondent dans une certaine mesure aux convers cisterciens. Eux aussi habitent dans des celles à quelque distance du monastère, auprès des granges-ateliers, avec une église. Ces frères partagent l'idéal de vie chartreux : ils ont opté pour la vie de solitaire en quête perpétuelle de Dieu. Ils ont cependant en charge les tâches matérielles indispensables à la subsistance de la chartreuse.

Ces modes de vie originaux traduisent l'esprit cartésien qui consiste à «vivre pour le seul Bien suprême, c'est-à-dire pour ton Dieu». Selon ces vues, le solitaire isolé de tous est en même temps uni à tous, intercédant par sa prière en faveur de tous les humains ; le principe étant que le rejet de toute activité par les solitaires chartreux ouvre sur une forme éminente d'apostolat mystique.

Costume : Les pères chartreux ont la tête, la barbe et la moustache rasées. Ils portent une longue robe de laine blanche, et par-dessus une cuculle, sorte de chape serrée à la taille par une ceinture de cuir blanc, où un chapelet pend du côté gauche. Les frères ont des robes de couleur brune ou blanche.

Renvois : Bruno. Camaldules. Chapitre. Grande-Chartreuse. Prieur.

Bibl. : *Diz. degli Ist. di Perf.*, art. Certosini (J. Dubois). *Les Ordres religieux* (dir. G. Le Bras), t. I, 1979, pp. 563-654.

CHELLES

Abbaye bénédictine de moniales fondée vers 658.

Veuve de Clovis II (mort en 656), la reine Bathilde fonde un monastère de moniales en 658 ou 659 à Chelles (Seine-et-Marne), auprès d'une église consacrée à saint Georges. Elle s'y retire lorsqu'elle est exclue du pouvoir par les Grands vers 665, et y meurt en 680. Fondation royale donc, comme la plupart des abbayes créées à l'époque mérovingienne, le monastère de Chelles a compté parmi les abbayes les plus prestigieuses sous l'Ancien Régime. Incendiés à plusieurs reprises (en 1220, 1399 et 1599) et chaque fois restaurés, les bâtiments de l'abbaye ont été entièrement détruits en 1793, après l'éviction des religieuses en 1792.

Bibl. : *Catholicisme*, art. Chelles (dom Gazeau). *Dict. d'Hist. et de Géo. eccl.*, art. Chelles (R. Van Doren). C. Torchet, *Histoire de l'abbaye royale N.-D. de Chelles*, Paris, 1883.

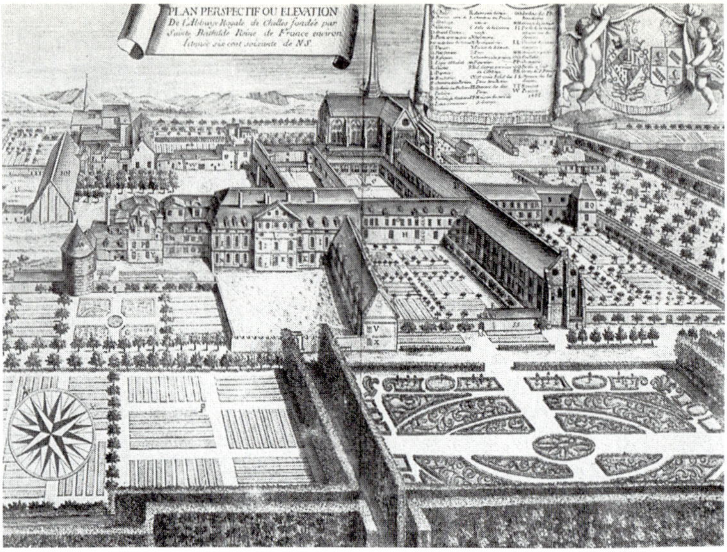

Chelles.
Église Saint-Georges.
Monasticon Gallicanum,
1687. Paris,
Bibliothèque nationale.

CHEVALIERS DE MALTE

Ordre hospitalier de Saint-Jean-de-Jérusalem, ordre des chevaliers de Rhodes, fondé au VIIe siècle.

Fondé par Géraud, l'un des frères de l'hôpital Saint-Jean-Baptiste de Jérusalem, après la prise de cette ville par les croisés en 1109, l'ordre des Hospitaliers de Saint-Jean-de-Jérusalem se propose de soigner et héberger les pèlerins qui viennent en Terre sainte. Ses membres sont des religieux qui prononcent les trois vœux de pauvreté, de chasteté et d'obéissance. Comme signe distinctif, ils portent une croix blanche sur leur robe noire. Leur règle, approuvée en 1113 par le pape Pascal II, procède de la règle de saint Augustin.

Vers 1140, Raymond du Puy, qui succède à Geraud, transforme les hospitaliers de Saint-Jean en un ordre militaire à vocation hospitalière. Les membres de l'ordre sont désormais répartis entre trois classes. Les chevaliers, obligatoirement issus de familles nobles, sont chargés de défendre la Terre sainte. Les chapelains assurent le service spirituel de l'ordre. Les frères hospitaliers, enfin, ont un statut assez semblable à celui des convers cisterciens.

L'ordre se développe très rapidement, avec des ramifications dans les différents pays de l'Occident. Ce sont les chevaliers de Saint-Jean qui ont construit le Krak des Chevaliers, le plus grand château de Syrie. Puissante forteresse, le Krak n'en tombe pas moins aux mains des musulmans en 1271. L'ordre abandonne la Terre sainte en 1291 et s'installe à Chypre. Les chevaliers de Saint-Jean ont dès lors pour objectif la lutte contre les infidèles, sur mer et sur terre. Très riche, l'ordre se dote d'une flotte puissante ; ses bateaux, battant pavillon rouge à croix blanche, assurent la police des mers. Les chevaliers s'emparent de l'île de Rhodes en 1309 et s'y installent ; leur grand maître est un souverain qui bat monnaie. On appelle parfois les hospi-

Hôtel des chevaliers de Malte, à Toulouse.

taliers de Saint-Jean chevaliers de Rhodes. Le dernier maître de Rhodes fut Philippe de Villiers de l'Isle-Adam. Vaincu par Soliman, il quitte Rhodes le 1er janvier 1523, et abandonne l'île aux Turcs. L'étendard rouge de l'ordre est alors bordé de noir en signe de deuil.

Le 26 octobre 1530, Villiers de l'Isle-Adam prend possession de l'île de Malte, donnée à l'ordre par Charles Quint. L'ordre dit de Malte connaît une brillante période, et ne compte pas moins de six cents «commanderies» en Europe. En 1713, tous les États reconnaissent la neutralité de l'île de Malte. Le 12 juin 1798, Bonaparte, en route pour l'Égypte, exige la reddition des chevaliers. Les Anglais s'emparent de Malte le 5 septembre 1800 et gardent l'île.

Dispersés, les chevaliers de Malte transfèrent leur siège à Rome en 1834. Un conflit survient avec le Saint-Siège en 1931 ; le pape Pie XII entend les traiter comme de simples religieux. Trente ans plus tard, une nouvelle constitution promulguée le 24 juin 1961 met fin à ce

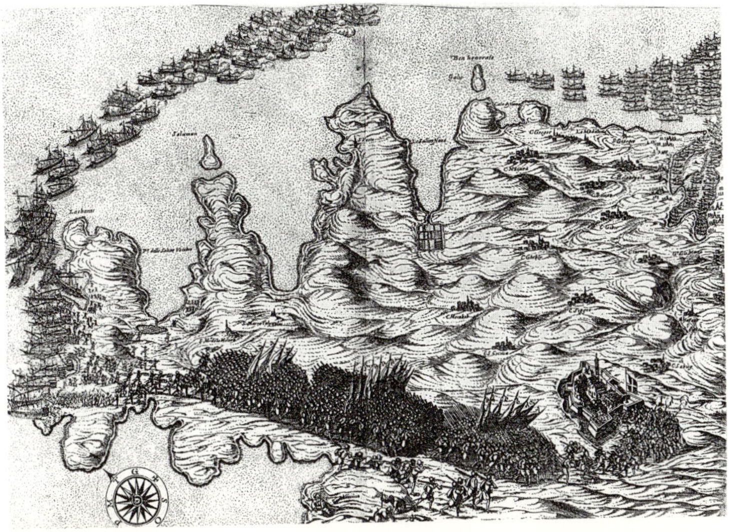

Le siège de Malte en 1565. Gravure de Jacopo Bosio.

Chevaliers de Malte.
Église Sainte-Marie,
Rome.

différend. Ordre religieux, l'ordre de Malte «affirme et répand les vertus chrétiennes de charité et de fraternité, exerce les œuvres de miséricordes, spécialement en secourant les malades, les émigrants, les réfugiés et les exilés, l'enfance abandonnée et les pauvres». Désormais, les chevaliers et les chapelains sont des religieux qui ne sont pas astreints à la vie en commun.

ÉTAT ACTUEL

«Ordre religieux, laïque, militaire, chevaleresque», l'ordre de Malte a «qualité de sujet de droit international». La Villa Malta sur

Le Siège de Malte,
en 1565.
Gravure
de Jacopo Bosio.

l'Aventin, à Rome, où réside le grand maître, et le palais de la via Condotti, où demeuraient autrefois les ambassadeurs de l'ordre, constituent le territoire du «plus petit État du monde». Son drapeau est un étendard de couleur rouge, avec une croix blanche. Le maître de l'ordre est le chef absolu, et a rang de cardinal. L'ordre a perdu à peu près tous ses biens.

Renvois : Convers. Ordres militaires.

Bibl. : *Diz. degli Ist. di Perf.*, t. VIII, art. Sovrano militare ospedaliero ordine di Malta. *Les Ordres religieux* (dir. G. Le Bras), t. I, 1979, pp. 687-698. Jean Cuenot, *Rhodes et les chevaliers de Malte*, Paris, 1990.

CHEVALIERS DE SAINT-JEAN. Voir Chevaliers de Malte.

CHEVALIERS DU SAINT-SÉPULCRE

Ordre fondé au XIIe siècle.

Dès la fondation du royaume latin de Jérusalem, des chevaliers gardiens du tombeau du Christ furent placés sous l'autorité du patriarche de Jérusalem. L'étendard de l'ordre, dont la date de fondation n'est pas connue avec précision, est déployé pour la première fois en 1105, à la troisième bataille de Ramlah. Durant le XIIe siècle, le patriarche de Jérusalem et ses chevaliers participent à tous les combats contre les infidèles. Les chevaliers du Saint-Sépulcre sont déjà implantés en Espagne. Après la chute de Jérusalem en 1187, l'ordre se retire à Saint-Jean-d'Acre avec les autres ordres hospitaliers et militaires de Terre sainte.

La chute de Saint-Jean-d'Acre, le 18 mai 1291, entraîne le départ de l'ordre de Terre sainte. Les chanoines desservant le sanctuaire du Saint-Sépulcre s'installent à Pérouse, en Italie, dans le grand prieuré de Saint-Luc. Le grand prieur de Saint-Luc prend le titre de maître général de l'ordre du Saint-Sépulcre, avec environ deux mille maisons disséminées sous son autorité. En 1489, une bulle du pape Innocent VIII incorpore l'ordre du Saint-Sépulcre à celui des hospitaliers de Jérusalem. Alexandre VI en 1497, puis Jules II en 1505 sauvent successivement l'ordre en Allemagne, aux Pays-Bas et en Espagne. L'ordre adopte alors une vocation purement hospitalière. La plupart des prieurés européens du Saint-Sépulcre disparaissent à la Révolution.

Le pape Pie IX ressuscite l'ordre chevaleresque le 10 décembre 1847, avec le patriarche de Jérusalem comme grand maître. L'ordre est dès lors pontifical. Les papes Pie XI et Pie XII lui ont donné sa phy-

L'église des chevaliers du Saint-Sépulcre, à Palerme.

sionomie actuelle. La grande maîtrise est confiée à un cardinal, avec un bailli à la tête de chaque pays. Pie IX a assigné à l'ordre rénové comme principale activité la propagation de la foi et le maintien des droits de l'Église en Terre sainte.

Renvois : Chevaliers de Malte. Ordres militaires.

Bibl. : *Les Ordres religieux* (dir. G. Le Bras), t. I, 1979, pp. 699-703.

CHEVALIERS TEUTONIQUES

Ordre fondé officiellement en 1191.

HISTORIQUE

En 1190, des bourgeois des villes de Brême et de Lübeck organisent à Acre, en Terre sainte, un hôpital de campagne pour les soldats allemands pauvres, malades ou blessés. Peu après, des chevaliers allemands fondent dans cette maison un ordre hospitalier, sur le modèle des hospitaliers de Saint-Jean-de-Jérusalem. Le nouvel ordre est approuvé le 6 novembre 1191 par le pape Clément III : il devient en 1198 un ordre militaire, rival de l'ordre du Temple, et spécialisé dans la lutte contre les infidèles. De fait, Innocent III confirme cette mutation en 1199 et donne au nouvel ordre la règle du Temple. Les chevaliers «teutoniques» sont recrutés parmi les membres de la noblesse allemande. Dès 1211, l'ordre se détourne de la Terre sainte et fonde la ville libre de Kronstadt (aujourd'hui Brasov), en Transylvanie. Au tournant des XIIe et XIIIe siècles, les fondations de forteresses appelées à devenir des villes se multiplient en Europe centrale : en Styrie, à Sonntag (1199) ; en Thuringe, l'hospice de Halle (1200) illustre la persistance d'une vocation hospitalière dans cet ordre militaire. Par la suite, l'ordre teutonique porte essentiellement son effort sur deux pôles : la colonisation allemande des marches de l'est et l'évangélisation des Slaves. À la mort de Hermann von Salza, grand maître de 1212 à 1239, la Prusse et la Livonie (c'est-à-dire les pays baltes) ont été conquises par les chevaliers teutoniques. La chute de Saint-Jean-d'Acre en 1291, dernier bastion chrétien en Terre sainte, a pour conséquence la rupture totale entre elle et les chevaliers. En 1309, le grand maître s'installe à Marienburg, sur la Vistule, qui devient la capitale de l'ordre. Cette même année 1309, la conquête de la Poméréllie et de Dantzig est achevée. L'apogée de la puissance politique de l'ordre se situe au début du XIVe siècle. Mais dès le 15 juillet 1410, la victoire remportée à Tannenberg par le roi de Pologne, Ladislas II Jagellon, sur les teutoniques marque le début du déclin de leur puissance. À la fin du XVe siècle, ils ne possèdent plus que la Prusse orientale et une partie de la Livonie.

Chevalier teutonique. *Codex Manesse*, XIIe siècle. Heidelberg, bibliothèque de l'université.

Le dernier grand maître, Albert de Brandebourg, adhère à la Réforme en 1525 et sécularise l'ordre. La Prusse devient alors duché héréditaire de la maison de Brandebourg. En 1809, Napoléon supprime l'ordre en Allemagne, qui survit cependant en Autriche. Un décret de Pie XI, en date du 21 novembre 1929, transforme les teutoniques en un ordre clérical composé de prêtres, de frères et de sœurs. Supprimé par les nationaux-socialistes en septembre 1938 en Autriche, et en 1939 en Tchécoslovaquie, l'ordre survit en Allemagne, où il comptait en 1979 quatre-vingt-six religieux prêtres.

Costume : Les chevaliers teutoniques portaient un grand manteau blanc, avec une croix noire sur l'épaule gauche. Cette croix est à l'origine de la «croix de fer» de l'armée allemande.

Renvois : Chevaliers de Malte. Ordres militaires. Templiers.

Bibl. : *Les Ordres religieux* (dir. G. Le Bras), t. I, 1979, pp. 678-688. *Enciclopedia cattolica,* art. Teutonico Ordine.

CHŒUR

Le mot grec *chôros* a dans l'Antiquité désigné l'ensemble des chanteurs, qui étaient aussi danseurs, et tenaient le rôle d'un personnage collectif dans la tragédie grecque. Dans le monde monastique chrétien, ce terme désigne l'ensemble des chantres qui assurent les parties chantées d'une liturgie. Il est aussi employé pour nommer la partie de l'église où se tiennent les membres du «chœur». Le chœur, réservé aux «moines de chœur», est généralement situé en avant de l'autel, entre la nef, ouverte aux fidèles, et le sanctuaire, lieu de l'autel. Les stalles des chanoines ou des moines, dans les églises cathédrales, collégiales ou abbatiales, sont donc placées dans cette partie de l'édifice, et généralement disposées sur deux rangs parallèles, se faisant face, le long des murs.

Renvois : Abbatiale. Cathédrale. Cloître. Collégiale. Moine de chœur. Stalles.

Bibl. : *Dictionnaire de liturgie*, art. Chœur (dom Robert Le Gall). *Enciclopedia cattolica*, art. Coro.

CHRODEGANG

Évêque de Metz (712-766).

Austrasien originaire de la Hesbaye, Chrodegang appartient à l'entourage politique de Charles Martel ; il est nommé chancelier en 737, puis évêque de Metz en 742. L'intérêt qu'il porte à la liturgie de Rome et à la vie bénédictine l'amène à donner aux chanoines de sa cathédrale une organisation semblable à celle des moines. La règle qu'il leur donne procède directement de celle de saint Benoît. Il les loge de manière qu'ils puissent entretenir une vie commune. L'utilisation de la règle de saint Benoît pour réorganiser la vie canoniale montre que ce texte fondamental jouissait, dès le VIIIe siècle, d'un certain prestige. Cet aspect de l'activité de Chrodegang servit de modèle aux futurs chanoines réguliers.

Renvois : Benoît de Nursie. Chanoines réguliers.

Bibl. : *Les Ordres religieux* (dir. G. Le Bras), t. I, 1979, p. 32.

Cisterciens. Nuño Gonçalves, *Polyptyque de saint Vincent*, 1458. Lisbonne, Museu de Arte Antiga.

CISTERCIENS

Ordre religieux fondé en 1098.

ORIGINES

Le retour à des formes de vie religieuse érémitiques, à l'ascétisme le plus rigoureux, inspire nombre de fondateurs d'ordres nouveaux. Ainsi, un Champenois du nom de Robert réussit, après plusieurs tentatives infructueuses à fonder à Molesmes, en 1075, dans la région de Tonnerre, une communauté monastique soumise à la stricte observance de la règle de saint Benoît.

HISTOIRE DE L'ORDRE

La communauté prospère durant une vingtaine d'années, puis surviennent des dissensions qui incitent Robert à quitter Molesmes. Il choisit avec une vingtaine de compagnons de se retirer dans un lieu sauvage, au sud de Dijon, dans le diocèse de Chalon-sur-Saône, et fonde une abbaye de stricte observance à Cîteaux, en 1098. Un an plus tard, le pape Urbain II lui ordonne de regagner Molesmes. Il meurt

Cisterciens. *Retable de saint Bernard*, XIVe siècle. Palma de Majorque, musée archéologique Luliano.

abbé de cette abbaye en 1118. Son fidèle compagnon Aubry lui succède comme abbé de Cîteaux (1099-1109), puis un Anglais, Étienne Harding, de 1109 à 1133. Étienne fait rédiger la *Carta caritatis* qui servira de texte de référence aux formulations ultérieures de la règle cistercienne.

Les débuts de l'ordre sont décrits dans un document, l'*Exordium parvum*, contenant le premier texte réglementaire élaboré sous l'abbatiat d'Aubry, les *Instituta monachorum cisterciensium de Molismo venientium*. Les principes établis en règle dans ces documents dominent l'histoire de la période la plus féconde de l'ordre cistercien : pauvreté et simplicité dans le cadre de vie et jusque dans les ornements liturgiques. Les moines, à la différence des clunisiens, ne doivent

Cisterciens. «Saint Bernard donne la règle à des moniales», *Sermones Volgari*, Florence, 1495.

L'abbé de Rancé visite une abbaye de **moniales cisterciennes**. Gravure extraite des *Vies des saints pères du désert d'Occident*, 1708.

accepter aucune compromission avec le monde féodal, et devront travailler de leurs mains. Cette dernière exigence, incompatible avec les besoins de la vie liturgique et le rythme des prières imposées par la règle, doit bientôt être abandonnée. On décide alors d'admettre dans l'ordre des frères convers, spécialement chargés des travaux matériels. La rédaction finale des observances cisterciennes, la *Carta caritatis posterior*, composée après 1165, prévoit à la tête de l'ordre, comme organe de gouvernement, un chapitre général annuel, rassemblant les abbés de tous les monastères. Tous les ans, chaque abbaye doit être visitée et contrôlée par l'abbé de l'abbaye fondatrice.

L'arrivée de saint Bernard à Cîteaux en avril 1112, avec des nobles et des clercs, donne une impulsion décisive au jeune ordre. L'influence de Bernard, devenu abbé de Clairvaux en 1115, s'exerça essentiellement sur deux plans. La force de sa pensée mystique a

L'abbaye cistercienne d'Haute-Rive : le cloître.

donné une base théorique et théologique aux aspects originaux de l'exigence cistercienne. D'autre part, son immense activité a ouvert à l'ordre la voie de la participation aux affaires de l'Église ainsi qu'à la vie politique du monde ambiant. Sur les quelque trois cent quarante monastères que compte l'ordre cistercien en 1147, cent soixante et un sont des fondations directes de Clairvaux. À la fin du Moyen Âge, on compte sept cents monastères cisterciens disséminés à travers l'Europe, dont plus de deux cents en France.

Ordre contemplatif par essence, les cisterciens ont donné des prédicateurs, des chapelains aux croisés ; ils ont joué un rôle particulièrement important lors de la croisade des Albigeois (1209-1229). Au XIIIe siècle, on voit des cisterciens concurrencer les frères mineurs dans les universités nouvellement créées. C'est ainsi qu'Étienne Lexington, abbé de Clairvaux, fonde en 1245 le collège Saint-Bernard à Paris. Des ordres militaires cisterciens apparaissent en Espagne au XIIIe siècle. Dès 1158, l'abbé de Fitero avait créé l'ordre militaire de Calatrava, qui fut rattaché à Cîteaux en 1187.

Le grand prieur est désormais nommé par l'abbé de Morimond. L'ordre de Calatrava a joué un rôle important dans la reconquête de l'Espagne, jusqu'au XVe siècle. En 1489, la grande maîtrise de l'ordre est cependant réunie à la couronne d'Aragon et de Castille. La guerre de Cent Ans (1339-1453), puis le Grand Schisme d'Occident (1378-1417) ont ébranlé l'ordre cistercien, comme le monde occidental tout entier. En Europe centrale, notamment en Bohême et en Autriche, nombre de monastères sont détruits par la guerre hussite (1415-1432). Au XVIe siècle, la Réforme entraîne la sécularisation de plusieurs monastères cisterciens dans les pays scandinaves et dans les îles britanniques. La bourrasque passée, les abbayes survivantes ont tendance à se regrouper dans des congrégations plus ou moins indépendantes. Au XVIIe siècle, une âpre lutte oppose les monastères soucieux de maintenir un régime mixte, mitigé, à ceux qui sont attachés à un retour à la stricte observance primitive. La bulle *In suprema* de 1666 apaise le conflit en adoptant des positions conciliantes : désormais il y aura deux observances au sein de l'ordre. Après la crise de la Révolution française, la renaissance s'est faite sous le signe de la scission en congrégations. La réforme inaugurée en 1791 par vingt-six moines de l'abbaye de la Trappe, qui s'exilèrent en Suisse afin de reprendre les observances primitives de Cîteaux, a survécu dans trois congrégations de trappistes, réunies en 1892 par la volonté du Saint-Siège en un ordre des cisterciens réformés de Notre-Dame de la Trappe, avec à sa tête un abbé général.

Costume : Le costume cistercien comprend les éléments constitutifs de celui des bénédictins : robe, scapulaire, coule (aux manches resserrées), mais de couleur écrue.

Renvois : Bernard de Clairvaux. Chapitre. Convers. Ordres militaires. Robert de Molesmes. Trappe (la).

Bibl. : *Catholicisme*, art. Cisterciens. *Diz. degli Ist. di Perf.*, art. Cistercensi (L. J. Lekai). *Les Ordres religieux* (dir. G. Le Bras), t. I, 1979, pp. 68, 72, et 338-561.

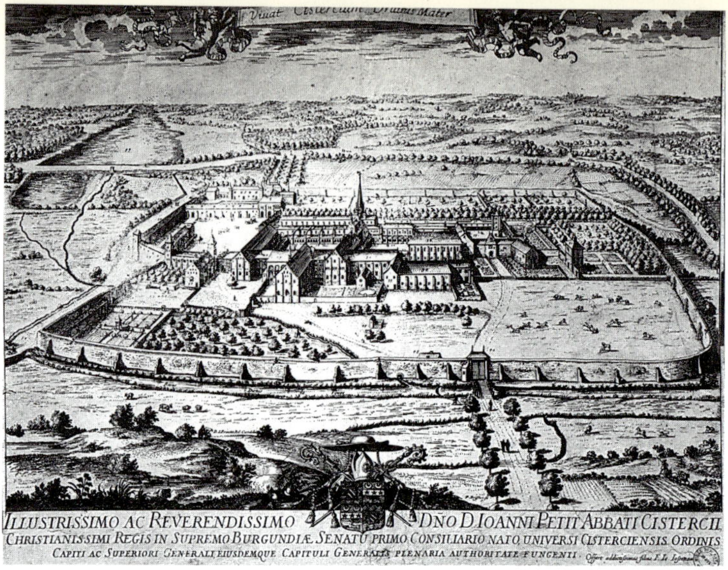

L'abbaye de Cîteaux. P. Brissart, 1674. Bibliothèque de Dijon.

CÎTEAUX

Abbaye mère de l'ordre cistercien, située à vingt-quatre kilomètres au sud de Dijon, fondée en 1098 par Robert de Molesmes.

Abbé de Molesmes, Robert fonde en 1098 un nouveau monastère dans un petit domaine de la forêt de Cîteaux. Il s'y établit avec quelques compagnons; ils habitent dans des huttes, résolus à vivre en conformité absolue avec la règle de saint Benoît, observée dans sa pureté originelle. Dès 1099, Robert doit retourner à Molesmes. Le prieur Aubry lui succède comme abbé jusqu'à sa mort en 1109. Un Anglais, Étienne Harding (abbé de 1109 à 1133), est à la tête du monastère lorsque arrive Bernard en 1112 avec sa troupe de compa-

L'abbaye de Cîteaux. Gravure, 1613. Paris, Bibliothèque nationale.

gnons. Déjà les nouvelles fondations se succèdent. La Ferté (diocèse de Chalon-sur-Saône en 1113), Pontigny (diocèse d'Auxerre en 1114), Clairvaux et Morimond (dans le diocèse de Langres en 1115). Une grave crise éclate au début du XIIIe siècle entre les quatre abbayes. Le pape Clément IV doit faire modifier la constitution de l'ordre pour résoudre le conflit. La guerre de Cent Ans aux XIVe et XVe siècle, puis les guerres de religion infligent à l'abbaye d'importants dommages. Vendue comme bien national à la Révolution, l'abbaye est réduite à quelques bâtiments du XVe au XVIIIe siècle. Les cisterciens ont pu racheter ces bâtiments à l'occasion de leur mise en vente en 1895 et se sont employés à leur rendre vie.

Renvois : Benoît d'Aniane. Cisterciens. Robert de Molesmes.

Bibl. : *Les Ordres religieux* (dir. G. Le Bras), t. I, 1979, p. 40.

CLAIRE

Fondatrice de l'ordre des Clarisses. 1194-1253.

Claire naît à Assise en 1194, dans une famille appartenant à la noblesse. Sa rencontre avec François qui prêche dans cette ville en 1210 la décide à entrer en religion, sous le signe du renoncement et de la pauvreté absolue. François est autorisé par l'évêque à assumer la cérémonie de la prise d'habit de la postulante, à la Portioncule, puis il la conduit chez les bénédictines de Saint-Paul d'Abbatissis à Bastia, près d'Assise. Les pressions effectuées par les parents de la jeune fille auprès des bénédictines afin de la voir revenir à eux décident François à la faire entrer dans un autre monastère bénédictin, Sant' Angelo de Pace, où elle arrive deux semaines après sa vêture. Bientôt, elle change encore et se fixe à San Damiano (Saint-Damien).

Claire fonde alors les «pauvres recluses de l'ordre de Saint-Damien», qu'elle désigne sous le nom de *sorelle povere* (pauvres sœurs) dans la règle qu'elle rédige à partir d'une *Forma Vitæ* élaborée par François. Elle abandonne son héritage paternel et obtient d'Innocent III, en 1216, un privilège de pauvreté absolue. C'est sans doute à ce moment qu'elle accepte, à contre-cœur, de prendre le titre d'abbesse; elle fait de Saint-Damien un lieu privilégié où brille le plus pur esprit franciscain. Après avoir reçu les stigmates, François, très gravement malade, passe une partie de l'hiver (1224) à Saint-Damien, dans une cellule aménagée hors de la clôture. Après la mort de François, Claire luttera jusqu'à la fin de sa vie pour sauvegarder ce que sa règle a d'absolue, contre toutes les pressions et manœuvres. Elle meurt le 11 août 1253, et est canonisée deux ans plus tard par une bulle d'Alexandre IV, le 15 août 1255.

Claire.
Puccio Capanna, XIVe siècle. Assise, église inférieure de San Francesco.

Renvois : Clarisses. François d'Assise.

Bibl. : *Catholicisme*, art. Claire d'Assise. Claire d'Assise, *Écrits*, coll. Sources chrétiennes.

CLARISSES

Ordre féminin fondé par sainte Claire en 1212.

Clarisses. Philippe de Champaigne, *La Bienheureuse Isabelle offre à la Vierge le monastère des clarisses de Longchamp*, XVIIe siècle. Paris, Notre-Dame de Bonne-Nouvelle.

HISTORIQUE

Née dans une famille noble d'Assise, Claire (1194-1253) est convertie au sens fort du terme par la prédication de saint François, et se consacre au Christ dans la nuit de la fête des Rameaux en 1212, sous la direction de François. Elle fait deux brefs séjours dans le monastère bénédictin Saint-Paul d'Abbatissis et dans celui de Sant' Angelo de Pace, au flanc du mont Subiaco; mais les abbesses de ces abbayes, en proie aux pressions de sa famille, ont hâte de la voir partir. Claire cherche alors une forme de vie religieuse conforme à ses vœux. Elle se fixe sous la direction de François aux abords de la petite église Saint-Damien (San Damiano en italien), où elle fonde un nouvel ordre religieux d'inspiration essentiellement contemplative. Le nom de la nouvelle communauté traduit bien l'esprit de cette fondation. On appelle en effet ces moniales les «pauvres recluses de Saint-Damien». De fait, l'idéal de Claire semble être proche de celui des recluses, si nombreuses au début du XIIIe siècle; la rigueur de cet idéal est allié à un vœu de pauvreté absolue, non seulement personnelle, mais aussi collective : il est interdit au nouvel ordre de rien posséder. Les moniales de Saint-Damien sont pénétrées de l'esprit de fraternité évangélique, et, dans sa règle, Claire les nomme *sorelle povere* (pauvres sœurs). Claire obtient du pape Innocent III un *privilegium paupertatis*, qui l'autorise à refuser toute espèce de revenu. En réalité, cette exigence radicale a été abandonnée dans la règle de 1247. Les représentants de l'autorité de l'Église, qui s'efforcent d'aider ces «sœurs pauvres», cherchent aussi à clarifier leur situation et à situer leur exigence de vie dans le cadre normatif du mouvement monastique. Or un article célèbre du quatrième concile de Latran (1215) n'admettait plus de création monastique se situant hors des règles fondamentales : celle de saint Benoît et celle de saint Augustin. Le cardinal Ugolin, qui a rédigé pour les clarisses une nouvelle règle confirmée par le pape Honorius III en 1219, a veillé à placer ces statuts en relation expresse avec la règle de saint Benoît. Cette nouvelle formulation de la règle fut effectivement utilisée dans les quatre monastères «damianites», filiales de Saint-Damien : les monastères de Monticelli près de Florence, de Gattaiola à Lucques, de Porta Comollia à Sienne et de Monteluce à Pérouse. Ce travail de formulation progressive devait servir de base à l'élaboration des règles ultérieures, en 1247, 1252 et 1253. Cette dernière rédaction, élaborée par Claire, a été confirmée par le pape Innocent IV peu avant la mort de la sainte.

Dans les siècles suivants, l'ordre des Clarisses a constitué une grande famille avec deux courants prédominants. L'un suit la règle promulguée en 1267 par une bulle d'Urbain IV, et rédigée par Isabelle de France, sœur de Saint Louis. L'autre courant, qui groupe actuellement les trois quarts de l'ordre, observe la règle rédigée par sainte Claire, approuvée en 1253 par Innocent IV. Traditionnellement, les clarisses ont toujours cherché à être placées sous la juridiction de l'ordre franciscain. Aujourd'hui, cependant, la majorité des monastères de clarisses dépendent en fait de la juridiction de l'évêque du lieu, tout en étant liés affectivement aux franciscains de leurs familles respectives.

En 1975, on comptait dans le monde huit cents monastères de l'ordre des Clarisses.

Renvois : Claire. Franciscains. François.

Bibl. : *Diz. degli Ist. di Perf.*, art. Clarisse, et art. Chiare d'Assisi .

CLERCS RÉGULIERS

Clercs vivant sous une règle canonique, apparus aux XVIe et XVIIe siècles. Ils ne sont pas soumis à une règle monastique, et se consacrent à différentes formes d'apostolat.

Du VIIIe au XVIe siècle, cette expression de «clercs réguliers» a un sens très général et recouvre l'ensemble des religieux vivant sous une règle : moines, chanoines réguliers, ordres mendiants. Historiquement, le premier ordre de clercs réguliers proprement dit est l'ordre des Théatins, fondé en 1524 par Gaetano Thiene Gian Pietro Carafa (futur Paul IV) et deux compagnons. L'appellation de «théatins» vient de la dénomination sous laquelle Carafa se désignait lui-même du temps où il était évêque de Chieri (en latin : *Theate*) : *episcopus theatinus*. Il ne fut pas question de rédiger une nouvelle règle : «Tout ce que nous voulons, c'est vivre canoniquement en commun et du commun, et sous les trois vœux.» Un bref de Clément VII du 7 mars 1533 accorde une approbation pleine et juridique au nouvel ordre. Dès lors les fondations d'instituts de clercs réguliers se multiplient. On peut retenir dans cette abondante floraison la fondation des barnabites, ou clercs réguliers de Saint-Paul, à Milan en 1530, celle de la Compagnie de Jésus en 1534 par Ignace de Loyola, et enfin celle des clercs réguliers des malades (Chierici regolari degli Infermi), ou camilliens, par Camille de Lellis à Rome en 1582.

Renvois : Barnabites. Camilliens. Chanoines réguliers. Jésuites.

Bibl. : *Diz. degli Ist. di Perf.*, art. Clerici regolari (F. Andreu). *Les Ordres religieux* (dir. G. Le Bras), t. I, Paris, 1979, p. 58.

CLOÎTRE

Du latin *claustrum* (clôture). Espace, cour ou jardin, de forme carrée ou rectangulaire, entouré d'une galerie à colonnades et situé au cœur du monastère.

HISTORIQUE

À l'origine, les règles de saint Pacôme et de saint Basile prescrivaient aux moines le respect de la clôture. Le terme *claustrum* désigne

Cloître de l'église du Mont-Saint-Michel.

surtout l'enceinte à ne pas franchir. L'idée de rassembler les différentes parties du monastère autour d'une cour, le cloître, tend à s'imposer à l'époque carolingienne, comme le montre le plan de l'abbaye de Saint-Gall (v. 820). Cette organisation prend un caractère plus ou moins rigide à partir du XIIe siècle ; le cloître, espace privilégié (entouré de galeries couvertes), est régulièrement accoté au flanc (sud de préférence) de l'église abbatiale, tandis que les différentes parties du monastère (salle du chapitre, réfectoire, dortoir, cuisines, bibliothèques) sont disposées autour de cet espace central. Cette disposition traduit le souci d'épargner aux moines les intempéries, dans leurs allées et venues entre l'église — cœur de la vie monastique — et les différentes parties du monastère. Plus tard, les cloîtres ont été parés de décorations peintes ou sculptées. Certains d'entre eux font date dans l'histoire de l'architecture et de la sculpture médiévales et comptent au nombre de ses chefs-d'œuvre, tels l'ensemble de l'abbaye bénédictine

Cloître du couvent de la montagne Sainte-Geneviève. Gravure, fin XVIIIe siècle. Paris, Bibliothèque nationale.

de Moissac (XIIe s.), le cloître de Sainte-Marie-Nouvelle (1350) ou celui du monastère Saint-Marc, tous deux à Florence.

Cloître de l'ancien couvent franciscain de Lugo, Espagne.

STRUCTURES ET VIE MONASTIQUE ACTUELLES

Le cloître, avec ses galeries couvertes, et le puits ou la fontaine qui occupe le centre de la cour, reste un élément central de la vie monastique. Lieu de passage, il est aussi un lieu privilégié de silence et de recueillement. Maurice Eschapasse cite ainsi, dans son *Architecture bénédictine en Europe*, un texte admirable de Guillaume Durand, qui écrit dans le *Rationale divinorum officiorum* : «Le cloître représente la contemplation dans laquelle l'âme se replie sur elle-même, où elle se cache [...] et où elle médite les seuls biens célestes...»

Renvoi : Saint-Gall.

Bibl. : *Catholicisme*, art. Cloître. *Dictionnaire d'archéo. chrét. et de liturgie*, art. Cloître (dom Leclercq). *Enciclopedia cattolica*, art. Chiostro.

CLÔTURE

Dans les maisons religieuses, ce terme désigne d'une part la limite au-delà de laquelle on pénètre dans l'espace réservé aux religieux, et où ils habitent, et d'autre part cet espace même, la partie de la maison qui leur est réservée. Les religieux ne peuvent en sortir à leur gré, cependant que les personnes étrangères à la communauté s'en voient en principe interdire l'accès. La clôture matérialise les limites de cet espace privilégié.

HISTORIQUE

Dans toutes les traditions religieuses où des personnes se retirent de la vie sociale afin de se vouer entièrement au culte de la divinité, et de mener une vie de méditation et de recueillement, cette retraite est marquée par une clôture.

Dans l'Église d'Orient, cette clôture est attestée officiellement pour la première fois en 451 : le concile de Chalcédoine en justifie l'existence par des impératifs d'ordre religieux, mais aussi par le souci d'assurer l'ordre et la paix civils. En Orient, comme en Occident, il s'agit surtout, dans les monastères masculins, de lutter contre le vagabondage des moines ; cette itinérance pouvait procéder d'un vœu d'ascèse (rupture avec le milieu social et son confort), mais elle était souvent le fruit d'une instabilité irrépressible. Cependant, la nécessité d'enclore l'espace habité par les religieux, ou les religieuses, est d'abord motivé par le besoin d'un recueillement propice à la prière ; il s'agit aussi de les protéger contre les tentations venues du dehors : la clôture protège la chasteté des moines et des moniales. La tendance, aussi bien en Occident qu'en Orient, va vers une exigence et une rigueur accrues d'un siècle à l'autre. Ce qui distingue essentiellement

Clôture. Gravure de T. Meyer. Heine, XIXᵉ siècle.

l'Église d'Orient de celle d'Occident, c'est la sévérité plus grande de la première.

Les premières amorces d'une législation remontent à l'époque mérovingienne, plus précisément à la fin du VIᵉ siècle. Le souci prédominant est alors de fermer l'accès des communautés masculines aux femmes en général, et aux religieuses en particulier, et, inversement, de faire en sorte qu'aucun représentant du sexe masculin n'ait accès à l'intérieur des monastères de femmes. L'ensemble des prescriptions relatives à la clôture s'élabore peu à peu, sans qu'il soit possible de parler d'un progrès continu. Longtemps le Saint-Siège n'a pas disposé d'une autorité suffisante pour faire appliquer une règle dans l'ensemble de la chrétienté : au XIIIᵉ siècle encore, on voit certaines moniales prendre part à des processions, et y côtoyer des moines et des gens de tous acabits ; elles ont aussi parfois le droit de rendre visite à leur famille. Certaines communautés cependant entraînent par leur exemple le reste du monde monastique sur les voies de l'austère rigueur. Tels sont au XIIᵉ siècle les reclus et recluses ; au XIIIᵉ siècle, décisive a été l'influence des clarisses, fidèles à la stricte clôture qui leur valut de recevoir en 1225 le titre de «moniales recluses». Siècle des théoriciens et des théologiens éminents, le XIIIᵉ siècle est marqué par un grand effort d'interprétation dogmatique de la clôture. Les considérations élaborées sont nettement teintées de misogynie. On évoque ainsi la faiblesse inhérente au sexe féminin, trop exposé à la libido, et livré aux effets d'une légèreté et d'une curiosité inscrite dans sa nature même, pour recommander une clôture plus sévère dans les monastères féminins que dans les communautés masculines. En 1563, le concile de Trente reprend les termes mêmes de la décrétale de Boniface VIII (1298), qui commençait par une allusion à la situation «périlleuse et détestable de certaines moniales...». L'accent est mis sur

Saint Bruno et ses compagnons devant saint Hugues. Miniature du *Miroir historial* de Vincent de Beauvais, XVe siècle. Chantilly, musée Condé.

Allégorie de l'ordre des camaldules. Le Greco, 1597. Valence, Colegio del Patriarca.

les vertus de l'incarcération volontaire. Pour la première fois, ceux qui violent la clôture sont déclarés «excommuniés *ipso facto*». La tendance à une extrême rigueur persiste jusqu'au XVIIIe siècle, où la curie décide d'accorder la possibilité d'émettre des vœux sans devoir entrer en clôture. En conséquence, on a dès lors distingué deux catégories de vœux : les vœux simples et les vœux solennels — qui impliquent l'acceptation de la clôture *stricto sensu*. Un air nouveau s'est fait jour lors du concile Vatican II; c'est ainsi, par exemple, que l'instruction *Venite seorsum* de 1969 a promulgué des règles quelque peu assouplies pour la clôture.

ASPECTS JURIDIQUES ET RÉGLEMENTAIRES

On distingue actuellement deux sortes de clôtures : la clôture papale qui concerne les religieux à vœux solennels, et la cloture épiscopale intéressant les congrégations religieuses à vœux simples — on la dénomme ainsi car elle est placée sous la garde de l'évêque dans le diocèse duquel se trouve la communauté. La clôture pontificale comprend la partie des locaux habités par les moines et les moniales, y compris les cloîtres et jardins réservés aux religieux. Aujourd'hui encore, la clôture est beaucoup plus stricte pour les communautés féminines que dans le cas des monastères d'hommes.

Renvois : Cloître. Vœux religieux.

Bibl. : *Catholicisme*, art. Clôture. *Dict. d'archéo. chrét. et de liturgie*, art. Clôture monastique (E. Renoir). *Dict. de spiritualité ascétique et mystique*, t. II, 1937, pp. 98 et *sq*, art. Clôture (E. Jombart et M. Viller). *Diz. degli Ist. di Perf.*, art. Clausura (S. Goyeneche). M. de Fontette, *Les Religieuses à l'âge classique du droit canon*, Paris, 1967. G. Huyghe, *La Clôture des moniales des origines à la fin du XIIIe siècle. Étude historique et juridique,* Roubaix, 1944. J. Leclercq, «Le cloître est-il une prison ?», *Revue d'ascétisme et de mystique*, Toulouse, n° 47, 1971, pp. 407-411. G.-J. Wingley, *St. Charles Borromeo's Instructions on Ecclesiastical Buildings*, Londres, 1857.

CLUNY

Abbaye bénédictine Saint-Pierre, fondée en 910.

HISTORIQUE

La charte de fondation de l'abbaye, signée en septembre 910 par le duc d'Aquitaine Guillaume Ier, cède à Bernon, l'abbé de Baume- les-Messieurs, la terre de Cluny située dans le diocèse de Mâcon, à une vingtaine de kilomètres au nord-ouest de cette ville. Elle précise qu'il s'agit de créer là une abbaye suivant la règle de saint Benoît. Les moines arrivés avec Bernon sont les premiers religieux de la nouvelle abbaye. Cette fondation se situe dans la suite de la réforme promue par Benoît d'Aniane (v. 750-821), qui fut le premier à s'efforcer d'unir

L'abbaye de Cluny. Gravure de Lallemand. Paris, Bibliothèque nationale.

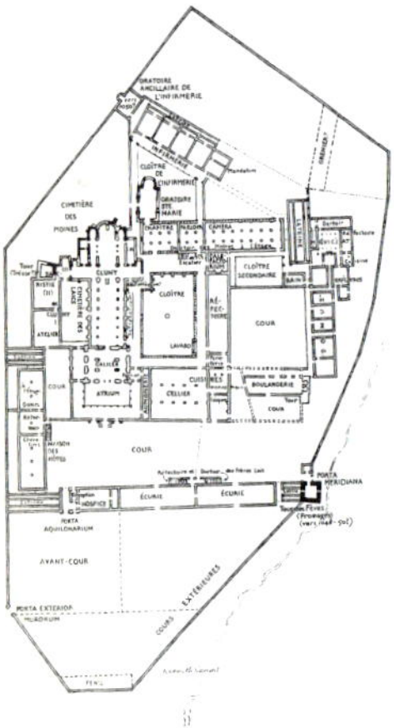

Plan de l'abbaye de **Cluny**, vers 1050.

tous les monastères d'Occident sous la règle de saint Benoît. Cette filiation explique en partie le rôle prédominant que va jouer Cluny dans la diffusion de la réforme de l'Église, vigoureusement lancée par le pape Grégoire VII (1073-1085), et qu'on appelle «réforme grégorienne».

Dès sa fondation, l'abbaye de Cluny a joui du privilège de l'exemption. Soumise directement au Saint-Siège, elle était soustraite à la juridiction de l'évêque de Mâcon. Du Xe au XIIe siècle, les abbés de Cluny ont tous été des personnages éminents, depuis le successeur de Bernon, Odon (927-942), jusqu'aux trois grands abbés, Maïeul (948-994), Odilon (994-1049) et Hugues (1049-1109). Le prestige de l'abbaye, compromis sous l'abbatiat de Pons de Melgueil (1109-1122), personnage instable, est restauré avec éclat par son successeur Pierre de Montboisier (1122-1156), dit le Vénérable. L'abbaye atteint son apogée au début du XIIe siècle ; on ne compte alors pas moins de mille cent quatre-vingt-quatre maisons dépendant d'elle, dont huit cent quatre-vingt-trois en France. Dès la seconde moitié du XIIe siècle, Cluny perd une partie de son rayonnement et subit la concurrence des ordres nouveaux, les cisterciens, les ordres mendiants ou les chanoines réguliers. Préservée par l'exemption des empiètements des pouvoirs laïcs et de ceux des évêques, l'abbaye n'en tombe pas moins sous le contrôle du pouvoir royal au XVIe siècle. Le concordat de Bologne en 1516 accorde au roi de France le droit de nommer l'abbé de Cluny, comme ceux des autres monastères. Cluny est très éprouvée au XVIe siècle par les guerres de religion. Richelieu, prieur de 1629 à 1642, tente en 1630 de réunir les clunisiens et les mauristes en une seule congrégation, mais à sa mort (1644) ils se séparent, chacun reprenant son autonomie. De même la tentative que fait Mazarin d'unir Cluny à la congrégation de Saint-Vanne en 1654 échoue-t-elle. Au XVIIIe siècle, l'abbaye est en décadence, et en 1744 l'évêque de Mâcon parvient à imposer sa juridiction à l'abbaye. Le monastère est reconstruit à cette époque dans le style du siècle. En 1790, il n'y a plus que trente-cinq moines quand est prononcé le décret de suppression de l'abbaye. Pillée en 1793, l'abbaye, avec ce qui reste de son domaine, est mise en adjudication en 1798, et démantelée par l'acquéreur.

ORDRE DE CLUNY

Dès le début de son histoire, l'abbaye de Cluny a été le centre d'une des branches principales de l'ordre bénédictin ; l'ordre de Cluny est au plus fort de son essor à la mort de l'abbé Hugues, en 1109. L'abbé de Cluny est le chef de la grande famille clunisienne. Tous les prieurs et abbés des centaines de maisons dépendant de Cluny doivent l'hommage féodal de vassalité à l'abbé de Cluny. Ils sont donc dans un état de sujétion plus ou moins strict. La plupart des abbés supérieurs des prieurés et abbayes sont nommés par l'abbé de Cluny. C'est ainsi qu'on a pu parler d'un «monachisme clunisien» En réalité, l'esprit d'autonomie et de liberté propre à la règle de saint Benoît impose des limites à cette sorte de sujétion. On distingue donc d'une part des maisons «dépendantes», dont le supérieur est nommé par l'abbé de Cluny, et soumis à son contrôle, d'autre part les maisons «subordonnées», où l'abbé est élu par les moines ; au nombre de celles-ci figurent les «cinq filles» de la maison mère : Souvigny, Sauxillange, La Charité-sur-Loire, Saint-Martin-des-Champs à Paris, et Lewes en Angleterre. Quel que soit le statut des différentes maisons de l'ordre, elles sont toutes soumises à une uniformité d'observance et de coutumes monastiques. Régulièrement, des chapitres généraux rassemblent tous les supérieurs à Cluny.

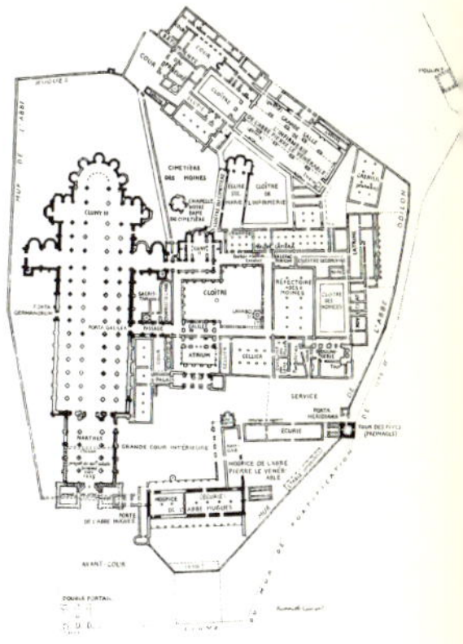

Plan de l'abbaye de **Cluny**, vers 1157.

L'abbaye de **Cluny**. Dessin. Paris, Bibliothèque nationale.

L'abbaye de **Cluny**. Gravure, 1665. Paris, Bibliothèque nationale.

ORIGINALITÉ DE CLUNY

La liturgie clunisienne, nourrie et soutenue par la longueur et la fréquence des offices liturgiques, est d'une richesse exceptionnelle et illustre la vitalité d'une spiritualité toute tendue vers le Dieu d'amour. L'art clunisien s'inscrit dans une même perspective, frappe par sa qualité esthétique, mais aussi par la richesse du symbolisme qui s'exprime tout à la fois dans l'art plastique et dans l'architecture. Les moines de Cluny, à la grande époque de leur épanouissement, ont tenu un rôle dans la vie de l'Église et dans la politique — rôle moins éclatant que celui de saint Bernard, mais qui n'en a pas été moins utile et bienfaisant : ce n'est pas sans motif que l'empereur germanique Henri IV a fait appel à leur médiation dans la querelle des Investitures.

Renvois : Bénédictins. Benoît d'Aniane. Bernon. Charité-sur-Loire (La). Congrégation de Saint-Maur.

Bibl. : *Catholicisme*, art. Cluny (dom Gazeau). *Dict. d'Hist. et de Géo eccl.*, art. Cluny (G. de Valon). *Diz. degli Ist. di Perf.*, art. Cluniacensi

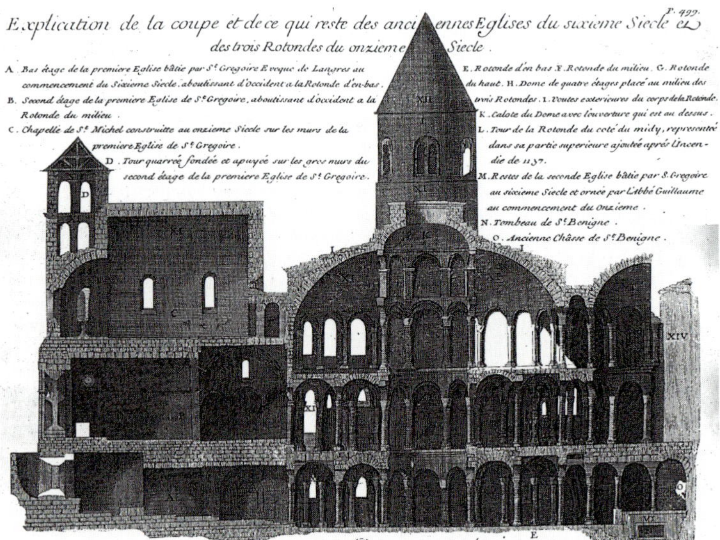

Cluny. Coupe des églises du VIe siècle et des rotondes du XIe siècle.

(J. Leclercq), et art. Cluny (V. Cattana). *Les Ordres religieux* (dir. G. Le Bras), t. I, 1979, pp. 37-40 et 143, ill. 134.

CODE DE DROIT CANONIQUE

Le droit canonique concerne les membres de l'Église catholique et romaine. Il a pour source essentielle, mais non exclusive, l'autorité suprême de l'Église. Le Code de droit canonique recense l'ensemble des règles et lois constituant ce droit spécifique, et qui sont établies par l'autorité ecclésiastique suprême. Ce code a pour objet de donner un cadre normatif à la vie de l'Église.

HISTORIQUE

La première collection complète de textes normatifs faisant autorité dans l'Église est constituée sur l'ordre du pape Grégoire XIII et publiée en 1582 sous le titre *Corpus juris canonici*. Elle est fondée sur les bases de six collections antérieures, dont la plus ancienne est connue sous le nom du *Décret de Gratien* (1140). En 1904, le pape Pie X décide de faire procéder à une refonte de ces documents; elle est promulguée le 27 mai 1917 par Benoît XV sous le nom de *Codex juris canonici*. En 1959, le pape Jean XXIII lie à l'annonce de la réunion du concile Vatican II celle d'une révision du code de 1917. C'est en 1983 seulement, au terme des travaux d'une commission constituée en 1963, que le pape Jean-Paul II promulgue le nouveau code.

LE CODE DE 1983

Moins détaillé que le précédent, le code de 1983 définit les règles du fonctionnement de l'Église. Une partie concerne les religieux. Les principes dégagés à propos du gouvernement de l'Église, auquel est consacrée une section du traité, définissent avec précision les traits distinctifs de son organisation. Les pouvoirs des dignitaires de l'Église n'émanent pas d'une sorte de souveraineté populaire. Le principe fondamental réside dans l'affirmation que le pape est le vicaire de Jésus-Christ, et tient de lui seul ses pouvoirs. Nommés par le pape, les évêques ne sont pas ses représentants, ni non plus ceux des fidèles, car ils sont statutairement les successeurs des apôtres. L'organisation générale de l'Église est hiérarchique. Certes, la pratique de l'élection est traditionnelle dans l'Église, et pas seulement au sein des ordres religieux ; cependant les perspectives dans lesquelles se situe la constitution de l'Église, en raison de leur caractère doctrinal et religieux, sont étrangères à l'esprit de la démocratie au sens politique du mot.

Bibl. : *Encyclopædia Universalis*, art. Canonique, droit (Louis de Naurois). Mgr. J. Denis, «Le droit canonique en France depuis le 2e concile du Vatican», *Année canonique*, t. XXVI, 1971, p. 159. *Histoire du droit et des institutions de l'Église d'Occident* (dir. G. Le Bras), Paris, 1955 et *sq. Les Ordres religieux* (dir. G. Le Bras), t. I, Paris, 1979, p. 73.

Collégiale.
La Sainte Chapelle
à Paris.

COLLÉGIALE

Une église collégiale a pour caractéristique d'être desservie par un collège de chanoines, séculiers ou réguliers; on n'y trouve pas de siège épiscopal : en cela les églises collégiales sont distinctes des cathédrales, où se trouve la *cathedra* (le siège) de l'évêque. On peut citer comme exemple de collégiale la Sainte-Chapelle à Paris, ou l'église Saint-Martin à Tours.

Renvois : Cathédrale. Chanoine.

COLOMBAN

Moine irlandais, abbé de Luxeuil puis de Bobbio. V. 540-615.

Né en Irlande vers 540, Colomban entre au monastère de Bangor, foyer de culture et de vie religieuse irlandaises, où il s'initie à la vie monastique. L'abbé de Bangor, Comgall, l'autorise à quitter l'Irlande; il gagne le continent avec douze religieux, au nombre desquels figure le futur saint Gall. En Burgondie, le roi Gontran lui fait don d'une terre à Annegray (Haute-Saône) où il crée un premier monastère. Malgré l'insalubrité de ce lieu, le nombre des frères s'accroît; deux autres *cellæ* sont fondées, l'une à Luxeuil, l'autre à Fontaine. Colomban rédige alors sa «règle», imprégnée de la rigueur ascétique propre à l'Irlande. Notons que ce document apparaît avant que la règle de saint Benoît ait été diffusée en Gaule. Inflexible, Colomban se montre attaché au calendrier pascal irlandais, et affiche une indifférence quelque peu méprisante envers les usages de l'Église franque. Son intransigeance et sa raideur le mettent en conflit avec les évêques de Gaule, mais aussi avec les princes burgondes. Excédée notamment de voir ce moine s'obstiner à ne pas célébrer Pâques à la date admise par l'Église catholique et romaine, la reine Brunehaut l'expulse de Luxeuil en 610. Au terme de diverses vicissitudes, Colomban, avec les moines irlandais qui lui restent fidèles, fonde un établissement à Bregenz, au bord du lac de Constance. Puis il passe en Italie où il fonde un nouveau monastère à Bobbio, près de Pavie. Il y meurt le 23 novembre 615.

Colomban.
Anonyme. Paris, Bibliothèque nationale.

Renvois : Bangor. Bobbio. Comgall. Luxeuil.

Bibl. : Jonas, *Vie de saint Colomban*, éd. A. de Vogüé, Abbaye de Bellefontaine, 1988. Saint Colomban, *Règles et pénitentiels monastiques*, ibid. 1990.

COMGALL

Moine irlandais, fondateur du monastère de Bangor. 517-v.601.

Le nom de Comgall est cité dans la *Vie de Colomban* écrite par Jonas (v. 640), qui nous apprend que Comgall a été le maître de saint

Colomban et, quarante ans plus tard, d'Adamnan, l'ami intime de saint Colomba d'Iona. Une vie légendaire de saint Comgall a été rédigée vers le Xe siècle.

Renvois : Bangor. Colomban.

Bibl. : *Enciclopedia cattolica*, art. Comgal. L. Gougaud, *Christianity in the Celtic Lands*, Londres, 1932. J. Ryan, *Irish Monasticism*, Dublin, 1931.

COMMENDE

Du latin *commendare*, *commendatio* (recommander, confier, recommandation). Usufruit d'un monastère, d'une église ou d'un évêché accordé par le pape à un ecclésiastique ou à un laïc.

HISTORIQUE

Dès le IVe siècle, les autorités ecclésiastiques pouvaient donner en commende une église, une abbaye ou un évêché devenus vacants, c'est-à-dire les confier à un prêtre ou un prélat lui-même privé de son siège. Bientôt l'habitude s'établit que le commendataire perçoive les revenus du siège qui lui est confié. Dès l'époque mérovingienne, les rois et les puissants utilisent la commende afin de pourvoir leurs obligés de bénéfices ecclésiastiques.

Au XIIIe siècle, la commende s'applique aux monastères, plutôt qu'aux couvents. Bien qu'elle soit proscrite par le concile de Constance (1414-1418), elle est de plus en plus ancrée dans les mœurs. En France, le concordat de 1516 accorde au roi le droit de nommer les titulaires des dignités ecclésiastiques. Dès lors, il est courant de voir des abbayes prises en commende par des laïcs, grands seigneurs ou bourgeois serviteurs de la monarchie, qui perçoivent les revenus sans aucune contrepartie. Le concile de Trente n'a pas osé s'attaquer de front à cette institution et s'est borné à exclure de la commende certaines abbayes chefs d'ordre.

UNE INSTITUTION AMBIGUË

Par son nom même, l'institution de la commende trahit l'ambiguïté de sa nature. Les termes latin *commendare* et *commendatio* sont à l'origine des mots français «se recommander» et «recommandation», ceux-ci désignant des usages qui ont donné naissance à la pratique du bénéfice, pierre d'angle du système féodal. La commende se trouve ainsi étroitement imbriquée dans des formes de la vie politique et sociale, en principe radicalement étrangères à celles de la vie religieuse. Cette ambiguïté, ce caractère équivoque de la commende, si frappant au Moyen Âge déjà, s'affirment dans la période suivante, ouverte par la signature du Concordat de 1516. Les fonctions d'abbé ou d'abbesse, dans les abbayes, grandes ou petites, aux revenus souvent considérables, se trouvent alors assimilées à ces «charges» dont Charles

Paulet, sous Henri IV, a réglementé et officialisé la vénalité. Désormais, les abbayes, monastères et prieurés ont souvent à leur tête de grands seigneurs indifférents aux besoins et aux exigences de la vie religieuse des communautés. On est en droit d'imputer, en partie du moins, la ruine de l'institution monastique au XVIIIe siècle aux effets pervers de cette pratique de la commende. Avant même la Révolution française, en effet, les souverains des principaux royaumes d'Europe frappent durement l'institution monastique et suppriment sans aucun ménagement un grand nombre d'ordres religieux et d'abbayes. La disparition de la commende à la Révolution a rendu possible la renaissance de la vie monastique aux XIXe et XXe siècles.

Renvois : Abbaye. Commission des réguliers. Monastère.

Bibl. : *Catholicisme*, art. Commende. *Enciclopedia cattolica*, art. Commenda.

Loménie de Brienne, fut le rapporteur de la **Commission des réguliers** en 1765. Anonyme, XVIIIe siècle. Versailles, château.

COMMISSION DES RÉGULIERS

Le roi Louis XV crée par les édits du 25 et du 31 mai 1765 une commission royale chargée d'élaborer des mesures propres à remédier au malaise du clergé régulier. Cette commission des réguliers, c'est-à-dire des religieux soumis à une règle et membres des différents ordres et congrégations, a fonctionné de 1766 à 1784.

L'Assemblée du clergé, réunie le 25 mai 1765, avait été saisie de plaintes diverses venues du clergé régulier, ou dirigées contre celui-ci. La Commission pontificale proposée au pouvoir royal par la commission compétente de l'Assemblée du clergé ne put être constituée en raison d'un conflit surgi entre le roi et le clergé. C'est de sa propre autorité, et sans consulter en aucune façon le Vatican, que Louis XV crée en 1765 la Commission des réguliers, composée de dignitaires ecclésiastiques et de membres du Conseil royal. L'archevêque de Toulouse, Loménie de Brienne, en est le rapporteur : partisan des idées nouvelles des philosophes, en réalité indifférent aux intérêts de l'Église, Loménie de Brienne contribue, avec des conseillers royaux membres de la commission, à promouvoir des mesures hardies, voire radicales. À cette époque, on compte en France quatre cent douze abbayes bénédictines, de dimensions imposantes; mais chacune d'elles n'est occupée que par une dizaine de religieux en moyenne. Au terme d'un processus jalonné notamment par un édit du 3 mars 1768, qui repousse à vingt et un ans l'âge à partir duquel les postulants peuvent émettre des vœux solennels — l'âge limite étant placé à dix-huit ans pour les femmes —, et un édit de 1773 supprimant l'exemption, la Commission des réguliers fait supprimer quatre cent vingt-six monastères et couvents. Le roi reste sourd aux protestations de l'Assemblée du clergé, qui dénonce avec véhémence le caractère arbitraire des décisions prises et maintient l'intégralité de celles-ci. Apparentée dans son esprit aux mesures anticléricales lancées par Joseph II en Autriche, l'œuvre de la

Commission des réguliers constitue un précédent dont se sont inspirés les Constituants en 1791. À l'instar de la Commission des réguliers, l'Assemblée constituante doit s'abstenir de consulter le Saint-Siège avant de promulguer la Constitution civile du clergé.

Bibl. : *Histoire de l'Église* (dir. A. Fliche et H. Martin), t. XIX. A. Préclin et E Jarry, *Les Luttes politiques et doctrinales aux XVIIe et XVIIIe siècles*, Paris, p. 124. E. Lemaire, *La Commission des réguliers, 1766-1780*, Paris, 1926.

COMMUNAUTÉ DE QUMRAN

La mise au jour de manuscrits dans une grotte située en Jordanie, au bord de la rivière Qumran, en 1946, fut le point de départ d'une série de découvertes d'une grande importance scientifique : entre 1946 et 1956 on a trouvé une dizaine de rouleaux de parchemin et des milliers de fragments de manuscrits écrits en hébreu et en araméen datant du IIe siècle avant Jésus-Christ à la fin du Ier siècle de notre ère. Leur étude a révélé qu'ils devaient être attribués à une secte essénienne, réfugiée dans les grottes de ces falaises au temps des guerres des Macchabées. Les archéologues ont en outre trouvé à Qumran des ruines de bâtiments complexes, qui ont dû servir de cadre à une communauté religieuse probablement essénienne. Ses membres ont créé là une forme de vie monastique, qui annonce de loin le monachisme chrétien. Grâce à certains textes déchiffrés dans les manuscrits de Qumran, on discerne une évolution allant d'une extrême rigueur primitive à des règles de vie moins rigoureuses. L'existence d'un rite pénitentiel à l'entrée dans la communauté, la pratique de bains rituels par immersion, un rythme rigide dans les réunions de prière en commun, à raison de trois par jour, les principes de vie proposés aux membres de la communauté — pauvreté, obéissance, célibat (exigé à un certain moment de l'histoire de Qumran) —, autant d'aspects originaux qui, avec d'autres mises au jour, ont d'ores et déjà confirmé l'intérêt exceptionnel de l'ensemble de Qumràn.

Bibl. : *Diz. degli Ist. di Perf.*, Esseni (G. Couilleau).

COMPAGNIE DE JÉSUS. Voir Jésuites.

CONGRÉGATION

Le terme congrégation est transcrit du latin *congregatio*, qui désigne chez Cicéron l'action de se réunir en groupe, ou une réunion d'hommes, une société. En droit canon, ce terme a diverses acceptions, précisées par l'adjonction d'une épithète : on parle ainsi de congrégation monastique ou de congrégation religieuse.

HISTORIQUE

Dès le IVe siècle, Cassien utilise dans ses *Institutiones* (IV, 40) le terme *congregatio* pour désigner une communauté de moines, un monastère. Le monachisme en Occident, institué sous la règle de saint Benoît, tend d'abord à s'organiser selon une structure lâche, chaque maison étant autonome sous l'autorité de son abbé. Au XIIIe siècle, l'apparition des ordres mendiants apporte le modèle d'une structure hiérarchisée. On voit ainsi apparaître dans le monde régi par la règle de saint Benoît des congrégations monastiques groupant un nombre variable de monastères, et qui conservent en principe leur autonomie. Au XVIe siècle, le terme est employé pour désigner le chapitre dans la Compagnie de Jésus. Au siècle suivant, apparaissent des congrégations sécularisées, communautés de clercs vivant en société, sans vœux, telle la congrégation des prêtres de la Mission fondée par saint Vincent de Paul en 1633.

CONGRÉGATIONS RELIGIEUSES

Un décret pontifical du 11 août 1889 réserve cette expression aux instituts à vœux simples (séculiers, par opposition aux réguliers, moines appartenant à un ordre et ayant prononcé des vœux solennels). De même, les religieuses membres de congrégations à vœux simples sont appelées sœurs, et celles qui appartiennent à un ordre à vœux solennels ont droit au titre de moniales.

L'intervention de l'évêque du lieu est requise pour créer une congrégation religieuse ; il est au préalable tenu d'obtenir l'autorisation du Saint-Siège. Après un délai d'épreuve, ce dernier peut accorder un «décret de louange» à la congrégation, qui passe alors de la juridiction épiscopale au droit pontifical.

En France, à partir de 1901, date de la loi sur les associations, l'expression «congrégation religieuse» a pris un sens ambigu : il faut ici entendre indistinctement les congrégations et les ordres religieux.

CONGRÉGATIONS MONASTIQUES

Le Code de droit canonique (1917) définit une congrégation monastique comme un «groupement de plusieurs monastères sous un même supérieur» (canon 488). C'est au Saint-Siège qu'appartient le droit d'ériger une congrégation monastique, ainsi que celui de la supprimer. À la tête de chaque congrégation monastique, il doit y avoir un supérieur, ou abbé président, choisi parmi les abbés des différents monastères de la congrégation. Dans la plupart des cas, ce supérieur est choisi par le chapitre général, organisme rassemblant autour du supérieur général les supérieurs des maisons d'au moins douze membres et un délégué au moins de chacune des maisons. Il peut y avoir une abbaye prééminente. C'est le cas de l'abbaye de Solesmes dans la congrégation bénédictine, qui porte le nom de cette abbaye. Dans un tel cas, l'abbé de l'abbaye prééminente devient de droit abbé général.

Renvois : Bénédictins. Chapitre. Code de droit canonique. Filles de la Charité. Jésuites. Monachisme. Vincent de Paul. Vœux religieux.

Bibl. : *Catholicisme*, art. Congrégation, et art. Congrégations. *Diz. degli Ist. di Perf.*, art. Congregazione (G. Rocca), et art. Congregazione religiosa (G. Lesage). *Enciclopedia cattolica*, art. Congregazione della Missione. *The Catholic Encyclopedia*, art. Religious Order.

CONGRÉGATIONS BÉNÉDICTINES

De nombreuses congrégations ont vu le jour au XIXe siècle, époque de renaissance de la vie bénédictine après la Révolution. Le Saint-Siège s'est efforcé de grouper les abbayes en une organisation structurée. Or les bénédictins forment traditionnellement une grande famille, et non un ordre hiérarchisé comme les cisterciens. Il s'est alors constitué une Confédération bénédictine aux liens assez lâches. Le pape Léon XIII a cependant obtenu des bénédictins en 1893 l'institution d'un abbé primat, placé théoriquement au sommet de l'édifice.

CONGRÉGATION DE SOLESMES
fondée en 1837 par dom Guéranger :

En France. Abbayes de Solesmes, Ligugé, Hautecombe, Ganagobie, Saint-Wandrille, Wisques, Kergonan, Paris, Fontgombault, Randol.

En Espagne. Abbayes de Silos, Leyre et Valle de los Caidos.

Au Luxembourg. Abbaye de Clervaux.

En Angleterre. Abbaye de Quarr.

Aux Pays-Bas. Abbaye de Vaals.

Au Canada. Abbaye de Saint-Benoît-du-Lac.

Au Sénégal. Abbaye Keur-Moussa.

CONGRÉGATION DE MONT-OLIVET
fondée en 1319, à Sienne :

Maisons en France. Le Bec-Hellouin (fondée au XIe siècle), Maylis, Le Mesnil-Saint-Loup.

CONGRÉGATION DE L'ANNONCIATION.

Belgique. Prieuré Saint-Benoît de L'Hay-les-Roses. Le prieuré de Saint-Lambert-des-Bois est aussi affilié à cette congrégation.

CONGRÉGATION DE SUBIACO.

Province française. Abbaye Saint-Benoît d'En-Calcat, fondée en 1890, Notre-Dame de Belloc, Hasparren, Saint-Guénolé, Landévennec, Saint-Benoît-sur-Loire (Fleury), Sainte-Marie-de-la-Pierre-qui-Vire, Saint-Léger-Vauban, Notre-Dame, Tournay.

Le monastère de Flavigny-sur-Ozerain (Côte-d'Or) est affilié à la confédération bénédictine.

CONGRÉGATION DE SAINT-MAUR

Congrégation bénédictine fondée en 1618.

HISTORIQUE

Fille de la réforme de la congrégation de Saint-Vanne de Verdun, la congrégation de Saint-Maur a été constituée en 1618 par les efforts conjugués de dom Didier de La Cour de la Vallée et de dom Laurent Bernard, respectivement prieur du collège de Cluny à Paris et profès de Saint-Vanne. La congrégation de Saint-Vanne était née à Verdun, en Lorraine, province qui faisait alors partie du Saint Empire romain germanique. Pour élargir cette fondation et la faire rayonner en France, il était nécessaire que la nouvelle congrégation fût purement française, sous peine de se heurter à l'hostilité du roi Louis XIII et de son ministre. Une bulle du pape Grégoire XV a érigé en date du 17 mai 1621 la congrégation de Saint-Maur.

Disciple de saint Benoît, saint Maur passait pour avoir implanté sa règle en Gaule. Le premier chapitre de la nouvelle congrégation s'est tenu le 12 novembre 1618 au monastère des Blancs-Manteaux, à Paris. Approuvée et soutenue par le roi Louis XIII et la cour, la congrégation englobe dès 1619 l'abbaye de Corbie, puis notamment le Mont-Saint-Michel en 1622 et Saint-Remi de Reims en 1627.

Au début, la constitution du nouvel ordre ne fut autre que celle de Saint-Vanne. Modifiée au chapitre général de 1645, elle fut définitivement codifiée par dom Grégoire Tarrisse. Le cadre général est emprunté à la règle de saint Benoît. À la tête de la congrégation on trouve un supérieur général, qui a droit de regard sur les six provinces de la congrégation, chacune étant dirigée par un visiteur. Le supérieur de chaque monastère, appelé prieur, est assisté d'un conseil. Les exigences de pauvreté, chasteté, obéissance sont complétées par l'obligation faite aux moines de Saint-Maur de s'adonner à des travaux intellectuels. Certains d'entre eux se vouent donc à l'enseignement dans les collèges ouverts par la congrégation. Grégoire Tarrisse transfère des Blancs-Manteaux à Saint-Germain-des-Prés le gouvernement, ou régime, de la congrégation.

À plusieurs reprises cependant, le pouvoir royal intervient et entreprend de fondre toutes les congrégations en un amalgame qui lui serait soumis. Une première fois, c'est Richelieu qui tente de réunir tous les monastères de France, sans distinction, en un seul corps, dont il ambitionne d'être le supérieur général. Déjà Richelieu s'est fait nommer abbé du monastère de Cluny, et veut désormais fusionner tous les ordres et congrégations ; le roi reconnaît la naissance d'une congrégation de Saint-Benoît regroupant toutes les autres. Mais Richelieu meurt le 4 décembre 1642, et, en 1644, chacun reprend sa liberté. Peu après, Mazarin tente d'unir en un ensemble nouveau les congrégations de Cluny et de Saint-Vanne. L'entreprise a un succès éphémère (1659-1661) et est bientôt oubliée. En 1672 encore, Louis XIV entreprend d'unir à Saint-Maur les abbayes non réformées et une partie de la congrégation de Cluny. Cette tentative d'intrusion du pouvoir royal se situe à un moment où les jésuites multiplient les attaques contre les mauristes. La querelle janséniste agite cependant les mauristes eux-mêmes, et deux camps vont s'affronter après la bulle *Unigenitus* de 1713, opposant les «acceptants» aux «appelants», qui en appelaient à un concile général, le considérant comme supérieur au pape. Le 28 octobre 1789, l'assemblée suspend l'émission de vœux religieux et, le 13 février 1790 elle proscrit toute congrégation. La congrégation de Saint-Maur n'a pas survécu à ces mesures.

Saint Maur au pied de saint Robert. Fontaine de la place du Municipe à Pérouse. N. et G. Pisano, 1277-1280.

L'ŒUVRE DES MAURISTES

L'impulsion donnée par dom Grégoire Tarrisse a porté des fruits abondants, et le travail intellectuel est organisé à l'échelle même de la congrégation de Saint-Maur. Ce sont d'abord les bibliothèques des grands monastères de l'ordre qui s'enrichissent considérablement. Dom Edme Martène et dom Ursin Durand parcourent l'Europe, à l'instar de dom Mabillon, toujours en quête de manuscrits nouveaux à découvrir et à exploiter. Une importante documentation ainsi réunie a servi de base à l'édition de collections monumentales. À titre d'exemple, on peut citer la célèbre collection des *Acta Sanctorum*, entreprise ambitieuse commencée par dom Luc d'Achery et continuée par Mabillon, «l'homme le plus savant du royaume», selon l'archevêque de Reims Le Tellier. Le nom de Mabillon est attaché à de nombreuses entreprises monumentales comme les *Annales ordinis Sancti Benedicti* (1703-1713). L'apogée se situe entre 1675 et 1700, avec par exemple la série du *Monasticon Gallicanum* de dom Marsolle, ou la reprise des *Historiens de la France* de dom Vincent Duchesne.

Renvois : Bénédictins. Benoît de Nursie. Cluny. Congrégation. Congrégation de Saint-Vanne. Corbie.

Bibl. : *Catholicisme*, art. Mauristes., *Diz. degli Ist. di Perf.*, t. V, art. Maurini. *Les Ordres religieux* (dir. G. Le Bras), t. I, 1979, pp. 61-62 et 281-285.

CONGRÉGATION DE SAINT-VANNE

Congrégation bénédictine fondée à Verdun en 1604.

Fondée en 952 à Verdun, l'abbaye de Saint-Vanne (San Vitone en italien) a eu une histoire brillante au XIe siècle. Richard, chanoine de Reims, qui fut abbé de 1005 à 1046, en a fait un foyer de rayonnement spirituel d'où il a diffusé une variante lorraine de la réforme grégorienne. À cette époque, Saint-Vanne de Verdun entretient une école et un scriptorium réputés. La querelle des Investitures (1076-1122) marque un coup d'arrêt dans ce développement : l'évêque de Verdun est favorable à l'empereur, tandis que les moines prennent parti pour le pape.

Ils sont obligés de s'enfuir. L'abbaye reprend vie après la tourmente et exerce un rayonnement remarquable aux XIIIe et XIVe siècles, en dépit des vicissitudes d'une histoire riche en catastrophes. Elle subit au XVe siècle le régime délétère de la commende. Au sortir de la Réforme et des conflits religieux, l'abbaye est en proie au désordre. Didier de La Cour de la Vallée parvient à y remédier et à restaurer une vie communautaire. Élu prieur de l'abbaye en 1598, il unit celle-ci à la congrégation de Moyen-Moutier en 1601 puis, à partir de ce noyau, il constitue une congrégation de Saint-Vanne et Saint-Hydulphe. Le milieu lorrain et la vie spirituelle interne qui s'y est développée favorisent le succès de cette fondation nouvelle. Le 31 juillet 1602, Didier de La Cour en est élu président, ou «abbé commendataire». La congrégation de Saint-Vanne est officiellement érigée en 1604 par Clément VIII «à l'instar de la congrégation du Mont-Cassin». Bientôt la nouvelle congrégation étend son influence non seulement en Lorraine et en Alsace, mais aussi jusqu'au Limousin, au Poitou ou en Normandie. Didier de La Cour souhaite élargir sa congrégation à la France entière. Or la Lorraine ne fait pas partie du royaume. Il informe de ce projet le prieur du collège de Cluny à Paris, profès de Saint-Vanne, et tous deux se demandent comment répondre aux vœux des supérieurs des monastères réformés de France souhaitant un tel regroupement. Si l'on veut avoir l'approbation du roi et le soutien de la cour, la seule solution consiste à créer une émanation de Saint-Vanne qui soit française. Le chapitre général de la congrégation de Saint-Vanne acquiesce en mai 1618 : une bulle du pape Grégoire XV en date du 17 mai 1618 donne vie officielle à la congrégation de Saint-Maur, qui connaît un essor exceptionnel aux XVIIe et XVIIIe siècles. La congrégation de Saint-Vanne compte en 1672 quarante-huit monastères; elle continue à se développer. Pénétrée par le jansénisme au XVIIIe siècle, l'abbaye mère est supprimée en 1791 et détruite en 1830.

Renvois : Bénédictins. Commende. Congrégation de Saint-Maur.

Bibl. : *Diz. degli Ist. di Perf.*, art. San Vitone e San Idulfo.

CONQUES EN ROUERGUE

Abbaye Saint-Sauveur, puis Sainte-Foy, fondée au VIIIe siècle.

À la fin du VIIIe siècle, un solitaire du nom de Dadon se retire à Conques, au flanc d'une falaise, dans les gorges du Dourdon, à trente-neuf kilomètres au nord-ouest de Rodez. Il y a là un ancien oratoire qui aurait été élevé par des réfugiés lors d'une invasion de Sarrasins dans le Rouergue, en 730. Dadon est bientôt rejoint par un autre solitaire, Madralus. Les deux ermites reçoivent en don du comte de Rouergue un vaste terrain sur lequel ils font ériger un premier monastère et une église placée sous le vocable du Saint Sauveur. Dadon se retire alors. Il semble que la réforme de saint Benoît d'Aniane ait été appliquée dans cette maison, où une charte de 801 montre que la règle de saint Benoît était observée strictement. Des donations du roi

Conques. Tympan de l'église Sainte-Foy.

d'Aquitaine, Pépin II, enrichissent l'abbaye au IXe siècle. Les reliques de saint Vincent d'Agen, et surtout celles de sainte Foy, transférées d'Agen à Conques en 866, sont à l'origine de la fortune de l'abbaye. À la fin du Xe siècle, l'abbé Hugues (942-984) fait construire une église abbatiale, qui est achevée vers 980. La statue connue sous le nom de «Majesté de sainte Foy» est placée dans le chœur. Des miracles se produisent autour de la statue, et l'abbaye Saint-Sauveur de Conques devient au XIe siècle le lieu d'un important pèlerinage. De plus Conques se trouve sur l'une des routes du pèlerinage de Saint-Jacques-de-Compostelle. Au XIe siècle, l'abbé Odolric remplace l'ancienne église par une grande église de pèlerinage, restaurée dans les dernières années du XIIe siècle ; en même temps on construit un cloître. L'abbaye, qui prend définitivement le nom de Sainte-Foy de Conques à la fin du Moyen Âge, passe sous le régime de la commende en 1474. Au XVIe siècle, lors des guerres de religion, les protestants tentent d'incendier les bâtiments. On scelle alors la châsse contenant les reliques de sainte Foy dans un mur élevé entre les colonnes de l'abside qui sert à la consolider. Elle est découverte en 1875. Supprimée en 1790, l'abbaye est détruite. L'église romane, seule épargnée, a été restaurée par l'administration des Beaux-Arts au XIXe siècle. Le trésor de Conques, toujours dans l'église, a été exceptionnellement conservé.

Renvois : Abbaye. Commende.

Bibl. : *Catholicisme*, art. Conques. *Dict. d'archéo. chrét. et de liturgie*, art. Conques en Rouergue.

CONSEIL DES FRÈRES. Voir Chapitre.

CONSTITUTION

Dans les instituts ou ordres religieux, les constitutions précisent les modalités pratiques de la vie des moines dans le cadre des principes généraux énoncés par la règle ancienne, document fondateur de l'ordre. On peut dire, dans une certaine mesure, que les constitutions sont à la règle ce qu'en droit public les décrets d'application sont à la loi qu'ils concernent.

CONVERS

Le mot convers est traduit du latin *conversus*, signifiant converti, qui a été l'objet d'une conversion radicale. À l'époque moderne, les convers sont des religieux qu'il convient de distinguer des moines de chœur; ils font partie de la communauté, mais en général n'accèdent pas au sacerdoce. Ils assurent statutairement les travaux matériels nécessaires à la vie de la communauté à laquelle ils appartiennent, et éventuellement la gestion économique de celle-ci. L'usage moderne les confond souvent avec les frères lais.

HISTORIQUE

À partir du Ve siècle, on a appellé *monachi conversi* des adultes ayant volontairement renoncé au monde, en opérant une *conversio morum*. À cette époque donc, le mot *conversus* garde son sens propre de conversion. On oppose alors les *oblati*, enfants ayant été «offerts», confiés par leurs parents à un monastère qui assure leur éducation et leur formation religieuse, aux *conversi*, qui ont opté pour la vie monastique à l'âge adulte. Ces recrues étaient souvent illettrées.

Au XIe siècle, saint Jean Gualbert, fondateur de l'ordre de Vallombreuse, introduit une distinction entre les frères convers et les religieux prêtres, qui assuraient le service de chœur. Il en va de même chez les camaldules de Fonte Avellana (1050). L'institution des convers est précisée, et prend une forme spécifique dans l'ordre de Cîteaux au XIIe siècle : les cisterciens ont en effet délibérément adopté un mode de vie rural, et leurs exploitations agricoles nécessitent un personnel compétent. D'où une spécialisation de fait entre les moines de chœur, soumis au rythme de la liturgie et de l'oraison commune, et les religieux voués surtout à la gestion des domaines ruraux : les convers. Ces derniers vivent souvent dans les granges cisterciennes, centres d'exploitation agricole. Ces convers sont des religieux de plein droit, sans être toutefois considérés comme des moines. Ils portent un habit différent de ceux-ci, prêtent un simple vœu d'obéissance et sont astreint à un nombre limité de prières quotidiennes. Le livre cistercien des *Us des convers*, rédigé dans la seconde partie du XIIe siècle, recommande aux religieux cisterciens de traiter «en tout comme eux-mêmes, à l'exception du monachat, ces laïcs convers porteurs de barbe».

La disparition des granges cisterciennes à la fin du Moyen Âge entraîne l'admission des convers dans la clôture; ils sont peu à peu intégrés à la vie du monastère. Au XVIIIe siècle, la congrégation des Mauristes tend à considérer les convers comme des moines. En 1794, le pape Pie VI décrète qu'on ne doit admettre aucune distinction entre les différents moines, qu'ils soient affectés au service du chœur ou occupés dans d'autres maisons.

Carmes offrant un manuscrit à Charles V. Miniature, 1379. Paris, Bibliothèque nationale.

Saint Bernard de Clairvaux préside le chapitre. Jean Fouquet. Miniature des *Heures d'Étienne Chevalier*, XVe siècle. Chantilly, musée Condé.

ÉPOQUE CONTEMPORAINE

L'institution des convers n'a pas disparu malgré les nombreuses critiques dont elle a été l'objet. Au XIXe siècle, dom Guéranger, fondateur de la congrégation de Solesmes, a autorisé les convers a prononcer des vœux simples. Depuis 1960, dans les congrégations bénédictines, les convers émettent des vœux solennels et sont considérés comme des moines. En 1960 on dénombrait 2805 convers contre 8440 moines bénédictins. Le Code de droit canonique considère les convers comme des religieux lais. Le canon 509 concerne leur instruction religieuse, le canon 539 stipule que le noviciat doit être précédé d'un temps de postulat, et le canon 588 précise que le noviciat effectué dans une catégorie (moine de chœur ou convers) ne vaut pas pour l'autre.

Renvois : Cisterciens. Cîteaux. Code de droit canonique. Congrégation de Saint-Maur. Fonte Avellana. Grange. Lai. Moine. Moine de chœur.

Bibl. : *Catholicisme*, art. Convers (dom G. Marié). *Dict. de droit canonique*, art. Convers (J. Bonduelle). *Diz. degli Ist. di Perf.*, art. Converso (J. Dubois). *New Catholic Encyclopedia*, art. Conversi (S. Hilpish). *The Catholic Encyclopedia*, art. Conversi.

CORBIE

Abbaye Saint-Pierre-et-Saint-Paul, fondée vers 657.

La reine Bathilde, épouse du roi mérovingien Clovis II, fonde vers 656 une abbaye à Corbie, à dix-sept kilomètres à l'est d'Amiens, en Picardie. Il s'agit d'accueillir plusieurs moines venus de Luxeuil avec à leur tête Theodoricus, qui fut ensuite évêque d'Amiens en 670. Bathilde est aussi fondatrice de l'abbaye de Chelles (vers 658). En 664, l'évêque d'Amiens accorde le privilège de l'exemption à l'abbaye de Corbie, où, vers 700, l'abbé Erembert fait prévaloir la règle de saint Benoît sur l'observance des usages colombaniens. Dès le début du IXe siècle, l'abbaye a un grand rayonnement sous l'abbatiat d'Adalard (780-826) puis de son frère Wala (mort en 836), tous deux cousins de Charlemagne. Il convient de noter ici les liens étroits existant entre d'une part les dynasties mérovingienne et carolingienne, et d'autre part les grandes abbayes du royaume franc. Le plus souvent fondées par des souverains, comme Chelles et Corbie, elles ont pour abbé des personnages placés là par le souverain, au gré de ses intérêts dynastiques. Vers 815, l'empereur Louis le Pieux demande à l'abbaye d'envoyer douze moines évangéliser la Saxe. Ils fondent un prieuré de Corbie à Corvey, en Westphalie. Celui-ci est érigé en abbaye autonome par Adalard avant 826. Au terme de longues luttes, l'abbaye de Corbie acquiert au XIIIe siècle un privilège d'exemption sans restriction aucune. À l'époque carolingienne, elle entretient une école monastique illustrée par le nom de l'abbé Paschase Radbert (entre 785 et 860), qui a laissé une œuvre littéraire importante. Le scriptorium de Corbie est célèbre à cette époque pour la réforme de l'écriture qui porte son nom ;

de très nombreux manuscrits sont en outre précieux pour l'histoire de la liturgie. Vers 1200 l'abbaye possède environ quatre cents manuscrits, dont la plupart seront regroupés à l'abbaye Saint-Germain-des-Prés au XVIIIe siècle. La commende est introduite à Corbie en 1523 ; l'abbaye devient mauriste en 1619.

Seule l'hôtellerie a échappé aux destructions consécutives à la Révolution. Tous les autres bâtiments, y compris ceux reconstruits au XVIIIe siècle par les mauristes, ont disparu. Il ne reste rien des trois églises primitives. L'église, dédiée à saint Étienne, reconstruite au XIIe siècle, subsiste en partie seulement.

Renvois : Chelles. Colomban. Commende. Congrégation de Saint-Maur. Luxeuil. Saint-Germain-des-Prés.

Bibl. : *Catholicisme*, art. Corbie. *Dic. d'archéo. chrét. et de liturgie*, art. Corbie, manuscrits liturgiques. *Les Ordres religieux* (dir. G. Le Bras), t. I, 1979, p. 268.

Cordeliers. Anonyme. Espagne, musée de Lugo.

CORDELIERS

Dénomination populaire des franciscains de France.

Le nom de cordeliers désigne les frères mineurs, ou franciscains, qui portent traditionnellement une corde blanche en guise de ceinture. Ce nom leur a été donné dès le XIIIe siècle dans les milieux populaires ; Dante le cite dans son *Enfer* (XII, 67). Il reste largement utilisé jusqu'à la Révolution française. Il a d'abord désigné les frères mineurs conventuels, puis leurs couvents. On l'utilisa aussi pour les frères mineurs observants, réforme apparue au XVe siècle. Lorsqu'on voulait distinguer ces derniers, on les appellait également «observantins». La dénomination «cordelier» est restée présente dans certains noms de lieux.

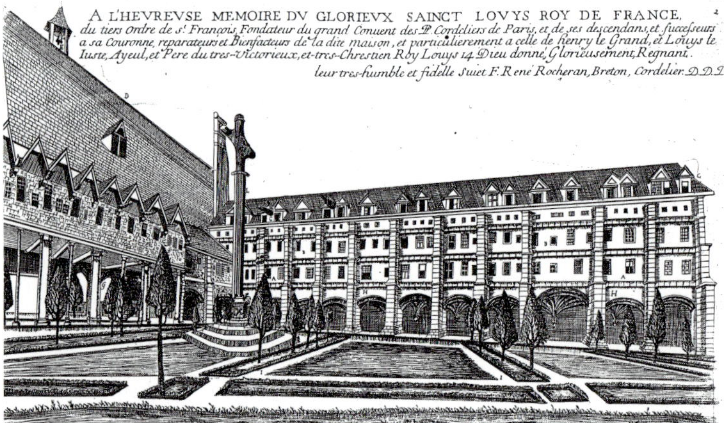

Le couvent des Cordeliers à Paris. Gravure, XVIIe siècle. Paris, musée Carnavalet.

Le couvent des Cordeliers de Paris fut désaffecté après 1789, quand le club révolutionnaire désigné par son nom s'y est installé. À Lyon, comme à Toulouse, il existe une rue des Cordeliers.

Renvoi : Franciscains.

COULE

Vêtement muni d'un capuchon. Chez les bénédictins, la coule, de couleur noire, a des manches très évasées, et est un vêtement réservé au service du chœur. Chez les cisterciens, au contraire, la coule est le vêtement normal des religieux lorsqu'ils ne s'adonnent pas à un travail manuel.

COUVENT

Issu du latin *conventus*, le mot couvent sert, à tort, dans l'image populaire à désigner toute maison religieuse. Au sens propre, le terme convient essentiellement pour les maisons des ordres mendiants, franciscains et dominicains, et plus généralement pour toutes les maisons religieuses qui ne sont pas des monastères.

Bibl. : *Catholicisme*, art. Couvent (E. Jombart). *Dict. de droit canonique*, art. Couvent.

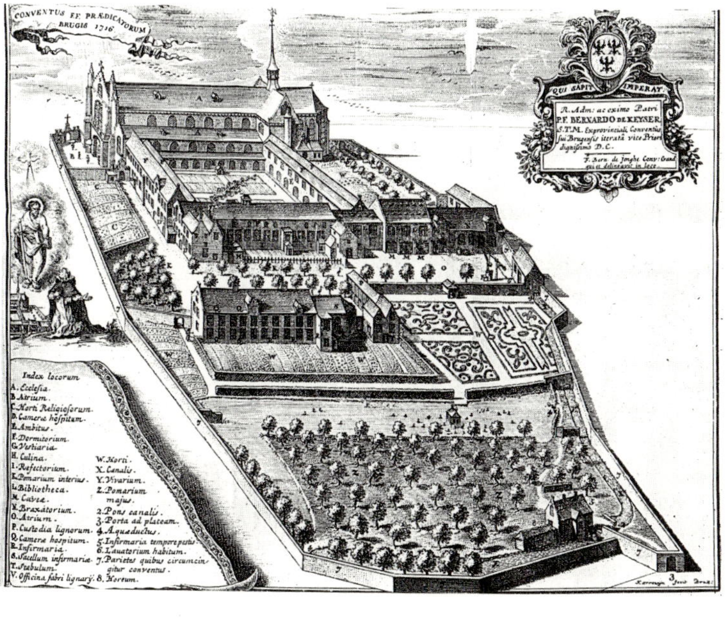

Le **couvent** de Bruges. Hanewÿn, *Belgium Dominicanum Sive Historia*, 1716. Chantilly, bibliothèque les Fontaines.

Cuxa. Le clocher de l'église Saint-Michel.

CUXA

Abbaye Saint-Michel de Cuxa fondée en 879.

Le monastère Saint-Michel de Cuxa, situé au pied du mont Canigou, dans les Pyrénées-Orientales, a été fondé en 879 par un moine du monastère Saint-André d'Exalade (diocèse d'Urgel), maison qui venait de disparaître. Le terrain de Cuxa appartenait à un autre moine d'Exalade qui y avait construit une chapelle. Protégé par les comtes de Cerdagne et de Conflent, le monastère fut prospère aux XIe et XIIe siècles. L'abbé Guarin (968-988) a été en relation avec les grands personnages de la fin du Xe siècle, dont Gerbert, le futur pape Sylvestre II ; il fut chargé de plusieurs missions officielles à Rome et à Jérusalem, d'où il rapporta la crèche où Jésus serait né — si l'on en croit une tradition populaire —, et enfin à Venise. Le renom de Guarin a attiré à Cuxa en 978 le doge de Venise, Pierre Orsoleo. Arrivé en compagnie de deux nobles vénitiens et de Romuald, futur fondateur de l'ordre camaldule, Pierre Orsoleo y devint ermite, et y finit ses jours. C'est sous l'abbatiat de Guarin que l'église préromane de Cuxa a été en partie construite. Au XIe siècle, l'abbaye eut pour abbé Oliba (de 1008 à 1046), autre figure éminente. Fils d'un comte de Cerdagne, Oliba fut simultanément abbé de Cuxa et de Ripoll, en Catalogne. Il garda en outre ces deux titres lorsqu'il fut nommé évêque de Vich. On le voit, au début du XIe siècle encore, un même personnage pouvait se trouver simultanément à la tête de plusieurs abbayes — c'est contre de tels abus qu'a lutté la réforme grégorienne. Grand constructeur, Oliba a mis en chantier et construit en partie l'église qui existe encore aujourd'hui. Le cloître et le clocher lombard datent du XIIe siècle.

Au XIIIe siècle, l'abbé de Cuxa est une sorte de potentat féodal et exerce un pouvoir épiscopal sur un immense domaine. L'abbaye tombe sous le régime de la commende au XVe siècle. Sur les huit moines qui l'occupent en 1790, trois seulement restent sur place et assistent au pillage de l'abbaye par les révolutionnaires le 27 janvier 1793. Ruiné, aux trois quarts détruit, le monastère reprend néanmoins vie en 1919. Des moines cisterciens venus de Fontfroide s'efforcent d'y ranimer une vie conventuelle. En 1965, la communauté cistercienne offre le monastère à l'abbaye de Montserrat. Les moines s'emploient alors à restaurer ce qui reste de l'abbaye romane, et font de Cuxa un centre de recherches scientifiques.

Renvois : Camaldules. Commende. Montserrat.

Bibl. : *Catholicisme*, art. Cuxa. *Diz. degli Ist. di Perf.*, art. Cuxa. P. Ponsich, «Saint-Michel de Cuxa du IXe au XIIe siècle», *Cahiers de Saint-Michel de Cuxa*, Prades, 1970.

DOM

Abréviation du latin *dominus* (maître).

Titre honorifique donné principalement aux religieux appartenant à l'ordre bénédictin.

DOMINICAINS OU FRÈRES PRÊCHEURS

Ordre mendiant fondé par saint Dominique en 1215.

HISTORIQUE

Parti d'Espagne en compagnie de l'évêque d'Osma, Diego, pour une mission auprès du roi du Danemark, Dominique découvre en passant à Vicare l'état critique de la religion catholique dans le comté de Toulouse en proie à l'hérésie cathare et décide de fonder un nouvel apostolat sur l'authenticité d'une vie toute d'humilité et de pauvreté. Il crée en 1207 une communauté religieuse féminine à Prouille, qui sera le berceau des dominicaines contemplatives. En 1216, le pape Honorius III approuve par une bulle la naissance de l'institut nouveau, et confirme en 1217 dans une autre bulle le nom de celui-ci : *Fratres prædicatores*, Frères prêcheurs. Du même coup, se trouva précisée la vocation propre de l'ordre, c'est-à-dire la prédication. Aussitôt, Dominique disperse ses frères. Quelques-uns d'entre eux restent à Toulouse et à Prouille. Les autres sont envoyés à Paris, Bologne, Rome et Madrid : Dominique estime que l'Église a besoin de missionnaires en de nombreux lieux, et pas seulement dans le pays toulousain ; il donne ainsi d'emblée une dimension universelle et missionnaire à la vocation dominicaine. L'autorisation de prêcher accordée aux dominicains constituait cependant une nouveauté, car ce privilège était jusqu'alors réservé presque exclusivement aux évêques ; autre nouveauté frappante, Dominique inscrit dans les constitutions de son ordre futur l'obligation pour les frères de s'adonner à l'étude, préparation indispensable à l'exercice de la prédication. Dès lors, la vie dominicaine doit s'équilibrer entre deux pôles essentiels : la contemplation, activité fondamentale, et la diffusion des fruits de celle-ci par la prédication.

L'ordre est divisé en un certain nombre de provinces (six, ou huit) en 1221 ; on en compte dix-huit en 1303 — ces chiffres illustrent la rapidité de l'essor numérique et géographique de l'ordre, essor lié en partie au développement des villes médiévales. La vie dominicaine, comme celle des autres ordres, s'organise dans le cadre de couvents de plus en plus nombreux, dans lesquels les bâtiments claustraux et l'église sont liés par un cloître. Ces couvents sont à la fois des foyers de

Dominicains recevant la vêture. Taddeo Zuccaro, XVIe siècle. Rome, église Sainte-Sabine.

Dominicain. Fresque de Tommaso da Modena, 1352. Trévise, salle capitulaire de San Niccolo.

contemplation, d'étude, d'enseignement et d'apostolat. Quant aux églises de l'ordre, elles offrent aux fidèles des centres nouveaux de prédication et de culte. Les écoles conventuelles dominicaines font partie d'un ensemble raisonné et structuré dans une *ratio studiorum* en 1259. L'organisation scolaire, qui comprend plusieurs niveaux d'études, est couronnée par quatre *studia generalia.*

Cependant ces différentes activités suscitent des réactions souvent violentes. Ainsi, une grève des étudiants de l'université de Paris en 1253 est à l'origine d'une violente campagne dirigée par Guillaume de Saint-Amour contre l'entrée de maîtres franciscains et dominicains qui occupent un certain nombre de chaires. Cette querelle une fois dépassée, on dénonce le recours des ordres «mendiants» à la pratique de la mendicité; on s'en prend aussi à un apostolat fondé sur une application rigoriste des principes évangéliques. Contre ces accusations, les frères mineurs et les prêcheurs trouvent des avocats : Thomas d'Aquin (1228-1274) et Albert le Grand (vers 1193-1280) pour les frères prêcheurs, et saint Bonaventure (1221-1274) pour les frères mineurs. Parallèlement aux missions franciscaines hors d'Europe, les dominicains ont beaucoup œuvré dans l'étude de la langue et de la civilisation musulmanes. En 1232, lorsque le pape Grégoire IX institue les *Inquisitores hæretici pravitatis*, chargés de juger en matière de foi les hétérodoxes qui constituent, pensent-ils, une menace pour l'Église, il fait confiance dans un premier temps aux ordres mendiants, dominicains et franciscains, pour organiser l'Inquisition.

L'apogée de l'essor dominicain se situe sans doute au début du XIVe siècle. Bientôt la tendance s'inverse, dans une Europe en crise. Famines, guerres, peste noire de 1347-1350, tous ces fléaux, auxquels il faut ajouter l'angoisse née du Grand Schisme de l'Église d'Occident (1378-1414), expliquent en partie l'apparition chez les dominicains comme chez les franciscains d'une crise réformiste. En 1390, un décret de réforme prévoit l'organisation d'un «couvent d'observance» réformé dans chaque province. Au terme d'une période difficile, l'unité est maintenue. Ce courant de réforme a contribué, semble-t-il, à sauver l'attachement à l'esprit primitif de l'ordre, et a aidé l'ordre dominicain à rester fidèle à sa mission spécifique d'enseignement et d'apostolat. En 1475 et 1478, le Saint-Siège rappelle la pauvreté inscrite dans les constitutions de l'ordre. Période de crise, l'époque du Grand Schisme est pourtant illustrée par la figure de saint Vincent Ferrier (1355-1419), grand prédicateur et défenseur des papes d'Avignon. On doit aussi évoquer pour cette période le fait qu'à Florence, Fra Angelico est un frère prêcheur dominicain, de même que les architectes de Santa Maria Novella. Aux chapitres généraux de 1525 et 1530, l'ordre dominicain prend catégoriquement position contre les «erreurs de Luther» (toutefois, à Paris, le dominicain Guillaume Petit est en bons termes avec les réformés, tandis qu'un autre frère prêcheur, Martin Bucer, passe dans le camp luthérien; Caietano, en revanche, a discerné dès 1518 la force de Luther, et la grave menace qu'elle fait peser sur l'unité de l'Église). Au témoignage de Christophe Colomb, les rois catholiques ont confié les «Indes nouvelles» au maître général de l'ordre, frère Diego Deza, et au couvent de Salamanque. Les dominicains arrivent au Nouveau Monde en 1510. Le plus connu des prédicateurs dominicains en Amérique est Bartolomeo Las Casas (mort en 1566), qui s'est employé à défendre

Dominicain enseignant**.** Miniature. Bologne, bibliothèque de l'Université.

Le **dominicain** Bartolomeo de Las Casas. Gravure. Paris, Bibliothèque nationale.

les Indiens contre les sévices des Conquistadores. Les pères dominicains ont également apporté une contribution importante aux débats du concile de Trente (1545-1563). Aux XVIIe et XVIIIe siècles, l'ordre comprend un nombre élevé de membres, estimé à trente mille frères. Dans cette période riche en controverses, les dominicains sont entrés en conflit avec les jésuites sur différents points de doctrine.

ÉPOQUE MODERNE

L'abbé Lacordaire prend l'habit dominicain à Rome en 1839, et s'emploie à restaurer l'ordre en France. Le couvent de Chalais, fondé en 1844, devient en 1845 le premier couvent de noviciat. Fondé en 1845, le couvent de Flavigny-sur-Ozerain (Côte-d'Or) précède d'un an celui de Paris.

Les provinces dominicaines de France sont érigées le 14 septembre 1850. En 1864, un *studium*, centre d'étude et d'enseignement théologique, est établi dans le couvent de Flavigny-sur-Ozerain, qui devient en 1868 un *studium generale*. Expulsés une première fois de Flavigny en 1880, les dominicains y reviennent en 1895. Ils en sont chassés une seconde fois en 1903, dans le cadre de la politique d'Émile Combes, et trouvent refuge à Kain-les-Tournai (Nord), au lieu-dit Le Saulchoir, où le *studium* est réorganisé. L'ordre ayant décidé de quitter Le Saulchoir, le déménagement est terminé en août 1973. Son centre d'études institutionnelles se trouve actuellement à Lille. La bibliothèque du Saulchoir est devenue, à Paris, un centre de documentation d'histoire religieuse et de philosophie. Située au 43 bis de la rue de la Glacière (XIIIe arrondissement), elle est ouverte au public. La vigueur de l'activité intellectuelle dominicaine au XXe siècle est illustrée notamment par les noms de Joseph Lagrange, mort en 1938, qui a fondé l'école biblique de Jérusalem et la *Revue biblique*, de Marie-Dominique Chenu (mort en 1990) qui a œuvré au renouveau de la recherche théologique et a été durement sanctionné par le Vatican en

1942 ; il faut aussi nommer Yves Congar, dont le travail et la pensée ont préparé non sans courage l'œuvre du concile Vatican II. Au terme d'une longue réflexion, le *Livre des constitutions et ordonnances des frères de l'ordre des Prêcheurs* fut entièrement révisé par le chapitre général de 1969, à River Forest (États-Unis).

ORGANISATION DE L'ORDRE DES FRÈRES PRÊCHEURS

Le maître de l'ordre se trouve à la tête de l'ensemble de l'ordre et détient le pouvoir exécutif, assorti d'autres compétences particulières. Il est cependant hiérarchiquement placé au-dessous du chapitre général, qu'il convoque et préside. D'abord nommé à vie, le maître général est depuis 1974 élu pour neuf ans. L'autorité législative suprême de l'ordre est détenue par le chapitre général ; cette assemblée périodique de tous les représentants de l'ordre est chargée d'adapter les statuts de l'ordre aux différentes époques. Ses réunions, d'abord annuelles, reviennent suivant une périodicité sujette à des variations. Le chapitre électif, composé de provinciaux et de deux religieux de chaque province (un définiteur et son associé) ont pour objet l'élection du maître général. Au niveau local et provincial, les décisions importantes sont prises par des chapitres locaux, ou provinciaux : les supérieurs sont élus par les chapitres du couvent, ou de la province. Ils ne peuvent être déposés par ceux-ci, ce pouvoir étant réservé au supérieur immédiat. Une constitution nouvelle ou une modification importante aux constitutions de l'ordre doivent être acceptées par trois chapitres généraux successifs. La France est actuellement divisée en trois provinces dominicaines.

Costume : Robe avec scapulaire et capuche de couleur blanche, et chape noire.

Renvois : Dominique. Franciscains. Jésuites. Ordres mendiants. Séparation des Églises et de l'État.

Bibl. : *Catholicisme*, art. Frères prêcheurs et art. Mendiants. *Dict. d'Hist. et de Géo. eccl.*, art. Frères prêcheurs. *Diz. degli Ist. di Perf.*, art. Frati predicatori. M.-D. Chenu, *Une école de théologie, Le Saulchoir*, Paris, 1985, pp. 95-114 : L'enseignement universitaire chez les prêcheurs. W.A. Hinnebush, *The History of the Dominican Order. Intellectual and Cultural Life to 1800*, New York, 1973.

DOMINIQUE

Fondateur de l'ordre des Frères prêcheurs ou Dominicains (O.P. : *Ordo Prædicatorum*). V. 1170-1221.

Dominique est né en 1170, ou 1171, à Caleruega, sur le plateau de Vieille Castille, dans le diocèse d'Osma. Son père, Felix de Guzman, est gouverneur de la ville de Caleruega, sa mère, Jeanne d'Aza appartient à la noblesse locale. Plusieurs monastères de la région revendiquent l'honneur de l'avoir éduqué et instruit, mais on sait seulement que Dominique a fait de solides études de théologie. Il n'en est pas moins sensible à la misère qui sévit dans le pays et donne aux pauvres tout ce qu'il possède. L'évêque d'Osma, Diego, le remarque et le nomme chanoine de la cathédrale. Observant strictement la règle de saint Augustin, il prêche la pauvreté individuelle radicale. Prêtre à vingt-cinq ans, il est nommé en 1201 sous-prieur du chapitre. En 1203, le roi demande à l'évêque Diego d'aller négocier le mariage de son fils avec une princesse du Danemark, et Dominique l'accompagne dans cette mission. En 1206, sur le chemin du retour, ils rencontrent à Montpellier un groupe de légats cisterciens chargés par le pape de la lutte contre l'hérésie cathare. Découvrant les énormes difficultés auxquelles ils se heurtent, l'évêque Diego et Dominique décident de se consacrer à cette entreprise. Dominique, pour sa part, entend convertir les cathares en prêchant un retour à l'Évangile. Diego et Dominique parcourent le pays à pied en compagnie de deux légats pontificaux, mendiant leur pain, prêchant et défiant les cathares à des «disputes», à Begun et Carcassonne notamment.

Dès la fin de 1206, Dominique fonde un couvent de femmes à Prouille, tout proche de Fanjeaux, qui devient le centre de l'action apostolique animée par Dominique. En 1207, Diego repart pour son diocèse où il meurt à la fin de l'année, laissant à Dominique la direction spirituelle de la «sainte prédication». Dès lors, Dominique ne cesse de circuler, tout en consacrant une partie de son énergie à Prouille et Fanjeaux, allant sans cesse de l'un à l'autre. Un groupe de disciples se forme autour de lui, noyau du futur ordre. Ses compagnons, vêtus comme lui d'une tunique grossière, mènent une vie d'austérité. Entre janvier et avril 1215, Dominique fonde une maison religieuse à Toulouse; il se rend à Rome au concile de Latran, ouvert en 1214, pour solliciter du pape Innocent III la confirmation d'un mode de vie religieuse pour un institut nouveau de «prêcheurs», ceci malgré l'interdiction décidée au concile de fonder un nouvel ordre. Cependant, les frères ont gain de cause auprès du pape et adoptent la règle de saint Augustin. Dominique a déja rédigé certains textes, où l'accent est mis sur l'étude et la contemplation, au service d'une vie apostolique. En juillet 1216, le chapitre du nouvel ordre donne à Dominique le titre de «prieur et maître des prêcheurs». En même

Dominique.
Fresque, XIIIe siècle.
Bologne, couvent des Dominicains.

Dominique
et François.
Fra Angelico, prédelle d'un triptyque, vers 1430. Cortone, musée diocésain.

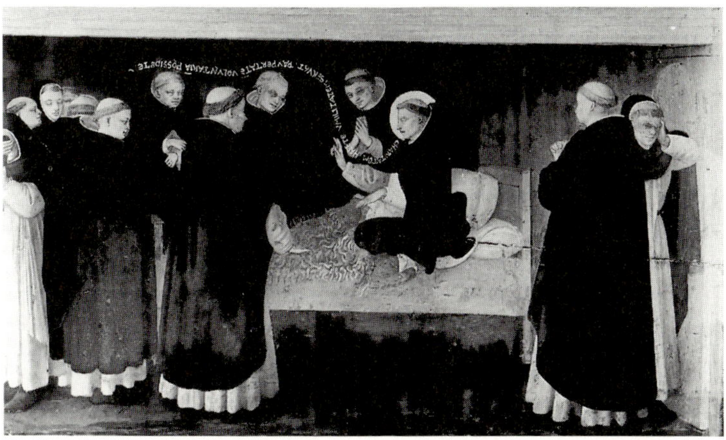

Mort de saint Dominique.
Fra Angelico, 1434-1435.
Paris, Louvre.

Rencontre de saint **Dominique** et saint François. Extrait de *Historiarium seraphiese religionis libri*. Chantilly, bibliothèque les Fontaines.

temps la chapelle Saint-Romain est octroyée aux frères. De grands travaux sont entrepris pour aménager des cellules où «dormir et étudier». Le costume est alors adopté : robe et scapulaire à capuchon blancs, surplis de lin et chape noire. Les frères ont la grande tonsure cléricale.

De nouveau à Rome, Dominique obtient du pape Honorius III la bulle reconnaissant les prêcheurs, datée du 21 janvier 1217. Dominique va alors envoyer ses compagnons de tous côtés, à Paris d'abord, puis à Bologne, les deux pivots de l'ordre. Lui-même continue ses pérégrinations. Il est à Rome en février 1218, y prêche, puis assiste au chapitre de la Pentecôte de l'ordre franciscain à la Portioncule en juin 1218, où il rencontre François qu'il admire. Il se rend ensuite en Espagne, installe des moniales à Madrid et prêche à Ségovie. Il est à Paris en 1219 où, sur demande du pape, les prêcheurs ont obtenu la chapelle de Saint-Jacques-le-Majeur, avec un hospice, et s'y sont installés en août 1218. Dès lors, des liens multiples se nouent entre le couvent Saint-Jacques et l'Université. De Paris, Dominique se rend à Bologne, où il est accueilli par le frère Réginald d'Orléans dans le couvent Saint-Nicolas-des-Vignes. Il est alors décrété que «les frères ne vivent plus que d'aumônes».

Après Florence, Bergame, Vérone et Milan, Dominique revient à Rome en 1220, année où l'ampliation de la bulle de 1218 déclarant la pauvreté mendiante de l'ordre est envoyée en Espagne et en France.

En 1220, alors qu'il a été dénommé dans une bulle *Prior ordinis prædicatorum*, Dominique, épuisé, émet le souhait d'être remplacé lors d'un chapitre à Bologne. Il n'y parvient pas : après deux ans de voyages incessants, il repart pour Rome. Le 30 mai 1221, quand un chapitre organise l'ordre en huit provinces, Dominique est à Bologne. Il tombe à nouveau malade en juillet et meurt le 6 août. Il est enterré dans l'église Saint-Nicolas et canonisé par Grégoire IX en 1234. Ardent à combattre les hérétiques par la puissance de sa parole, mais fidèle à son vœu de «parler avec Dieu, et parler de Dieu», Dominique a voulu aussi que ses frères enseignent et diffusent la théologie. S'il a contribué à la rédaction des constitutions avec ses frères, il n'a guère laissé d'écrits, ou presque — trois lettres—, mais sa «parole» demeure.

Renvois : Dominicains. Fanjeaux. Franciscains. Ordres mendiants.

Bibl. : *Dict. de Spiritualité*, art. Dominique. *Grande Encyclopédie Larousse*, art. Dominique (M.-D. Chenu). M.H. Vicaire (O.P.), *Histoire de saint Dominique*, Paris, 1956, 2 vol.

DOT DES RELIGIEUSES

Constitution d'un capital par une religieuse à l'occasion de son entrée dans un monastère, afin d'assurer son propre entretien.

HISTORIQUE

Selon la collection des décrétales élaborée au XIIIe siècle sous l'autorité du pape Grégoire IX, la charge de l'entretien des moniales incombe au monastère. Le fait qu'une maison religieuse exige le versement d'une somme d'argent est tenu pour un acte de simonie. Le concile de Trente (1545-1563) a été le premier à admettre la légitimité d'une cession de biens faite au moment de la profession, au profit de

Lorenzo Lotto, *Vêture de sainte Brigide*, 1524. Bergame, oratoire de la Villa Suardi.

la maison accueillant la moniale. En 1565, Charles Borromée introduit dans son diocèse le versement obligatoire d'une dot. L'administration de la dot est confiée à la supérieure du monastère. En 1902, un décret à la congrégation des évêques et réguliers impose, avant l'émission de vœux solennels, une période probatoire de trois ans sous le régime des vœux simples, la dot étant versée à l'entrée dans le monastère. En cas de départ de la religieuse, la dot est restituée. Le Code de droit canonique (canon 347) prescrit que seules les moniales, c'est-à-dire les religieuses appartenant à un ordre régulier, à vœux solennels, sont astreintes au versement d'une dot.

LA DOT DES RELIGIEUSES EN FRANCE

Avant même la Révolution, une déclaration du 28 avril 1693 avait cherché à protéger le patrimoine des familles contre les cessions abusives en limitant le montant de la dot des religieuses. Depuis la loi sur la séparation des Églises et de l'État, seules les congrégations autorisées peuvent accepter la constitution d'une dot par une religieuse. Les précautions prises et les modalités complexes du régime sont exposées dans le *Dictionnaire de droit canonique*.

Renvois : Code de droit canonique. Moniale.

Bibl. : *Dict. de droit canonique*, art. Dot des religieuses (R. Naz). *Enciclopedia cattolica*, art. Dote.

EINSIEDELN

Abbaye fondée en 934 dans le canton de Schwyz, dans les Alpes suisses. Le nom Einsiedeln signifie «ermitage».

Le 21 janvier 861, un ermite nommé Meinrad meurt assassiné; il était venu du monastère de Reichenau, près du lac de Constance, vivre en solitaire. L'ermitage devient alors un lieu de culte autour duquel, après 900, quelques ermites vivent dans des celles. Le prévôt du chapitre cathédral de Strasbourg les réunit en 934 en un monastère qui suit la règle de saint Benoît. La jeune abbaye est protégée par les empereurs Otton Ier le Grand et Henri II. C'est Otton Ier qui concède aux moines d'Einsiedeln le droit d'élire librement leur abbé. Il octroie en outre à l'abbaye l'exemption de la juridiction de l'évêque de Constance, et désormais Einsiedeln est placé sous la dépendance et la protection spéciale de la couronne impériale. L'abbaye connaît alors la prospérité; son scriptorium produit des manuscrits d'une valeur inestimable. Le XIIIe siècle marque le début d'une période difficile de luttes contre les potentats féodaux qui oppriment l'abbaye; en 1314 les moines seront même prisonniers des habitants de Schwyz. À cette époque, presque tous les moines sont d'origine noble; leur nombre décline rapidement : on compte moins d'une demi-douzaine de religieux à Einsiedeln vers 1350, tandis que les biens du monastère sont dilapidés. En 1465, un incendie détruit la majeure partie de l'église

Einsiedeln. L'abbaye Notre-Dame-des-Ermites.

ainsi qu'une statue romane de la Vierge ; cette statue était considérée comme miraculeuse et attirait à l'abbaye un grand nombre de pèlerins. Elle a été remplaçée par une statue miraculeuse de Vierge «noire», sculptée vers 1450 et vénérée aujourd'hui encore.

Au XVIe siècle, après les troubles de la Réforme protestante, l'abbé Joachim Eichkorn (1544-1569) restaure la vie religieuse dans l'abbaye. Grâce à ce renouveau, l'abbaye prospère au XVIIe siècle, et l'abbé d'Einsiedeln est un des fondateurs de la congrégation grégorienne bénédictine suisse. Un vaste programme de constructions marque le XVIIIe siècle. Les bâtiments monastiques et l'église abbatiale sont pour la plupart reconstruits.

En 1798, les troupes françaises saccagent l'abbaye, qui est par la suite supprimée. Les moines y rentrent cependant en 1803, recouvrent la Vierge miraculeuse qui avait été mise en sûreté à Trieste. Dans la seconde moitié du XIXe siècle, l'abbaye essaime en Amérique. Elle affirme alors sa vocation pédagogique et forme de nombreux éducateurs et élèves. Le monastère d'Einsiedeln a été déclaré abbaye *nullius* par le pape Pie X en 1907.

Renvois : Abbaye. Reichenau.

Bibl. : *Catholicisme*, art. Einsiedeln. *Diz. degli Ist. di Perf.*, art. Einsiedeln. *Enciclopedia cattolica*, art. Santissima Vergine Maria di Einsiedeln.

EMILIANI (Jérôme)

Fondateur de la congrégation des «Somasques». 1481-1537.

Ancien soldat devenu prêtre, Jérôme Emiliani fonde à Venise vers 1530 le premier orphelinat connu. Puis il établit une congrégation de clercs réguliers, à Somasca près de Bergame, surnommés les «Somasques». Spécialement vouée aux œuvres de charité, celle-ci s'inscrit dans un mouvement plus large jalonné en 1524 par la fondation des théatins de Gaëtan de Thiene, qui furent les premiers clercs réguliers, puis, en 1531, par celle des barnabites, société de même type. Ce mouvement a surtout été illustré par Ignace de Loyola et la Compagnie de Jésus.

Renvois : Barnabites. Clercs réguliers. Ignace de Loyola. Jésuites.

Bibl. : *Dict. de biographie italienne*, art. Emiliani (Jérôme). *Les Ordres religieux* (dir. G. Le Bras), t. I, 1979, p. 58.

Ermite. Gravure extraite de la *Passio Sancti Meynhardi martyris et heremite*, par Albert de Bonstetten. Bâle, 1496.

ERMITE

La vie religieuse s'est présentée dès l'origine sous deux formes complémentaires. Les moines pouvaient décider de vivre en communauté, sous la direction d'un abbé, ou au contraire demeurer isolés, dans un «désert» ; il s'agit alors d'anachorètes, ou ermites.

HISTORIQUE

Le mouvement érémitique apparaît très tôt en Orient, dès le IIIe siècle : saint Antoine adopte le mode de vie anachorétique vers 270. En Occident, on trouve des ermites en Italie ; en Irlande le monachisme, apparu dès le Ve siècle, revêt çà et là des aspects érémitiques. Tout au long de son histoire, l'érémitisme est en rapport étroit avec le monachisme dont il constitue un aspect particulier. Aux XIe et XIIe siècles, le mouvement monastique est préparé et coloré par l'apparition de nombreux ermites, ou reclus — type particulier d'un phénomène général qui a ouvert la voie à des ordres comme ceux de Fontgombault, Grandmont, ou Fontevrault. Du XIIIe siècle à la fin du Moyen Âge, un grand nombre de petites communautés attestent la vitalité de l'idéal de

Ermite. Gravure extraite de Ammon, *Solitudo sive vitae patrum eremicolarum*, par les frères Sadeler, 1594-1600. Chantilly, bibliothèque les Fontaines.

Ermite. Gravure extraite de *Solitudo sive vitae patrum eremicolarum*, par les frères Sadeler, 1594-1600. Chantilly, bibliothèque les Fontaines.

pauvreté et de solitude cultivé par les ermites, ceci dans différents pays d'Occident, en Angleterre, en Espagne, en Italie et en Allemagne. Le mouvement s'apaise au XVIe siècle ; en France il connaît un net regain dans la première moitié du XVIIe siècle.

SITUATION ACTUELLE

Le Code de droit canonique de 1918 ignore délibérément les formes de vie religieuse érémitiques. Pas de vie religieuse qui ne soit communautaire. Il convient de rappeler à ce propos que l'Église a toujours considéré la vie solitaire comme périlleuse, et concevable seulement pour des personnes d'une qualité spirituelle exceptionnelle, et que les valeurs et vertus chrétiennes s'épanouissent mieux dans des formes de vie communautaire.

Renvois : Antoine le Grand. Code de droit canonique. Moine. Monachisme. Reclus.

Bibl. : *Catholicisme*, t. IV, 1956, col. 391-396, art. Ermites (P. Doyère). *Dict. de droit canonique*, art. Ermites, Érémitisme et État religieux (P. Doyère). *Dict. de spiritualité*, art. Éremitisme en Orient (C. Lialine), et art. Érémitisme en Occident (P. Doyère).

ÉTIENNE DE MURET ET L'ORDRE DE GRANDMONT

Fondateur de l'ordre de Grandmont. V. 1050-1124.

HISTORIQUE

Né vers 1050 au château de Thiers, Étienne est le fils du vicomte de cette ville. Élève de Milon, prêtre d'Auvergne qui devient arche-

Etienne de Muret. Autel de l'abbaye de Grandmont. Paris, musée de Cluny.

vêque de Bénévent en 1074, Étienne découvre en Calabre, grâce à son protecteur, une communauté d'ermites. Séduit par ce mode de vie, il est attiré dans la région de Limoges par l'évêque du diocèse, et établit vers 1076 un ermitage à Muret. Il accueille au bout d'un an deux disciples, rejoints bientôt par d'autres. Aidé par l'évêque de Limoges, il fait construire un monastère qui remplace les huttes de branchages primitives, ainsi qu'une église. Le renom de sainteté évangélique de ce noyau d'ermites attire de nombreux visiteurs.

Après la mort d'Étienne, les religieux transfèrent le monastère sur un sommet proche, à Grandmont. C'est là qu'un des premiers disciples d'Étienne rédige un recueil des enseignements qu'il donnait à ses frères en religion, le *Liber sententiarum*. Une règle d'un radicalisme extrême suivra. Il est interdit aux grandmontains de rien posséder hors des limites du monastère, d'exercer un ministère paroissial (dans le but de ne pas concurrencer le clergé séculier) ou de prendre en charge une communauté de religieuses; ils ne doivent pas non plus détenir de gros bétail, source possible de conflit économique.

L'ordre tire son succès de son exigence même, et est diffusé largement dans toute l'étendue du duché d'Aquitaine. Le roi d'Angleterre, Henri II, époux d'Aliénor d'Aquitaine, protège l'ordre nouveau et l'aide à construire un grand monastère avec son église. Vers 1200, on compte une centaine de monastères dépendants de Grandmont. Cependant, entre 1770 et 1180, un violent conflit oppose les convers aux moines de chœur. Le pape Clément III l'apaise enfin; en 1188 il accorde l'exemption aux grandmontains. Lors d'un règlement définitif, le pape Honorius III (1216-1227) place les convers au-dessous des clercs, et certains aménagements corrigent ce qu'avait d'excessif la rigueur des débuts. En 1317, une nouvelle réorganisation érige Grandmont en abbaye, avec soixante moines; trente-neuf maisons dépendent de celle-ci et sont instituées en prieurés. Un édit d'Henri II en 1579 met fin à la commende. En 1772, l'ordre de Grandmont est supprimé par la commission des réguliers.

STRUCTURES DE L'ORDRE

À la fondation, le supérieur du monastère de Grandmont est appelé prieur; il est élu par les moines et dispose d'une autorité sans partage sur les religieux de Grandmont, ainsi que sur les moines dépendant de la maison mère. Dès les débuts de l'ordre, on voit apparaître des convers, religieux spécialisés dans les travaux matériels et présents dans les diverses maisons. Les religieux de Grandmont ne doivent assurer aucun service pastoral dans une paroisse. Leur subsistance est assurée par les produits du petit domaine enclos autour du monastère, et surtout par les dons des visiteurs et amis. À partir du XIIIe siècle, les rapports entre convers et moines de chœur sont définis avec précision; l'interdiction qui avait été faite au monastère de posséder revenu ou bétail est considérablement allégée. À partir de 1317, ce n'est plus un prieur qui se trouve à la tête du monastère de Grandmont mais un abbé, et les maisons dépendant de celui-ci prennent rang de prieuré. En outre, les structures perdent une partie de leur rigidité, et les pouvoirs exorbitants alloués jusqu'alors au prieur, ou abbé, sont limités notamment par le chapitre des religieux.

Prédication de saint Jean-Baptiste aux chartreux. Anonyme, XVe siècle. Madrid, musée du Prado.

Les lamentations des clarisses sur la dépouille de saint François. Giotto, fresque, 1300. Assise, basilique San Francesco.

Renvois : Abbé. Celle. Chapitre. Commende. Commission des réguliers. Ermite. Prieur. Prieuré.

Bibl. : *Catholicisme*, art. Étienne de Muret. *Dict. de biographie française*, art. Étienne de Muret. *Dict. d'Hist. et de Géo. eccl.*, art. Étienne de Muret (dom J. Becquet) et art. Grandmont (dom J. Becquet).

EUDISTES

Congrégation de Jésus-et-Marie, fondée par Jean Eudes en 1643.

Prêtre de l'Oratoire fondé par Bérulle, Jean Eudes décide de créer un séminaire à Caen et quitte la congrégation de l'Oratoire, le supérieur général de celle-ci étant hostile à ce projet. Il fonde alors en 1643 une nouvelle congrégation de Jésus-et-Marie, dite des Eudistes, qui a pour but la formation du clergé dans les séminaires ; elle a également pour vocation d'organiser des missions paroissiales. Les eudistes sont actifs surtout en Normandie, et différents prêtres de cette région font appel à eux pour former le clergé. Au XVIIIe siècle, l'ordre est au premier rang des forces liguées contre le jansénisme. Ses liens étroits avec le Saint-Siège le rendent suspect au pouvoir royal et lui attirent beaucoup d'ennemis. En 1790, la société des eudistes compte une centaine de prêtres et possède treize séminaires. Dispersée à la Révolution, la congrégation se reconstitue à partir de 1826, et connaît un nouvel essor entre 1870 et 1911. Actuellement, les eudistes sont une société de prêtres qui vivent en communauté. Ils ne prononcent pas de vœux religieux. À la tête de la société, une assemblée générale, réunie tous les huit ans, détient l'autorité supérieure. Le supérieur général est élu pour trois ans.

Renvois : Bérulle (Pierre de). Jean Eudes. Oratoire.

Bibl. : *Catholicisme*, art. Eudistes.

EXEMPTION MONASTIQUE

L'exemption est un privilège qui soustrait une personne, un lieu ou une institution à la juridiction dont ils relèvent normalement. Dans le cas des maisons religieuses, l'exemption a pour effet de soustraire un monastère, par exemple, à la juridiction de l'évêque du lieu où il se trouve, pour le placer sous la protection directe du Saint-Siège ; elle lui confère ainsi une liberté utile en un temps où l'emploi abusif de la commende fait des abbayes une proie offerte à la cupidité des grands féodaux.

HISTORIQUE

Les problèmes liés à l'exemption ne se sont guère posés avant le VIe ou le VIIe siècle, période où apparaissent des formes de vie proprement monastique. L'histoire de cette institution est étroitement liée

Le régime de l'**exemption** laisse à l'évêque ordinaire le droit d'investir l'abbé régulièrement élu par les moines. Le Sueur, *Saint Bruno prend l'habit monastique*, 1645-1648. Paris, Louvre.

aux vicissitudes de l'histoire générale. La nécessité de protéger abbayes et monastères des éventuels abus de pouvoir des évêques ne s'est vraiment fait sentir qu'à partir du moment où ceux-ci devinrent de véritables potentats, pourvus de grands pouvoirs seigneuriaux, et où les puissants féodaux prétendirent imposer leur domination aux maisons placées sur leurs terres.

En 451, le concile de Chalcédoine décrète que nul ne peut fonder ou construire un monastère sans l'autorisation de l'évêque du lieu ; les moines sont expressément soumis à l'autorité de l'évêque, qui a le devoir de veiller sur les monastères. Quatre ans plus tard, cependant, le synode d'Arles dispose que l'autorité de l'abbé, dans les affaires internes du monastère, doit être libre de toute intervention épiscopale. À la fin du VIe siècle, le pape Grégoire le Grand (590-604) affirme que l'évêque a le droit et le devoir de veiller sur les monastères de son diocèse, ainsi que de les visiter, sans toutefois pouvoir abuser de ce dernier droit ; l'évêque confirme l'élection de l'abbé et contrôle son administration. En revanche, il ne saurait en aucun cas s'immiscer dans les affaires de celle-ci, ni disposer des biens du monastère. Saint Grégoire entend aussi mettre la libre élection de l'abbé par les moines à l'abri de toute ingérence de l'évêque.

La première exemption monastique proprement dite est accordée en 628 par le pape Honorius Ier au monastère fondé par Colomban à Bobbio. La bulle du pape interdit en effet à l'évêque d'exercer toute espèce de juridiction sur ce monastère, et il ne peut y célébrer la messe sans y avoir été convié par l'abbé. En 751, l'abbaye de Fulda, en Germanie, fait l'objet d'un tel privilège. En 912, dès sa fondation, Cluny bénéficie d'une exemption : il est interdit à tout évêque d'entrer dans le monastère sans y être invité ; les moines sont soumis à l'autorité exclusive de l'abbé, et ils ont toute latitude de faire appel à n'importe quel évêque quand il s'agit de faire bénir un nouvel abbé qu'ils ont élu. La résistance des évêques reste vaine, car les différents papes ont alors besoin de l'appui des grands monastères pour résister aux pressions souvent violentes que cherchent à exercer sur eux les féodaux, les rois eux-mêmes, et ceux des évêques trop bien installés dans le système féodal.

Au XIIe siècle, les cisterciens, tout en dénonçant les défauts de l'exemption qui, si elle est accordée trop largement, désagrège les structures de l'Église, obtiennent progressivement des privilèges qui les font échapper à l'autorité et au contrôle des évêques. L'apparition des ordres mendiants et d'une nouvelle formule d'organisation très centralisée, couvrant un grand nombre de pays et donc de diocèses, a créé un besoin véritable d'autonomie. L'exemption offre alors, par cette pluralité même, une solution commode au problème ainsi posé. Ces ordres nouveaux profitent tout naturellement des formes juridiques élaborées avant leur apparition.

À la fin du Moyen Âge, l'octroi généralisé de l'exemption se révèle lourd d'inconvénients car il génère de multiples abus tout en affaiblissant l'autorité des évêques. En vain le concile de Constance (1414-1418) et celui de Latran (1512-1517) cherchent des remèdes à ce mal.

En 1563, le concile de Trente confirme la tendance au regroupement en congrégations, et prescrit aux monastères exempts de tenir des réunions tous les trois ans ; on rend aussi certains pouvoirs aux évêques sur les religieuses et religieux. En outre, le nombre des communautés pouvant accéder au régime de l'exemption est fortement réduit — l'exemption étant réservée aux ordres religieux à vœux solennels. La période ouverte par le concile de Trente est marquée par l'apparition de nombreuses congrégations à vœux simples. En France, en 1579, les états généraux de Blois excluent du privilège de l'exemption les abbayes bénédictines non affiliées à une congrégation. L'année suivante, on voit se constituer une « congrégation des exempts de France », plus soucieuse de maintenir ses privilèges que de chercher à se réformer. Cette congrégation est dissoute en 1770 par la commission des réguliers.

L'EXEMPTION AU XXe SIÈCLE

Le fait dominant, en France du moins, est la situation créée par la séparation violente des Églises et de l'État en 1905, et l'expulsion de la plupart des communautés religieuses.

Le monachisme affirme cependant sa vitalité dans la période subséquente et jusqu'à nos jours. Il n'est pas besoin pour ces communautés de se prémunir contre les empiètements d'un pouvoir épiscopal qui n'a plus rien d'oppressant. Cependant, le Code de droit canonique décide en 1917 que désormais tous les moines réguliers sont exempts de la juridiction de l'évêque du lieu, ceci afin de respecter l'autonomie de chaque communauté et de ne pas risquer de porter atteinte à l'autorité de son abbé. En même temps, ce code prescrit aux abbés des monastères réguliers de recevoir dans un délai de trois mois la bénédiction de l'évêque du diocèse dans lequel se trouve le monastère. Les congrégations à vœux simples, en revanche, sont, sauf exception, exclues du privilège de l'exemption.

Le régime de l'exemption est actuellement de droit commun pour tous les instituts réguliers. Le code de droit canonique en vigueur en pose le principe au canon 615. Le texte, d'une formulation très élaborée, souligne l'indépendance des monastères *sui juris*. Ils sont cependant confiés à la «vigilance» de l'évêque diocésain, sans être soumis à sa juridiction. À titre d'exemple, l'abbé d'un tel monastère est élu par les moines de celui-ci en toute liberté, mais il est intronisé par l'évêque ordinaire.

Texte original du canon 615 :

Monasterium sui iuris, quod praeter proprium Moderatorem alium Superiorem maiorem non habet, neque alicui religiosorum instituto ita consociatum est ut eiusdem Superior vera potestate constitutionibus determinata in tale monasterium gaudeat, ad normam iuris peculiari vigilantiae Episcopi dioecesani committitur.

Extrait de l'édition du *Codex juris canonici* de 1983, édité par la Libreria Editrice Vaticana.

Texte en langue française du canon 615 :

Le monastère autonome qui, outre son propre Modérateur, n'a pas d'autre Supérieur majeur et qui n'est pas associé à un autre institut de religieux de telle sorte que le Supérieur de cet institut possède sur ce monastère un véritable pouvoir déterminé par les constitutions, est confié selon le droit à la vigilance particulière de l'Évêque diocésain.

Édité par Le Centurion, Le Cerf et Tardy, 1983. Traduction contrôlée par le Vatican.

Renvois : Abbé. Bobbio. Cisterciens. Cluny. Code de droit canonique. Colomban. Commende. Commission des réguliers. Concile. Congrégation. Fulda.

Bibl. : *Catholicisme*, art. Exemption (E. Jombart), Exemption (privilège de l'), Exemption des lieux sacrés (A. Bride) et Exempts (G. Marié). *Diz. degli Ist. di Perf.*, art. Esenzione monastica (J. Dubois). *New Catholic Encyclopedia*, art. Exemption, History of (R.W. Crooker).

FANJEAUX

Couvent dominicain fondé au XIIIe siècle.

Située sur une hauteur, dans le département de l'Aude, la ville de Fanjeaux est l'un des principaux lieux de pèlerinage dominicain. C'est là, en 1207, qu'une singulière ordalie du feu a révélé, selon la légende, la supériorité des thèses théologiques de saint Dominique ; jeté au feu, un manuscrit cathare est consumé par les flammes, tandis que le manuscrit contenant un texte doctrinal de Dominique s'élève miraculeusement et va heurter une poutre du plafond ; le phénomène se répète trois fois. La poutre, brûlée par ce contact, est conservée aujourd'hui encore.

Fanjeaux. Le monastère Sainte-Marie de Prouille.

Dominique est arrivé avec son guide spirituel Diego, l'évèque d'Osma, à Prouille, au pied de la ville, dans l'hiver 1206-1207, et a établi là une sorte de lieu de repos où il vient entre deux missions de prédication. Prouille accueille autour de ce centre des dames cathares converties, que Diègue, évêque de Viviers, constitue en une communauté religieuse, sous la direction d'une prieure. Or, en septembre 1209, Simon de Montfort s'installe dans le château fort de Fanjeaux, qu'il devra rendre en 1218 à l'évêque de Viviers. Un couvent de frères prêcheurs est installé à Fanjeaux après la mort de Dominique (1221). Il est détruit à la Révolution.

Renvois : Dominicains. Dominique.

FAREMOUTIERS

Abbaye bénédictine de moniales fondée au VIIe siècle.

Vers 614, avant la mort de saint Colomban sans doute, deux moines de l'abbaye de Luxeuil, Walbert et Cagnoald, fondent un monastère féminin à Eboriacus, à peu de distance de la ville actuelle de Coulommiers (Seine-et-Marne). La première supérieure du monastère est sainte Fare (morte vers 655), sœur de Cagnoald. La nouvelle fondation, qui prend le nom de sa fondatrice (le moutier de Fare), semble avoir été un monastère double, avec une maison de moniales, et à quelque distance un monastère masculin, formule qui sera reprise au XIIe siècle par Robert d'Arbrissel à Fontevrault. La règle adoptée est celle imposée au monastère de Luxeuil par son fondateur Colomban quelques années auparavant. Le monastère est placé sous la protection de la reine Bathilde (v.635-v.650), veuve de Clovis II, fondatrice des abbayes de Corbie et de Chelles.

À l'époque carolingienne, l'abbaye adopte la règle de saint Benoît. Un diplôme de Charles le Chauve en 847 lui accorde la protection du souverain franc. Les souverains carolingiens jugent commode et utile de placer leurs filles à la tête de grands monastères, et l'on trouve ainsi en 840 une fille de Charlemagne, Rotrude, comme abbesse de Faremoutiers. À la fin du Xᵉ siècle, l'abbaye pâtit de l'anarchie qui accompagne les troubles de la fin de la période carolingienne, et la liste des abbesses de Faremoutiers est interrompue entre 876 environ et 1137, signe d'un grand délabrement.

Une volonté de restauration de la vie religieuse commune s'impose à partir de 1137, et une bulle du pape Alexandre III, le 14 mars 1130, place l'abbaye sous la protection du Saint-Siège. Aux XIIᵉ et XIIIᵉ siècles, elle possède un domaine important : on compte six prieurés qui dépendent d'elle, et plusieurs églises sont sous son contrôle.

À la sombre époque de la guerre de Cent Ans, l'abbaye est pillée à plus d'une reprise. Les XIVᵉ et XVᵉ siècles sont un temps de crises pour l'Église et la société occidentale. L'abbaye de Faremoutiers pâtit en outre de la commende et, en 1454, l'abbesse Jeanne de Beaudot n'a de moniale que le nom, mène la vie à grandes guides, et met les biens de l'abbaye au pillage. Le début du XVIᵉ siècle est une période de restauration et de reconstruction. Pourtant la tentative de réforme de l'évêque de Meaux, Jean L'Huillier (1483-1500), se solde par un échec. Le concordat de 1516 donne au roi la facilité de disposer des sièges abbatiaux, qui en profite pour imposer à Faremoutiers des filles de nobles serviteurs de la monarchie. Le XVIᵉ siècle se termine dans les violences des guerres de religion.

Le siècle suivant est marqué sous le signe de la restauration et de l'épanouissement pour la communauté de Faremoutiers, sous la direction d'abbesses venues de la haute noblesse, telle Anne de la Châtre, qui a pour père un maréchal de France, gouverneur du Berry, et sa sœur Françoise qui lui succède en 1605. Le monastère, réformé, devient un foyer de ferveur religieuse. Les bâtiments monastiques et l'église sont reconstruits par Mansart. Bossuet, évêque de Meaux de 1682 à 1704, a protégé l'abbaye de Faremoutiers, et a servi de guide spirituel à l'abbesse Mᵐᵉ de Beringhen. La crise janséniste, qui déchire la communauté de Faremoutiers à partir de 1732, clôt cette période brillante. En 1790, on y compte vingt-deux religieuses qui seront chassées de leur monastère entre le 5 octobre et le 22 décembre 1792.

Faremoutiers renaît cependant au XXᵉ siècle. En 1930, Mᵐᵉ G. Rey, propriétaire de l'ancien domaine de Faremoutiers, décidée à rendre l'abbaye à une communauté religieuse, le cède à une société immobilière créée pour la circonstance. Le prieuré bénédictin d'Amillis est transféré le 5 novembre 1931 à l'abbaye Notre-Dame-et-Saint-Pierre de Faremoutiers, et des religieuses venues d'Amillis s'installent dans la maison construite sur les ruines de l'ancien monastère. L'élection de la première abbesse de l'abbaye restaurée a lieu le 25 janvier 1932.

Renvois : Chelles. Colomban. Corbie.

Bibl. : Gabriel Le Bras, «Abbaye de Faremoutiers», préface de *Sainte Fare et Faremoutiers*, 1956.

FEUILLANTS

Feuillant.
Jean de La Barrière, gravure
de Michel Van Lachom.
Paris,
Bibliothèque nationale.

Branche de l'ordre cistercien qui a pris le nom de l'abbaye de Feuillant, localité située à vingt-quatre kilomètres de Toulouse (Haute-Garonne).

L'abbaye cistercienne de Feuillant existe au XIIe siècle; à cette époque elle est fille de l'abbaye cistercienne de la Creste (diocèse de Langres). Tombée sous le régime de la commende en 1493, elle est cédée en 1562 par Charles de Crussol à Jean de La Barrière, laïc qui en devient l'abbé commendataire. Converti, Jean de La Barrière fait profession et reçoit la bénédiction abbatiale de l'évêque de Rieux en 1577. Suivant une démarche semblable à celle de Rancé, le fondateur de la réforme de la Trappe, il entreprend la réforme de Feuillant avec deux moines et deux novices, les autres moines ayant fui la rigueur qu'il voulait instaurer. En 1587, le pape Sixte V accorde à Jean l'autorisation de créer des fondations de moines et de moniales, dans le cadre de sa réforme des usages de Cîteaux, et sans sortir de l'ordre cistercien. La maison des Feuillants à Paris est fondée en 1587. En 1591 l'ordre devient indépendant et se développe à la fois en France et en Italie. Le pape Urbain II sépare en 1630 les feuillants de France des feuillants d'Italie, et donne à ces derniers le nom de réformés de Saint-Bernard. En 1790, les religieux évacuent leur maison de Paris. L'Assemblée constituante y aménage des bureaux, et la municipalité parisienne y installe en 1791 le club des Feuillants. L'ordre disparaît alors. La règle, d'une rigueur extrême, a été atténuée en 1595. Les feuillants circulaient tête et pieds nus.

Renvois : Cisterciens. Trappe (la).

Bibl. : *Catholicisme*, art. Feuillant/Feuillants (couvent de la rue Saint-Honoré), et art. Feuillants (ordre des). *Les Ordres religieux* (dir. G. Le Bras), t. I, 1979, p. 62, ill. 416-417.

La maison
des **Feuillants**.
Gravure. Paris,
Bibliothèque nationale.

FILLES DE LA CHARITÉ

Compagnie des Filles de la Charité fondée par Vincent de Paul et Louise de Marillac en 1633.

ORIGINE

La future compagnie des Filles de la Charité prend naissance le 29 novembre 1633 dans la maison de Louise de Marillac, à Paris. Il s'agit d'abord d'une association pieuse destinée à seconder la confrérie parisienne des Dames de la Charité, avec pour finalité le service des plus démunis et l'instruction des petites filles des campagnes. La première règle de la confrérie est rédigée par Louise de Marillac en 1634, et retouchée par Vincent de Paul. Ce dernier entend fonder une confrérie séculière, et non un ordre religieux. Instruit par l'exemple de François de Sales, qui n'a pu s'opposer à la transformation des visitandines en ordre cloîtré, il veille à imposer la formule neuve d'une vie religieuse intermédiaire entre celle des moniales et le laïcat. À partir de 1642, ces religieuses de type nouveau prononcent des vœux perpétuels privés. Du vivant même de Vincent de Paul, la coutume s'établit de prononcer des vœux annuels, renouvelés à la fête de l'Annonciation, le 25 mars. La règle des filles de la Charité, qui prévoit des vœux de pauvreté, de chasteté, d'obéissance et de service des pauvres et des malades, est approuvée par le pape en 1668.

Filles de la Charité. Gravure de F. Guérard, XVIIIe siècle. Paris, Bibliothèque nationale.

HISTORIQUE

Supérieur général de 1673 à 1697, M. Edme Jolly accomplit une œuvre d'organisation considérable, et son généralat est marqué par une forte expansion de la compagnie qui ouvre cent quarante maisons. L'Hôtel des Invalides, fondé à Paris en 1676, fait partie de ces créations. La compagnie, qui comptait une quarantaine de maisons à la mort de Vincent de Paul, possède quatre cent cinquante et un établissements en 1788, avec quatre mille trois cent cinquante sœurs, qui sont presque toutes expulsées de leurs maisons en 1792. Plusieurs d'entre elles périssent, victimes de la Terreur en 1794.

Reconstituée légalement dès 1801, la compagnie connaît un essor missionnaire vigoureux au XIXe siècle, siècle marqué par les dons de visionnaire accordés à la sœur Catherine Labouré, à qui la maison mère des filles de la Charité, sise rue du Bac à Paris, doit d'être devenue un centre de pèlerinage marial. Le développement de la dévotion à la Vierge lié à ces manifestations est illustré par la définition du dogme de l'Immaculée Conception en 1852.

ORGANISATION

Les filles de la Charité sont des sœurs non cloîtrées. Le fondateur a inauguré une formule conjuguant les exigences d'une abnégation toute religieuse avec les besoins d'un apostolat de charité active aux multiples formes. À la tête des sœurs, la supérieure est appellée «servante».

La vie commune n'a pas pour cadre un couvent ou un monastère,

Fille de la Charité enseignant aux petites filles. Gravure d'après Natoire, détail, 1756.

mais une «maison». «Elles n'ont pour monastère, écrit Vincent de Paul en 1659, que les maisons des malades et celle où réside la supérieure, pour cellule une chambre de louage, pour chapelle l'église paroissiale, pour clôture l'obéissance, [...] pour voile la sainte modestie.» La confrérie jouit du privilège de l'exemption instauré progressivement. Elle est placée sous l'autorité juridique des supérieurs de la congrégation de la Mission, autre création de Vincent de Paul.

ACTIVITÉ APOSTOLIQUE

Spécialisées, surtout au XVIIe siècle, dans le service à domicile des pauvres et des malades, les filles de la Charité se sont aussi vouées à l'enseignement des petites filles de la campagne, service que Vincent de Paul avait à cœur. Par la suite, et sans renoncer à ces activités, elles ont dirigé des hôpitaux, des hospices de vieillards, parfois des asiles d'aliénés.

De nos jours, les sœurs dites de Saint-Vincent-de-Paul, sont présentes dans la plupart des pays du monde, au service de la misère. Fidèles au précepte de leur fondateur de «se donner à Dieu pour servir les pauvres au nom de Notre Seigneur Jésus-Christ», elles pratiquent avec zèle et discrétion les vertus spécifiques de leur compagnie : charité, humilité, simplicité.

Costume : À l'origine, Vincent de Paul et Louise de Marillac n'ont pas voulu imposer d'habit régulier aux sœurs. Elles étaient vêtues comme la plupart des femmes de la région parisienne, et portaient une robe en serge grise, un collet et un toquois enserrant leurs cheveux.

La cornette ne fut au départ, semble-t-il, qu'une pièce de toile blanche portée par mauvais temps pour protéger la tête, dont Vincent de Paul avait autorisé le port exceptionnel. Le supérieur général Edme Jolly imposa le port de cette coiffe à toutes les sœurs. Au XVIIIe siècle, les ailes de la cornettes prirent des dimensions de plus en plus grandes, jusqu'à en devenir gênantes. En 1964, le supérieur général de la Mission a fait remplacer la cornette par un voile bleu.

Renvois : François de Sales. Lazaristes. Vincent de Paul.

Bibl. : *Catholicisme*, art. Charité (Fille de la). *Diz. degli Ist. di Perf.*, art. Figlie della Carità di San Vicenzo de Paolo.

FLEURY. Voir Saint-Benoît-sur-Loire.

FONTE AVELLANA

Fondation camaldule, l'ermitage de Santa Croce de Fonte Avellana a été créé au début du XIe siècle à l'instigation de Pierre Damien par saint Romuald, peu de temps avant le Sacro Eremio de Camaldoli.

L'ermitage est composé de celles groupées autour d'une église. Pierre Damien y fait construire un cloître et prépare la naissance de la congrégation de Fonte Avellana, qui reste en union fraternelle avec celle des Camaldules ; elle comprend différents monastères et ermitages. Avant les cisterciens et vers 1050, les religieux de Fonte Avellana ont admis parmi eux des frères convers, chargés des travaux des champs, et plus largement des tâches matérielles nécessaires pour assurer la subsistance de l'abbaye. Fonte Avellana a joué un rôle important aux XIe et XIIe siècles dans la diffusion de la réforme grégorienne.

Cette fondation érémitique se caractérise par l'austérité de la vie qui y est menée, avec une prière presque ininterrompue et de rigoureuses pratiques ascétiques.

Renvois : Camaldoli. Camaldules.

FONTEVRAULT

Abbaye Notre-Dame de Fontevrault (ou Fontevraud), fondée en 1101.

Robert d'Arbrissel décide en 1101 de fixer dans la forêt de Fontevrault, à une quinzaine de kilomètres de Saumur, la troupe hétéroclite de ceux qui suivaient sa prédication itinérante après avoir renoncé à leurs biens. Il fonde un monastère féminin de grandes dimensions, puis un autre moins grand pour les hommes. Il place à leur tête une femme, Pétronille de Chemillé, première abbesse de Fontevrault.

Fontevrault.
Le gisant d'Aliénor d'Aquitaine.

L'ordre nouveau, que Robert soumet à la règle de saint Benoît, est approuvé en 1106 par le pape Pascal II, et reçoit en 1113 le privilège de l'exemption. L'abbesse du grand monastère est placée par le fondateur à la tête de l'ordre, et les différents prieurs sont soumis à son autorité, ce qui ne manque pas de soulever de nombreuses difficultés. À la mort de Robert d'Arbrissel, en 1116, l'ordre compte une vingtaine de monastères et environ trois mille membres. En 1119, le pape Calixte II vient en personne consacrer le chœur et le transept de l'église abbatiale.

L'ordre est à son apogée dans la seconde moitié du XIIe siècle, avec quatre à cinq mille religieux et religieuses répartis en une centaine de maisons. Il est placé sous la protection spéciale des souverains Plantagenêts, et huit rois et princes ont leur tombeau dans l'église de Fontevrault. Au terme d'une période difficile, de nouveaux statuts sont approuvés par le pape Sixte IV en 1475.

De 1491 à 1675, cinq des abbesses de l'abbaye de Fontevrault appartiennent à la famille Bourbon. L'ordre disparaît à la Révolution, et les religieuses sont expulsées en 1792.

De l'ordre des Fontevristes, qui avait au cœur du Moyen Âge des maisons jusqu'en Espagne, subsistent seulement le prieuré de Chemillé (Maine-et-Loire) et la maison mère.

Fontevrault.
La cuisine romane.

Renvois : Exemption monastique. Robert d'Arbrissel.

Bibl. : *Catholicisme*, art. Fontevrault. *Diz. degli Ist. di perf.*, art. Fontevrault. M. Melot, *L'Abbaye de Fontevrault*, Paris, 1948.

FONTGOMBAULT

Abbaye bénédictine située sur la rive droite de la Creuse, dans le diocèse de Bourges, et fondée vers l'an mil.

Fontgombault.
L'église abbatiale.

L'abbaye doit son appellation à un ermite, Gombaud, qui a vécu dans une grotte près d'une source, et lui a donné son nom, la «font», ou source de Gombaud. À la fin du XIe siècle, un disciple de Robert d'Arbrissel, Pierre de l'Étoile, est rejoint par quelques solitaires que son renom de sainteté attire. Ils vivent d'abord dans des grottes de la vallée de la Creuse. C'est de l'autre côté de la rivière, sur sa rive droite, que Pierre de l'Étoile entreprend de faire construire un vrai monastère en 1091. L'église romane est achevée et consacrée en 1141. Ruinée à deux reprises — en 1356, pendant la guerre de Cent Ans, et par les protestants en 1569 —, l'abbaye est en commende au XVIIe siècle. La vie commune y est restaurée grâce à l'énergie du grand prieur Nicolas Andrieu (1626-1705) qui impose sa réforme au monastère, nonobstant l'opposition de l'abbé commendataire Antoine d'Alloigny (1676-1686). Dom Andrieu relève les bâtiments endommagés et entreprend de nouvelles constructions. En 1786, l'archevêque de Bourges autorise le dernier abbé commendataire à démolir en partie l'abbaye, qui est vendue bien national à la Révolution. L'abbaye de Solesmes acquiert en 1947 les bâtiments et les terrains environnants. Des moines bénédictins y restaurent la vie régulière, et un bref pontifical, en date du 15 août 1953, relève le titre abbatial. L'abbaye de Fontgombault compte actuellement au nom des grandes abbayes de la congrégation de Solesmes. L'essentiel des bâtiments monastiques, y compris ceux construits au XVe siècle, a résisté au temps. Le chœur de l'église abbatiale romane, construite entre 1091 et 1141, est pratiquement intact. Sa décoration sculptée est d'une grande sobriété.

Renvois : Commende. Robert d'Arbrissel. Solesmes.

Bibl. : *Catholicisme*, art. Fontgombault. *Dict. d'Hist. et de Géo. eccl.*, art. Fontgombault. *Les Ordres religieux* (dir. G. Le Bras), t. I, 1979, p. 222.

FRANCISCAINS OU FRÈRES MINEURS

Ordre mendiant institué par François d'Assise après 1209. Il existe aujourd'hui trois branches distinctes de frères mineurs : les frères mineurs (*Ordo Fratrum minorum*), les frères mineurs conventuels (*Ordo Fratrum minorum conventualium*), et les frères mineurs capucins (*Ordo Fratrum minorum cappucinorum*).

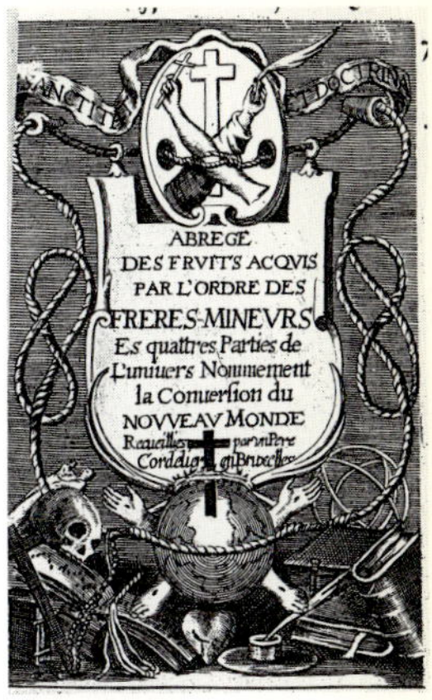

Franciscains. «Abrégé des fruits acquis par les frères mineurs», 1652. Chantilly, bibliothèque les Fontaines.

HISTORIQUE

Lorsqu'il fonde une nouvelle famille de religieux après 1209, saint François leur donne dans la première règle le nom de *Fratri minores*, frères mineurs, afin de manifester ainsi l'humilité spécifique de ce mouvement et d'opposer ces *minores* aux *majores* qui occupaient les premières places au soleil de la Toscane. Le «propos» de vie primitif était composé d'extraits de l'Évangile et d'un certain nombre d'exhortations à l'adresse des frères. La règle définitive du nouvel ordre (1221) est confirmée en 1223 par le pape Honorius III. Outre les trois vœux essentiels, les frères mineurs doivent professer une pauvreté absolue, tant privée que communautaire. Voués à la prière et à l'apostolat évangélique, ils doivent prêcher la pénitence et vivre de

Franciscains. Giotto, *L'Approbation de la règle par le pape*, 1297-1299. Assise, basilique San Francesco, église supérieure.

Saint François en prière. Zurbarán, XVIIe siècle. Château de Villandry.

leur travail, et accessoirement d'aumône. Au chapitre XII, la règle franciscaine inaugure en recommandant de respecter la vocation des frères désireux par inspiration divine d'aller prêcher l'évangile en pays non chrétien.

En 1219, l'ordre compte déjà quelques milliers de religieux, répartis entre treize provinces. Ce développement fougueux va rester caractéristique du nouvel ordre, au temps même des tensions internes entre «spirituels» et «conventuels». Très tôt, en effet, et du vivant même de saint François, des différences se sont fait jour sur l'interprétation de la règle. Fallait-il appliquer dans toute sa rigueur l'exigence de pauvreté ? et jusqu'où convenait-il d'aller dans la fidélité au testament de saint François ? Ces questions brûlantes menacent de couper l'ordre en deux camps adverses, celui de la stricte observance, et celui de la sagesse et de la modération. Le 21 septembre 1230, le pape Grégoire IX publie la bulle *Quo elongati*, où il décrète que le testament spirituel de saint François n'a pas force de loi. La création de *nuntii* laïcs, syndics capables de faire acte de propriété au nom des frères, qui sont bientôt admis à les désigner eux-mêmes, n'a fait qu'aggraver un malaise persistant. Le fossé se creuse entre les spirituels attachés au strict respect de l'idéal franciscain primitif, et qui refusent toute compromission, et le plus grand nombre des frères mineurs, moins stricts, formant la communauté. Dans leur excès de zèle, les spirituels vont jusqu'à dénier au pape le droit d'interpréter la règle de saint François, nouvel évangile à leurs yeux.

En 1260, Bonaventure, élu ministre général en 1257, fait proclamer par le chapitre général les constitutions de Narbonne, qui excluent le danger des interprétations abusives et sauvent l'unité spirituelle des frères mineurs. Les difficultés suscitées par l'existence de biens temporels en nombre sans cesse croissant sont atténuées par le principe de l'«usage pauvre», c'est-à-dire strictement limité, de ceux-ci par la com-

Mort de saint François. Sasseta, *Polyptyque de Borgo San Sepolcro*, 1437-1444.

munauté. Les constitutions de Narbonne devaient servir de fondement aux différents textes statutaires rédigés par la suite. Contre les tendances à un rigorisme extrême, Bonaventure pose le rempart de la «juste observance» de la règle, mais aussi des constitutions pontificales. En 1294, lors de l'intronisation du pape Célestin V, il y a déja trente-six maisons de Pauvres ermites du pape Célestin, constituées en partie par des spirituels. Au début du XIVe siècle, les spirituels demandent à être définitivement séparés de l'ordre. Jean XXII rejette cette demande et condamne tout le mouvement des spirituels.

Le temps passant, un certain nombre de couvents se réforment sans éclat, et un décret pontifical institue en 1415 un vicaire général de la réforme, ainsi que des vicaires provinciaux (il convient de rappeler ici que le vicaire général a pour supérieur hiérarchique immédiat le ministre général; de même, dans chaque province, le vicaire est le second du ministre). Cette initiative relance la querelle, car les conventuels sentent l'unité de l'ordre menacée. De fait, l'Observance, dénomination qui recouvre désormais l'ensemble des réformés ou spirituels, l'emporte finalement avec la bulle *Ite et vos* de Léon X du 29 mai 1517, qui groupe tous les réformés sous le nom nouveau de frères mineurs de la régulière Observance, et les sépare définitivement des conventuels. Le sceau de l'ordre est retiré à ces derniers et confié au ministre général de l'Observance. La date de 1517 marque donc une rupture dans l'histoire des frères mineurs, désormais constitués de deux, puis de trois branches indépendantes.

LES FRÈRES MINEURS AVANT 1517

La prédication, forme d'apostolat inscrite dans la règle de 1223, est réglementée par le pape Grégoire IX en 1230; la bulle *Quo elongati* organise les études requises pour les frères admis à prêcher. Devenus un *ordo studens*, les frères mineurs se trouvent dès lors en rivalité sur le terrain doctrinal avec les frères prêcheurs de saint Dominique. Des *studia*, couvents d'études franciscains, s'ouvrent auprès des universités, notamment à Paris (1219), Bologne (1220), Oxford (1224), Londres et Cantorbéry. Les Constitutions générales de Narbonne, en 1260, reprennent les principes d'organisation des études posés dès 1239. La pensée franciscaine a été illustrée par de grands noms dans l'ordre de la théologie et du savoir. Outre Bonaventure, on peut citer Guillaume d'Occam, saint Antoine de Padoue et, surtout, Roger Bacon. L'intrusion franciscaine dans le monde des universités a contribué à la multiplication des conflits, parfois violents, entre le personnel universitaire et les frères mineurs. Les franciscains ont activement participé aux efforts déployés par la papauté en faveur d'une réconciliation entre les Églises d'Occident et d'Orient. Il importe de mentionner aussi l'expansion missionnaire de l'ordre, qui se voit reconnaître des droits spéciaux sur le Saint-Sépulcre, à Jérusalem. En Chine, Jean de Plancarpin, Guillaume de Rubrouck et Jean de Montcorvin sont envoyés en mission diplomatique par le pape et le roi de France; le dernier de ces trois franciscains a été fait premier archevêque de Pékin en 1307 et a fondé trois évêchés chinois. On a pu écrire à propos des franciscains que «la science géographique leur doit beaucoup».

LES FRÈRES MINEURS DEPUIS 1517

Le pape Léon X avait décidé en 1517, par la bulle *Ite et vos*, de placer l'ordre dans son ensemble sous la juridiction du ministre général des observants, transférant l'autorité suprême qui appartenait jusqu'alors au ministre général des conventuels ; celui-ci se voyait désigner par le nom de maître général de l'ordre des Frères mineurs conventuels. Cette subordination nouvelle du maître général au ministre général resta lettre morte, et les deux branches de l'ordre s'organisèrent indépendamment l'une de l'autre, tout en maintenant une unité de principe. Il convient donc de considérer séparément, d'une part les frères mineurs de la régulière Observance (anciens observants), d'autre part les frères mineurs conventuels (continuation de la communauté primitive, structurée par Bonaventure au XIIIe siècle), et enfin les capucins.

Les frères mineurs de la régulière Observance de saint François

C'est sous ce nom qu'on désigne les anciens observants à partir de la bulle *Ite et vos*. Cette nouvelle formation englobait tous les anciens réformés regroupés par le pape, à leur sens arbitrairement. Pour répondre au vœu de rigueur extrême de beaucoup d'entre eux, Léon X avait prévu la création de couvents de récollection. Force fut au ministre et au chapitre général d'en créer, au risque d'y voir naître de nouveaux foyers de réforme. De fait, plusieurs mouvements se développèrent à partir de ceux-ci, sans toutefois rompre avec l'ordre. Outre les *Reformati* italiens fondés par François de Gesù et Bernardin d'Asti en 1532, et les déchaux espagnols qui prennent en 1557 le nom de leur chef Pierre d'Alcantara, et se nomment alcantarins, les récollets, à l'histoire complexe, n'ont finalement pas rompu l'unité de l'Observance. La Révolution, qui a coûté la vie à une quarantaine de récollets, et autant de conventuels, ne clôt cependant pas l'histoire des observants, qui se reconstituent au XIXe siècle.

En 1897, le pape Léon XIII, soucieux de conforter l'unité de l'Observance, décide que désormais tous les observants sans exception seraient regroupés sous le nom d'ordre des Frères mineurs, *ordo Fratrum minorum sine ullo apposito* (sans aucune apposition). Les frères mineurs sans apposition ont notamment œuvré pour la recherche scientifique, avec la fondation par le ministre général Fidèle de Fana d'un centre d'études médiévales, la maison de Quarrachi près de Florence. Entre 1884 et 1888, Fidèle de Fana crée à Rome le collège international Saint-Antoine, qui devient en 1933 l'Athenaeum Antonianum. Les missions de l'Observance franciscaine ont surtout réussi à s'implanter en Amérique latine grâce à la protection des rois d'Espagne et du Portugal.

Les frères mineurs conventuels

Les décisions de 1517, qui les ont placés en position secondaire, n'ont pas effacé dans l'esprit des religieux franciscains «conventuels» la conscience de représenter la continuité de l'ordre fondé par saint François, et réorganisé par saint Bonaventure. Contrairement aux prévisions du pape Léon X, la conventualité n'était pas appelée à disparaître. Lors du concile de Trente, une commission donna aux conventuels des constitutions nouvelles, les *constitutiones pianæ*, c'est-à-dire de Pie V, qui les approuve en 1565. L'ordre des conventuels accepte alors le «privilège tridentin», qui lui reconnaît la faculté de posséder des biens en commun, en propre et non plus sous la tutelle du Saint-Siège. La pauvreté personnelle des frères est maintenue. En dépit de grandes difficultés et épreuves multiples, l'ordre se développe et brille d'un bel éclat aux XVIIe et XVIIIe siècles, et multiplie les constructions prestigieuses. La Révolution et le premier Empire ont démantelé l'ordre et démoli nombre de ses édifices à travers toute l'Europe. À la fin du XIXe siècle, on comptait trois cent soixante-huit maisons de conventuels, et mille quatre cent quatre-vingts religieux. Le XXe siècle a été marqué par une renaissance, après 1918. Les dernières constitutions générales datent de 1932. L'ordre est régi par un ministre général assisté d'un conseil de quatre membres. Chaque province, régie par un ministre provincial et un conseil de trois membres, est divisée en custodies, chacune d'elles ayant à sa tête un custode. Les frères mineurs ont la garde des grands sanctuaires franciscains, de treize basiliques et de l'antique *Archivio generalizio* de l'ordre.

Depuis le début du XIXe siècle, les conventuels sont vêtus de noir, et non plus en gris cendre comme auparavant : une capuche et un camail — scapulaire pendant qui est plus ample que celui des mineurs. Ils portent des chaussures, et éventuellement un chapeau.

Les capucins

À la différence des autres mouvements de réforme apparus après 1517 au sein de l'Observance, les fondateurs de l'ordre des Capucins ont dès le départ rompu avec l'Observance, à laquelle ils appartenaient; ce mouvement nouveau appelé à un si grand développement n'est donc pas sorti d'un des couvents de récollection créés après 1517.

Renvois : Bonaventure. Cantorbéry. Capucins. Chapitre. Couvent. François d'Assise. Ordres mendiants. Récollets.

Bibl. : *Catholicisme*, art. Frères mineurs, Mendiants et Mendicanti. *Dict. d'Hist. et de Géo. eccl.*, art. François (1er ordre de saint François. Les Franciscains), Les Conventuels et Les Capucins. *Diz. degli Ist. di Perf.*, art. Franciscani, Frati minores. *Enciclopedia cattolica*, art. Frati minori.

FRANÇOIS D'ASSISE

Fondateur de l'ordre des Frères mineurs (Franciscains). V. 1182-1226.

François.
Regula tertii Ordinis Sancti Francisci,
1506, Pavie.

Né à Assise en 1181 ou 1182, François est baptisé sous le nom de Jean (Giovanni), en l'absence de son père Pietro de Bernardone. Riche drapier, celui-ci rentre alors d'un voyage d'affaires en France où il fréquente régulièrement les foires de Champagne; il décide d'appeler le nouveau-né François, en signe de l'amitié qu'il porte à ce pays. La

François recevant les stigmates. Giotto, vers 1300. Paris, Louvre.

mère de François, Pica, est d'ailleurs originaire de Picardie. La vie de François est connue par le récit qu'a rédigé Thomas de Celano, en 1228, à la demande du pape Grégoire IX.

Initié par son père au commerce de la draperie, François éblouit la jeunesse dorée d'Assise par sa prodigalité et par le talent avec lequel il chante des chansons de Provence. Cependant l'époque est pleine de troubles, et une guerre oppose Assise à la ville de Pérouse. Fait prisonnier en 1200, François passe un an dans les geôles de Pérouse. Gravement malade, il est libéré et rentre à Assise. Au cours d'une période agitée, où son projet de départ pour la croisade échoue, il rêve de devenir un grand et riche chevalier.

Sans doute à la suite d'une vision, il vend l'équipement de chevalier que lui a payé son père qui, fort mécontent, l'oblige à reprendre la vie de négociant. Mais, depuis sa vision, François est envahi par l'amour de Dieu. Décidé à conformer sa vie à l'imitation totale du Christ, il abandonne ses vêtements luxueux, fuit ses amis, et se met à accueillir à sa table les miséreux de la ville. Souvent il se réfugie dans une grotte proche d'Assise où il déplore les débordements de sa vie passée en versant des torrents de larmes. Survient un épisode décisif qui a pour cadre l'église délabrée de San Damiano, où le Christ s'adresse à lui depuis sa croix : «François, répare ma maison.» Après un pèlerinage à Rome, il revient à Assise et vit en compagnie des pauvres, des éclopés, voire des lépreux, au scandale de sa famille. Il s'installe à San Damiano, dans une espèce de cave derrière l'abside de l'église, au grand effarement du prêtre chargé de l'édifice. Après un mois, il réapparaît à Assise, en guenilles, au milieu de sa cour misérable ; il est tourné en dérision et injurié par la foule qui le traite de *pazzo* (fou). Le conflit violent qui l'oppose à son père les amène l'un et l'autre devant l'évêque qui le prend sous sa protection. Cette fois la rupture de François avec sa famille est complète. Il se réfugie dans un monastère de bénédictins à Gubbio, et soigne des lépreux. Il se met à mendier afin de réunir les moyens nécessaires pour reconstruire San Damiano, comme le Christ le lui a demandé ; il répare aussi l'église San Pietro et une chapelle abandonnée, Notre-Dame de la Portioncule.

En 1208, nouveau tournant décisif. François revêt une tunique de bure grossière, les reins ceints d'une corde ; il vit misérablement à Assise, cherchant à imiter en tout l'exemple du Sauveur ; désormais, il est le Poverello qui a épousé «dame Pauvreté». Peu à peu, il est entouré d'un certain nombre de compagnons désireux de s'associer à sa quête d'une vie parfaitement chrétienne. Parmi ses premiers disciples, Bernard de Quintavalle et Pierre de Catane appartiennent à la haute société. Ils sont bientôt dix qui avec lui se rendent à Rome. Non sans difficulté, François se fait recevoir par le pape Innocent III (1198-1216). Cependant, des divisions surgissent dans la «fraternité», certains désirant des structures rigides, d'autres tendant à plus de liberté. En 1220, François rencontre le pape Honorius III (1216-1227) et lui demande la protection de l'Église ainsi que l'autorisation de rédiger une règle. Le pape lui accorde comme protecteur le cardinal Ugolino (v. 1145-1241), futur pape Grégoire IX, qui conseille François pour la rédaction de la *Regula prima* (première règle), promulguée en 1221. En septembre 1220, François avait déclaré à tous les frères réunis dans un chapitre qu'il abandonnait la direction de la fraternité, pour devenir un frère parmi les autres. Pierre de Catane, qui fut son remplaçant, meurt en mars 1221. Élie, qui lui succède, fait de la fraternité un ordre, avec l'aide d'Ugolino. Tandis que François se retire au couvent de Fonte Colombo, puis dans une grotte où il jeûne quarante jours. À la fin de l'année 1222, les frères lui demandent de réécrire sa règle, sous prétexte qu'elle a été perdue. En réalité, ils la trouvent exagérément rude. De fait, François apporte sa seconde règle à un chapitre qui se tient à la Portioncule dans l'été 1223. Rédigée avec l'aide d'Ugolino, elle est adoptée avec quelques aménagements, et approuvée par le pape Honorius III le 26 novembre 1223.

Prédicateur infatigable, François parcourt l'Ombrie, mais une maladie des yeux le fait de plus en plus souffrir. Il s'arrête dans plusieurs villages pour se reposer. C'est dans l'un d'eux, à Greccio, qu'il élabore à Noël 1223 une crèche dans laquelle une tradition a voulu y voir la première en date. C'est à ce moment aussi que se situe l'épisode du loup apprivoisé par François à Gubbio, si l'on en croit *I Fioretti* composés au XIVᵉ siècle. L'année suivante, François fait un pèlerinage à la Verna, haut lieu spirituel, où il reçoit les stigmates en août 1224. Il souhaite retourner à Assise, mais perd complètement la vue. Il meurt à la Portioncule le 4 octobre 1226, et est enterré à San Giorgio. Il est canonisé dès 1228.

François.
Anonyme, 1228.
Subiaco, Chapelle
Saint-Grégoire.

Renvois : Claire d'Assise. Clarisses. Franciscains. Ordres mendiants.

Bibl. : O. Englebert, *Vie de saint François d'Assise*, Paris, 1984. L. Boff, *François d'Assise*, Paris, 1987. J. Green, *Frère François*, Paris, 1983. François d'Assise, *Écrits*, coll. Sources chrétiennes.

FRANÇOIS DE SALES

Évêque à Genève et docteur de l'Église. 1567-1622.

François de Sales est issu d'une famille noble; il naît en 1567 au château de Sales en Savoie; douze frères et sœurs naîtront après lui. Ses études le conduisent d'abord au collège de la Roche, près de Thorens, puis à l'université de Paris. Son père, le destinant à de hautes fonctions dans l'État, l'envoie étudier le droit à Padoue. Le jeune homme est cependant décidé à suivre sa vocation religieuse. Il est ordonné prêtre le 18 décembre 1593. Cette même année, le duc de Savoie, Charles-Emmanuel, récupère le Chalais, passé depuis cinquante-sept ans sous domination protestante; les villes de Berne et de Genève s'en sont en effet emparés en 1536, avec l'appui du roi de France.

François de Sales remet
à Jeanne de Chantal
la règle des filles
de la Visitation.
N. Hallé, XVIIIᵉ siècle.
Paris, église
Saint-Louis-en-l'Ile.

À l'appel du duc, François et son cousin, le chanoine Louis de Sales, entreprennent de convertir au catholicisme une population majoritairement protestante. Après des efforts infructueux, François change de tactique, et rédige une série de libelles de doctrine et d'apologétique, publiés sous le titre de *Controverses*, qui seront diffusés par des missionnaires plus nombreux, mieux adaptés au milieu visé : ce travail porte fruit, et il est parachevé par des barnabites. On retrouve François à Paris en 1608, où il est venu négocier auprès du gouvernement royal le rétablissement des paroisses au pays de Gex. Ce séjour est surtout marqué par les relations qu'il noue avec le foyer de vie spirituelle illustré par les noms de Bérulle ou de Mme Acarie (Marie de l'Incarnation). Déjà la sainteté de François de Sales s'impose à ceux qui l'approchent. Il rencontre ainsi en 1604 Jeanne de Chantal, et accepte de devenir son directeur spirituel.

Trois ans plus tard, il lui soumet le projet de fonder une communauté de femmes liées par des vœux religieux, avec le propos de pratiquer les vertus exaltées dans la Visitation de Marie à Élisabeth : vertus d'humilité essentiellement, mais aussi de piété et de charité mutuelle. Ces religieuses seraient en outre vouées au soin des pauvres et des malades. Un premier couvent de «visitandines» est fondé en 1610 à Annecy. Cependant, François de Sales ne néglige pas son évêché, et entreprend en 1608 une visite attentive de tout de son diocèse; il n'y consacre pas moins de trois ans. François de Sales meurt le 27 décembre 1622, après avoir vu la Visitation de Marie élevée à la dignité d'ordre canonique par Paul V, en 1618.

Outre les *Controverses* et les *Défenses de l'étendard de la Sainte Croix*, les deux œuvres majeures de François de Sales sont l'*Introduction à la vie dévote*, publiée en 1609, et le *Traité de l'Amour de Dieu*, publié en 1616.

Plusieurs instituts religieux se réclament de François de Sales. Outre les visitandines, et les oblats de Saint-François-de-Sales, on peut notamment citer les missionnaires de Saint-François-de-Sales, ou les salésiens de dom Bosco.

Renvois : Barnabites. Jean Bosco. Bérulle. Jeanne de Chantal. Marie de l'Incarnation.

Bibl. : *Catholicisme*, art. François de Sales. *Dict. de Spiritualité*, art. François de Sales. *New Catholic Encyclopedia*, art. Francis of Sales.

FRANÇOIS XAVIER

Jésuite et missionnaire. 1506-1552.

VIE

Né au château de Javier, dans le diocèse de Pampelune, François est issu d'une noble famille navarraise. Étudiant à l'université de Paris, il rencontre Ignace de Loyola en 1529. Le 15 août 1534, avec cinq étudiants disciples d'Ignace, François prononce des vœux de chasteté et de pauvreté, et fait vœu d'accomplir le pèlerinage à Jérusalem. Arrivé à Venise, il doit renoncer à son projet car la route maritime est coupée par les Barbaresques. À Rome, où il participe à des réunions dans lesquelles Ignace de Loyola et ses compagnons préparent la fondation de la Compagnie de Jésus, François est désigné par le pape pour répondre au vœu du roi Jean III de Portugal, qui lui a demandé de désigner des religieux capables d'aller soutenir des nouveaux convertis, ou paravers, sur la côte de la Pêcherie, dans le sud de l'Inde. François part comme envoyé du roi et légat du pape, et débarque à Goa, capitale des Indes portugaises, le 6 mai 1542. Après trois ans de travail apostolique auprès des paravers, François repart pour Malacca, puis l'île d'Amboine ; de là, il entreprend d'évangéliser les habitants des îles Moluques. Il rentre à Goa en 1547 pour préparer sa dernière grande mission, au Japon cette fois. Parti de Malacca sur une jonque chinoise, il débarque à Kagoshima le 15 août 1549. Après deux années au Japon, où il parvient à grouper une communauté chrétienne de mille cinq cents âmes, il rentre à Goa. Parti une ultime fois de Malacca pour la Chine, il meurt au cours du voyage, dans l'île de Sancian, le 3 décembre 1552.

François Xavier. Guillaume Coustou, 1744. Bordeaux, église Saint-Paul.

ASPECTS ORIGINAUX DE L'ACTION APOSTOLIQUE DE FRANÇOIS

Saint François Xavier incarne admirablement l'aspect missionnaire, si important dans la vocation de la Compagnie de Jésus. On a souligné le soin avec lequel il adaptait aux circonstances les formes de l'évangélisation qu'il répandait, variant ses méthodes au niveau de culture et de civilisation des populations auxquelles il s'adressait. C'est ainsi qu'il a pratiqué un système de conversions et de baptêmes collectifs en Inde, tandis qu'il veille à user de méthodes plus élaborées dans un pays de haute culture comme le Japon. D'autre part, il fut toujours soucieux de mettre en place des structures suffisamment dignes de confiance dans les régions qu'il avait évangélisées, laissant sur place après son départ des religieux qu'il avait formés. Il a ainsi composé une série de petits traités à l'intention de ses missionnaires. Les dons de thaumaturge dont on le croyait pourvu ont sans doute fortifié son image et son autorité aux yeux des populations primitives qu'il évangélisait.

Renvois : Ignace de Loyola. Jésuites.

Bibl. : *Catholicisme*, art. François Xavier (saint). *Diz. degli. Ist. di Perf.*, art. Gesuiti.

FRÈRES DES ÉCOLES CHRÉTIENNES

Frère des écoles chrétiennes. Extrait de l'*Histoire abrégée et costumes coloriés des ordres monastiques religieux*, d'après le R.P. Hélyot, 1837.

Congrégation de religieux voués à l'enseignement et l'éducation chrétienne des enfants, fondée en 1684.

C'est à Reims que Jean-Baptiste de La Salle a fondé en 1684 les frères des Écoles chrétiennes, en songeant surtout aux enfants appartenant aux milieux défavorisés. La congrégation est autorisée en 1724 par le roi Louis XV, et approuvée en 1725 par une bulle du pape Benoît XIII. Supprimée par l'Assemblée constituante en 1791, elle est reconstituée en 1802 et incorporée à l'Université impériale en 1808.

Les frères des Écoles chrétiennes sont surtout spécialisés dans l'enseignement primaire et professionnel. Leur exode hors de France,

École des **frères des Écoles chrétiennes**.
Bois gravé, XVe siècle.

Écoliers des **frères des Écoles chrétiennes.** D'après les *Tableaux de Paris*, par Marlet, XIXe siècle.

amorcé dès 1881 (lois laïques de Jules Ferry), est général après la suppression légale de l'ordre en France (7 juillet 1904). À la déclaration de guerre, en 1914, la plupart reviennent en France, et mille huit cent quatre-vingt-dix d'entre eux sont mobilisés. Entre les deux guerres, beaucoup de frères se sécularisent, gardant ainsi une place dans le domaine scolaire. En 1955, on dénombrait quatre mille frères des Écoles chrétiennes œuvrant dans trois cent quarante-quatre écoles primaires ou complémentaires, trente-deux écoles secondaires et quarante-trois écoles techniques. Il est juste de signaler, comme pour les jésuites, l'importance de l'activité missionnaire des frères des Écoles chrétiennes.

Renvois : Congrégation. Maristes (frères).

Bibl. : *Catholicisme*, art. Frères des Écoles chrétiennes.

FRÈRES DU LIBRE ESPRIT

Secte hétérodoxe qui se répand surtout en Souabe et en Allemagne du Sud à partir du XIIIe siècle. Elle professait que les hommes, émanation de la substance de Dieu, partageaient de plein droit sa divinité et n'avaient à se plier à aucun devoir ni obligation morale.

Bibl. : *Catholicisme*, art. Frères du Libre Esprit.

FRÈRES DE SAINT-JEAN-DE-DIEU.

Voir Chevaliers de Malte.

FRÈRES MINEURS. Voir Franciscains.

FRÈRES PRÊCHEURS. Voir Dominicains.

FULDA

Abbaye bénédictine fondée en 744.

Saint Boniface, après avoir fondé plusieurs monastères en Bavière, en Franconie et en Thuringe, charge en 744 son disciple Sturm de fonder un monastère plus au nord. Son propos n'est pas seulement de créer un centre d'évangélisation des Saxons, mais aussi et surtout d'installer un modèle de vie bénédictine. Le site choisi, Fulda, se trouve en Hesse, dans la vallée de la rivière du même nom, affluent de la Weser. Quelques années après la fondation, Sturm fait un voyage au Mont-Cassin et en rapporte des constitutions qu'il fait accepter par les religieux qui l'ont aidé à créer le monastère. Fulda prend rang d'abbaye royale sous Pépin le Bref, qui a été sacré roi par saint Boniface. Le pape Zacharie (741-752) accorde à l'abbaye de Fulda l'exemption de toute juridiction épiscopale. À la mort de Sturm, l'abbaye compte plus de quatre cents moines. Une grande basilique est construite entre 780 et 807 à la place de l'église primitive. L'importance de l'abbaye s'accroît à l'époque carolingienne, et le pape Jean XIII (905-972) confère à l'abbé de Fulda la primatie sur tous les abbés bénédictins de Germanie. La bibliothèque de Fulda est célèbre pour sa richesse exceptionnelle dès l'époque carolingienne. De grands personnages — Alcuin, Walafrid, Strabon — enseignent à l'école du monastère, et le scriptorium produit des manuscrits locaux. Au XIIe siècle, l'empereur donne à l'abbé de Fulda le titre de prince du Saint Empire. Celui-ci devient alors un des personnages les plus importants du Saint Empire romain germanique. Éprouvé par les troubles de la Réforme, puis par la guerre de Trente Ans, l'abbaye attire de jeunes cadets de la noblesse qui accaparent les charges majeures de l'abbaye et les privilèges. Des conflits naissent entre les simples moines et ces nobles, dont l'abbaye pâtit. Elle est sécularisée en 1502, et fait partie de l'union de Bursfeld à partir de 1630. L'abbaye est aujourd'hui encore un lieu de pèlerinage. La cathédrale actuelle, qui abrite le tombeau de saint Boniface, a été construite entre 1704 et 1712 par J. Dietzenhoffer. Cet édifice de style baroque a

Évangéliaire de **Fulda**, IXe siècle. Wurtzbourg, bibliothèque de l'université.

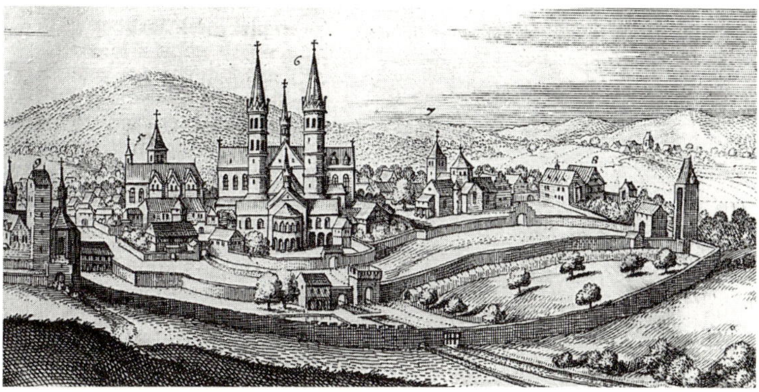

Église de Fulda. Gravure extraite de la *Topographia Hassiac*, 1646. Paris, bibliothèque Sainte-Geneviève.

remplacé l'ancienne église abbatiale à chœur double qui avait été consacrée en 819 et reconstruite en partie au XIIe siècle. Seule subsiste la crypte carolingienne (820-830) de l'église Saint-Michel, érigée sur les ruines d'une chapelle du cimetière de l'abbaye.

Renvois : Boniface (Winfrid). Bursfeld. Exemption monastique.

Bibl. : *Catholicisme*, art. Fulda. *Diz. degli Ist. di Perf.*, art. Fulda. *Enciclopedia Cattolica*, art. Fulda.

Ganagobie.
Le portail de l'église.

GANAGOBIE

Prieuré bénédictin (Alpes-de-Haute-Provence) fondé au Xe siècle. Érigé au rang d'abbaye en 1992.

Le prieuré de Ganagobie a été fondé avant 939 par l'évêque de Sisteron, Jean III, qui en a fait don à l'abbaye de Cluny. Un siècle plus tard, en 1058, le pape Étienne IX confirme à Cluny les possessions du prieuré. En 1391, les moines de Lérins trouvent à Ganagobie un refuge pour les reliques de saint Honorat, leur fondateur. Pratiquement indépendant, le monastère prospère jusqu'au XVe siècle. À partir de cette époque, il suit le sort commun à la plupart des abbayes, c'est-à-dire les crises de la guerre de Cent Ans, du Grand Schisme, le poids de la commende, puis les guerres de religion. Après avoir été accaparé au XVIe siècle par une famille protestante, les Du Bousquet, seigneurs de Signonce, le prieuré de Ganagobie renaît à la vie conventuelle régulière en 1638, mais pour un laps de temps limité car la commission des réguliers le supprime en 1788. Les bâtiments sont vendus comme biens nationaux en 1791 et livrés au saccage. En 1883, Andrieu de Malejay rachète le prieuré et y installe des moines bénédictins. Cette nouvelle communauté n'échappe pas à l'effet délétère des lois du ministère Combes, et ses membres sont dispersés en 1901. Les héritiers du dernier propriétaire du domaine fondent en 1946 une société civile agricole de Ganagobie, au sein de laquelle quelques moines vivent selon la règle de saint Benoît. Ultime étape dans la vie si contrastée de Ganagobie, les bénédictins de l'abbaye de Hautecombe quittent les rives du lac du Bourget et s'installent, entre le 11 et le 26 mai 1992, dans le monastère agrandi de Ganagobie, qui prend rang d'abbaye.

Des constructions anciennes, il reste l'église du XIIe siècle, une des plus belles et des plus anciennes du département. Restaurée après la Révolution, elle a fait l'objet de remaniements en 1957. Le portail occidental est d'un pur style roman. La nef de l'église est couverte de voûtes en berceau brisé; elle se termine par une abside pavée de mosaïques, sans doute carolingiennes, posées en 1122.

Renvois : Cluny. Commission des réguliers. Hautecombe. Séparation des Églises et de l'État.

Bibl. : *Bulletin du monastère de Ganagobie*, nos 1 et 2, avril-sept. 1992. *Dict. d'Hist. et de Géo. eccl.*, art. Ganagobie. *Ganagobie*, texte de G. Barruol, Zodiaque, 1987.

Isabelle, sœur de Saint Louis, offre à la Vierge le monastère des clarisses de Longchamp.
Philippe de Champaigne, XVIIe siècle. Paris, Notre-Dame de Bonne-Nouvelle.

Le cordelier, Nicolas de Lyre, commente un verset de l'Ecclésiaste devant un auditoire.
Miniature des *Postilles sur l'Ancien Testament*, XVe siècle. Paris, bibliothèque Sainte-Geneviève.

GÉRARD DE BROGNE

Réformateur mosellan. Mort en 959.

Fils d'un certain Sancio, né à Stapsoule, hameau du village de Stave dans le diocèse de Namur, en Belgique, Gérard fait don de certaines propriétés familiales à l'église de Brogne, où il semble avoir l'intention de fonder un monastère. Le voyage qu'il fait ensuite à l'abbaye royale de Saint-Denis pour y chercher les reliques de saint Eugène laisse à penser qu'il connaît déjà ce lieu. Il rapporte effectivement les reliques du saint et les dépose à Brogne, accompagné de plusieurs moines de Saint-Denis. C'est avec eux, pense-t-on, qu'il y fonde un monastère. En 921, en tout cas, Charles le Simple accorde l'immunité à cette maison, dont Gérard devient abbé en 923.

À cette date, de nombreux monastères de France et de Lotharingie ont déjà été fort éprouvés par les invasions normandes. Les seigneurs qui détiennent le pouvoir dans ces régions, qu'il sagisse du duc de Lotharingie ou du comte de Flandre, comptent sur les monastères pour les aider à restaurer un certain ordre politique et social. Un tel renom de sainteté étant déjà attaché au nom de Gérard de Brogne, les grands font volontiers appel à lui pour rétablir une vie régulière et le respect de l'observance monastique dans les abbayes en détresse de leurs domaines. De fait, Gérard passe d'un monastère à l'autre et y restaure une vie communautaire fondée sur la règle de saint Benoît. Parfois, il accepte d'être nommé abbé, comme c'est le cas à l'abbaye Saint-Pierre du Mont-Blandin. Réformateur efficace, il reconstitue le temporel de chaque abbaye. Et s'il admet sans gêne l'intervention de seigneurs laïques dans les élections abbatiales, il veille toujours à mettre en place un abbé régulier, et à imposer l'observance de la règle de saint Benoît. Son œuvre se situe dans la filiation de saint Benoît d'Aniane, sans lien apparent avec le mouvement de réforme clunisien. Autre point original de la réforme de Gérard en pays mosellan, il n'a pas voulu fonder un ordre ni songé à faire du petit monastère de Brogne un chef de file, ni même à fédérer les nombreux monastères réformés par ses soins. Avant tout, Gérard a été un réformateur au service des princes. Si son œuvre ne lui a pas survécu, le mouvement qu'il a lancé a été repris un demi-siècle plus tard par la congrégation de Saint-Vanne. Le pape Innocent II a accordé une reconnaissance officielle au culte de Gérard de Brogne au concile de Reims d'octobre 1131.

Renvois : Congrégation de Saint-Vanne. Gorze.

Bibl. : *Catholicisme*, art. Gérard de Brogne. *Dict. d'Hist. et de Géo. eccl.*, art. Gérard de Brogne.

GORZE

Abbaye bénédictine située près de Metz, en Lorraine, et fondée en 747.

L'abbaye de Gorze est fondée en 747 par Chrodegang, évêque de Metz, qui lui donne en 757 un statut juridique particulier en la plaçant

L'église de Gorze.

dans la propriété de l'évêché de Metz. L'église abbatiale est consacrée en 762 à saint Pierre et saint Paul. En 765, l'arrivée des reliques de saint Gorgon marque le début d'une grande prospérité pour l'abbaye et lui confère un prestige considérable. Son influence rayonne en Lorraine, et elle diffuse la réforme de Chrodegang dans de nombreux monastères. Son statut particulier et les formes qui lui sont propres invitent à placer la réforme de Gorze au nombre des sources de l'institution des chanoines réguliers. Une première période de décadence se situe au IXe siècle. L'abbaye subit le régime de la commende entre 825 et 933 et est livrée à la cupidité des grands. L'évêque de Metz, Adalbéron Ier (926-962), met fin à la crise en confiant la réforme de l'abbaye à un groupe de religieux. La vie régulière reprend, et Gorze s'engage alors dans l'ère de son «âge d'or», entre 933 et 1150 environ. Elle réforme des dizaines de monastères en Lorraine et son influence est diffusée en terre d'empire par l'intermédiaire de Lorsch, grande abbaye affiliée à Gorze depuis le premier tiers du Xe siècle. Vers 1045, l'évêque Thierry II appelle Guillaume de Volpiano, abbé de Saint-Bénigne à Dijon, pour relancer la réforme gorzienne — qui se situe dès lors dans le cadre de la réforme clunisienne. Jusqu'à cette date, elle était diffusée par différents canaux, sans que fût établi de lien formel entre Gorze et les monastères placés dans son rayonnement. L'abbaye va désormais se trouver à la tête de sept prieurés, dont le plus important est Saint-Nicolas de Port, fondé au XIIe siècle. À cette époque, Gorze éclipse par son rayonnement toutes les autres abbayes du Saint Empire.

Dès le XIIIe siècle, la grande période de Gorze se termine, les aspects économiques prenant une importance croissante dans la vie de l'abbaye. Le temporel est dilapidé, la vie régulière de la communauté se dégrade ; les menées du roi de France pèsent de plus en plus lourdement sur son destin. Le roi revendique en 1443 le droit de nommer l'abbé ; en 1446, Gorze est définitivement soumise au régime de la commende royale. En 1572 enfin, le pape Grégoire XIII décrète la suppression de l'abbaye, à la demande du cardinal Charles de Guise. Elle devient alors une petite communauté de chanoines.

Renvois : Chanoines réguliers. Gérard de Brogne. Guillaume de Volpiano. Hirsau.

Bibl. : *Catholicisme*, art. Gorze. *Dict. d'Hist. et de Géo. eccl.*, art. Gorze. *Diz. degli Ist. di Perf.*, art. Gorze.

GRANDE-CHARTREUSE

Monastère fondé en 1084.

Situé dans les Alpes du Dauphiné, le couvent de la Grande-Chartreuse a été fondé en 1084 par saint Bruno. C'est au mois de juin de cette année que l'évêque de Grenoble, Hugues, a conduit Bruno et ses six compagnons dans la solitude — le «désert», disent les chartreux — de Chartreuse, dans une vallée du massif de ce nom. Détruit une première fois par une avalanche en 1432, le monastère a subi de

La Grande-Chartreuse.

nombreux sévices. Les bâtiments actuels datent pour l'essentiel de la reconstruction qui a suivi le huitième incendie en 1676. Une série de petites maisons, ou cellules, juxtaposées mais séparées les unes des autres par des murs, s'alignent autour d'une église et de chapelles. Les bâtiments communs correspondent à l'aspect cénobitique de la vie des chartreux, les cellules symbolisant la vocation des solitaires à la vie érémitique. Toutes les chartreuses ont à peu près le même plan, révélateur, depuis le XIIIe siècle, du genre de vie des religieux qui habitent ces «cellules».

Renvois : Bruno. Chartreux.

Bibl. : *Les Ordres religieux* (dir. G. Le Bras), t. I, 1979, p. 563.

GRANDMONT. Voir Étienne de Muret.

GRAND- ET PETIT-SAINT-BERNARD

Hospice et monastère fondés au Xe siècle.

LE GRAND-SAINT-BERNARD

Bernard d'Aoste, ou de Menthon, archidiacre d'Aoste, fonde vers 982 au mont Joux, dans le val d'Aoste, entre le Valais et l'Italie, un hôpital desservi par les religieux d'un monastère confié dès l'origine à des chanoines réguliers d'Aoste. Cet ensemble existe encore aujourd'hui. Primitivement placé sous le vocable de Saint-Nicolas, l'hospice a pris le nom de son fondateur au XIIe siècle : *Hospitium Bernardini.* Placé sous la protection du pape et de différents souverains, l'hospice du Grand-Saint-Bernard est comblé de donations qui

L'hospice du **Grand-Saint-Bernard**. Gravure, XIXe siècle. Paris, Bibliothèque nationale.

le placent à la tête de vastes domaines. Les chanoines réguliers de la congrégation hospitalière du Grand-Saint-Bernard connaissent alors une période de grandeur et de prospérité, qui prend fin en 1465, lorsqu'un prévôt commendataire est placé à la tête de la congrégation. Incendié en 1557, l'hospice du Grand-Saint-Bernard est reconstruit au XVIIe siècle. En 1752, la congrégation étant supprimée dans les États de Savoie, elle renforce alors son implantation en Suisse. L'hospice du Grand-Saint-Bernard est protégé par Napoléon, en souvenir de l'aide apportée à ses soldats lors du passage des Alpes en mai 1800. La congrégation organise une mission au Tibet en 1933. Les chiens du Grand-Saint-Bernard sont mentionnés depuis le XVIIe siècle. Ils ont sauvé de très nombreuses vies humaines.

LE PETIT-SAINT-BERNARD

Situé au col qui porte son nom à la «colonne de Joux» dans les Alpes Grées, l'hospice du Petit-Saint-Bernard a sans doute lui aussi été fondé par saint Bernard. Seul fait certain, le pape Eugène III, le 5 avril 1145, appelle cet hospice *domus Bernardini* et le compte au nombre des possessions des chanoines réguliers de Verrès. Ceux-ci gèrent l'hôpital jusqu'en 1466, date à laquelle il passe sous la coupe du prévôt commendataire du Grand-Saint-Bernard. Sécularisé en 1752, il est intégré à la congrégation mauriste.

Renvois : Bernard de Menthon (ou d'Aoste). Chanoines réguliers. Commende.

GRANGE

Ce terme, qui vient du bas-latin *granea* (*grangia* au Moyen Âge), désigne d'abord un bâtiment abritant du grain ou du foin. Plus tard, son sens s'étend à l'ensemble des bâtiments d'un domaine agricole,

Grange. Abbaye d'Ardenne.

Grange de Vaulerent. Villeron.

puis au domaine lui-même. C'est dans cette acception qu'on le prend lorsqu'on parle des granges cisterciennes, domaines agricoles dépendant d'une abbaye de cet ordre.

Dès les débuts de l'ordre cistercien, les moines de Cîteaux décident d'assurer eux-mêmes l'exploitation de leurs terres. L'un des motifs qui ont inspiré cette décision est à chercher dans le souci d'échapper ainsi à la dîme. Les domaines des abbayes s'agrandissent; aux XIIe et XIIIe siècles, les grandes abbayes cisterciennes possèdent ainsi des granges, centres d'exploitations agricoles répartis sur de vastes territoires, dont les bâtiments prennent souvent des dimensions considérables. On peut citer une *Description de l'abbaye de Clairvaux,* du XIIIe siècle, qui évoque la grange d'outre-Aube, si imposante qu'on l'eût prise pour une abbaye si les cours n'avaient pas été encombrées d'instruments aratoires.

Ces granges cisterciennes étaient confiées à des convers et non à des moines. L'un d'eux portait le titre de maître de grange. Les statuts de l'ordre cistercien excluaient toute perspective d'autonomie pour les granges, et ce principe a été strictement maintenu. C'est ainsi que le chapitre général de l'ordre ne laissait pas dresser d'autel dans l'oratoire des granges, qui n'avaient ni cloches, ni cimetière propre. On n'y célébrait pas la messe, sauf exceptions formellement définies. En aucun cas une grange ne pouvait devenir une abbaye.

Outre les cisterciens, d'autres ordres ont possédé des granges. C'est le cas des chartreux et des prémontrés.

Renvois : Bénédictins. Chartreux. Cisterciens. Convers. Prieuré.

Bibl. : *Catholicisme*, art. Grange (M.-B. Brard). *Dict. de droit canonique*, art. Grange (A. Dimier). *Diz. degli Ist. di Perf.*, art. Grangia (J. Dubois). A. Dimier, «Granges, celliers et bâtiments d'exploitation cisterciens», in *Archeologia* n° 65, 1973, pp. 52-63. J.-B. Mahn, *L'Ordre cistercien et son gouvernement des origines au milieu du XIIIe siècle*, Paris, 1945.

Grégoire le Grand. Zurbarán, 1626-1627. Séville, Museo Provincial de Bellas Artes.

GRÉGOIRE Ier LE GRAND

Pape. Abbé bénédictin. Docteur de l'Église. V. 540-604.

Né à Rome dans une vieille famille patricienne, Grégoire est fils d'un sénateur. Il se révèle excellent administrateur dans la fonction de préfet de la ville, vers 573. Attiré par la vie monastique, il renonce à sa carrière de haut fonctionnaire romain, vend ses biens et transforme en monastère son palais du mont Cælius, où il mène pendant quelques années une vie d'austérité. Mais il est appelé pour de hautes fonctions dans l'Église par le pape Pélage II (579-590), qui l'envoie comme apocrisaire (nonce) à Constantinople en 579. Rome est alors menacée par les Lombards, déjà maîtres d'une partie de l'Italie. Les Byzantins, eux-mêmes en guerre contre la Perse, n'étaient guère en mesure d'aider l'Occident en proie aux invasions barbares. Grégoire rentre à Rome, persuadé que l'Occident devra tôt ou tard composer avec les barbares et les convertir, sans attendre son salut de l'empire d'Orient.

Élu pape en 580, il négocie une paix avec les Lombards en 592 et prépare leur conversion. Grégoire Ier affirme avec force la primauté du pape face au patriarche de Constantinople. Dans son entreprise de restauration de la discipline au sein d'un clergé aux mœurs parfois relâchées, dans la lutte qu'il mène contre la mainmise des laïcs sur les sièges épiscopaux et sur les grandes abbayes, il prend appui sur les moines, n'oubliant jamais qu'il avait été l'un d'eux. En 596, il charge des bénédictins d'achever l'évangélisation de la Grande-Bretagne sous la direction du moine Augustin.

L'œuvre doctrinale et théologique de Grégoire a nourri la pensée du Moyen Âge tout entier. Son *Expositio in librum Job, sive Moralium libri XXV* offre une exégèse du livre de Job, qui sera éditée dans un nombre considérable de manuscrits. Citons aussi ses *Homélies*. Ses *Dialogues* sont un ouvrage hagiographique d'où l'on a tiré le plus clair de ce qu'on sait sur saint Benoît. Au Moyen Âge, on a célébré en Grégoire le Grand le créateur du «chant grégorien» . Sa contribution à la refonte de la liturgie romaine est si importante que son nom a été donné à un célèbre sacramentaire.

Renvois : Benoît d'Aniane. Cantorbéry. Chant grégorien.

Bibl. : *Dict. de Spiritualité*, art. Grégoire le Grand (R. Gillet). D.H.G.E., art. Grégoire le Grand (R. Gillet). Coll. Sources chrétiennes : «Commentaire sur le Cantique», n° 314 ; «Dialogues» nos 251, 260 et 265; «Homelien sur Ézéchiel», n° 327, 360 ; «Morales sur Job» n° 32 *bis*, 212, 221 ; «Registre des lettres» nos 370, 371 ; «Sur le 1er Livre des Rois» n° 351 ; «La règle pastorale» nos 381, 382. Colloque Grégoire le Grand, Chantilly.

GUÉRANGER (dom). Voir Oblats. Solesmes.

L'abbaye Saint-Bénigne de Dijon. **Guillaume de Volpiano** a été abbé de Saint-Bénigne.

GUILLAUME DE VOLPIANO

Abbé de Saint-Bénigne de Dijon. 962-1031.

Né près de Novare, en Lombardie, Guillaume fait profession dans le monastère de Locedio. Il s'attache à saint Maïeul, abbé de Cluny depuis 954, et, guidé par celui-ci, il introduit la réforme de Cluny — jusqu'en Normandie — dans de nombreux monastères (quarante selon son biographe Raoul Glaber), parmi lesquels figure l'abbaye de Saint-Bénigne à Dijon, dont il reconstruit l'église en 990, après en être devenu l'abbé. En rapport avec les grands réformateurs contemporains, Odon de Cluny et Pierre Damien, il contribue à diffuser l'influence de Cluny, qui se manifeste dans le respect strict de la règle bénédictine, dans le soin apporté au développement des écoles monastiques et aussi dans un style d'architecture spécifique.

Renvois : Cluny. Saint-Bénigne de Dijon.

Bibl. : *Dict. d'Hist. et de Géo. eccl.*, art. Guillaume de Volpiano. *Dict. de Spiritualité*, art. Guillaume de Volpiano. *Les Ordres religieux* (dir. G. Le Bras), t. I, 1979, p. 38.

HARDING (Étienne). Voir Cîteaux.

HAUTECOMBE

Abbaye royale Notre-Dame (Savoie), fondée en 1125.

Une première fondation est faite par des moines venus d'Aups en Valais, en 1125, à Hautecombe-le-Vieux, dans le diocèse de

Hautecombe. Abbaye royale Notre-Dame.

Chambéry. En 1135, saint Bernard, de passage dans ce monastère, décide les moines à adopter la réforme cistercienne. D'abord simple prieuré, le monastère est érigé en abbaye en 1139, date à laquelle elle sera déplacée et transférée à son emplacement actuel, sur la rive ouest du lac du Bourget, afin de la mettre à l'écart des grandes voies de communication, trop fréquentées. Le comte de Maurienne, Humbert III, finit sa vie comme moine cistercien à Hautecombe, et est le premier des princes de Savoie à y être inhumé ; sa veuve Béatrix de Vienne est enterrée à ses côtés. Dès lors, l'abbaye de Hautecombe a servi de sépulture aux comtes et ducs, puis aux rois de la maison de Savoie (c'est pourquoi elle fut appelée au XIXe siècle le Saint-Denis de la Savoie).

Reconstruite en 1743, l'abbaye est vendue comme bien national en 1792. En 1824, Charles-Félix de Savoie rachète l'abbaye, fait restaurer l'église et les bâtiments monastiques. La reine Marie-Christine achève l'œuvre entreprise par son époux en 1843, elle aussi sera inhumée dans l'abbaye. L'annexion de la Savoie à la France en 1860 fait échapper Hautecombe à la suppression des ordres contemplatifs décrétée en 1855 par le roi de Savoie-Piémont. Le statut de l'abbaye est déterminé par un accord international en 1862 ; elle échappe ainsi aux effets des lois Combe. En 1922, elle est occupée par les moines bénédictins de l'abbaye de Sainte-Marie-Madeleine de Marseille. La communauté de Hautecombe a décidé d'émigrer pour Ganagobie en 1992.

Renvois : Bernard de Clairvaux. Ganagobie.

Bibl. : *Catholicisme*, art. Hautecombe. *Dict. d'Hist. et de Géo. eccl.*, art. Hautecombe. *Enciclopedia cattolica*, art. Hautecombe.

HELLOUIN OU HERLUIN.

Voir Anselme de Cantorbéry et Bec-Hellouin.

HEURES CANONIQUES

Le temps, dans les monastères, est rythmé selon le découpage des heures canoniques — c'est-à-dire régies par les canons ou réglements ecclésiastiques. Se succèdent ainsi mâtines, laudes, prime, tierce, sexte, none, vêpres, complies. Le principe suivi est de consacrer à Dieu les différents moments de la journée par des offices, prières et chants. Les livres d'Heures, qui se répandent à partir du XIIe ou XIIIe siècle, offrent à la dévotion privée des laïcs une adaptation de l'office des clercs et des différentes parties le composant. On a parfois considéré que le temps moderne est né dans les monastères, au découpage régulier de la durée qui rythmait les offices : traduit par des sonneries de cloches, ce rythme était ainsi communiqué au monde extérieur et en scandait la vie.

Bibl. : *Dict. de Spiritualité*, art. Heures (Livres d'Heures). V. Leroquais, *Les Livres d'Heures de la Bibliothèque nationale*, Paris, 1927, suppl. Mâcon, 1943.

HIRSAU

Abbaye bénédictine allemande fondée au VIIe siècle.

Le *Speculum virginum*, œuvre d'un bénédictin de **Hirsau**. Manuscrit, XIIIe siècle. Troyes, bibliothèque municipale.

Le monastère de Hirsau est situé sur la bordure nord-ouest de la Forêt-Noire (diocèse de Spire). Au VIIe siècle, un évêque de Verceil fonde une *Cella sancti Aurelii*, où l'on dépose les reliques de saint Aurélien. Au XIe siècle, le pape Léon IX décide le comte de Calw à restaurer le petit monastère détruit le siècle précédent. Des moines venus d'Einsiedeln s'installent dans la maison ainsi ranimée. Sous la direction de l'abbé saint Guillaume (1069-1091), l'abbaye se développe considérablement et devient la communauté de Germanie où l'on compte le plus grand nombre de moines (cent cinquante). L'abbé fait construire un monastère de grandes dimensions, placé sous le vocable des saints Pierre et Paul. L'église de cette fondation fait date dans l'histoire de l'architecture religieuse allemande.

L'abbaye de Hirsau doit surtout sa célébrité au rôle qu'elle joua dans la diffusion de la réforme clunisienne en territoire germanique. L'abbé Guillaume et ses moines, influencés par la réforme de Gorze, optent entre 1077 et 1079 pour la réforme de Cluny, corrigée toutefois sur certains points. C'est ainsi qu'ils admettent des frères convers dans leurs constitutions. Les monastères soumis à cette réforme clunisienne jouissent de la protection pontificale, et l'esprit qui règne en leur sein les différencie nettement des grandes abbayes impériales. Les monastères qui ont suivi la réforme de Hirsau ont contribué à la défense des intérêts du Saint-Siège durant la querelle des Investitures.

La décadence survient dès le XIIIe siècle. La réforme protestante du duc Ulrich de Wurtemberg (1534) transforme les bâtiments conventuels en une école ; l'abbaye disparaît définitivement en 1692, victime des menées d'un seigneur de la guerre, le général Melac.

Renvois : Celle. Cluny. Einsiedeln. Gorze.

Bibl. : *Diz. degli Ist. di Perf.*, art. Hirsau. *Les Ordres religieux* (dir. G. Le Bras), t. I, 1979, p. 39.

HISTOIRE LITTÉRAIRE DE LA FRANCE.

Voir Congrégation de Saint-Maur.

HONORAT. Voir Lérins.

HOSPITALIERS DE SAINT-JEAN-DE-DIEU

Ordre fondé par Jean de Dieu au XVIe siècle.

En 1550, à la mort de celui désormais connu sous le nom de saint Jean de Dieu, la petite communauté qui l'entoure n'a ni règle ni constitutions.

L'un de ses premiers disciples, Antonio Martin, lui succède et fonde deux hôpitaux, à Grenade et à Madrid. Sa communauté prend forme : les membres, des séculiers, adoptent la règle de saint Augustin. À la tête de chaque hôpital, il y a un frère majeur, et à Grenade un supérieur général.

En 1571, le 1er janvier, Pie V reconnaît la communauté comme un institut dont les membres suivent la règle de saint Augustin et prononcent des vœux simples auxquels s'ajoute celui de soigner les malades. Le 1er octobre 1586, le pape Sixte Quint érige l'institut en ordre religieux hospitalier. Celui-ci est introduit en France sous la protection de Marie de Médicis, et fonde à Paris l'hôpital de la Charité (Vincent de Paul en sera l'aumônier), qui sera détruit en 1935 pour faire place à la nouvelle École de médecine. L'ordre est aussi introduit en Autriche. En 1592, il est divisé en deux branches : la congrégation espagnole, couvrant l'Espagne et l'Amérique du Sud, et la congrégation italienne qui embrasse tous les autres pays. Les constitutions sont rédigées et approuvées en 1617 ; elles font l'objet de révisions périodiques. À la Révolution, l'ordre comptait trois cent cinquante-cinq religieux. Sa renaissance, au XIXe siècle, ne s'est pas faite sans de multiples difficultés. À la fin du XXe siècle, l'ordre est présent dans les cinq continents.

Renvoi : Jean de Dieu.

Bibl. : *Dict. de Spiritualité*, art. Hospitaliers de Saint-Jean-de-Dieu. Maxime du Camp, «Les hospitaliers de Saint-Jean», *Revue des deux mondes*, 1883, 4, pp. 5 et suiv.

IGNACE DE LOYOLA

Fondateur de l'ordre des Jésuites. 1491-1556.

Ignace de Loyola. Rome, curie généralice.

Ignace de Loyola naît en 1491, en pays basque espagnol ; il est le dernier des treize enfants de la famille des seigneurs de Loyola, propriétaires de grands domaines fonciers. Ignace reçoit une éducation très sommaire — il apprend uniquement à lire et à écrire. Envoyé à la cour comme page de Maria de Vilasco, il y mène une vie de plaisir jusqu'au jour où, à la suite d'un méfait, il se trouve aux prises avec la justice : le 21 février 1515, il se rend à Pampelune et se livre au tribunal ecclésiastique de l'officialité ; il est emprisonné jusqu'en 1516, puis il retourne à la cour. Au service de la Navarre, il défend la citadelle de Pampelune contre les Français, mais est gravement blessé à la jambe droite le 20 mai 1521. Obligé de garder la chambre, il lit une *Vie du Christ* écrite par Ludovic le Chartreux, et *La Légende dorée* de Jacques de Voragine. Converti par ces lectures, il envisage d'entrer chez les chartreux. Hanté par l'exemple de saint François et de saint Dominique, il prend la route pour Jérusalem en 1522, vêtu de toile brute, le bâton de pèlerin à la main et les pieds chaussés de sandales. Parti pour un long périple, il fait une halte à Montserrat puis à Manrèse, petite ville proche de Montserrat, où il est l'objet de nombreuses expériences mystiques. Il passe pour être un des «illuminés» suspects aux autorités ecclésiastiques, mais reste fidèle à l'Église et à sa hiérarchie. Dès lors, il commence à rédiger les *Exercices spirituels*, manuel pratique et non traité de spiritualité, qui sera réécrit par Polanco en 1548.

Son voyage le conduit en 1523 à Barcelone, Rome, Venise et même Jérusalem. De retour à Barcelone, il étudie pendant deux ans, puis s'inscrit à l'université d'Alcala où il restera plus d'un an. Son allure de vagabond déguenillé lui vaut d'être inquiété par les inquisiteurs. Il est arrêté, emprisonné, puis relâché. On lui fournit un vêtement d'étudiant. Il a de nouveaux ennuis à Salamanque — sa pensée, lui dit-on, «coïncide» avec les thèses d'Érasme. Libéré, il gagne Paris où il arrive le 3 février 1528. Il en repart en 1535, à quarante-cinq ans, maître ès arts, après un séjour de sept ans au collège Montaigne, puis au collège Sainte-Barbe où Pierre Favre et François Xavier l'ont formé.

Le grand événement de cette période parisienne est le vœu qu'il prononce à Montmartre le 15 août 1534, avec ses six compagnons, lors d'une messe célébrée par Pierre Favre : vœu de pauvreté, de chasteté, de dévouement au salut de son âme et de pèlerinage en Terre sainte. Ce pèlerinage ne pouvant se réaliser, ils vont à Rome se mettre à la disposition du pape. À Venise, en juin 1537, Ignace et certains de ses compagnons sont ordonnés prêtres (il célèbre sa première messe à Noël 1538, à Rome).

Le pape Paul III leur confie l'instruction religieuse des enfants de Rome ; les compagnons décident alors de créer un ordre le 3 mai 1539. Cinq chapitres fondamentaux sont rédigés, la *Formula Institute*. Une bulle du 27 septembre 1540 consacre la Compagnie de Jésus, ordre prêt à obéir aux volontés du pape. Les novices seront admis selon des règles sévères, et un temps d'épreuve considérable est imposé aux candidats. La Compagnie ne doit pas dépasser soixante membres, mais dès 1550 le nombre de profès n'est plus limité. Les constitutions elles-mêmes sont rédigées par Ignace avec l'aide de Juan de Polanco, à partir de 1547. En mars 1540, François Xavier part pour Lisbonne et les Indes, et meurt en Extrême-Orient en 1552. Le 9 avril 1541, Ignace est élu à la tête de la Compagnie à l'unanimité, sous le titre de préposé général. La cérémonie de profession solennelle a lieu à Saint-Paul-hors-les-Murs le 22 avril. Ignace décide d'ouvrir des collèges, non seulement pour les futurs jésuites, mais pour tous les jeunes gens : le Collège romain est fondé en février 1551.

Ignace s'installe à Santa Maria della Strada, centre de formation pour les jésuites et de rayonnement apostolique. En 1546, des «provinces» sont créées dans différents pays (la première au Portugal), avec à leur tête un provincial. En 1548, les *Exercices spirituels* sont publiés en latin sous leur forme définitive. Le nouvel ordre est en butte à de multiples difficultés avec le pape Paul IV, l'ancien cardinal Carafa, qui est hostile aux Espagnols en général, et aux jésuites en particulier. Cependant, en 1550, Jules III confirme la Compagnie.

Ignace de Loyola et le pape Paul III. Anonyme, XVIIIe siècle. Rome, église du Gesù.

Ignace, dont la santé est ébranlée depuis longtemps, est en proie depuis 1544 à une maladie qui s'aggrave en 1550. Il présente sa démission du généralat en 1551, mais elle est rejetée par ses compagnons. Il se résigne à continuer et aménage les constitutions jusqu'à sa mort, le 31 juillet 1556. Ignace sera canonisé le 12 mars 1622.

Renvois : François Xavier. Jésuites.

Bibl. : *Dict. de Spiritualité*, art. Ignace. A. Guillermau, *La Vie de saint Ignace de Loyola*, Paris, 1956. J. Lacouture, *Les Jésuites*, t. I, Paris, 1991. Saint Ignace de Loyola, *Autobiographie*, trad. Alain Guillerenon, Paris, 1962, et *Écrits*, traduits et présentés sous la direction de M. Guilani, Paris, 1991.

JEAN-BAPTISTE DE LA SALLE

Fondateur des frères des Écoles chrétiennes. 1651-1719.

Fils aîné de onze enfants, né à Reims en 1651 dans une riche famille dont il héritera, il devient chanoine de Reims en 1666, après avoir été tonsuré à onze ans. Au terme de ses études au séminaire de Saint-Sulpice à Paris, il est ordonné prêtre en 1678. Tout semble lui promettre un avenir de dignitaire ecclésiastique, quand il se découvre la vocation d'instruire le peuple. Il abandonne sa prébende de chanoine et se dépouille de sa fortune au profit des plus démunis. Il fonde en 1688 l'Institut des Frères des Écoles chrétiennes, prend d'abord en charge l'école paroissiale de Saint-Sulpice, qui ne tarde pas à se répandre dans le reste de la France. En 1690, Jean-Baptiste de La Salle décide qu'aucun des frères des Écoles chrétiennes ne pourra se faire ordonner prêtre, et qu'aucun prêtre ne sera admis dans l'institut. *La Conduite des écoles*, qu'il publie en 1695, prône un système pédagogique déjà moderne, fondé sur des formes d'enseignement collectif adapté au niveau des enfants. Il a en outre publié un livre de piété, *Les Devoirs du chrétien* (1703). Jean-Baptiste de La Salle a été canonisé en 1900, et proclamé patron des éducateurs en 1951.

Renvoi : Frères des Écoles chrétiennes.

Bibl. : *Catholicisme*, art. Jean-Baptiste de La Salle. *Dict. de Spiritualité*, art. Jean-Baptiste de La Salle.

Jean-Baptiste de La Salle.
Gravure, XIXe siècle.
Paris, Bibliothèque nationale.

JEAN BOSCO

Fondateur de la société Saint-François-de-Sales, ou salésiens. 1805-1888.

Né le 16 août 1815 dans une famille pauvre du Piémont, à Castelnuovo d'Asti, Jean Bosco, orphelin de père à l'âge de douze ans, est élevé par sa mère, avec ses deux frères. Dès treize ans, il doit gagner sa vie comme journalier. Il paie lui-même ses études, et impose sa vocation à sa famille. Ordonné prêtre en 1841, il fonde un oratoire sous le patronage de saint François de Sales. Nettement influencé par Philippe Neri, fondateur de la congrégation de l'Oratoire, il se consacre à l'éducation et l'enseignement des adolescents pauvres et abandonnés, crée des cours du soir en 1844, un foyer d'apprentis en 1847, des camps de vacances. Installé à Turin à partir de 1846, il écrit des manuels scolaires chrétiens, puis fonde en 1853 une collection de brochures périodiques pour les gens des campagnes, les *Lectures catholiques*.

À cette époque, et depuis 1849, les États sardes sont en proie à une vague anticléricale; c'est donc dans un contexte conflictuel qu'il s'engage dans la publication de traités d'apologétique et de doctrine chrétienne. Le 18 décembre 1859, Jean Bosco fonde une société religieuse soumise aux trois vœux fondamentaux et rédige une règle présentée aux premiers membres de la Società Salesiana, ou salésiens. Approuvée par le Saint-Siège en 1874, la Pia Società Salesiana connaît ensuite un développement considérable à l'échelle mondiale. Les salésiens restent fidèles à leur vocation originelle : la formation des jeunes en difficulté.

Jean Bosco a en outre fondé en 1872 la congrégation des Filles de Marie-Auxiliatrice, et en 1876 une Pieuse Union des coopérateurs salésiens, sorte de tiers ordre salésien.

Jean Bosco.

Renvois : Oratoire de France. Philippe Neri. Tiers ordre.

Bibl. : *The Catholic Encyclopedia*, art. Bosco (E.F. Saxton). *Catholicisme*, art. Jean Bosco (F. Desramaut). *Diz. degli Ist. di Perf.*, art. Giovanni Bosco (F. Desramaut). L. Auffray, *Un grand éducateur, saint Jean Bosco*, Lyon, 1953. F. Desramaut, *Dom Bosco e la vita spirituale*, Turin, Leumann, 1970.

Jean de Dieu. Stalle du chœur de la cathédrale de Málaga.

JEAN DE DIEU

Fondateur de l'ordre des Hospitaliers de Saint-Jean-de-Dieu. 1495-1550.

João Cidade naît le 8 mars 1495 au Portugal dans le diocèse d'Evora, de parents pauvres. Il quitte sa famille à huit ans pour suivre un étudiant vagant, qui l'abandonne à Oropesa en Nouvelle-Castille. L'enfant devient berger pour plusieurs années, puis soldat. À la suite d'un incident, il risque la pendaison; Jean reprend son métier de berger jusqu'en 1528, date à laquelle on le retrouve dans l'armée qui combat les Turcs.

Le 20 janvier 1539, une prédication de saint Jean d'Ávila le bouleverse. Il se découvre pécheur et réagit étrangement, se roulant dans la boue, déchirant ses vêtements. Cette conversion violente le fait passer pour fou. On l'enferme, on le roue de coups, puis on le libère. À Grenade, où il s'établit, il fait vœu d'aller en pèlerinage à Notre-Dame de Guadalupe (1539-1540). À son retour, il accueille dans la demeure dont on lui a fait don un certain nombre de mendiants et d'infirmes — c'est son premier hôpital. Il en fonde ensuite un second, de deux cents lits, dans un monastère de moniales au pied de l'Alhambra de Grenade. C'est un hospice d'un genre inconnu jusqu'alors, avec des locaux séparés pour chaque catégorie d'hôtes, selon qu'il s'agit de pèlerins, de sans abris, de malades mentaux ou d'autres patients. C'est l'archevêque de Grenade qui lui a donné le nom de Jean de Dieu. À sa mort, le 8 mars 1550, Jean a douze frères avec lui. Il est canonisé le 15 juillet 1591 par le pape Innocent XII. Jean de Dieu n'a pas laissé d'écrit, excepté quelques lettres exaltant son amour du Christ, son don total à Dieu exprimé dans le soin des pauvres.

Renvoi : Hospitaliers de Saint-Jean-de-Dieu.

Bibl. : *Dict. de Spiritualité*, t. VIII, col. 468.

JEAN DE LA CROIX

Docteur de l'Église, réformateur de l'ordre des Carmes. 1542-1591.

Jean de Yepès est né le 24 juin 1542 à Fontiveros, village de Vieille-Castille situé entre Ávila et Salamanque. Issu d'un milieu très modeste, il est, semble-t-il, engagé à douze ans à l'hôpital de Medina del Campo grâce à un bienfaiteur. Peu à peu il se met à étudier avec passion soit chez les jésuites, soit seul la nuit.

Au bout de quelques années, on lui offre la prébende de chapelain dans cet hôpital. Il refuse par désir d'absolu, et entre en 1563 chez les carmes sous le nom de Juan de Santa Maria. Puis il commence des études de théologie à Salamanque, où il reste jusqu'en 1567, date à laquelle il est ordonné prêtre, le 8 septembre. Dans l'intervalle, il a été nommé préfet des études dans son collège où il

Jean de la Croix
et Thérèse d'Avila.
Gravure, XVIe siècle.
Paris, Bibliothèque
nationale.

enseigne la philosophie et la théologie. Durant l'été 1567, il rencontre Thérèse d'Ávila à Medina ; il souhaite alors entrer chez les chartreux. La *madre*, c'est-à-dire Thérèse, qui voudrait le voir inaugurer la réforme de la branche masculine de l'ordre, parvient à le convaincre de surseoir à sa décision et de retourner durant un an à Salamanque.

C'est ainsi qu'en octobre 1568 Jean de la Croix — c'est désormais son nom — prononce ses vœux dans le monastère de Duruelo, premier monastère de déchaux qui renonce à la «mitigation» : le Carmel était «mitigé» depuis que, par une bulle du 15 février 1432, Eugène IV avait adouci les rigueurs de la règle, ce contre quoi luttait Thérèse d'Ávila depuis quelques années déjà.

De Duruelo, il est transféré à Mancera en 1570; cette même année, il se trouve à Pastrana, nouvelle fondation de Thérèse, où il modère ce qu'avaient d'excessif ses pratiques ascétiques. En mai 1572, Thérèse, qui est prieure du couvent de l'Incarnation d'Ávila, fait appel à Jean de la Croix comme directeur spirituel de ses moniales. Un drame survient alors : en 1577, Jean est enlevé par les carmes mitigés qui le retiennent prisonnier dans des conditions exécrables durant neuf mois, jusqu'au jour où il s'évade, le 16 août 1578. Dès lors, il se consacre entièrement à la fondation ou à la réforme de couvents, et aide à la mise en place du couvent de carmélites à Grenade, où il travaille avec Anne de Jésus qui fondera le Carmel en France et en Belgique avec Anne de Saint-Barthélémy. Depuis janvier 1582, il est prieur du Carmel de Grenade. Il ne cesse de voyager, parcourant l'Espagne en quête de nouvelles fondations jusqu'en 1588. À cette date, il est envoyé comme prieur à Ségovie par le nouveau supérieur des carmes réformés, Nicolas Doria, dont l'attitude est fort ambiguë, car il semble miner de l'intérieur l'esprit de réforme.

Jean de la Croix. Anonyme. Carmel de Ségovie.

Rejeté par les carmes réformés eux-mêmes, en 1590-1591, il est relégué comme simple moine au désert de Penuela, puis, comme il tombe malade, on l'envoie à Ubida où on le persécute tout en le soignant. Il y meurt le 14 décembre 1591.

Il rédige ses œuvres dans les années les plus noires de sa vie. C'est le cas du *Cantique spirituel*, poème mystique écrit en 1577. Dans *La Montée du Carmel* (1578-1587), il évoque la «nuit» qui conduit l'âme à Dieu, et décrit l'ascension vers la transcendance divine. Une de ses œuvres a d'ailleurs pour titre *La Nuit obscure* (1582). «Dieu seul est» : cette formule est le centre même de sa doctrine. On doit noter que ces expériences mystiques brûlantes n'isolent cependant pas Jean de la Croix du reste des mortels, et l'amour qu'il porte à autrui est plein de compréhension.

Jean de la Croix est canonisé en 1726 par Benoît XIII, et proclamé docteur de l'Église en 1926 par Pie XII.

Renvois : Carmélites. Carmes. Thérèse d'Ávila.

Bibl. : *Dict. de Spiritualité*, art. Jean de la Croix. K. Wojtyla, *La Foi selon saint Jean de la Croix*, Paris, 1980. J. Pellé-Douel, *Saint Jean de la Croix et la nuit mystique*, coll. Maîtres spirituels, Paris, 1960. A. Gozier (O.S.B.), *Saint Jean de la Croix ou l'Heureuse Aventure par un moine bénédictin*, Paris, 1981.

Jean Eudes. Domremy, basilique.

JEAN EUDES

Prêtre oratorien, fondateur de la congrégation de Jésus-et-Marie. 1601-1680.

Né à Ri près d'Argenton, en Normandie, Jean Eudes est le fils d'un chirurgien. Il entre dans la congrégation de l'Oratoire en 1623. Ordonné prêtre en 1625, il adhère foncièrement à la spiritualité de cet ordre et à son but essentiel qui est de «restaurer l'ordre de prêtrise». En 1643, il entre en conflit avec le supérieur général de l'Oratoire, Bourgoing, qui désapprouve son projet de créer un séminaire à Caen. Exclu de l'Oratoire, il organise la congrégation de Jésus-et-Marie.

La nouvelle société se développe surtout en Normandie, où elle fonde un certain nombre de séminaires. En 1662, le pape Alexandre VII refuse d'accorder l'autorisation sollicitée par certains disciples de Jean Eudes de prononcer le vœu irrévocable «de soutenir en tout et partout l'autorité du saint pontife». Cette initiative attire sur Jean Eudes la suspicion du pouvoir royal, c'est-à-dire de Louis XIV. Son action s'exerce essentiellement dans deux domaines : fondation de séminaires et formation des prêtres, missions pastorales; il se consacre à la création de refuges pour les prostituées et filles débauchées. Avec l'aide des visitandines, il organise une congrégation religieuse féminine, l'ordre de Notre-Dame-de-Charité, qui se voue à cette œuvre de secours. Il en rédige les statuts, qui sont publiés en 1670. Le pape Pie X a déclaré saint

Jean Eudes «père, docteur et apôtre liturgique du Sacré-Cœur-de-Jésus-et-de-Marie».

Renvois : Bérulle. Eudistes. Oratoire.

Bibl. : *Catholicisme*, art. Jean Eudes.

JEANNE DE CHANTAL

Jeanne de Chantal. Gravure, XVIIe siècle.

Fondatrice, avec François de Sales, de la congrégation de la Visitation de Marie. 1572-1641.

Jeanne-Françoise Frémyot naît à Dijon en 1572. Elle est la fille d'un haut magistrat, le président Frémyot, qui est demeuré fidèle au roi légitime Henri III, puis à Henri IV dans la province de Bourgogne, où la Ligue était prédominante. Elle est mariée en 1592 par son père à un bouillant seigneur, Christophe de Rabutin, baron de Chantal. Quatre enfants naissent de cette union remarquablement heureuse. Or Christophe est tué dans un accident de chasse en 1601. La jeune veuve se voue à une charité inépuisable à l'égard les plus démunis, et trouve en François de Sales un directeur de conscience qui fonde avec elle, en 1610, l'ordre des Visitandines d'Annecy. L'ordre groupe un nombre très limité de religieuses qui prononcent des vœux simples, et a pour finalité de visiter les pauvres et les malades et de soulager leur misère. Quatre ans plus tard, une deuxième maison de visitandines est fondée à Lyon à la demande de l'archevêque Mgr Denis de Marquemont. L'ordre devient une «religion formelle», à vœux solennels et clôture rigoureuse. La contradiction que provoque la vocation charitable des sœurs de la Visitation et les contraintes de la vie cloîtrée n'est pas résolue sans difficulté. Cependant le Saint-Siège approuve en 1518 la nouvelle définition de l'ordre. À la mort de Jeanne de Chantal, en 1641, l'ordre qu'elle a fondé compte quatre-vingt-sept maisons.

Renvoi : François de Sales.

Bibl. : *Les Ordres religieux* (dir. G. Le Bras), t. I, 1979, p. 63, ill. 115. A. Ravier, *Sainte Jeanne de Chantal*, Paris, 1983.

JEANNE DE FRANCE, OU DE VALOIS, ET LES ANNONCIADES DE BOURGES

Fondatrice de l'ordre de l'Annonciade. 1464-1505.

Fille de Louis XI et de Charlotte de Savoie, Jeanne était frappée de sérieux handicaps. Rachitique, bossue, elle boitait et était fort laide. Elle est mariée pour des motifs dynastiques à son cousin Louis, duc d'Orléans, le futur Louis XII. À peine monté sur le trône de France, il

Jeanne de France. Gravure. Paris, Bibliothèque nationale.

fait annuler son mariage par le pape Alexandre VI, en 1498. Jeanne se retire alors à Bourges. Elle convainc son guide et confesseur franciscain, Gilbert-Nicolas, de l'authenticité de sa vocation et fonde l'ordre contemplatif de l'Annonciade en 1500.

L'institution et la règle du nouvel ordre sont approuvées le 14 février 1501 par le pape Alexandre VI. Le roi autorise Jeanne à construire un monastère à Bourges, où les cinq premières religieuses prennent le voile le 8 octobre 1502. Jeanne prononce elle-même les trois vœux solennels de religion en 1503. Gilbert-Nicolas, législateur de l'ordre, achève et affermit l'œuvre de la fondatrice après sa mort. En 1517, le pape Léon X donnera au père Gilbert-Nicolas le nouveau nom de Gabriel-Maria. Les annonciades ne possèdent que la maison de Bourges. En 1514, elles se rattachent à l'ordre franciscain. Les fondations se multiplient dans le Nord, à Bruges et Béthune en 1517, puis à Louvain en 1530. En même temps, l'ordre progresse dans le Midi de la France. Malmené par les guerres de religion, l'ordre reprend son essor au XVIIe siècle. Supprimé en 1792 à la Révolution, il renaît à Boulogne-sur-Mer en 1818 et en Belgique. Les maisons qui ont survécu sont pour la plupart enseignantes. Seul le couvent de Villeneuve-sur-Lot est purement contemplatif, conformément aux intentions de Jeanne.

L'ordre des Annonciades ne doit pas être confondu avec celui des Annonciades célestes créé à Gênes en 1601 par Vittorio Fornari, non plus qu'avec celui des Annonciades de Lombardie, fondé en 1408, ou les communautés d'annonciades enseignantes et hospitalières en Belgique.

Renvoi : Franciscains.

Bibl. : *Catholicisme*, art. Annonciades, et Jeanne de France. *Dict. d'Hist. et de Géo. eccl.*, art. Annonciades, et Gabriel-Maria.

EXERCITIA

SPIRITVALIA.

M.D.XLVIII.

Collegii Mutinensis Societatis Jesu

Page de titre des *Exercices spirituels* par **Ignace de Loyola**. Rome, 1548.

JEANNE JUGAN. Voir Petites Sœurs des pauvres.

JÉSUITES

Ordre de clercs réguliers fondé par Ignace de Loyola en 1540.

HISTORIQUE

Le 15 août 1534, accompagné de ses six premiers disciples, Ignace de Loyola prononce à Montmartre les vœux de pauvreté et de chasteté, et forme avec eux un nouvel institut religieux, la Compagnie de Jésus. Ils se rendent à Rome pour la mettre au service du Saint-Siège. Le pape Paul III consacre l'existence canonique du nouvel ordre et approuve par la bulle *Regimini militantis ecclesiæ* du 27 septembre 1540 l'ébauche d'une constitution élaborée par Ignace sous le titre *Formula Instituti*. Par ce document, Ignace est tenu à limiter le nombre des membres de sa Compagnie à soixante (deux ans plus tard, une bulle du 15 mars 1543 accorde à la Compagnie de Jésus un recrutement illimité). Il est élu préposé général du nouvel ordre le 7 avril 1541. La bulle de 1541 est confirmée par le pape Jules III le 21 juillet 1550. Jusqu'à sa mort, en 1556, Ignace développe et corrige les constitutions ébauchées dans la *Formula Instituti*.

Le but assigné au nouvel ordre est de «défendre et protéger la foi», tout en travaillant au progrès spirituel des fidèles, en se fondant sur les *Exercices spirituels* d'Ignace de Loyola. L'accent est mis sur l'apostolat sacerdotal. Le mode d'apostolat propre aux jésuites est caractérisé par une extrême mobilité et le souci d'en adapter l'exercice aux contingences du monde extérieur. Outre les trois vœux solennels — pauvreté, chasteté et obéissance —, certains membres de la Compagnie en prononcent un quatrième d'obéissance «spéciale» au souverain pontife. Ils doivent lui obéir en qualité de chef de l'Église et de vicaire du Christ.

L'ordre nouveau naît dans un contexte historique marqué par la déchirure de la Réforme protestante et par la Contre-Réforme catholique. Au XVIe siècle, la plus importante des missions confiées par le pape aux jésuites a consisté à défendre la réforme catholique au concile de Trente, et à y envoyer des théologiens de qualité. La Compagnie de Jésus a alors inscrit son action apostolique dans le cadre de la Contre-Réforme, illustrée par le nom de Canisius, membre éminent de la Compagnie. Claudio Acquaviva, général des jésuites de 1587 à 1615, a élaboré une doctrine claire de sa propre spiritualité. Plaçant la contemplation sur le même plan que la méditation, il a défini avec précision les étapes de la formation requise des novices, et donné une *Ratio studiorum* aux établissements pédagogiques de l'ordre. Au centre des pratiques quotidiennes exigées des jésuites, il met un examen de conscience, la lecture spirituelle et la messe.

Au sortir des guerres de religion, leur souci majeur était la formation du clergé, l'apostolat et l'éducation des jeunes. En 1548,

Gravure extraite de *la Vie de saint* ***Ignace***, Rome 1622. Chantilly, bibliothèque les Fontaines.

Le collège **jésuite** de Besançon. Gravure. Paris, Bibliothèque nationale.

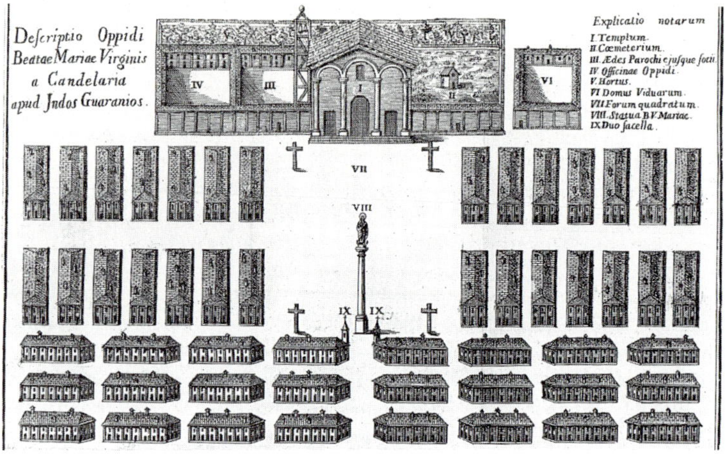

Plan d'un village d'Indiens Guaranis dans l'État **jésuite** du Paraguay. Extrait de J. Emmanuelis, *Peramas de vita et moribus*, 1793. Chantilly, bibliothèque les Fontaines.

Le père **jésuite** Matteo Ricci en Chine. Gravure extraite de A. Kircher, *China, monumentis*..., 1667. Chantilly, bibliothèque les Fontaines.

l'ordre ouvre à Messine le modèle des collèges futurs, puis, en 1551, est inauguré le Collegium romanum, avec des classes de niveau secondaire, dirions-nous aujourd'hui ; il est bientôt complété par une faculté de théologie et de philosophie. L'Allemagne, foyer de la réforme luthérienne, est l'objet d'une attention toute particulière : dès 1553 on voit apparaître à Rome un Collegium germanicum destiné à des élèves venus d'Allemagne et de Hongrie. L'année suivante, la future université grégorienne ouvre ses portes à Rome ; elle est appelée à un rapide essor.

À la mort d'Ignace de Loyola, en 1556, l'ordre a déjà créé trente-neuf collèges dans sept pays européens et en Inde. En 1600, on en compte deux cent quarante-cinq, et quatre cent quarante-quatre en 1626. Ces chiffres manifestent la vocation missionnaire de l'ordre et sa diffusion rapide en Europe et dans le monde. Cet élan missionnaire est illustré par le martyre de saint Jean Brébeuf au Canada, en 1649, et par l'essor des jésuites en Amérique latine. Face à la brutalité des colons à l'égard des Indiens, à la versatilité de populations toujours en mouvement, les jésuites imaginent au Paraguay le système dit des «réductions», qui consiste à ramener (lat. *reducere*), à grouper les autochtones dans des zones non encore soumises à l'appropriation des colons. Les jésuites donnent à ces populations une formation religieuse et les installent dans des villages administrés selon un système communautaire, avec participation des Indiens à la gestion. La première de ces «réductions» a été créée en 1609 en faveur des Indiens Guaranis. La «République des Indiens Guaranis» a duré cent cinquante ans, avant de disparaître, victime de l'hostilité jumelée des fonctionnaires et des colons. De même, en Chine, les missions de Michele Ruggieri (1543-1607) et de Matteo Ricci (1522-1560) enracinent un christianisme adapté aux traditions et à la culture chinoise. Cette expérience courageuse et lucide a soulevé des discussions parfois violentes, notamment entre jésuites, concernant surtout les rites chinois du culte dû aux ancêtres : on se demanda si des chrétiens pouvaient continuer à pratiquer ces rites sans renier leur nouvelle foi.

Il est intéressant de noter l'apparition en 1564 dans le Collège romain d'une *Congregazione mariana* fondée par G. Leunis, foyer de vie apostolique à l'intérieur et à l'extérieur des collèges, visant la formation religieuse et civile des jeunes. Un principe fondamental oblige la Compagnie de Jésus de cette époque à diffuser un enseignement gratuit. Le temps passant, ce principe sera soumis à des accommodements avec la dure réalité, sans être absolument abandonné. Le troisième général de la Compagnie, François Borgia (canonisé vers 1621), a réussi à sauvegarder un équilibre qui était menacé entre vie apostolique, activités pédagogiques et les exigences de la vie intérieure.

Le début du XVIIᵉ siècle est marqué par des tentatives de réformes qui tendent surtout à supprimer le caractère hiérarchique de la structure et le généralat à vie. La bulle *Quantum religio* de Paul V (1606) met fin à une véritable cabale dirigée contre Acquaviva. Ces orages passés, la période, close en 1640, est marquée par un vigoureux essor, un véritable épanouissement de l'ordre. Le siècle de Louis XIV puis l'âge des Lumières ont vu naître dans les milieux cultivés une exigence rationnelle, tandis que la notion d'État s'affirmait avec éclat. En raison même de leur réussite, et du nombre élevé de leurs collèges, les jésuites constituent aux yeux de leurs ennemis un obstacle à la diffusion de l'esprit nouveau, et des «lumières» de la raison. Ils ne sont pas seulement en butte à des attaques venues du dehors, mais de fortes tensions internes éprouvent l'ordre en son sein. En conflit avec les jansénistes et leur augustinisme radical sur le plan philosophique et théologique, ils voient vers 1650 cette querelle glisser brusquement sur le plan politique et trivial, avec l'éclosion de pamphlets souvent diffamatoires — pamphlets illustrés par les *Lettres à un provincial* de Pascal (1657).

Dans la seconde moitié du XVIIᵉ siècle et au cours du XVIIIᵉ, on prend souvent pour cible l'attachement des jésuites au service du pape et au primat pontifical. Ceux-ci ripostent, et les *Mémoires de Trévoux*, qu'ils publient entre 1701 et 1762, critiquent les positions et les partis pris des philosophes et encyclopédistes. Ils sont aussi présents sur le front de la recherche historique et philosophique : le premier tome des *Acta Sanctorum*, monument d'érudition hagiographique, est publié par Jean Bolland en 1643.

La lutte contre les jésuites prend une ampleur et une gravité nouvelles au XVIIIᵉ siècle. Plusieurs souverains «éclairés» les chassent de leurs territoires. Ainsi, en 1759, ils sont exclus du Portugal, où le marquis de Pombal, homme des Lumières, les poursuit de sa vindicte; en 1764, c'est le roi de France Louis XV qui condamne l'ordre comme «contraire au droit naturel». À son tour le roi Charles III d'Espagne, poussé par son ministre Aranda, les expulse en 1767. Le pape Clément XIV enfin clôt la série en supprimant en 1773, par le bref *Dominus ac Redemptor*, la Compagnie de Jésus dans l'ensemble de l'Église. Réfugiés surtout dans la Russie de Catherine II, les jésuites seront restaurés dans toute l'Église par un bref de Pie VII en 1814. De six cents membres en 1814, l'ordre passe à trente-six mille environ en 1974, malgré les nouvelles persécutions qu'il a connues en France en 1905, au Mexique, en Espagne et en Allemagne entre les conflits de 1914-1918 et de 1940-1945.

L'élan missionnaire est relancé avec une vigueur renouvelée en 1833 par le préposé général Roothaan. Un nombre toujours croissant de jésuites part des différents pays d'Europe vers les zones missionnaires traditionnelles. Partout, leur activité apostolique repose sur l'adaptation vigilante aux circonstances locales. Le continent américain reste un champ d'activité missionnaire qui attire les jésuites du monde entier. L'Inde et l'Extrême-Orient ne sont pas négligés. Aux yeux des jésuites, cette forme d'apostolat est encore primordiale en cette seconde moitié du XXe siècle.

Immense est l'œuvre de la Compagnie de Jésus, et longue la liste de ses membres qui se sont illustrés dans l'enseignement, certes, mais également dans des domaines aussi variés que la rédaction de catéchismes, la pédagogie en général, l'astronomie, la philosophie et la théologie, sans oublier leur vocation missionnaire.

SRUCTURES

Ignace de Loyola a lui-même tracé les lignes essentielles des constitutions de son ordre. Juridiquement la Compagnie s'inscrit parmi les clercs réguliers, avec une exigence de pauvreté qui l'apparente aux ordres mendiants. L'ordre en tant que tel ne peut posséder en propre aucun revenu fixe, et la même exigence vaut pour chacun de ses membres. Une exception est faite à cette règle pour les maisons destinées à la formation des jeunes jésuites et les collèges, universités ou institutions analogues.

À la tête de l'ordre, on trouve un préposé général, élu à vie par une congrégation générale qui se trouve donc placée hiérarchiquement au-dessus de lui. Il appartient au préposé général de nommer tous les provinciaux et les supérieurs des grands établissements pour moins de six ans. L'originalité de cette organisation réside dans l'harmonie créée entre deux principes apparemment difficiles à concilier : d'une part un principe hiérarchique strict, la grande valeur attribuée à l'obéissance, d'autre part la mobilité affectée à l'apostolat de chacun des membres et une liberté d'action très étendue. Les jésuites ne sont astreints à aucun «service de chœur». Un noviciat de deux ans est imposé aux «aspirants au sacerdoce» ainsi qu'aux coadjuteurs temporels, ou «frères»; il est suivi de l'émission de vœux simples qui lient le sujet à l'ordre, sans toutefois engager l'ordre à l'égard de l'impétrant. Après plusieurs années d'études, et au terme de la troisième année de théologie, le novice peut être admis au sacerdoce. Il ne sera admis définitivement dans l'ordre et autorisé à prononcer les quatre vœux solennels qu'après une troisième année de noviciat, qui couronne l'ensemble du cursus (cette longue formation, voulue par le fondateur, répond à son souci majeur d'en voir sortir des serviteurs du Christ entièrement disponibles, et d'un dévouement sans limite). Les membres de la Compagnie sont répartis en trois classes : les «profès» qui ont émis les quatre vœux solennels, les «coadjuteurs spirituels», à trois vœux simples mais publics — ils collaborent au ministère sacerdotal de la Compagnie; ils ne sont pas tenus par le quatrième vœu d'obéissance spéciale au pape, et ne peuvent occuper certaines fonctions —, enfin les «coadjuteurs temporels», qui se répartissent entre différentes activités professionnelles (enseignement et gestion notamment).

SITUATION ACTUELLE

La Compagnie de Jésus n'a pas été à l'abri du vent de changement manifesté dans le monde par les mouvements sociaux et politiques des années 1968, et dans l'Église par le concile Vatican II. Une congrégation générale répartie sur deux longues sessions, en 1965 et 1966, a procédé à un *aggiornamento* concerté des institutions. Tout en respectant strictement les structures posées par Ignace de Loyola, la congrégation générale a procédé à certains aménagements conformes à l'esprit du temps. C'est ainsi que le préposé général reste élu à vie, mais une procédure nouvelle permet de répondre au problème posé dans le cas, par exemple, où une affection priverait le «général» d'une partie de ses facultés mentales. Jadis, la congrégation provinciale était composée seulement de membres de droit; or une partie de ceux-ci est désormais élue. C'est donc avec prudence et circonspection qu'une réponse a été donnée aux vœux de renouvellement, qui ont parfois été exprimés non sans quelque véhémence.

On compte actuellement environ vingt-quatre mille jésuites (chiffre inférieur au maximum atteint il y a une vingtaine d'années). Ils sont présents dans cent vingt pays environ. En dehors de l'Europe, les provinces les plus nombreuses se trouvent dans les deux Amériques et en Asie du Sud-Est. Ces provinces n'ont pas seulement des collèges secondaires comme en Europe, mais dirigent en outre des ensembles universitaires. La Compagnie compte aussi des membres originaires du Proche-Orient et du continent africain.

Renvois : Clercs réguliers. Ignace de Loyola. Ordres mendiants. Vœux religieux.

Bibl. : *Catholicisme*, art. Jésuites. *Dict. de Spiritualité*, art. Jésuites. *Diz. degli Ist. di Perf.*, art. Compagnia di Gesù. J.C. Dhôtel, *Les Jésuites de France*, Paris, 1987. A. Guillermou, *Les Jésuites*, coll. Que sais-je ?, PUF. J. Lacouture, *Les Jésuites*, Paris, 2 vol., 1990-1992. F. Lebrun et E. Antebi, *Les Jésuites ou la Gloire de Dieu*, Paris, 1990. Père É. Rideau, «Ignace de Loyola et la Compagnie de Jésus» dans *Les Ordres religieux* (dir. G. Le Bras), t. II, pp. 531-684.

JOUARRE

Abbaye Notre-Dame de Jouarre, fondée vers 630.

L'abbaye de Jouarre est fondée vers 630 par Adon, grand personnage lié à la cour de Clotaire II. Le frère de sainte Teudechilde (ou Thelchilde) se retire à Jouarre, construit un second monastère où il installe ensuite sa sœur qui y fonde une communauté de moniales. Ces données, en partie légendaires, évoquent la présence dès l'origine d'un monastère double réunissant en un même endroit et dans des bâtiments distincts une communauté de religieux et une communauté de religieuses soumises l'une et l'autre à la même règle, celle de saint Colomban sans doute, et placées sous une même autorité. La

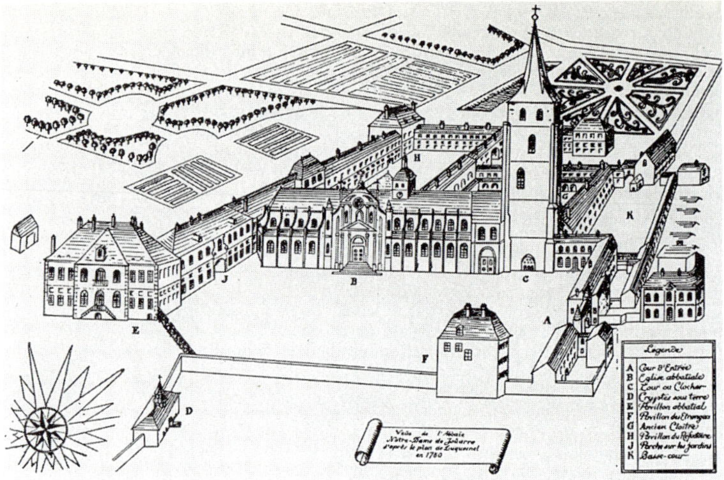

Jouarre. Abbaye Notre-Dame. D'après le plan de Duquesnel, 1780.

communauté des moines, d'abord prépondérante, s'étiole ensuite, puis disparaît. Cinq ans environ après cette double fondation, Adon aide son frère, le futur saint Ouen, à ériger une abbaye à Rebais, situé à peu de distance. L'époque mérovingienne est l'âge d'or de l'abbaye de Jouarre, d'où sort l'abbesse de Chelles, Bertille, et celle de Notre-Dame de Soissons, Éthérie. Chacun de ces monastères est doté alors de trois églises, conformément à un usage colombanien. À Jouarre, une crypte est édifiée vers 680 sous l'église Saint-Paul pour recevoir les corps de sainte Thelchide et du fondateur Adon, morts vers 660.

Une seconde crypte est construite à la fin du VIIe siècle par saint Ébrégisile qui s'y est retiré. Il devait y être inhumé. Il semble que les moines soient devenus des chapelains séculiers (ou leur aient cédé la place); la crypte leur a servi d'église collégiale jusqu'en 1704. Au IXe siècle, une abbesse énergique, Ermentrude, parente de Charles le Chauve, s'efforce de donner éclat et prospérité à son abbaye. Le dernier quart du IXe siècle est marqué par les invasions normandes qui ruinent l'abbaye. Les religieuses s'enfuient à Lucy-sur-Marne, en Bourgogne. Au XIIe siècle, les abbesses jouissent d'une grande indépendance à l'égard de l'évêque de Meaux, qui s'efforce de faire confirmer par le pape ses droits sur l'abbaye de Jouarre. Un procès engagé au début du XIIIe siècle entre l'évêque de Meaux et l'abbaye se termine en 1225 par un compromis favorable à l'abbaye, rattachée directement au Saint-Siège ; elle est désormais exempte de la juridiction de l'évêque de Meaux, qui abandonne son droit de procuration et de visite contre une indemnité substantielle.

La guerre de Cent Ans à son tour éprouve Jouarre, les bâtiments claustraux sont en partie incendiés. Ils sont restaurés au XVIe siècle, tandis que s'installe le régime de la commende. L'abbesse Marie d'Orléans, sœur de François Ier, instaure à Jouarre la réforme de Fontevrault imposée par le pouvoir royal dans les églises de la Brie. Le premier tiers du XVIIe siècle est marqué par une vie religieuse austère. L'abbatiale est reconstruite entre 1630 et 1638. Les troubles de la Fronde obligent les religieuses à se réfugier à Paris. En 1690, un

Saint François prêchant aux oiseaux. Giotto, prédelle, 1297-1300. Paris, Louvre.

L'approbation de la règle des franciscains. Giotto, fresque, 1297-1299. Assise, basilique San Francesco.

conflit renaît autour du problème de l'exemption. Il oppose cette fois l'abbesse commendataire, Henriette de Lorraine, à Bossuet, évêque de Meaux, qui perd le procès engagé devant le Parlement : le dernier mot reste au prélat et au pouvoir royal. Au XVIIIe siècle, Catherine Henriette de Montmorin Saint-Hérem, abbesse de 1738 à 1792, fait reconstruire une partie des bâtiments entre 1752-1754. Après sa mort, le 27 septembre 1792, la communauté des cinquante-huit moniales est dispersée. En 1793, le monastère, morcelé, est vendu et l'abbatiale détruite.

La vie religieuse reprend en 1837 grâce à une colonie de moniales venues de l'abbaye de Pradines (Loire). Une œuvre considérable a été accomplie lorsque survient de nouveau l'expulsion, en 1903. Les religieuses rentrent en 1919. En 1933, la communauté de Jouarre essaime à Notre-Dame de Verrière, en Bourgogne. Occupée de façon épisodique pendant la guerre, bombardée en 1940, l'abbaye survit malgré tout. En 1945, une moniale américaine, professe de Jouarre, fonde l'abbaye *Regina Laudis* dans le Connecticut, aux États-Unis, et en devient l'abbesse. En 1985, l'abbaye comptait quatre-vingts moniales.

Renvois : Collégiale. Colomban. Commende. Fontevrault.

Bibl. : *Les Ordres religieux* (dir. G. Le Bras), t. I, 1979, p. 125. Y. Christ, *L'Abbaye de Jouarre et ses cryptes mérovingiennes*, Paris, 1955. J. Hubert, *Les Cryptes de Jouarre*, Melun, 1952 ; *L'Abbaye royale Notre-Dame de Jouarre*, Paris, 1961 ; *Jouarre, ses cryptes, son église*, La-Pierre-Qui-Vire, 1985.

JUMIÈGES

Abbaye bénédictine normande fondée en 654.

L'abbaye de Jumièges, située en Normandie, à l'ouest de Rouen, est fondée par saint Philibert sur un territoire donné par le roi Clovis II à la demande de la reine Bathilde. Saint Philibert en est le premier abbé. Il place l'abbaye sous l'observance de la règle imposée à Luxeuil par saint Colomban ; il construit des bâtiments claustraux et trois églises. Placée dans un site privilégié, au bord de la Seine, l'abbaye prospère. Au VIIIe siècle, Hugues, petit-fils de Pépin d'Héristal par son père Drogon, comte de Champagne, entre à l'abbaye comme moine et lui fait de considérables donations. Déjà évêque de Rouen, de Paris et de Bayeux, Drogon devient aussi abbé de Jumièges en 725.

Dans le premier tiers du IXe siècle, Jumièges adopte la règle de saint Benoît et abandonne l'usage de Luxeuil. L'abbaye semble alors abriter plusieurs centaines de moines. C'est à Jumièges que Charlemagne relègue le duc de Bavière Tassilon, après la trahison de ce dernier. En 841, 845 et 851, les invasions normandes dévastent l'abbaye que les moines désertent. Ils vont se réfugier à Haspres, entre Cambrai et Valenciennes. L'abbaye est complètement ruinée. Le duc de Normandie, Guillaume Longue-Épée, y fait

Jumièges. L'abbaye.

venir une douzaine de moines de l'abbaye Saint-Cyprien de Poitiers entre 930 et 940.

Au siècle suivant, Guillaume de Volpiano, après avoir réformé Fécamp, arrive à Jumièges et y introduit une réforme en 1004. L'église Notre-Dame, reconstruite alors, est consacrée en 1067. Une seconde période d'essor et de prospérité se situe entre le milieu du XIe siècle et le XIVe. La vie intellectuelle est ranimée ; le scriptorium réorganisé produit de somptueux manuscrits enluminés. Protégés par les ducs de Normandie, les abbés de Jumièges sont de grands personnages ; plusieurs d'entre eux deviennent évêques et cardinaux. L'un d'eux, Robert, devient archevêque de Cantorbéry en 1040. Comme la plupart des autres abbayes de France, Jumièges entre en déclin au temps de la guerre de Cent Ans. Reconstruite en style gothique flamboyant dans le premier tiers du XVIe siècle, l'abbaye de Jumièges pâtit alors du régime de la commende. Elle est pillée par les protestants en 1562. Élu prieur en 1615, dom Langlois réussit à faire entrer Jumièges au nombre des abbayes réformées qui forment la congrégation de Saint-Maur. Les bâtiments sont reconstruits dans le style mauriste au XVIIe siècle. Plusieurs savants mauristes sortent de l'école de Jumièges, tels dom Toustain et dom Tassin. Le monastère, qui compte vingt moines en 1730, est supprimé à la Révolution. Les bâtiments sont démolis, tandis que les ouvrages de la bibliothèque constituent le fonds ancien de la bibliothèque de Rouen. Les ruines de Jumièges ont été classées monument historique en 1918.

Renvois : Cantorbéry. Commende. Congrégation de Saint-Maur. Guillaume de Volpiano.

Bibl. : *Catholicisme*, t. VI, art. Jumièges.

KERGONAN

Abbaye bénédictine Sainte-Anne de Kergonan, fondée en 1897.

L'abbaye bénédictine Sainte-Anne de Kergonan est implantée dans le Morbihan, non loin de Carnac. Cette « maison de prière fondée sur le granit breton » est créée en 1897 par quelques moines de Solesmes. À peine installés, les moines doivent s'exiler en Belgique de 1901 à 1922, chassés par les lois sur les congrégations religieuses.

Les troupes d'occupation allemandes réquisitionnent les bâtiments en 1942. Les moines ne peuvent regagner leur maison qu'en 1946. L'église abbatiale est érigée de 1968 à 1972, et consacrée en 1975. Les moines étant de plus en plus nombreux à Kergonan et les visiteurs affluant de toute part, de nouvelles constructions sont mises en chantier en 1990, et de considérables travaux ont permis, en cette année 1993, l'aménagement de l'accueil.

Sainte-Anne de Kergonan fait partie de la congrégation de Solesmes. Un monastère de moniales bénédictines, Saint-Michel de Kergonan, est situé à quelques kilomètres de là.

Renvois : Bénédictins. Séparation des Églises et de l'État. Solesmes.

LAI

L'adjectif «lai», dérivé du grec *laos*, qui signifie «peuple», est un doublet de *laïc* (lat. *laicus*). Un frère lai est un religieux qui n'est pas lié par l'obligation de participer à l'office du chœur. Les frères lais sont souvent confinés dans des tâches matérielles; ils peuvent aussi exercer des fonctions d'ordre administratif.

Renvoi : Convers.

LANDÉVENNEC

Frontispice de l'Évangéliaire de **Landévennec**, IXᵉ siècle.

Abbaye bénédictine Saint-Guénolé, fondée vers le VIᵉ siècle.

Les origines de l'abbaye de Landévennec sont obscures. Peut-être a-t-elle été fondée dès le VIᵉ siècle par saint Guénolé (Winwaloeus). La communauté primitive a vécu selon des usages irlandais proches de ceux suivis à Bangor, et selon la règle de saint Colomban. Les moines de Landévennec abandonnent en 818 les normes irlandaises et adoptent la règle de saint Benoît. Ils sont chassés en 912 par les invasions normandes et trouvent refuge à Montreuil-sur-Mer, où ils demeurent jusqu'à une date indéterminée, après 939. L'abbaye renaît et se développe à l'époque carolingienne; elle parvient à grouper huit prieurés, dont celui de Batz (Loire-Atlantique). Au XIIIᵉ siècle, les moines cherchent vainement à se dégager de la tutelle de l'évêque de Quimper. En 1522, l'abbaye tombe sous le régime de la commende. Elle fait partie des abbayes qui adoptent la réforme mauriste, en 1636. Elle est livrée à la crise janséniste, source de tensions multiples, au début du XVIIIᵉ siècle. Après la démission du dernier abbé commendataire, Pie VI (pape de 1775 à 1799) donne l'abbaye à l'évêque de Quimper, unissant au profit de celui-ci le titre d'abbé de Landévennec et le siège épiscopal. Les derniers moines sont dispersés en 1791, les bâtiments détruits au début du XIXᵉ siècle. En 1950, l'abbé de Kerbénéat, abbaye fondée par des moines de La-Pierre-qui-Vire en 1878, rachète la propriété de Landévennec, et en 1958 la communauté de Kérbéneat s'y transfère dans des bâtiments claustraux construits entre 1950 et 1958. La nouvelle église est consacrée en 1965. Foyer de vie spirituelle et intellectuelle, l'abbaye entretient aujourd'hui une bibliothèque de civilisation bretonne, ouverte au public en 1960, et un musée historique de Landévennec.

Renvois : Bangor. Colomban. Commende. Mauristes.

Bibl. : *Catholicisme*, art. Landévennec. *Diz. degli Ist. di Perf.*, art.

Landévennec. *New Catholic Encyclopedia*, art. Landévennec. M. Simon (O.S.B.), «L'abbaye de Landévennec, de saint Guénolé à nos jours», *Ouest-France*, 1985.

LANFRANC. Voir Bec-Hellouin.

La-Pierre-qui-Vire. L'abbaye Sainte-Marie.

LA-PIERRE-QUI-VIRE

Abbaye bénédictine Sainte-Marie, fondée en 1850.

Jean-Baptiste Muard (1809-1854), prêtre du diocèse de Sens et missionnaire diocésain, découvre la règle bénédictine de Subiaco en 1848. Séduit par cette règle, il fonde un monastère sur un terrain appartenant à l'abbaye cistercienne de Régny (Yonne), dans la commune de Saint-Léger-Aubonne. Le lieu-dit où il implante cette nouvelle formation, La-Pierre-qui-Vire, doit son nom à un bloc de granit en équilibre instable au bord d'une falaise, situé dans les collines du bas Morvan. J.-B. Muard donne à la jeune communauté des constitutions proches dans leur esprit de celles en vigueur à la Trappe. Après sa mort, le monastère devient un prieuré de l'abbaye de Subiaco qui dépend de la province de Casaretto, au sein de la congrégation du Mont-Cassin. En 1867, cette province devient autonome et prend nom de congrégation cassinienne de la primitive observance. La-Pierre-qui-Vire forme alors, avec les monastères de Béthisy-Saint-Pierre et de Saint-Benoît-sur-Loire, la province française de la nouvelle congrégation. Le monastère, qui reste un simple prieuré, est d'une vitalité suffisante pour fonder des maisons dépendant de lui, comme Kerbénéat dans le Finistère (1878), qui devient abbaye en 1902, En Calcat dans le Tarn (1896), et Buckfast en Angleterre — le monastère cistercien en ruine est relevé en 1882 par des moines expulsés de La-Pierre-qui-Vire en 1881. La politique anticléricale d'Émile Combes fait fuir les moines de La-Pierre-qui-Vire en 1902. Ils se réfugient en Belgique. La-Pierre-Qui-Vire reprend vie à partir de 1922. Le monastère, érigé en abbaye, connaît un nouvel essor sous l'impulsion de deux abbés d'une personnalité exceptionnelle : dom Fulberto Gloriès (1922-1948) et dom Placide de Roton (1949-1952). Il essaime des fondations au Viêt-nam en 1935, au Cambodge en 1950, à Madagascar en 1954 et au Congo-Brazzaville en 1958. L'atelier monastique créé à l'abbaye en 1948 dans le cadre de l'intérêt porté à un renouveau de l'art sacré a permis, par sa qualité technique, le développement des éditions Zodiaque, avec un succès remarquable.

Renvois : Landévennec. Trappe (la).

Bibl. : *Catholicisme*, t. VI, art. La-Pierre-qui-Vire.

LA SALLE (Jean-Baptiste de). Voir Jean-Baptiste de La Salle.

LAS CASAS. Voir Dominicains.

LAURE

Le mot grec *laura* désigne un chemin étroit. Au IVe siècle, en Palestine, les laures étaient des colonies de solitaires menant une vie à demi érémitique dans des huttes disposées autour d'un bâtiment central, le *cœnobium*, à proximité d'une église. La laure constitue ainsi une forme archaïque du monachisme.

HISTORIQUE

La première laure est fondée par saint Chariton à Pharan, dans le désert de Juda, à une dizaine de kilomètres au nord-est de Jérusalem. L'événement se situe vers 323, dans un pays très éprouvé par la persécution de Dioclétien. Chassé par le succès même de cette première fondation — le nombre de moines est trop élevé à son gré —, Chariton va s'établir à l'ouest de Jéricho, au djebel Quarantal, et y fonde la laure dite de Douka vers 340, où son successeur Elpide gouvernera une importante communauté de moines à la fin du IVe siècle. Ce sont saint Euthyme (377-473) et son disciple saint Sabas (439-532) qui ont fondé les laures les plus célèbres, telle la Grande Laure, située sur la rive droite du Cédron et qui existe encore aujourd'hui.

En Russie, on a donné le nom de laure à de grands monastères, par exemple celui d'Alexandre Nevski à Saint-Pétersbourg, fondé en 1797.

CARACTÈRES ORIGINAUX DES LAURES

Forme de vie cénobitique originale, la laure pouvait s'étendre sur de vastes espaces, les cellules étant fort distantes les unes des autres. Les «lauristes» se réunissaient seulement le samedi et le dimanche dans un bâtiment central ; ils participaient tous à la célébration eucharistique le dimanche et menaient alors une vie de communauté. Le lundi, ils regagnaient leurs cellules respectives, munis d'eau et de vivres pour subsister durant les cinq jours de la semaine. Adaptée à l'Orient, la laure était trop liée à des formes de vie exclusivement contemplatives pour convenir à l'Occident.

Renvois : Abbaye. Monachisme. Monastère.

Bibl. : *Catholicisme*, art. Laure (R. Janin). *Dict d'archéo. chrét. et de liturgie*, art. Laures palestiniennes (H. Leclercq). *Diz. degli Ist. di Perf.*, art. Laura (J. Rezac).

Lazaristes.
Bas-relief de l'église Notre-Dame de Buglose.

LAZARISTES

Congrégation de la Mission, fondée en 1625 par Vincent de Paul.

NAISSANCE ET DÉBUTS

Le 25 janvier 1617, Vincent de Paul (1581-1660) prononce dans l'église de Folleville, qui appartient à la famille de Gondi, son premier serment de mission. La Société des Prêtres de la Mission prend naissance en vertu d'un contrat de fondation du 17 avril 1625, passé entre Vincent et la famille de Gondi. Cet acte consacre l'engagement de Vincent et les prêtres associés à son projet d'assurer une mission quinquennale à l'intention des sept ou huit mille paysans des terres de Gondi en Normandie. Le monde rural est en effet plongé dans une grande ignorance, et l'initiative de Vincent de Paul s'inscrit dans le mouvement apostolique illustré en outre par Jean-Baptiste de La Salle.

En 1625, Vincent et ses premiers compagnons s'installent au collège des Bons-Enfants, à Paris, dont l'archevêque l'a nommé supérieur. Le pape Urbain VIII donne le nom de Prêtres de la Mission aux membres de l'institut de Vincent dans la bulle *Salvatoris nostri* du 12 janvier 1633. L'année précédente, Vincent et les prêtres étaient logés dans le vaste prieuré de Saint-Lazare à Paris, qui devient la maison mère de la congrégation de la Mission, ce qui explique le nom de lazaristes donné à ces prêtres. À la mort de Vincent, la maison de Saint-Lazare avait déjà réalisé sept cents missions en zone rurale.

ORGANISATION DE LA CONGRÉGATION

Les prêtres de la Mission ont pour premier objectif l'évangélisation du monde paysan. Leur deuxième but est de former le clergé et d'assurer la direction de séminaires. L'assistance aux forçats et aux galériens est une autre mission voulue tout spécialement par Vincent, aumônier général des galères depuis 1619. Ils ont aussi pour rôle d'assurer la direction spirituelle des Filles de la Charité, confrérie fondée en 1633, et des Dames de la Charité (1634). Vincent de Paul a cependant évité de fonder un nouvel ordre religieux. Liés par trois vœux perpétuels de pauvreté, de chasteté et d'obéissance, les prêtres de la Mission sont en outre tenus par la règle publiée en 1658, leur demandant de se vouer au service spirituel des paysans. Ces prêtres ne sont soumis à aucune obligation de chœur, et en ce qui concerne les pratiques de piété et d'austérité, ils ne sont tenus qu'aux règles de vie imposées à tous les prêtres. À la tête de la société, un supérieur général est élu pour six ans par l'assemblée générale. Il est assisté d'un vicaire général. Géographiquement, la congrégation est divisée en un certain nombre de provinces religieuses disséminées sur la surface du globe.

DE 1660 À 1809

Le père Jean Bonnet, qui a régi la congrégation lazariste de 1711 à 1735, a su maintenir sa cohésion à travers les remous causés par le jansénisme, auquel il s'est opposé sans réserve, et par l'esprit nouveau. En 1789, l'ordre compte huit cent vingt-quatre membres et soixante-dix-huit maisons en France. La maison Saint-Lazare est mise à sac par les révolutionnaires la veille de la prise de la Bastille. Le supérieur général, Félice Cayla (1788-1800), est élu membre de l'Assemblée constituante. Son vote, hostile à la constitution civile du clergé en 1791, attire la vindicte des révolutionnaires sur la congrégation tout entière. Les maisons sont fermées en France et nombre de lazaristes périssent martyrs.

DE 1816 À NOS JOURS

Après avoir été successivement rétablie, puis de nouveau supprimée par Napoléon, la congrégation lazariste est définitivement restaurée en 1816 par un décret royal. Le père Jean-Baptiste Étienne, supérieur général de 1843 à 1874, lui a procuré un nouvel essor, qui se traduit dans l'accroissement frappant du nombre des lazaristes (ils passent de six cent soixante-dix-neuf en 1843 à mille cent soixante-sept en 1874). Cet essor se manifeste aussi dans la création de nouvelles provinces en Europe et en Amérique latine. La congrégation a survécu aux deux guerres mondiales, et s'est donné, après 1945 un supérieur général américain, le père William Slattery. La société lazariste dirige en effet trois universités aux États-Unis. En 1975, elle ne comprenait pas moins d'une cinquantaine de provinces religieuses à travers le monde.

Renvois : Congrégation. Filles de la Charité. Jean-Baptiste de La Salle. Vincent de Paul.

Bibl. : *Diz. degli Ist. di Perf.*, art. Congregazione della Missione.

LÉRINS

Monastère fondé au ve siècle.

Au début du ve siècle, Honorat fonde un monastère dans la plus grande des îles de l'archipel de Lérins, qui porte son nom. Les disciples affluent bientôt dans cette maison où Honorat adopte un régime de vie intermédiaire entre l'érémitisme pratiqué par les premiers anachorètes et un mode de vie cénobitique. Il ne rédige pas de règle à proprement parler, mais met en place des coutumes à respecter. Le mode de vie instauré par Honorat, sans doute originaire de Gaule septentrionale, a servi de modèle à de nombreuses fondations de monastères en Gaule, par l'intermédiaire de disciples aux noms célèbres. Parmi eux Jean Cassien, qui a fondé deux monastères à Marseille et a dédié à Honorat la seconde partie de ses *Collations*, Euchérius, devenu archevêque de Lyon, et Saint Loup, évêque de Troyes ; ce dernier a participé à l'évangélisation de la Germanie — on considère que l'influence de Lérins s'est répandue jusqu'au Rhin par leur intermédiaire. Quoi qu'il en soit, Lérins a été le principal centre de diffusion de la vie monastique dans la Gaude du Sud-Est.

L'île de **Lérins.** Vue depuis le monastère.

Honorat devient archevêque d'Arles en 426. Hilaire, qui lui succède au siège métropolitain d'Arles, œuvre à diffuser la forme de vie monastique pratiquée à Lérins dans tout son diocèse. Lérins est un centre de vie intellectuelle monastique d'une importance d'autant plus grande qu'elle se situe à l'époque de l'effondrement des structures de l'Empire romain d'Occident. L'école de Lérins, illustrée par un certain nombre de traités qui font date, a surtout été un centre de théologie. Son éclat s'estompe lorsqu'elle devient un foyer de l'hérésie semi-pélagienne, combattue par saint Augustin sous l'abbatiat de Faustus de Riez entre 433 et 462.

Au XIe siècle, l'abbaye de Lérins est en possession d'immenses domaines; elle a même le droit de battre monnaie, droit qu'elle ne perd qu'au XVIIe siècle. Le château fort, contruit au XIe siècle, n'a pas suffi à arrêter les multiples pillages entre les XIIe et XVe siècles. Mis en commende en 1464, le monastère est sécularisé par Pie VI le 10 août 1787. L'île Saint-Honorat est vendue en 1791. Elle est rachetée en 1859 par l'évêque de Fréjus, Mgr Jordany, qui la cède aux cisterciens de Sénanque en 1868. Ceux-ci réoccupent l'abbaye en 1871. Entre les deux guerres mondiales, Lérins essaime en Indochine et au Canada.

Renvois : Commende. Colomban.

Bibl. : *Catholicisme*, art. Lérins. *Diz. degli Ist. di Perf.*, art. Lérins.

LIBRE ESPRIT. Voir Frères du Libre Esprit.

LIGUGÉ

Abbaye Saint-Martin, fondée vers 360.

HISTORIQUE

En 361 environ, saint Hilaire de Poitiers installe son disciple saint Martin à Ligugé, à quelques kilomètres au sud de Poitiers. Vers le début du Ve siècle, un oratoire cruciforme est élevé en mémoire d'un miracle opéré là par Martin. L'église primitive du monastère est construite au VIe siècle.

L'abbaye, puissante à l'époque mérovingienne, n'est plus, au début du Xe siècle, qu'un simple prieuré de l'abbaye de Maillezais en Vendée. Les bâtiments claustraux sont détruits au XIVe siècle, pendant la guerre de Cent Ans. Des travaux de restauration sont alors entrepris. La commende est introduite en 1501. En 1606, le prieuré est uni au collège jésuite de Poitiers. La mainmise des jésuites, confirmée au terme d'un procès en 1673, prend fin en 1762, lorsqu'ils sont expulsés de France. L'église du prieuré devient église paroissiale en 1782. L'abbaye elle-même est vendue comme bien national à la Révolution.

RENAISSANCE AU XIXe SIÈCLE

L'évêque de Poitiers rachète en 1852 les bâtiments du prieuré. Il y installe quatre moines venus de Solesmes afin de restaurer la vie communautaire. Le titre abbatial est rétabli et le prieur abbé est élu en 1864. Une partie des moines, expulsés en 1880, se réfugient en Espagne où ils redonnent vie à l'abbaye de Silos, proche de Burgos. Ils peuvent rentrer en 1885. Jusqu'en 1901 l'abbaye connaît un remarquable essor. Ligugé effectue trois fondations à Paris, Saint-Wandrille en Normandie et Cogullada en Aragon. Nombre d'hommes de lettres et d'artistes qui séjournent alors à l'abbaye en font un foyer de vie intellectuelle catholique. On peut citer les noms de J.-K. Huysmans, Paul Claudel ou Rouault. La crise combiste de 1901 oblige les moines à se réfugier en Belgique, jusqu'en 1923. Durant leur exil, ils lancent la revue *Mabillon* en 1905, et les collections «Abbayes et prieurés» et «Archives de la France monastique». Ils créent en 1926 un laboratoire d'émaux, éditent des disques de chant grégorien et, depuis 1962, des séries de diapositives de nombreux ensembles monastiques architecturaux (Europart). L'abbaye organise depuis 1959 des sessions d'inspiration œcuménique.

Renvois : Martin de Tours. Solesmes et dom Guéranger.

Ligugé.
L'abbaye Saint-Martin.

Bibl. : *Diz. degli Ist. di Perf.*, art. Saint-Ligugé. *La Lettre de Ligugé*, bulletin trimestriel, depuis 1947.

LUXEUIL

Abbaye bénédictine fondée en 590 par Colomban.

Missionnaire venu du monastère irlandais de Bangor, Colomban fonde en Burgondie le monastère d'Annagray vers 575 ; puis, en 590, il est autorisé par le roi Gontran à s'installer dans les ruines de la ville gallo-romaine de Luxeuil. Colomban reste vingt ans dans le monastère qu'il y crée, et applique les usages du monachisme irlandais, d'après une version qu'il a lui-même conçue. Le roi de Burgondie, Thierry II, oblige Colomban, devenu indésirable, à s'exiler. L'abbaye se développe sous ses successeurs qui multiplient les créations de nouvelles maisons, où ils introduisent l'esprit d'austérité et les règles de vie observées à Luxeuil. C'est ainsi que saint Desle fonde à Lure un ermitage appelé à devenir une grande abbaye. L'influence du monastère de Luxeuil s'étend jusqu'au Limousin, à Solignac, et à Stavelot et Malmédy dans la vallée de la Meuse. Saint Valbert, qui fut le troisième abbé de Luxeuil entre 629 et 670, entreprend de concilier ces usages colombaniens avec l'esprit de la règle de saint Benoît. L'abbaye compte alors quelque six cents moines. Au siècle suivant, une invasion musulmane venue d'Espagne par la vallée du Rhône saccage l'abbaye, qui jouit de la faveur des rois carolingiens. En 948, après les invasions normandes, l'abbaye ne compte qu'une quinzaine de moines. Elle ne dépend que de l'empereur. En 1258, après une nouvelle série de sévices subis à la charnière des Xᵉ et XIᵉ siècles, elle tombe sous la protection des comtes de Champagne ; les rois de France

Luxeuil. Gravure, 1827.
Paris, Bibliothèque nationale.

recueillent en 1285 les droits de protection sur Luxeuil. Entre 1633 et 1639, l'abbaye est admise dans le sein de la congrégation bénédictine de Saint-Vanne, jusqu'à sa suppression en 1792.

Renvois : Bangor. Colomban. Congrégation de Saint-Vanne.

Bibl. : *Diz. degli Ist. di Perf.*, art. Luxeuil.

MABILLON (dom Jean)

Jean Mabillon. Gravure. Paris, Bibliothèque nationale.

Moine bénédictin de la congrégation de Saint-Maur.1632-1707.

Né à Saint-Pierremont (Ardennes) en 1632, Jean Mabillon fait profession au monastère de Saint-Remi à Reims en 1654, puis passe dans plusieurs monastères. Ordonné prêtre en 1660, il entre en 1663 dans l'abbaye de Saint-Denis. Son goût pour l'érudition le fait remarquer par le bibliothécaire de Saint-Germain-des-Prés, dom Luc d'Achery, qui le prend comme assistant dans la grande entreprise de l'édition des *Acta Sanctorum O.S.B.* Mabillon édite là les œuvres de saint Bernard, et devient le guide du petit groupe de moines mauristes voués à l'érudition. Il parcourt l'Europe en quête de manuscrits et de documents rares. Grand savant, Mabillon s'est trouvé engagé à son corps défendant dans une controverse avec le fondateur de l'abbaye de la Trappe, l'abbé de Rancé. Celui-ci dénonce dans un traité, *De la sainteté et des devoirs de la vie monastique* (1684), la vanité du travail intellectuel. Mabillon réfléchit sept ans avant de répondre, sans accent polémique, dans un ouvrage intitulé *Réflexions sur les devoirs monastiques, avec les réponses à l'auteur de ce livre* (1684), et clôt le débat en 1691 avec un *Traité des études monastiques*, où il définit la conception bénédictine de l'importance relative du travail intellectuel dans la vie monastique. Son œuvre scientifique est considérable.

Renvois : Bernard de Clairvaux. Congrégation de Saint-Maur. Saint-Denis.

Bibl. : *Diz. degli Ist. di Perf.*, art. Mabillon. B. Barret-Kriegel, *Jean Mabillon*, Paris, 1983 ; *La Défaite de l'érudition*, Paris, 1988.

MAÏEUL

Abbé de Cluny de 948 à sa mort. 906-994.

Quatrième abbé de Cluny, il a développé l'«ordre de Cluny» naissant en créant de nombreuses *cellæ*, prieurés dont il nommait le supérieur. Saint Maïeul, comme son successeur saint Odilon, est enterré dans l'église du prieuré de Souvigny.

Renvoi : Cluny.

Maredsous.
L'abbaye bénédictine.

MAREDSOUS

Abbaye bénédictine fondée en 1872.

Des moines de Beuron fondent en 1872 à Maredsous, dans le diocèse de Namur en Belgique, un prieuré sous la direction de dom Maur Wolter, qui a restauré la vie monastique en Allemagne. Le prieuré de Maredsous est élevé au rang d'abbaye par le pape Léon XIII en 1878 et fait partie de la congrégation de Beuron jusqu'en 1920. Maredsous constitue alors, avec l'abbaye du Mont-César à Louvain et celle de Saint-André près de Bruges, la congrégation bénédictine belge de l'Annonciation. Le premier abbé, dom Placide Wolter, est le frère de dom Maur. Les usages suivis à Maredsous, inspirés par Beuron et Solesmes, sont d'une grande austérité. En 1893, Léon XIII confère à l'abbé de Maredsous le titre d'abbé primat. L'abbaye exerce dès lors un grand rayonnement, tant dans le domaine spirituel que sur le plan intellectuel. La Première Guerre mondiale déchire la communauté, et plusieurs moines allemands la quittent en 1919. Maredsous assume alors la direction du monastère de la Dormition à Jérusalem, et fonde en 1927 le monastère de Glendstal en Irlande. Après la Seconde Guerre mondiale, une nouvelle bibliothèque est construite à Maredsous. Elle répond au développement d'une remarquable activité intellectuelle et culturelle, qui s'exerce notamment dans deux domaines : les recherches sur l'ancienne littérature chrétienne et les recherches bibliques.

Renvoi : Beuron.

Bibl. : *Diz. degli Ist. di Perf.*, art. Maredsous.

MARIA LAACH

Abbaye bénédictine fondée en 1093.

Henri II, comte palatin de Rhénanie-Franconie, fonde l'abbaye en 1093 au bord du lac de Laach, dans l'Eifel, en Allemagne. Les

Maria Laach.
L'abbaye bénédictine.

premiers moines viennent de l'abbaye Saint-Maximin de Trèves. L'église de style roman est consacrée en 1156 par l'archevêque de Trèves. L'abbaye adopte les constitutions de Cluny, et entre en 1474 dans la congrégation de Bursfeld, où elle occupe bientôt une position prépondérante. La bibliothèque et le scriptorium de Maria Laach sont justement célèbres. L'occupation française, entre 1797 et 1802, a pour résultat la suppression de l'abbaye par les autorités. L'église devient propriété de l'État en 1815 et le reste jusqu'en 1924. L'abbaye et ses biens fonciers sont vendus à des particuliers en 1824. Les jésuites la rachètent en 1862 et y restaurent une vie religieuse et intellectuelle. Or ceux-ci sont expulsés d'Allemagne en 1873 par Bismarck dans le cadre du Kulturkampf. L'abbaye est «nationalisée». Les bénédictins de Beuron la rachètent en 1892 et lui donnent un nouveau prestige.

L'abbatiat d'Ildefons Herwegen (mort en 1946) marque le début d'un nouvel essor. L'abbaye devient un des centres majeurs du renouveau liturgique monastique et un foyer actif de recherche scientifique axée sur la philosophie, la liturgie et son histoire, ainsi que sur l'histoire de l'ordre bénédictin. Cette activité, qui se manifeste par l'édition de nombreuses publications scientifiques, a donné naissance à un centre d'archives iconographiques de première importance. Au cœur de toutes ces activités se trouve l'institut de l'abbé Herwegen (Abt. Herwegen-Institut). L'abbaye de Maria Laach est aujourd'hui un centre très important de vie religieuse et de recherche scientifique, et est parvenue jusqu'à nous dans son état premier, tant les travaux de restauration ont été conduits avec un soin scrupuleux.

Renvois : Beuron. Bursfeld. Jésuites.

Bibl. : *Diz. degli Ist. di Perf.*, art. Maria Laach. *Enciclopedia cattolica*, art. Maria Laach.

MARIE DE L'INCARNATION

Carmélite. 1566-1618. Béatifiée en 1791.

Marie de l'Incarnation.

Barbe Jeanne Avrillot, née à Paris le 1er février 1566, est élevée jusqu'à l'âge de quatorze ans au monastère des Clarisses de Lonchamp, où elle découvre les ressources de la vie spirituelle. Elle épouse le 25 août 1582 Pierre Acarie, conseiller à la Cour des comptes. De cette union naissent six enfants, dont trois filles. D'ores et déjà, elle exerce un rayonnement dans le milieu mondain qu'elle fréquente. Les manifestations de sa vocation mystique (extases, visions) suscitent l'inquiétude de son entourage familial. Hostile à Henri IV, Pierre Acarie doit quitter Paris en 1594. Recueillie avec ses enfants par sa belle-sœur Mme de Bérulle, elle reste en relation avec le père Cotton, un jésuite, et Pierre de Bérulle. Son salon est un foyer de spiritualité religieuse. Avec Pierre de Bérulle, elle introduit le Carmel réformé à Paris en 1603. Les premières religieuses espagnoles arrivent le 17 novembre 1604. En 1608, elle décide sa cousine, Mme de Sainte-Beuve, à installer les Ursulines à Paris. D'une activité inlassable, Mme Acarie contribue aux fondations carmélites d'Amiens, de Pontoise, de Rouen et de Tours. Ses trois filles entrent au carmel de Pontoise. Devenue veuve en 1613, elle entre au carmel d'Amiens, prononce ses vœux solennels le 8 avril 1615 et prend le nom de Marie de l'Incarnation. Elle meurt au carmel de Pontoise le 18 avril 1618. Mme Acarie est, avec Pierre de Bérulle, l'une des figures dominantes du mouvement de spiritualité intense dans le premier tiers du XVIIe siècle.

Renvois : Bérulle (Pierre de). Carmélites. Ursulines.

Bibl. : *Catholicisme*, art. Marie de l'Incarnation (G. Mathon). *Dict. d'Hist. et de Géo. eccl.*, art. Acarie (Mme). *Dict. de Spiritualité*, art. Marie de l'Incarnation (Marie-Thérèse de Saint-Joseph). H. Brémond, *Histoire littéraire du sentiment religieux en France*, t. II, 1923, pp.193-262. H. Marduel, *Madame Acarie et le Carmel français*, Le Puy, 1963.

MARISTES (FRÈRES)

Frères maristes des Écoles. Congrégation vouée à l'éducation. XIXe siècle.

Marcellin Champagnat, qui a fondé avec Jean-Claude Colin la société des pères maristes en 1816, a entrepris de développer au sein de celle-ci un institut de frères voués spécialement à l'éducation des enfants. Il en a étoffé la structure entre 1816 et 1840. Son travail a permis au Saint-Siège d'imposer pratiquement l'indépendance des «petits frères de Marie», après sa mort en 1840. Il convient d'expliquer ici que le Vatican avait rejeté un projet de constitution d'une vaste «Société de Marie», élaboré au séminaire de Lyon en 1815-1816, et qui devait comprendre quatre branches (pères, frères, sœurs, et tiers ordre). Le Saint-Siège approuve les constitutions des frères de Marie en 1863, et leur attribue le nom de frères maristes des Écoles chrétiennes, qui était appelé à leur servir de dénomination officielle à partir de 1958. La congrégation devint internationale au XXe siècle, avec une prédominance en Amérique latine, et une présence marquée en Australie, en Nouvelle-Zélande, aux États-Unis. À l'instar des frères des Écoles chrétiennes, la congrégation a développé l'esprit missionnaire.

Renvois : Clercs réguliers. Frères des Écoles chrétiennes. Maristes (pères).

Bibl. : *Catholicisme*, art. Maristes (frères).

MARISTES (PÈRES)

Congrégation religieuse à vœux simples, fondée en 1816.

Un projet de société de Marie en plusieurs branches est élaboré au sein du grand séminaire de Lyon, en 1815 et 1816. Il est scellé par une promesse solennelle faite à Fourvière le 23 juillet 1816. Personnalité d'une force rare, Jean-Claude Colin (1790-1875) définit un cadre dans lequel situer les jeunes prêtres associés au projet ; il s'impose comme le véritable fondateur d'une congrégation des Prêtres maristes, qui est approuvée le 29 avril 1836 par le pape Grégoire XVI. Les premiers membres, au nombre de vingt, élisent Jean-Claude Colin comme supérieur général le 24 septembre 1836. Le Saint-Siège confie à la jeune congrégation l'évangélisation de l'Océanie. Une centaine de missionnaires y sont envoyés ; ils ont pour centre une procure installée à Sydney. Le deuxième supérieur général, le père Favre (1854-1885), multiplie les créations de collèges en France et prend pied en Irlande et aux États-Unis (1861-1863). Les lois de laïcisation de l'enseignement de Jules Ferry (1881) et l'éviction des religieux obligent la congrégation à s'implanter en Espagne. À partir de 1903, elle devient internationale, avec trois provinces créées en 1889 dans les pays anglo-saxons — Royaume-Uni, Amérique et Nouvelle-Zélande ; une province d'Océanie créée en 1875 n'a cessé de croître depuis ; la congrégation est en outre implantée en Italie en 1892, au Mexique en 1897, en Allemagne en 1900, cependant qu'elle est dissoute et dispersée en France par les lois de 1903. Au sortir de la Seconde Guerre mondiale, en 1947, l'élection d'un supérieur général américain, le père Cyr, a rappelé le caractère international de la congrégation. Depuis 1965 environ, la baisse générale des effectifs a affecté la congrégation, qui s'efforce néanmoins toujours d'adapter l'esprit marial, spécifique de leur institut, aux contingences temporelles.

Renvois : Clercs réguliers. Maristes (frères).

Bibl. : *Catholicisme*, art. Maristes (pères). *Les Ordres religieux* (dir. G. Le Bras), t. I, 1979, p. 72.

Marmoutier.
L'église du monastère.

MARMOUTIER

Monastère fondé après 372.

Saint Martin, devenu évêque en 370, après avoir créé le monastère de Ligugé en 361, ne renonce pas à la vie et à l'ascétisme monastiques : il fonde un second monastère, Marmoutier (le «moutier» ou monastère de Martin) sur la rive droite de la Loire, et s'y installe. À l'époque carolingienne, Marmoutier est un centre actif de culture monastique qui exerce un rayonnement comparable à celui de Saint-Martin de Tours. Les invasions normandes laissent l'abbaye exangue après le massacre de cent seize religieux en 753. Le XIe siècle est marqué par un nouvel essor de l'abbaye. L'église abbatiale, de grandes dimensions, est construite au XIIe siècle. Marmoutier est dévasté par les protestants en 1562. À la fin du XVIe siècle, une partie des moines inaugure une réforme dans une maison dépendant de l'abbaye, en Bretagne. Richelieu, abbé commendataire de Marmoutier, introduit d'autorité des religieux de la congrégation de Saint-Maur qui y implantent la réforme mauriste. L'abbaye est supprimée à la Révolution. Au XIXe siècle, la congrégation des Dames du Sacré-Cœur a racheté les bâtiments et s'y est installée.

Renvois : Congrégation de Saint-Maur. Ligugé. Martin de Tours.

Bibl. : *Dict. d'Hist. et de Géo. eccl.*, art. Marmoutier. *Diz. degli. Ist. di Perf.*, art. Marmoutier. *Les Ordres religieux* (dir. G. Le Bras), t. I, 1979, p. 29.

MARTIN DE TOURS

Apôtre des Gaules, évêque de Tours. V. 316-397.

La vie de saint Martin nous est connue par son biographe et contemporain Sulpice Sévère, aristocrate aquitain converti à l'ascétisme.

Martin est né à Sabaria en Pannonie (Hongrie actuelle), colonie romaine depuis Claude. Son nom lui aurait été donné en l'honneur du dieu Mars : son père, en effet, était tribun militaire. Son enfance se passe à Pavie. Martin embrasse comme son père la carrière militaire, de 351 à 356. Catéchumène depuis l'âge de dix ans environ, Martin n'est pas encore baptisé lorsque survient vers 337 à Amiens l'épisode célèbre traité dans une iconographie surabondante : il rencontre un mendiant qui lui demande l'aumône; n'ayant pas d'argent sur lui, il enlève sa chlamyde, la coupe en deux du tranchant de son épée, puis donne une des moitiés au pauvre hère. Martin sera baptisé en 354 ou 355.

Il reste soldat pendant deux ans encore, puis se rend à Poitiers, attiré par le prestige d'Hilaire, évêque de ce diocèse depuis quelques années. Hilaire souhaite le retenir comme diacre, mais Martin refuse et repart pour la Pannonie, où son orthodoxie catholique le rend sus-

Franciscains prenant congé du pape Jean XXII. Miniature du *Livre des Merveilles*, d'après le Maître de Boucicaut, vèrs 1410. Paris, Bibliothèque nationale.

La Grande-Chartreuse. Miniature des *Belles heures de Jean de Berry*, par les frères Limbourg, XVe siècle. New York, Metropolitan Museum of Arts, Cloisters.

Martin de Tours.
Miniature extraite
de la *Vie*
de saint Martin.
Tours, bibliothèque.

pect dans ce pays en proie à la persécution exercée par les Ariens. Il gagne l'Italie du Nord, est expulsé de Milan par un évêque sans doute gagné à l'arianisme, puis se retire dans une hutte près de Gênes pour y mener la vie d'anachorète. Il rejoint ensuite Hilaire revenu à Poitiers, d'où l'avait éloigné l'empereur, et y reçoit la charge d'exorciste. Mais, poussé par l'amour de la solitude, il sollicite d'Hilaire la permission d'aménager une cellule près de Poitiers, à Ligugé. Les habitants de Tours viennent le chercher pour en faire leur évêque ; ils l'élisent par acclamation le 4 juillet 370.

Mais tout évêque qu'il soit, Martin reste avant tout moine dans l'âme. C'est ainsi qu'il fonde le monastère de Marmoutier, à la porte même de Tours. Une cellule en bois lui sert de résidence, et environ quatre-vingts disciples l'entourent. Les plus âgés se consacrent à la prière, la *lectio divina*, et à la copie de manuscrits.

Martin ne se contente pas de mener une vie ascétique. Il lutte avec une violence extrême contre les signes extérieurs du paganisme, détruisant des temples, renversant les idoles, et abattant les arbres sacrés. En 385, il intervient à Trèves dans un conflit concernant des disciples de l'évêque Priscillien. On relève nombre de paradoxes dans la personnalité de Martin : bien qu'illettré, il connaît la Bible ; évêque, il vit comme un moine, refusant de rien posséder en propre ; c'est un ascète austère, mais Sulpice Sévère dit qu'il répand la joie autour de lui.

En 397, devant se rendre à Candes pour visiter la paroisse, il annonce à ses disciples qu'ils ne le reverront pas. De fait, il y meurt le 8 novembre. Les habitants de Tours affluent à Candes. La translation de Martin et son enterrement à Tours ont lieu le 11 novembre, jour de la fête du saint. Le culte de saint Martin se répand très vite après sa mort. Près de quatre mille églises lui sont consacrées en France, et environ cinq cents communes portent son nom.

Renvois : Ligugé. Marmoutier.

Bibl. : Sulpice Sévère, *Vie de saint Martin*, J. Fontaine (édit.), coll. Sources chrétiennes, 133-135, Paris, 1967. G.-M. Oury, *Saint-Martin de Tours*, Chambray, 1987. *Saint Martin et son temps*, mémorial du XVIe centenaire des débuts du monachisme en Gaule (361-1961), (Studia Anselmania 46) Rome, 1961.

MATTHIEU DE BASCI

Moine franciscain considéré comme le fondateur de l'ordre des Capucins. V. 1495-1552.

Né en Ombrie, Matthieu de Basci entre dans l'ordre des Frères mineurs (franciscains) de l'Observance, au couvent de Montefiore dans les Marches. D'une piété ardente, il décide d'imiter saint François jusqu'à une rigueur extrême, et se dépouille de l'habit de son ordre pour adopter la tenue du Poverello tel qu'on le lui a représenté : tunique grossière, capuchon en pointe, longue barbe et pieds nus. Il quitte son couvent et se transforme en prédicateur ambulant, prétendant avoir obtenu une autorisation du pape Clément VII. Or le provincial de l'ordre franciscain auquel il appartient refuse de le croire et le fait emprisonner. Il est libéré suite à l'intervention de la duchesse de Cibo, qui témoigne du zèle avec lequel il a secouru les pestiférés en 1523. Sa situation est régularisée grâce, semble-t-il, aux deux frères Ludovico et Raffaele de Fossombrone, qui partagent son exigence d'une vie de perfection. Contre son gré, Matthieu est cependant élu vicaire général des capucins en 1529. Il reprend sa vie de prédicateur ambulant et se démet de son titre en 1537. Après sa mort, il sera l'objet d'une intense vénération populaire.

On a souvent considéré Matthieu comme le fondateur de l'ordre des Capucins. En réalité, cette réforme semble plutôt avoir été menée par Ludovico de Fossombrone. Mariano d'Alatri note que la bulle *Religionis zelus* du 2 juillet 1528, document fondateur de la réforme, ne cite en aucune façon Matthieu de Basci, mais est adressée aux frères de Fossombrone.

Renvois : Capucins. Franciscains. François d'Assise.

Bibl. : *Catholicisme*, art. Matthieu de Basci (E. Longpré). *Diz. degli Ist. di Perf.*, art. Matteo da Bascio (Mariano d'Alatri). *Les Ordres religieux* (dir. Gabriel Le Bras), t. I, 1979, p. 57.

MAURICE

Saint. Fin du IIIe s.-début du IVe s.

Originaire de l'Égypte chrétienne, Maurice est enrôlé dans l'armée romaine ; on l'envoie combattre dans les Alpes à la tête de la légion thébaine. Sur l'ordre de l'empereur Maximien, il est massacré ainsi que ses compagnons à Agaune-en-Velais, vers 287, après qu'ils ont refusé de renier leur foi. Telle est la légende. L'abbaye Saint-Maurice d'Agaune a été érigée sur le lieu de ce prétendu massacre.

Renvoi : Saint-Maurice d'Agaune.

Bibl. : *Catholicisme*, art. Maurice. G. Duchet-Suchaux et M. Pastoureau, *La Bible et les saints*, Paris, 1990, p. 228.

MAURISTES. Voir Congrégation de Saint-Maur.

MAZENOD (Charles Henri Eugène de)

Fondateur des oblats de Marie-Immaculée. 1782-1861.

Par sa naissance, Charles de Mazenod appartient à la noblesse d'Aix-en-Provence. Sa famille émigre en 1791. En 1808, il entre au séminaire de Saint-Sulpice à Paris, et est ordonné prêtre à Amiens en 1811. Il s'engage ensuite dans l'apostolat des classes défavorisées à Aix, à l'indignation de la gentry de cette ville. Dès 1813, nonobstant l'hostilité de Napoléon à toutes les associations échappant à son contrôle, Mazenod fonde l'Association de la jeunesse chrétienne d'Aix. Il se propose d'encourager une renaissance de la vie chrétienne parmi les étudiants.

Trois ans plus tard, il groupe autour de lui quelques prêtres et fonde l'Institut des Missionnaires de Provence, qui a pour but l'apostolat des masses populaires et la réparation des dégâts causés par la politique de déchristianisation poursuivie par les hommes de la Révolution. En 1826, le Saint-Siège approuve les oblats de Marie-Immaculée, nouvelle dénomination de l'institut. Devenu évêque de Marseille, ville dont le nombre d'habitants double entre 1826 et 1861, il s'ingénie à répondre aux besoins spirituels de cette population en pleine croissance, et confie la direction du grand séminaire à ses oblats. Infatigable, il multiplie les fondations d'instituts religieux masculins et féminins. Mgr de Mazenod fait ainsi figure d'initiateur préludant à cette prolifération de congrégations qui caractérise le XIXe siècle religieux. Il crée vingt et une paroisses nouvelles à Marseille, et fait construire la basilique Notre-Dame-de-la-Garde. Pratiquant sans concession une charité accueillante à toutes les misères, il veille aussi à diriger les nombreuses fondations de son ordre à travers le monde. Rares sont les aspects de la vie du catholicisme au XIXe siècle auxquels il soit resté étranger. Ainsi a-t-il participé activement en 1854 à la définition du dogme de l'Immaculée Conception de Marie. Il a été béatifié par Paul VI en 1975.

Renvois : Congrégation. Oblat.

Bibl. : *Dict. de Spiritualité*, art. Mazenod. *Diz. degli Ist. di Perf.*, art. Mazenod. *Les Ordres religieux* (dir. G. Le Bras), t. I, 1979, p. 69.

MELK. Voir Bénédictins. Bursfeld.

MERICI (Angèle). Voir Charles Borromée. Ursulines.

MISSION. Voir Lazaristes. Vincent de Paul.

MISSIONNAIRES D'AFRIQUE OU «PÈRES BLANCS»

Société fondée par le cardinal Lavigerie en 1868.

HISTORIQUE

Archevêque d'Alger, Mgr Charles Martial Lavigerie (1825-1892), est placé en 1868 à la tête d'une «préfecture apostolique» créée à son intention et embrassant le Sahara et le Soudan. C'est la conclusion d'un conflit qui l'a opposé au gouverneur général de l'Algérie, le général Mac-Mahon. Une famine sévit alors en Afrique du Nord, et Mgr Lavigerie recueille plus de mille cinq cents orphelins. Entendant répondre aux besoins matériels de la population, mais aussi à sa propre volonté d'évangéliser l'Afrique, il crée trois instituts à vœux simples groupant respectivement des frères et des sœurs. Puis, reprenant son projet primitif de fonder une seule communauté missionnaire coordonnée, il regroupe cette pluralité de maisons en un seul Institut de missionnaires à vœux simples, créant parallèlement une société de religieuses, également missionnaires. En 1871, Mgr Lavigerie remplace cette fondation par la Société des Missionnaires d'Afrique, soumise à quatre vœux : stabilité, obéissance, pauvreté et chasteté. Parallèlement, la Société des sœurs est l'objet d'une refonte, avec trois vœux simples, et un vœu spécial de mission en Afrique.

Les premiers établissements sont fondés en 1872 en Algérie. Après des tentatives malheureuses, qui coûtent la vie à plusieurs missionnaires, la Société s'implante en Afrique noire à partir de 1894. À cette date, deux ans après la mort du cardinal Lavigerie, la Société compte cent soixante-trois pères et soixante-dix frères. Elle se développe au XXe siècle, pour atteindre en 1979 trois mille profès.

Mgr Lavigerie avait une claire vision de ce qu'il entendait faire : évangéliser et en même temps contribuer à «civiliser» le continent africain, au moyen de congrégations religieuses d'hommes et de femmes. Le modèle proposé explicitement par le fondateur était celui du «moine laboureur, éducateur et missionnaire». La devise donnée à ces missionnaires était empruntée à saint Paul (1 Co 9, 22), «se faire tout à tous», se fondre dans le peuple à évangéliser, en formant des Africains qui soient des apôtres pour leurs frères de race.

Mgr Lavigerie n'a pas formulé de règles, mais a posé de solides principes d'organisation. C'est ainsi qu'est imposée une forme de vie communautaire, les membres de chaque établissement, ou «station», formant une équipe fondée sur le principe de coresponsabilité. Initiateurs essentiellement, les missionnaires ont pour tâche de former des prêtres, religieux et catéchistes originaires de pays évangélisés.

ORGANISATION

La Société se distingue par une organisation centralisée. Le pouvoir suprême appartient au chapitre général qui élit un supérieur général et ses quatre assistants, et a charge d'élaborer les lois et constitutions de l'institut. Dans les pays de mission, les différentes stations créées par les pères blancs sont placées sous la direction d'un poste central très structuré. On parle de «provinces» pour les missions en Europe ou en Amérique, et de «régions» en Afrique. Jusqu'en 1894, date du premier chapitre général, les pères blancs, recrutés surtout en France, prononçaient un engagement définitif. Depuis, le serment perpétuel est émis au terme d'une période à vœux temporaires.

Renvois : Missions étrangères (Société des). Province. Vœux religieux.

Bibl. : *Dict. de spiritualité*, art. Lavigerie. *Diz. degli ist. di perf.*, art. Lavigerie et Missionari d'Africa.

MISSIONS ÉTRANGÈRES (Société des)

Société fondée en 1663.

HISTORIQUE

Vincent de Maur, membre de la Compagnie du Saint-Sacrement, fondée en 1630 par Henri de Léris, duc de Ventadour, entreprend en 1658, avec un groupe de prêtres, une démarche à Rome auprès du Saint-Siège et de la congrégation de la Propagande. Il s'agit d'obtenir la nomination de quatre évêques comme vicaires apostoliques du Saint-Siège au Canada, au Tonkin, en Cochinchine et en Chine. En 1659, à la suite de cette demande, la congrégation de la Propagande formule la doctrine pontificale des Missions, publiée à Paris en 1676.

Établi en 1663 à Paris, rue du Bac, le séminaire des Missions étrangères est chargé de mettre en application les principes posés par la congrégation : créer des clergés autochtones, veiller à s'adapter aux mœurs et coutumes locales. Il est enjoint aux missionnaires de ne prendre aucune décision importante sans en référer à Rome, et de ne sacrer aucun évêque sans l'accord de la congrégation romaine. À partir de 1837, l'appellation de «Société des Missions étrangères» est généralement adoptée ; elle sera de règle à partir de 1870. La Société connaît un important développement entre 1870 et 1914.

Le but proclamé de la Société est de former un clergé local dans les différents pays de mission, et d'ordonner les prêtres sur place. On voit ainsi se multiplier les évêques asiatiques à partir de 1925.

ORGANISATION

C'est seulement en 1700 qu'un règlement est rédigé. Il prévoit une sorte de démocratie directe au sein de la Société. Les problèmes la concernant sont réglés à la majorité des voix, à raison d'une voix par mission, et d'une pour Paris. En 1870, lors du concile du Vatican, l'accroissement du nombre des membres oblige les évêques de la Société à modifier ses statuts, en se donnant à eux-mêmes les pouvoirs auparavant dévolus aux missions. En 1917, le nouveau Code de droit canonique transforme la Société en une sorte de congrégation sans vœux, ayant à sa tête un supérieur général élu pour un temps limité. La direction collégiale était donc supprimée.

La Société recrute traditionnellement des prêtres mis à la disposition de la Propagande pour former, principalement en Asie, un clergé local. Les membres de ce clergé sont groupés en équipes, comportant des éducateurs et des professeurs capables d'assurer l'enseignement dans les différents séminaires et les universités. En 1979, la Société comptait six cent vingt-trois membres.

Bibl. : *Catholicisme*, art. Missions étrangères de Paris. *Les Ordres religieux* (dir. G. Le Bras), t. I, 1979, p. 63.

MOINE

Du grec *monachos*, adjectif signifiant «unique», «seul».

Dans l'Église catholique romaine, ainsi que dans l'Église catholique d'Orient, on désigne sous le nom de moines les hommes qui, après s'être retirés du monde, vivent en communauté avec d'autres, et mènent une vie entièrement soumise à la règle de leur ordre, ainsi qu'aux vœux prononcés à l'entrée dans la condition monastique : vœux solennels de pauvreté, de chasteté et d'obéissance à leurs supérieurs. Tous les religieux ne sont pas moines. En l'absence d'une définition claire donnée par le Code de droit canonique, on peut dire que le nom de moine est réservé aux religieux appartenant à des ordres soumis à la règle des vœux solennels.

Au IVe siècle, dans la *Vie de saint Antoine* d'Athanase, le mot grec *monachos* désigne une forme de vie ascétique. À cette époque, est qualifié de *monachos* celui qui mène une vie d'ermite. Le terme entre dans la langue de l'Église latine au IVe siècle environ, sous la forme *monachus*. Il désigne alors un ermite vivant dans la solitude, face à Dieu. Saint Jérôme précise et adopte un sens transposé : le *monachus* est celui qui vit seulement pour Dieu. Au IVe siècle, saint Augustin interprète le mot à sa manière : «monos enim unus solus est» (*monos* : seul), et il commente en reprenant une formulation de saint Paul : «cor unum et anima una», un seul cœur et une seule âme. En d'autres termes, il prend en considération l'unité dans la solitude, qui caractérise les communauté monastiques, et non plus seulement la solitude.

Au Moyen Âge, les deux sens coexistent, celui qui met l'accent sur la séparation d'avec le monde et la solitude, et celui qui insiste sur

***Moine** dans la forêt.*
Peinture
de Carl Blechen.
Collection particulière.

l'unité, liée à l'idée de pluralité. À l'époque moderne, dom Guéranger, en 1868, situe le moine dans le cloître : pas de moine sans monastère. Il est cependant permis de considérer que seuls les religieux membres d'ordres soumis à l'émission de vœux solennels peuvent être appelés moines.

Renvois : Monachisme. Monastère. Règle monastique.

Bibl. : *Diz. degli Ist. di Perf.*, art. Monaco (J. Gribomont et J.-P. Muller). J. Leclercq, «Études sur le vocabulaire monastique au Moyen Âge», *Studia Anselmiana*, n° 48, Rome, 1961. *Novum Glossarium Mediæ Latinitatis*, art. Monachus, Copenhague, 1963.

MOINE DE CHŒUR

À partir de la réforme clunisienne (XIIe s.), on a pris coutume de distinguer les «moines de chœur» — formés le plus souvent depuis l'enfance aux modalités spécifiques de la liturgie et des études sacrées, et qui prennent place dans le chœur de l'église du monastère — et les religieux nouveaux venus, qui s'adonnent aux travaux d'ordre matériel. Dans l'ordre cistercien, en particulier, on faisait une nette distinction entre les moines de chœur d'une part et les convers d'autre part.

Renvois : Cisterciens. Convers.

Moines noirs.
Scène de la vie de saint Benoît,
fresque, détail,
XVe siècle. Florence,
cloître de la Badia.

MOINES NOIRS ET MOINES BLANCS

Les bénédictins ont été appelés «moines noirs» au Moyen Âge, car leur coule et leur robe sont de couleur noire. Les cisterciens ayant adopté pour leur habit la couleur du tissu brut dite «blanche», on les a dénommés «moines blancs». Les frères prêcheurs ou dominicains sont eux aussi vêtus de blanc.

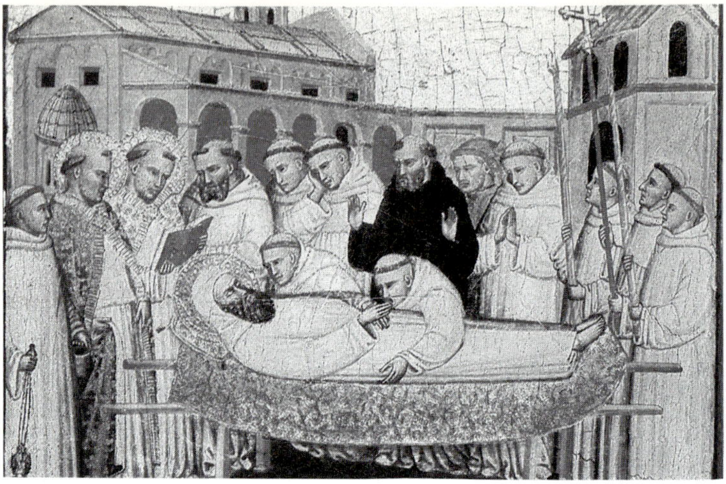

Moines blancs. Cecco di Pietro, *Funérailles de saint Bernard*, XIVe siècle. Dijon, musée des beaux-Arts.

MOISSAC

Abbaye fondée au VIIe siècle.

Traditionnellement, on attribue la fondation de l'abbaye de Moissac (située dans l'évêché de Cahors) à saint Amand, évêque de Tongres (mort vers 679). Le premier monastère est construit sous l'abbatiat d'Ambert (v. 665-678). Dévastée par les Sarrasins après leur défaite à Poitiers, l'abbaye est reconstruite. Les raids normands ruinent de nouveau l'abbaye, qui cherche la protection du comte de Toulouse. D'autres malheurs surviennent au XIe siècle, notamment l'incendie de l'église en 1042. Six ans plus tard, l'abbaye entre dans la famille clunisienne. Saint Odilon, abbé de Cluny, envoie Durand de Bredones

Moissac. Le cloître.

Moissac. Le tympan.

comme abbé à Moissac, qui reconstruit l'église (1063). Pleinement intégrée à l'«ordre clunisien», l'abbaye de Moissac profite de sa situation de relais sur la route du pèlerinage de Saint-Jacques-de-Compostelle. Le cloître est achevé vers 1110, le clocher-porche cinq ans plus tard, et à cette époque le tympan du portail d'entrée est sculpté.

Lors de son passage à Moissac en 1097, le pape Urbain II confirme par une bulle les possessions de l'abbaye, contre les empiétements d'un «protecteur» laïque appelé abbé séculier. Apparu en 1037, ce personnage, en théorie vassal de l'abbé, ne songeait qu'à empiéter sur les droits de Moissac. À cette date (7 mai 1097), l'abbaye de Moissac tient dans sa dépendance quatre abbayes, plusieurs prieurés et diverses églises.

En 1212, pendant la guerre des Albigeois, la ville et l'abbaye de Moissac sont assiégées par Simon de Monfort et maltraitées par les armées des différents partis. Le XIIIe siècle est une période brillante pour l'abbaye, dont les écoles jouissent d'un grand renom ; mais le sombre XIVe siècle amorce son déclin. Les ruines sont restaurées à la fin du XVe siècle, mais le régime de la commende exerce ses méfaits. En 1618, l'abbé commendataire de Moissac obtient du pape Paul V une bulle de sécularisation, qui est confirmée en 1625 par Urbain VIII. L'église devient alors collégiale ; elle est desservie par des chanoines. À la Révolution, le décret du 13 février 1790, supprimant les congrégations religieuses, entraîne la disparition de la collégiale.

Renvoi : Cluny.

Bibl. : *Catholicisme*, art. Moissac. *Enciclopedia cattolica*, art. Moissac. *Quercy roman*, pp. 34 et suiv., Éd. Zodiaque, 1959.

Augustin construit un **monastère**. *Scènes de la vie de saint Augustin*, manuscrit, XVe siècle. Boston Public Library.

MONACHISME

Terme dérivé du verbe grec *monadzein* (vivre seul), le monachisme est un phénomène commun à plusieurs religions, chacune ayant donné naissance à une forme originale. Le monachisme d'inspiration chrétienne, seul pris en compte ici, embrasse un grand nombre d'ordres et de congrégations, de communautés religieuses qui ont en commun leur spécificité chrétienne comme point de référence ultime. Cela explique pourquoi, au IIe siècle, *monachos* — terme dérivé de *monos* qui signifie «seul» — désigne en réalité des moines vivant en communauté. Dans l'Orient méditerranéen, on a alors donné à *monachos* le sens d'«unique», «aimé de Dieu de façon unique, et aimant Dieu seul».

HISTORIQUE

Apparu au début du IVe siècle en Asie Mineure, le mouvement cénobitique donne naissance à des structures solidement constituées. Au IVe siècle, en Égypte, le terme *monachos* désigne des hommes menant une vie d'anachorètes, puis communautaire, et jouissant d'une dignité comparable à celle du clergé. Ces ascètes ont une vie de renoncement, ne consomment ni viande ni vin; la chasteté est de rigueur; saint Antoine et sa *Vie*, écrite par saint Athanase (IVe s.), ont contribué à définir le type de l'anachorète, voué à une ascèse de perfection, à l'écart du monde. Parmi ces anachorètes, certains pratiquent un mode de vie solitaire; d'autres se groupent dans des huttes situées à proximité d'une église, lieu de prière en commun; ainsi est née la laure à laquelle saint Sabas (IVe s.) a donné une règle.

LE MONACHISME DANS L'ÉGLISE D'ORIENT

Avec saint Sabas, la vie religieuse se structure (création d'un monastère à Tabennis, sur le Nil, vers 320). À la même époque, saint Basile, évêque de Césarée de Cappadoce, pose les fondements de l'organisation monastique; il met l'accent sur la vie spirituelle des moines, séparés du monde, et insiste sur les trois pôles de la vie monastique : pauvreté, chasteté, charité fraternelle. Ces principes inspirent tout le développement ultérieur de la vie monastique en Orient. Les lacunes du texte de saint Basile sont compensées par l'œuvre de différents conciles, depuis celui de Nicée en 325 jusqu'à celui de Carthagène en 419.

Dans l'ancien droit de l'empire d'Orient, les *monaci* appartenaient tous à une même famille, sans nette distinction entre les moines de chœur et les autres. Conformément à saint Basile, les moines grecs devaient prononcer des vœux perpetuels de chasteté, pauvreté et obéissance; la législation de Justinien (VIe s.) n'a pas manqué de compléter les lacunes de cette codification progressive.

LE MONACHISME EN OCCIDENT

Dans un premier temps, la vie religieuse née en Orient se répand en Occident; des jalons décisifs sont posés en Italie, à Milan, avec saint Ambroise, en Gaule avec saint Martin de Tours, et surtout en Irlande, où au VIe siècle apparaît une série de monastères. Bangor, sans doute le plus célèbre, fondé sur la rive droite du golfe de Belfast par saint Comgall vers 588, a surtout été illustré par saint Colomban et

Moines cisterciens dans leur **monastère**. Gravure. *Vie des saints Pères du désert d'Occident*, 1708.

saint Gall, eux-mêmes à l'origine d'un important mouvement monastique dans l'est de la Gaule.

Saint Benoît domine cependant l'histoire du monachisme en Occident. Il est en effet le premier qui élabore une règle applicable dans toutes les fondations, et met fin à une période de confusion, marquée par des créations plus ou moins désordonnées. Benoît apporte une règle sage, mesurée, se prêtant sans difficulté majeure à la diversité des contingences locales. Les normes de fonctionnement interne des monastères bénédictins assurent leur stabilité et leur permanence. Tandis que la tradition des monastères orientaux met l'accent sur la vie contemplative et l'ascétisme le plus rigoureux, la règle de saint Benoît confère une valeur éminente au travail manuel. En Gaule, l'adhésion des disciples de saint Colomban à la règle de saint Benoît contibue au succès de celle-ci, qui a ensuite profité de la faveur des rois mérovingiens, en particulier de la reine Bathilde.

ACTION CIVILISATRICE DU MONACHISME

En Occident, le monachisme a joué un rôle considérable dans l'histoire de la civilisation. Grâce au travail des moines dans les scriptoriums et les bibliothèques des monastères, les œuvres majeures de la littérature de l'Antiquité ont été sauvées d'une disparition totale aux époques de grande turbulence. De nombreux penseurs du Moyen Âge ont appartenu aux principaux ordres religieux, le plus célèbre étant saint Bernard. Décisifs aussi ont été les apports du monachisme dans les domaines de l'architecture, de l'art et de la morale. L'humanisation progressive, la transformation du «désert» français en une sorte de vaste jardin cultivé, ont été en partie effectuées sous la direction des moines. Créées hors des villes, les abbayes bénédictines ou cisterciennes ont diffusé une organisation originale et de nouveaux modes de culture dans les campagnes.

Le mouvement monastique a ainsi traversé les siècles, et a survécu à plus d'une crise, l'une des plus graves se situant au XVIIIe siècle, quand l'esprit des Lumières était foncièrement hostile à ces moines tenus pour des parasites tout à la fois paresseux et inutiles. Jugement fort injuste au demeurant. Au XIXe siècle, puis au XXe, la renaissance inattendue du monachisme a témoigné d'une vitalité remarquable, de cette vitalité même qui lui valut de survivre à la tempête de la Révolution française.

Renvois : Antoine le Grand. Bangor. Basile de Césarée. Benoît d'Aniane. Benoît de Nursie. Bernard de Clairvaux. Bibliothèque monastique. Cénobite. Colomban. Convers. Laure. Moine de chœur. Pacôme. Vœux religieux.

Bibl. : *Dict. encycl. du Christianisme ancien*, Paris, 1990, art. Monachisme, (J. Gribonnet). *Diz. degli Ist. di Perf.*, art. Monachesimo (J. Leclercq). *Enciclopedia cattolica*, art. Monachism. *Encyclopædia Universalis*, art. Monachisme. *Le Monachisme, histoire et spiritualité*, D.S.9, Paris, 1980. *Les Ordres religieux* (dir. Gabriel Le Bras), t. I, 1979, pp.18, 20-21, 36, 53 et 55-58. *Naissance et fonctionnement des réseaux monastiques et canoniaux*, colloque CERCOR, Saint-Étienne, 1991.

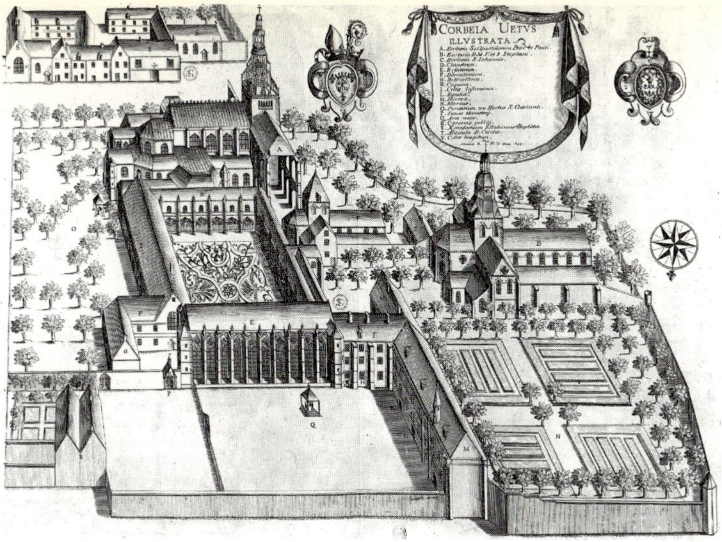

Monastère de Corbie.

MONASTÈRE

Le mot «monastère» est de formation tardive et savante. Fabriqué à partir du latin *monasterium*, il a donné en français commun du Moyen Âge «moutier».

Lorsque sont apparues les premières communautés religieuses, la maison commune a été appelée *monasterion* en grec, et *monasterium* en latin. Le premier monastère a été fondé par saint Pacôme vers 320. Saint Athanase a créé plusieurs monastères à Rome en 341, et saint Martin a établi le premier monastère de Gaule à Ligugé en 375.

En principe, seules les maisons religieuses habitées par des moines ou des moniales ont droit à cette dénomination. Toutefois, les habitations de chanoines réguliers sont aussi appelées monastères. Le monastère est la maison des moines.

MONASTÈRE *SUI JURIS*

Selon le droit canonique, il s'agit d'un monastère autonome, placé sous l'autorité d'un supérieur qui n'est lui-même soumis à aucun supérieur majeur. Un tel monastère ne dépend pas d'une autre maison ; il peut adhérer à une congrégation, ou fédération, sans perdre son autonomie.

Renvois : Abbaye. Chanoines réguliers. Congrégation. Couvent. Moines. Pacôme.

Bibl. : *Dict. de droit canonique*, art. Monastère (E. Jombart).

MONIALE

Une moniale est une religieuse qui a émis des vœux solennels et est spécialement vouée à la vie contemplative.

Moniales.
Saint François donne leurs statuts aux moniales, gravure, XVIIe siècle. Chantilly, bibliothèque les Fontaines.

Au Moyen Âge, et jusqu'au XVIe siècle, les religieuses vivant en communauté dans des monastères prêtaient des vœux solennels et pouvaient toutes être appelées moniales. On voit apparaître à partir du Concile de Trente des congrégations de religieuses à vœux simples. Le nom de moniale tend dès lors à désigner abusivement une catégorie particulière de religieuses à vœux solennels. La Révolution et le Concordat de 1801 ont marqué un tournant. Au XIXe siècle, en effet, le Saint-Siège décide en raison des circonstances d'ordonner aux moniales de France et de Belgique de se contenter provisoirement d'émettre des vœux simples. Le Code de droit canonique de 1918 définit les moniales comme des religieuses à vœux solennels (*religiosæ votorum solemnium*), et admet l'existence de certains cas particuliers.

Renvois : Moines. Monachisme. Reclus. Vœux religieux.

Bibl. : *Dict. de droit canonique*, art. Moniales (E. Jombart).

MONT-CASSIN

Abbaye fondée par saint Benoît vers 529.

HISTORIQUE

En 529 environ, saint Benoît quitte Subiaco et abandonne définitivement la vie d'ermite. Avec un nombre croissant de disciples, il va fonder un nouveau monastère au Mont-Cassin, au sud du Latium. Les moines sont alors pour la plupart des laïcs, sans statut clérical précis. Le mode de vie est défini en fonction d'usages que Benoît consignera quelques années plus tard lorsqu'il rédigera sa règle. Tout en accordant la place qui lui est due à la prière personnelle, Benoît attribue une importance primordiale à la célébration en commun de l'office divin.

Vers 580, l'abbaye est ravagée par les Lombards. Elle est restaurée au VIIIe siècle. Lorsque Charlemagne y passe en 787, il se fait donner le texte de la règle de saint Benoît. C'est un manuscrit de saint Gall, reproduisant ce texte alors tenu pour original, qui a servi de base aux éditions critiques de la règle de saint Benoît. Le Mont-Cassin est de nouveau ravagé par les Sarrasins en 833, et les moines se réfugient à Capone. Le monastère est reconstruit entre 849 et 886. L'abbaye exerce alors un rayonnement spirituel et intellectuel remarquable. Son scriptorium produit de somptueux manuscrits et invente une nouvelle sorte d'écriture, l'écriture *geneventana*. Les XIIe et XIIIe siècles sont une époque troublée pour l'abbaye, placée au cœur des conflits qui opposent la papauté au Saint-Empire, et des menées des rois de Sicile. À plusieurs reprises, les moines seront expulsés de leur monastère, qui a pris des dimensions considérables et possède de grands domaines. Le 9 septembre 1349, un tremblement de terre détruit les bâtiments claustraux ainsi que l'église. Tout est reconstruit vingt ans plus tard.

Soumise au régime de la commende de 1454 à 1504, l'abbaye est ensuite annexée à la congrégation de Sainte-Justine. Entre les XVIe et

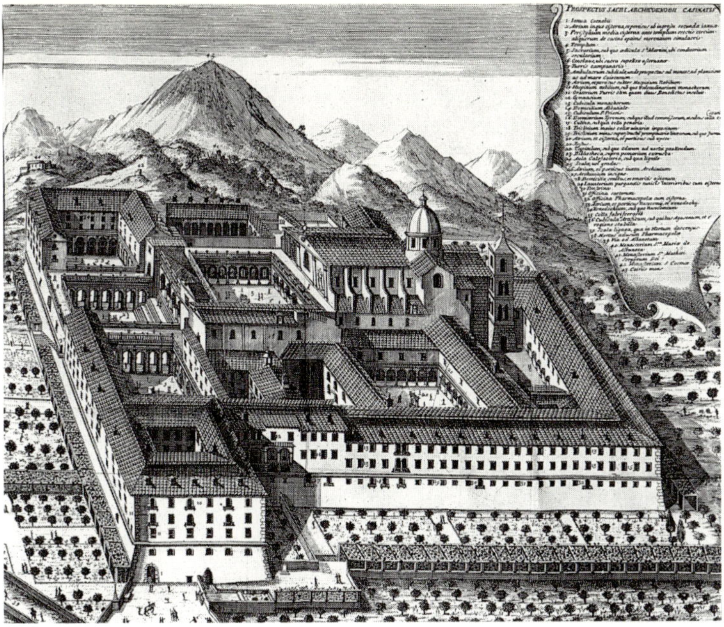

L'abbaye
du **Mont-Cassin**.
Gravure, XVIIIe siècle.
Chantilly,
bibliothèque
les Fontaines.

XVIIIe siècles, les bâtiments prennent la monumentalité architecturale qui caractérise les constructions monastiques européennes à cette époque. Au terme d'une série de vicissitudes, le Mont-Cassin est supprimé en 1867, mais les moines restent cependant sur place, comme «gardiens d'un monument national». Le monastère reprend vie au XXe siècle. Entièrement détruit par un bombardement allié le 15 février 1944, il est de nouveau reconstruit, et Paul VI consacre l'abbaye rénovée en 1964.

ORGANISATION

D'abord composée de moines laïcs, l'abbaye du Mont-Cassin abrite ensuite des moines clercs, sans qu'ils soient tous prêtres. Son importance extraordinaire tient au fait que les reliques de saint Benoît et de sa sœur Scholastique y sont déposées, ce qui fait d'elle un sanctuaire privilégié.

Jusqu'au XVe siècle, la communauté a bénéficié d'un régime qu'on a qualifié de «démocratie monastique». L'abbé, élu par les moines, est soumis au contrôle administratif du *consilium fratrum*, «conseil des frères», et a cependant une autorité propre, conformément à la règle de saint Benoît. L'importance des possessions de l'abbaye fait qu'elle est, au XIIIe siècle, une sorte de royaume. Ainsi les moines titulaires des différents «offices», le sacristain (*sacrista*), le camérier (*camerius*), le cellerier (*cellerarius*), par exemple, sont de puissants personnages. Ils n'en restent pas moins soumis à un contrôle rigoureux et doivent rendre compte de leurs gestions deux ou trois fois par an à la communauté des moines; de même l'abbé, pour ce qui est des aspects administratifs de sa fonction, est soumis au contrôle de l'assemblée des moines.

Ce régime libéral est supprimé en 1504, lors de l'entrée du Mont-Cassin dans la congrégation de Sainte-Justine. Dès lors, en effet, l'abbé devient un simple délégué du chapitre général de la congrégation, celle-ci y ayant introduit ses propres constitutions. Aujourd'hui, l'abbaye du Mont-Cassin est régie par la règle commune à l'ordre bénédictin.

Renvois : Abbaye. Abbé. Benoît de Nursie.

Bibl. : *Diz. degli Ist. di Perf.*, art. Monte Cassino.

Bernard de Montfaucon. Gravure, XVIIIe siècle.

MONTFAUCON (Bernard de)

Bénédictin de la congrégation de Saint-Maur. 1655-1741.

D'origine noble, Bernard de Montfaucon prend l'habit bénédictin à Toulouse en 1675. Son aptitude au travail scientifique le fait appeler à Paris en 1687 où il se lie avec l'érudit Charles Du Cange. Auteur de plusieurs ouvrages fort savants, il forme autour de lui une petite académie, dite des «bernardins». Reçu à l'Académie des inscriptions en 1719, il meurt à l'abbaye de Saint-Germain-des-Prés en 1741.

La liste des publications de ce grand mauriste est longue. Relevons une *Palæografia græca*, publiée en 1708, et l'*Antiquité expliquée et représentée en figures*, qui comprend quinze volumes publiés entre 1719 et 1724, œuvre immense en dépit d'une certaine imperfection.

Renvoi : Congrégation de Saint-Maur.

MONTHOLON (Catherine de). Voir Ursulines.

MONT-SAINT-MICHEL

Abbaye bénédictine fondée en 966.

HISTORIQUE

Situé sur le mont Tombe au fond d'une baie dans l'ancien diocèse d'Avranches, Saint-Michel «au péril de la mer» a abrité au VIIIe siècle une communauté venue d'un monastère voisin qui y a fondé deux oratoires, l'un au sommet du rocher, l'autre à son pied. Le culte de saint Michel semble avoir été établi au Mont au début du VIIIe siècle par l'évêque d'Avranches, Aubert. En 966, le duc Richard de Normandie (942-960) remplace les moines par des bénédictins venus de l'abbaye de Saint-Wandrille. Ceux-ci construisent un monastère. Au début du

Saint Grégoire. Boniface Bembo, fresque, vers 1450. Crémone, Sant'Agostino.

Saint Martin renonce aux armes. Simone Martini, fresque, avant 1319. Assise, basilique San Francesco.

XIIe siècle, les ducs de Normandie ont pris coutume de désigner l'abbé du Mont. Au terme d'un affrontement de cinq ans opposant les moines au pouvoir ducal, l'élection par les moines de l'abbé Robert de Thorigny (1154-1180), alors prieur du Bec, est acceptée par le duc. Robert fut un grand abbé et un bon administrateur. En 1203, l'abbaye passe sous domination du roi de France. Elle reste fidèle à la couronne pendant la guerre de Cent Ans.

Au XVIIe siècle, les drames de la guerre civile se conjuguent aux méfaits de la commende. Une partie de l'abbaye est utilisée comme geôles de l'État par le pouvoir royal jusqu'au XVIIIe siècle. Les moines sont chassés et les biens de l'abbaye confisqués lors de la Révolution, en 1791. Transformée en prison, l'abbaye est incendiée en 1834. L'évêque de Coutances et d'Avranches, Jean-Pierre Bravard (1862-1874), loue alors les bâtiments et y loge huit pères de l'abbaye Saint-Edme de Pontigny, de 1867 à 1874. À cette époque, l'abbaye redevient un centre de pèlerinage. Le renouveau de vie monastique tenté par Mgr Joseph Guérard échoue. Depuis les Fêtes du millénaire, en 1966, il y a eu une reprise temporaire de la vie bénédictine. Actuellement, un moine chapelain, profès de l'abbaye du Bec, assure une présence monastique au Mont.

Mont-Saint-Michel. La salle des Chevaliers.

LA «MERVEILLE»

Le bâtiment claustral appelé, dès le Moyen Âge, la «Merveille» du Mont, construit de la fin du XIIe siècle à 1236, est conçu en hauteur, et non à l'horizontale comme d'ordinaire. De puissants contreforts soutiennent les trois étages du bâtiment. Le cloître est à l'étage le plus élevé, avec le réfectoire. L'ensemble de ces bâtiments monastiques enserre l'église abbatiale. Au sommet, la flèche du XIXe siècle est surmontée de la statue de saint Michel.

Renvois : Bec-Hellouin. Saint-Wandrille.

Bibl. : *Catholicisme*, art. Mont-Saint-Michel. *Diz. degli. Ist. di Perf.*, art. Mont-Saint-Michel.

MONTSERRAT

Abbaye Sainte-Marie de Montserrat, fondée au XIe siècle.

À une soixantaine de kilomètres de Barcelone, Montserrat est accroché au flanc d'une montagne escarpée. Plusieurs ermitages y sont mentionnés au IXe siècle, ainsi qu'un oratoire dédié à sainte Marie, dès lors fréquenté par des fidèles. L'ermitage lié à l'oratoire est désigné comme monastère en 1027. Cinq ans plus tard, il devient prieuré de l'abbaye de Ripoll. À cette époque déjà, l'oratoire était un sanctuaire marial abritant une statue de «Vierge noire» tenue pour miraculeuse. Le monastère est érigé en abbaye en 1409 par le pape Benoît XIII. Son développement est contrarié par le régime de la commende et par l'usage de partage des revenus entre les moines de chœur. En 1493, les

Montserrat. La bibliothèque du monastère.

rois catholiques Ferdinand et Isabelle l'incorporent à la congrégation bénédictine de Valladolid qui vient d'être créée.

Le XVIe siècle est l'âge d'or du monastère de Montserrat et des treize ermitages qui en dépendent. La dévotion à la Vierge de Montserrat se développe parallèlement à l'essor de la jeune monarchie espagnole. Des pèlerins venus du monde entier y affluent. La guerre d'Espagne conduite par Napoléon est fatale à l'abbaye, qui est presque entièrement détruite en 1811. La reconstruction, à l'initiative de quelques moines, commence en 1844. Le monastère devient ensuite un foyer de la renaissance catalane, de nature à la fois religieuse et patriotique et, en 1881, le pape Léon XIII proclame la Vierge de Montserrat patrone des diocèses de Catalogne. La guerre civile d'Espagne (1936-1939) suspend la vie du monastère, qui peu à peu reprendra. Actuellement, Montserrat reste un des sanctuaires du culte marial les plus fréquentés. Centre de renouveau liturgique, le monastère abrite aussi une école de musique sacrée et un foyer de recherche scientifique religieuse connu pour ses publications, notamment les *Studia monastica.*

Bibl. : *Diz. degi Ist. di Perf.*, art. Montserrat.

NERI (Philippe). Voir Philippe Neri.

NOIRMOUTIER

Monastère insulaire fondé en 677.

Fondateur de l'abbaye de Jumièges en 654, saint Philibert doit la quitter à la suite d'un conflit avec le maire du palais, Ebroïn ; en 677, l'évêque de Poitiers Ansoeld lui concède l'île de Her, ou Heirio, sur la

Noirmoutier. La crypte du monastère.

côte de Vendée, pour y établir un monastère appelé d'abord Herimonasterium, Hermoutier. Ce nom devient ensuite Nermoutier, puis Noirmoutier. La nouvelle fondation est peuplée de moines venus de Jumièges. Le monastère de Noirmoutier devient un foyer de diffusion apostolique ; il a aussi contribué à développer la vie économique du voisinage ; saint Philibert passe en effet pour avoir enseigné aux habitants la technique des marais salants. Il meurt à Noirmoutier et y est enterré.

Devant la menace venue des incursions normandes, les moines s'établissent d'abord sur la terre ferme, à Dias, et y construisent une vaste église de pèlerinage sous le nom de Saint-Philibert-de-Grandlieu. En 845, chassés par les Normands, ils fuient d'abord dans le prieuré de Cunaud (Maine-et-Loire), puis en 854 à Mesnais, dans un domaine que leur offre Charles le Chauve. La communauté arrive enfin à Tournus, où elle fonde l'abbaye Saint-Philibert. Noirmoutier devient alors une dépendance de Tournus.

Seule subsiste la crypte de l'église d'origine remaniée à plusieurs reprises.

Renvois : Jumièges. Tournus.

Bibl. : *Catholicisme*, art. Noirmoutier. D. et P. Baudry, *Saint-Philibert de Grandlieu*, 1975.

NORBERT. Voir Prémontrés.

OBLAT

Transcrit du latin *oblatus*, participe passé passif du verbe *offerre* (offrir), le terme oblat désigne une personne qui s'offre à Dieu, ou un enfant qui est offert par ses parents.

L'OBLATURE DES ENFANTS

Dès l'origine, il est d'usage chez les chrétiens d'offrir à Dieu un ou plusieurs de leurs enfants en les confiant à un monastère — coutume assez conforme à l'esprit de la loi romaine qui attribuait au père des droits quasi illimités sur ses enfants. Très tôt, on dénonce certains abus de parents qui se débarrassent ainsi d'enfants victimes de malformations. Ces abus expliquent le soin que prend l'Église d'Orient, par la règle de saint Basile (IVe s.), de réglementer cette pratique. Un monastère ne peut refuser d'admettre un orphelin. Pour les enfants qui ne sont pas orphelins, on doit attendre qu'ils aient acquis le plein exercice de leurs facultés mentales, c'est-à-dire vers seize ou dix-sept ans, pour «faire profession de chasteté» devant des témoins privilégiés. Il appartient alors au jeune homme ou à la jeune fille de choisir entre un engagement en principe définitif dans la vie monastique, et un retour à la vie laïque. Saint Césaire d'Arles (début du VIe s.) prescrit en revanche d'admettre les garçons à partir de six ou sept ans, et les filles à partir de dix ou douze ans. Plus tard, ils ont le choix de ratifier leur engagement.

La règle de saint Benoît (VIe s.) est plus contraignante car elle admet des enfants de moins de six ans. La formule d'oblation rédigée par leurs parents ou tuteurs, devant témoins, engage définitivement les intéressés dans la vie monastique; elle prévoit que l'oblat renonce à tout héritage, ce qui équivaut à l'émission de vœux solennels. Cette formule rigide fut appliquée avec une sévérité variable tout au long du Moyen Âge. Le refus qu'elle comportait de prendre en compte la liberté des enfants présentait différents inconvénients qui ont gravement altéré l'esprit d'une institution devenue anachronique. Le concile de Trente (1545-1563) a enfin supprimé l'oblature des enfants.

L'OBLATURE DES ADULTES AU MOYEN ÂGE

Dès le haut Moyen Âge, à partir du VIIIe siècle, on voit des hommes et des femmes offrir leur personne, et éventuellement leurs biens, à un monastère. Leur intention est de réformer leur vie — de faire une *conversio morum*, en se conformant dans la mesure du possible aux exigences de la règle —, et de pouvoir participer ou s'associer à la prière et à la vie liturgique de la communauté des moines. Il peut s'agir, par exemple, du fondateur laïque d'une abbaye. On voit aussi des familles entières qui se mettent au service d'un monastère, et deviennent des *servi* de celui-ci. Les troisième et quatrième conciles de Latran (1179 et 1215) entreprennent de donner un cadre normatif à ce phénomène. L'acte de l'oblation doit revêtir une forme solennelle. Elle se fait entre les mains de l'abbé, avec signature d'une charte devant témoins. Les oblats, logés hors du monastère, contribuent à assurer les nombreuses tâches permettant à l'abbaye de vivre matériellement. Plusieurs formules sont concevables. Les uns offrent au monastère leurs biens, avec leur personne, mais restent dans le monde et jouissent de l'usufruit d'une partie au moins de leurs biens. D'autres donnent tout sans réserve; ils sont alors admis à entrer dans le monastère, à l'intérieur de la clôture, et sont plus ou moins assimilés aux moines, sans être toutefois jamais confondus avec eux. Ils ne relèvent donc plus de la juridiction de l'évêque du lieu, mais de celle de l'abbé du monastère. Au Moyen Âge, à une grande diversité de formules et de statuts répond une terminologie flottante. Les textes désignent en effet ces «oblats» sous différents noms. On peut citer ainsi, outre *oblati*, *donati*, *condonati*, *offerti*, *commissi* (qui se sont donnés, remis...), *familares* (serviteurs de la communauté-famille), *hospites* (hôtes) et enfin *conversi* (convertis, convers), ce dernier terme étant affecté d'une ambiguïté frappante.

L'OBLATURE À L'ÉPOQUE MODERNE

Dom Guéranger.
Gravure.
Paris, Bibliothèque nationale.

Le caractère institutionnel de l'oblature s'atténue progressivement, puis disparaît presque. Il s'agit alors, sans qu'on puisse donner de datation précise, d'un lien noué par des personnes pieuses avec un ordre monastique. Ce lien peut prendre une forme assez définie, comme c'est le cas pour les tiers ordres.

Au XIXe siècle, de nouvelles communautés religieuses ou laïques se sont désignées sous le nom d'oblats, ou d'oblates, tels les oblats de Saint-François-de-Sales, à Troyes, en 1866. Toujours au XIXe siècle, le mouvement de renaissance de l'ordre bénédictin animé par dom Guéranger, abbé de Solesmes de 1805 à 1875, a suscité l'apparition d'«oblats» autour du monastère. Sous ce nom, dom Guéranger désignait des prêtres et fidèles souhaitant vivre en union de prière avec les communautés fondées à son instigation. Souhaitant donner une forme plus précise à ces liens qui restaient un peu vagues, il avait prévu une bénédiction, une certaine spécificité du costume, ainsi que l'engagement de s'associer aux formes proprement bénédictines de la prière. Selon cette formule, les oblats ne prononcent ni vœux ni promesses solennelles. Des statuts progessivement élaborés sont approuvés, on est tenté de dire «figés», par Pie X le 18 juillet 1903 : une promesse explicite des oblats est alors requise avec une lecture de charte de profession proche de la profession des moines. Le concile Vatican II a orienté l'oblature vers des formules moins rigides.

Renvois : Charles Borromée. Clôture. Convers. Moines. Tiers ordre.

Bibl. : *Catholicisme*, art. Oblats, oblates, et Oblature (H. Maisonneuve). *Dict. d'Archéo. chrét. et de liturgie*, art. Oblats (H. Leclercq). *Dict. de Spiritualité*, art. Oblature (G.-M. Oury). *Diz. degli Ist. di Perf.*, art. Oblati (J. Dubois). *Enciclopedia cattolica*, art. Oblati e oblate (A.P. Frustaz). J. Hourlier, «Les religieux» *Histoire du droit et des institutions ecclésiastiques en Occident*, t. X, *L'Âge classique*, 1974. G. Le Bras, «Les institutions ecclésiastiques de la chrétienté médiévale», in A. Fliche et H. Martin, *Histoire de l'Église*, t. XII, 1964. P. Ledoux, *Les Origines de l'oblature bénédictine*, Ligugé, 1927.

ODILON. Voir Cluny.

ODON. Voir Cluny.

Jean-Jacques Olier. Gravure. Paris, Bibliothèque nationale.

OLIER (Jean-Jacques)

Fondateur de la Compagnie des prêtres de Saint-Sulpice. 1608-1657.

Né à Paris, Jean-Jacques Olier grandit à Lyon, où son frère est nommé intendant royal. Il est élevé au collège des Jésuites. Sa famille a pour guide spirituel saint François de Sales. Jean-Jacques est tonsuré très jeune, et pourvu de quelques bénéfices ecclésiastiques. Il étudie la théologie à Paris, à la Sorbonne, et est promu maître ès arts en 1627. Atteint d'une ophtalmie au cours d'un voyage à Rome, il est miraculeusement guéri au sanctuaire marial de Lorette ; il décide d'embrasser la vie religieuse, au grand dam de son père qui rêvait pour lui d'une brillante carrière. Il se place sous la direction de Vincent de Paul, est ordonné prêtre en 1633, et s'engage comme prédicateur dans les équipes des missions rurales organisées par ce dernier. Par deux fois, il refuse la crosse d'évêque.

Instruit par les échecs des évêques français dans leurs tentatives de créer les séminaires prescrits par le concile de Trente, il entreprend en 1641 de fonder un séminaire à Vaugirard, près de Paris ; c'est un succès. Jean-Jacques transfère bientôt ce séminaire aux abords de la paroisse de Saint-Sulpice, dont il est le curé depuis 1642. Ce séminaire fournit des directeurs à de nombreuses maisons identiques créées dans diverses provinces, à Nantes, au Puy, à Clermont notamment. Ainsi naît la Compagnie des prêtres de Saint-Sulpice, ou «sulpiciens». En 1657, Jean-Jacques Olier envoie quatre de ses disciples en mission à Montréal, ville qu'il a contribué à fonder en 1642. Gravement malade, il démissionne de sa cure en 1652 et assure la direction du séminaire de Saint-Sulpice et de la Compagnie jusqu'à sa mort en 1657.

Par son action apostolique et la force de sa foi religieuse, Jean-Jacques Olier se situe dans la même ligne que François de Sales, Pierre de Bérulle ou Vincent de Paul. Il a intensément participé au mouvement de spiritualité qui s'est épanoui dans la première moitié du XVIIe siècle. Sa conception de la mission des prêtres était d'une grande élévation et exigence ; il a imposé une sévérité de vie quasi monastique aux séminaires et aux prêtres qu'ils formaient.

Renvois : Bérulle (Pierre de). François de Sales. Oratoire de France. Vincent de Paul.

Bibl. : *Catholicisme*, art. Olier. *Dict. de Spiritualité*, art. Olier. *Diz. degli Ist. di Perf.* art. Olier.

OLIVÉTAINS

Bénédictins de la congrégation de Monte Oliveto, fondée en 1344.

Un patricien siennois, Bernardo Tolomei, fonde en 1319, avec plusieurs membres de la noblesse de Sienne, un monastère au Monte Oliveto : Monte Oliveto Maggiore. Presque aussitôt y apparaît une congrégation, et plusieurs monastères de Toscane demandent à Monte Oliveto Maggiore de leur déléguer des moines afin de les réformer. La

Monte Oliveto Maggiore. Monastère de la congrégation des **olivétains**.

congrégation bénédictine de Monte Oliveto naît ainsi spontanément; elle est approuvée canoniquement en 1344 par le pape Clément VI. Les premiers statuts établissent un seul abbé à la tête de la congrégation — celui de Monte Oliveto Maggiore. Les supérieurs des autres monastères, qu'ils se soient ralliés à Monte Oliveto ou qu'il s'agisse de créations nouvelles, sont tous des prieurs soumis à l'abbé. On appelle ces maisons des *loca* (seul Monte Oliveto a droit à la dénomination d'abbaye). Le fondateur et quatre-vingts des moines, venus secourir les malades atteints de la peste, meurent à Sienne au cours de l'épidémie de 1348. Le drame passé, l'ordre reprend force; il compte vingt-trois maisons en 1400 (en Italie du Nord exclusivement). Une série de suppressions décime l'ordre entre 1771 et 1808. La congrégation renaît au XIXe siècle et reste vivante jusqu'à la seconde moitié du XXe siècle. En France, l'abbaye bénédictine du Bec-Hellouin appartient à la congrégation de Monte Oliveto.

Costume : les olivétains portent l'habit bénédictin, mais leur costume est intégralement de couleur blanche.

Renvois : Bec-Hellouin. Bénédictins.

Bibl. : *Catholicisme*, art. Monte Oliveto Maggiore. *Diz. degli Ist. di Perf.*, art. Congregazione benedittina olivetana, et art. Benedittini olivetana

ORATOIRE DE FRANCE

Congrégation de l'Oratoire de Jésus et de Marie Immaculée, fondée par Pierre de Bérulle en 1612.

La maison et l'église des pères de l'**Oratoire**. Gravure, XVIIᵉ siècle. Paris, Bibliothèque nationale.

À la suite des guerres de religion et des troubles de la Fronde, l'image du clergé séculier de France s'était dégradée. Pierre de Bérulle décide alors de le réformer et fonde le 11 novembre 1611, à la demande expresse de l'archevêque de Paris, une société commune de prêtres, sans vœux ni autres liens que ceux de la charité. Dans cette démarche, il prend pour modèle l'Oratoire de Philippe Neri, représenté en France par une maison en Provence et une en Savoie.

Tout comme les congrégations d'oratoriens de Philippe Neri, les maisons de l'Oratoire de France sont placées sous la juridiction des évêques et mises à leur service. Cette formule originale d'association religieuse a réussi à former de véritables prêtres et à relever considérablement le niveau du clergé français. Le développement de l'ordre est resté limité — une soixantaine de maisons à la mort de Bérulle et quarante-huit en 1788. La congrégation se reconstitue après la Révolution, et compte une centaine de prêtres en 1901. Expulsés de France, les oratoriens se réfugient à Fribourg, en Suisse. Rentrés en 1921, ils ne seront jamais plus de cent vingt.

Dès la fondation, le pape a imposé à Pierre de Bérulle l'obligation de créer des collèges — ce qui a mis l'Oratoire de France en concurrence avec les jésuites. Les oratoriens ont cependant développé des formes originales d'enseignement, dans un esprit d'ouverture aux sciences modernes.

Renvois : Bérulle (Pierre de). Jésuites. Oratoriens. Philippe Neri.

Bibl. : *Catholicisme*, art. Oratoire de France. *Diz. degli Ist. di Perf.*, art. Oratorio di Gesù e di Maria Immacolata.

ORATORIENS

Congrégation de l'Oratoire fondée par Philippe Neri en 1575.

HISTORIQUE

Philippe Neri devient en 1564 curé de l'église Saint-Jean-du-Florentin, à Rome ; il rassemble autour de lui un certain nombre de prêtres et de disciples laïcs. Peu à peu se constitue une communauté qui mène une vie soumise à des règles et participe aux diverses tâches du ministère apostolique. Tous se placent dans la dépendance spirituelle et disciplinaire de Philippe Neri. Celui-ci prescrit des usages et observances sans qu'il y ait de règle à proprement parler. En 1575, Philippe Neri quitte l'église Saint-Jean pour prendre en charge l'église de Santa Maria Novella. Cette même année, une bulle du pape Grégoire XIII érige un institut canonique, la «congrégation des prêtres et clercs séculiers appelée de l'Oratoire», dont les constitutions sont approuvées par le Saint-Siège en 1612 par le bref *Christifidelium*. Cette congrégation de prêtres séculiers d'un genre nouveau comprend à la fois des prêtres et un certain nombre de frères laïcs, placés sur un plan d'égalité théorique avec les prêtres. Elle éprouve d'abord une certaine difficulté à se différencier de l'Oratoire fondé en France par Bérulle en 1611.

Dès 1579, l'Oratoire fonde une deuxième maison à San Severino Marche, puis une autre à Naples en 1586. Les constitutions élaborées progressivement du vivant du fondateur et après sa mort posent en principe que chaque fondation nouvelle doit être établie en congrégation autonome. Cependant, qu'il s'agisse de la maison de Rome ou d'autres fondations, aucune n'est exempte de la juridiction de l'évêque du lieu, ou autrement dit de l'«ordinaire». Les diplômes constitutifs des nouvelles congrégations spécifient qu'elles sont toujours instituées «à l'instar de la congrégation romaine». À la fin du XVIe siècle, il existe une dizaine de congrégations d'oratoires en Italie. La première maison en France est celle de Cotignac, fondée en 1596. Une autre a été fondée par François de Sales à Thonon, et a été approuvée par le pape en 1599. En France, l'Oratoire de Philippe Neri et celui de Bérulle ont d'abord coexisté difficilement.

Au sein de la congrégation de Philippe Neri, la maison romaine reste fidèle à la vivacité d'esprit de son fondateur et au maintien d'une certaine liberté dans l'exercice du ministère apostolique. Celle de Naples, au contraire, dirigée par deux des premiers compagnons de Neri, tend au rigorisme. Désormais, il n'y a plus qu'un Oratoire, en plusieurs congrégations. Jusqu'à la fin du XVIIIe siècle, l'Oratoire essaime en Espagne, au Portugal et en Amérique latine. Le passage douloureux du XVIIIe au XIXe siècle a entraîné de multiples disparitions. Puis l'Oratoire a repris vie et connu un nouvel essor jusqu'à nos jours. Il convient de retenir, en particulier, la remarquable vitalité de la transplantation de l'Oratoire en Angleterre par Newman, en 1848.

ESPRIT ET NATURE DE L'ORATOIRE

L'Oratoire fondé par Philippe Neri est une congrégation autonome, mais toujours soumise à la juridiction de l'ordinaire. «Société cléricale de prêtres séculiers», de clercs et de frères laïques, l'Oratoire est caractérisé par une vie communautaire, sans émission de vœux. Il s'est agi de créer une forme de vie authentiquement chrétienne et catholique, et un clergé séculier réformé. Comme les jésuites, les prêtres de l'Oratoire doivent faire des études solides les préparant au ministère de la parole ; cette exigence de culture est également en rapport avec un autre but de l'ordre, celui de la formation de la jeunesse.

Philipe Neri n'a pas voulu créer un ordre religieux soumis à la rigueur d'une règle monastique, mais a tenu à mettre l'accent sur les notions de mesure et de modération justifiant une honnête discipline, sans extravagance. Tout cela dans une perspective de prière, de vie sacramentelle intense et d'obéissance stricte au Saint-Siège.

L'Oratoire, composé de congrégations multiples, a une organisation hiérarchique, avec à sa tête un supérieur, le «père», pourvu du pouvoir exécutif et élu par la «congrégation générale» qui délibère sur les problèmes généraux concernant l'ordre. Pour le quotidien, quatre «députés» assistent le père, élu pour trois ans et rééligible.

Depuis 1942, il existe une confédération des congrégations oratoriennes, chaque maison gardant son autonomie, avec une entraide active entre les diverses congrégations.

Renvois : Bérulle (Pierre de). François de Sales. Philippe Neri.

Bibl. : *Catholiscisme*, art. Oratoire. *Diz. degli Ist. di Perf.*, art. Oratorieni.

ORDRE DE SAINT-LAZARE. Voir Lazaristes.

ORDRE HOSPITALIER DE LA SAINTE-TRINITÉ. Voir Trinitaires.

ORDRE HOSPITALIER DE SAINT-JEAN-DE-JÉRUSALEM. Voir Chevaliers de Malte.

Frères mendiants présentant une supplique au pape. Manuscrit, XIVe siècle. Paris, bibliothèque de la Sorbonne.

ORDRES MENDIANTS

Les ordres mendiants s'imposent pour règle fondamentale l'interdiction de ne rien posséder en commun. Cette règle complète celle de pauvreté individuelle, engagement commun à tous les ordres religieux. Ils ont en outre le droit de mendier dans les lieux publics. Les ordres mendiants exercent aussi des activités caritatives et pastorales, les frères se livrant à la prédication itinérante, en milieu urbain de préférence. Ils ont bénéficié de l'exemption dès le début de leur histoire. Fortement hiérarchisés, ils échappent au contrôle de l'évêque du lieu, et relèvent directement du pape. Enfin, et il importe de le souligner, les religieux «mendiants» ne sont pas des moines.

HISTORIQUE

Le XIIe siècle est une période de bouillonnement sur le plan social et spirituel. On voit de nombreux inspirés fonder des communautés rompant avec les autorités constituées, comme les Vaudois et les Cathares ou Albigeois. Dominique Guzman, chanoine régulier sous-prieur du chapitre d'Osma, en Vieille-Castille, est invité en 1205 par le pape Innocent III à évangéliser les hérétiques par la prédication et l'exemple d'une vie sans tache. L'un de ses premiers actes est la création d'un monastère féminin à Prouille, dans le diocèse de Toulouse.

En 1215, l'évêque de Toulouse charge Dominique de prêcher contre les cathares dans son diocèse. Bientôt, Dominique se trouve à la tête d'une communauté de missionnaires, noyau du futur ordre des Frères prêcheurs, ou Dominicains, autorisé par le pape Honorius III en 1216. À la même époque, en 1209 exactement, François, jeune bourgeois d'Assise, renonce à sa vie facile; il décide de se conformer strictement à l'Évangile et fonde un autre ordre, qu'il appelle les *Minores*, frères mineurs, approuvé par le pape Innocent III en 1210. Ces deux premiers ordres mendiants, apparus presque simultanément, sont suivis de deux autres au XIIIe siècle : l'ordre des Ermites augustins (à ne pas confondre avec celui des Chanoines réguliers de Saint-Augustin), et les Carmes.

Les membres de ces ordres nouveaux se distinguent des moines en ceci qu'ils ne mettent pas l'accent sur la vie contemplative et la liturgie, mais privilégient la volonté d'imiter le Christ dans l'apostolat. Leur zèle est tel qu'ils ne tardent pas à se heurter à l'hostilité du clergé séculier et des évêques. Ceux-ci voient d'un mauvais œil ces intrus envahir leur domaine propre, et dériver à leur profit des sources de revenu non négligeables, car les églises des frères mineurs concurrencent les églises paroissiales. De surcroît, les frères s'implantent aussi dans les collèges des universités, et des conflits les opposent aux professeurs titulaires de chaires. Ainsi, en 1253, les franciscains et les dominicains refusent de participer à une grève organisée par les étudiants et le corps enseignant de l'université de Paris. Un violent conflit s'ensuit, les papes soutenant les mineurs contre les évêques et l'université. La paix survient enfin en 1300, avec le compromis qu'impose le pape Boniface VIII, limitant les privilèges des mendiants.

Depuis le concile de Trente, la plupart des ordres mendiants sont autorisés à détenir des biens communs. Le Code de droit canonique reconnaît leur statut original et leur accorde le droit de demander l'aumône dans tout diocèse où une maison leur appartient.

Originairement itinérants, les mendiants se sont ensuite fixés dans des couvents stables. Les maisons qu'ils occupent sont en effet dénommées couvents et non abbayes ou monastères. Ces ordres se distinguent enfin par une organisation en provinces, très centralisée, avec un supérieur à la tête de chaque province, et un supérieur général à la tête de l'ensemble.

Renvois : Abbaye. Chanoines. Couvent. Dominicains. Dominique. Exemption monastique. Franciscains. François.

Bibl. : *Catholicisme*, art. Mendiants (H. Maisonneuve). *Dict. de Spiritualité*, art. Frères mineurs. *Diz. degli Ist. di Perf.*, art Mendicanti ordini.

Ordres militaires. *Templiers partant pour la croisade*, fresque, fin XIIe siècle. Chapelle de Cressae.

ORDRES MILITAIRES

Les ordres militaires sont des groupements composés de chevaliers, auxquels sont associés des clercs et des laïcs. Astreints à l'observance d'une règle monastique ou canoniale, les membres de ces ordres sont des religieux. Ils sont groupés dans des couvents, qui sont aussi en quelque sorte des casernes. Ils observent les trois vœux essentiels de religion : obéissance, pauvreté et chasteté, et sont placés sous l'autorité du supérieur de l'ordre auquel ils appartiennent. Les ordres militaires sont sous la juridiction du pape et jouissent du régime de l'exemption. Il s'agit d'ordres religieux, qu'il convient de distinguer des ordres de chevalerie des XIVe et XVe siècles : fondés par des princes ou souverains, ceux-ci sont laïques par nature, et rassemblent la fleur de la noblesse, tels l'ordre du Saint-Esprit, fondé en France au XVIe siècle, ou celui de la Toison d'or, en Bourgogne, datant du XVe siècle.

HISTORIQUE

Les ordres militaires sont nés au XIIe siècle, en rapport étroit avec la lutte armée contre les musulmans. On a même soutenu la thèse que ces moines-soldats n'auraient fait que reproduire du côté chrétien l'organisation musulmane des «combattants de la Foi». Des couvents-forteresses apparaissent dans l'Espagne de la Reconquista dans le premier tiers du XIIe siècle. Les ordres militaires sont les meilleurs défenseurs du royaume latin de Jérusalem. Leur fonction est double. D'une part ils assurent la sécurité de la Terre sainte, construisant de multiples forteresses. D'autre part ces *milites Christi* ont pour fonction d'héberger et de soigner les nombreux pèlerins venus en Terre sainte de l'Europe entière.

C'est ainsi que l'ordre des Hospitaliers de Saint-Jean-de-Jérusalem, reconnu par le pape Pascal II en 1113, est d'abord voué à secourir les pèlerins et les malades. Dès 1120, le deuxième maître de l'ordre, Raymond du Puy, en change profondément la nature en créant en son sein une classe de chevaliers destinés à défendre la Terre sainte par les armes.

Ordres militaires.
«Malte», *statuts de l'ordre de Saint Jean à Jérusalem*. Gravure. Chantilly, bibliothèque les Fontaines.

Quant à l'ordre du Temple, il prend naissance sous le règne du troisième roi de Jérusalem, Baudouin II, qui héberge les «pauvres soldats du Temple» dans son palais, près du temple de Jérusalem. Leur but est de mener la vie des religieux tout en faisant le métier des armes. Cette contradiction apparente n'empêche pas le concile de Troyes de 1128 de leur donner une règle, placée sous la double influence de saint Benoît et de saint Bernard de Clairvaux.

Un troisième ordre, fondé en Terre sainte à la fin du XIIe siècle, l'ordre teutonique, a d'abord une vocation hospitalière. Sa première fondation porte le nom d'hospice teutonique de Sainte-Marie-de-Jérusalem. En 1198, l'ordre devient militaire ; il s'illustre ensuite dans la lutte contre les populations païennes de Transylvanie et de Prusse.

Certains de ces ordres militaires se sont contentés d'adopter la règle cistercienne, sans prétendre avoir une règle propre. C'est notam-

Salle du Krak des chevaliers. (Syrie).

ment le cas des chevaliers de Calatrava, en Espagne, qui, en 1164, obtiennent du chapitre général de Cîteaux d'être considérés comme membres effectifs de l'ordre cistercien.

Lorsque le péril musulman perd de son acuité, les ordres militaires ne disparaissent pas tous. Leur autonomie, née de l'exemption pontificale, les met en conflit avec les pouvoirs séculiers lorsque le pouvoir royal s'affirme dans les différents royaumes d'Occident. Le conflit le plus célèbre a opposé les templiers au roi de France Philippe le Bel, qui l'emporte en 1312. Après ce drame, le Saint-Siège prend acte de la tendance générale, et adopte pour politique de confier l'office de grand maître de chacun de ces différents ordres aux souverains des États où ils sont le plus fortement implantés. En Espagne notamment, la charge de grand maître a été incorporée à la couronne sous le règne des souverains catholiques, Ferdinand et Isabelle. Le Conseil des ordres institué alors devient l'un des principaux rouages du gouvernement espagnol, et même un inspirateur de sa politique générale.

STRUCTURE DES GRANDS ORDRES MILITAIRES

Chacun de ces ordres a une structure très hiérarchisée. À sa tête, un maître, ou grand maître, est assisté d'un chapitre général. L'ordre est organisé en régions composées de prieurés, eux-mêmes subdivisés en commanderies. Les membres sont répartis en trois catégories distinctes : les chevaliers (*fratres milites*), qui assurent des fonctions d'ordre essentiellement militaire, les chapelains (*capellani*), et enfin les artisans (*servientes armigeri*).

SITUATION ACTUELLE

La nature même des ordres militaires s'est profondément modifiée depuis la fin des croisades. Très riches, ils se sont transformés en ordres de chevalerie étroitement liés aux pouvoirs politiques lorsqu'ils n'ont pas disparu. Seul reste fidèle à son passé l'ordre de Malte, qui a gardé son caractère religieux tout en se vouant à des œuvres charitables et sociales. Fruit d'une continuité hors pair, l'ordre de Malte est le dernier avatar des hospitaliers de Saint-Jean-de-Jérusalem, qui étaient entre-temps devenus les chevaliers de Rhodes.

Renvois : Chevaliers de Malte. Chevaliers teutoniques.

Bibl. : *Diz. degli Ist. di Perf.*, art. Militari ordini (F. Macalli). *Les Ordres religieux* (dir. G. Le Bras), t. I, 1979, pp. 42-43 et 655-727.

ORDRE RELIGIEUX

À l'origine, le terme «ordre» désigne l'ensemble de tous ceux qui ont embrassé l'état monastique. Il a donc une acception générale, assez bien illustrée par l'histoire de ce qu'on appelle l'ordre bénédictin. La teneur actuelle de la notion d'ordre n'est guère apparue avant le XIIIe siècle, quand les nouveaux religieux, les franciscains et dominicains en particulier, éprouvèrent le besoin de se différencier par des formes de vie nouvelles en constituant des ordres. De même, par contre-coup en quelque sorte, les disciples de saint Benoît au sens strict se virent aussi attribuer cette dénomination d'ordre, afin de garder une identité distincte. Actuellement, on tend à définir un ordre religieux comme une organisation stricte, sinon rigide, soumise à une règle particulière, et régie selon un principe conciliant le besoin d'une hiérarchie et le souci de sauvegarder une certaine liberté spirituelle.

Renvois : Benoît d'Aniane. Dominicains. Franciscains. Règle monastique.

PACÔME

Un des fondateurs du cénobitisme. V. 292-346.

Pacôme est né de parents païens vers 292, dans le diocèse de Sné, en Égypte, alors sous domination romaine. Il est enrôlé de force comme conscrit, car l'empire a besoin d'une réserve de troupes pour ses expéditions guerrières, et emprisonné. Durant sa captivité, il est secouru par des chrétiens venus visiter les prisonniers. Constantin, une fois vainqueur, fait libérer les conscrits. Sur le chemin du retour, Pacôme fait halte à Seneset, village désert, et s'y installe, se livrant à la culture de quelques légumes et accueillant les gens de passage. En 313, il se fait baptiser puis se rend à Palomon auprès de l'ascète Apa (père), qui le reçoit rudement mais finit par l'admettre auprès de lui. Après un certain temps, il repart et demeure dans un village abandonné, Tabennési, où le rejoignent de nombreux disciples. Pacôme se met à leur service, mais lorsqu'il essaie d'organiser leur vie commune, ceux-ci se rebellent et se dispersent.

C'est alors que Pacôme pose les principes de vie d'une nouvelle communauté : les disciples, appelés frères, doivent chacun se mettre au service de l'autre. C'est une nouvelle forme de monachisme, marquant le début du cénobitisme qui va se répandre rapidement. Il fonde son premier monastère en 320. La communauté est la Koinonia. Une église sera constuite pour les frères et la population; puis une autre à l'intérieur d'une enceinte. Quelques moniales, autour de la sœur de Pacôme, formeront une communauté féminine proche. Les premiers disciples sont les «anciens», les moines de la première génération. Leur modèle de vie instauré par Pacôme comporte un travail aussi bien artisanal qu'agricole; ils vendent leurs produits au marché d'Alexandrie. Le succès est si grand que des pères ayant quelques disciples autour d'eux viennent demander à Pacôme de leur expliquer le modèle de vie religieuse qu'il a élaboré. Des évêques font de même. L'ensemble des fondations, qui se multiplient, se réunissent à Phbôu, sur le Nil, deux ou trois fois par an. Le collaborateur le plus fameux de Pacôme, Théodore, ne lui succédera pas directement. Il deviendra par la suite le père de la Koinonia; ce terme grec désigne au départ la première communauté, puis l'ensemble des monastères, enfin le mode de vie nouveau. À la mort de Pacôme, le 9 mai 346, il y a déjà neuf commmunautés d'hommes et deux de femmes.

Pacôme. Gravure.

Pacôme n'a pas écrit de règle, mais quelques préceptes réglant la vie commune empruntés à l'Écriture — union à Dieu dans la prière et récitation constante de la parole de Dieu, renoncement au péché, au monde, à la famille, partage intégral des biens. Les textes primitifs étaient en copte. Une traduction grecque fut élaborée à partir de ces fragments épars. Les quatre séries de préceptes ont été traduites en latin par saint Jérôme, version passée en Occident et utilisée par saint Basile et saint Benoît.

Renvois : Basile de Césarée. Benoît de Nursie. Règle monastique.

Bibl. : *Dict. de Spiritualité*, art. Pacôme. *Les Ordres religieux* (dir. G. Le Bras), t. I, 1979, p. 13. *La Vie de saint Pacôme selon la tradition copte*, trad. par A. Veilleux, Abbaye de Bellefontaine, 1984 (Spiritualité occidentale, n° 38). *Règles des moines, Pacôme. Augustin. Benoît. François d'Assise. Carmel*; introduction J.-P. Lapierre, Paris, 1982.

PARACLET (le)

Abbaye féminine fondée en 1122.

Abélard, alors moine de l'abbaye de Saint-Denis, est autorisé en 1122 par l'abbé Suger à se retirer dans le lieu de son choix. Il construit un oratoire à Quincey, près de Nogent-sur-Seine, et le dédie à la Sainte Trinité. Les disciples y affluent; un monastère naît alors autour de l'oratoire reconstruit en pierre, qu'Abélard nomme le Paraclet. Ce terme, issu d'un mot grec signifiant consolateur, défenseur, désigne l'Esprit-Saint dans l'Évangile de saint Jean. En 1126, Abélard quitte le Paraclet pour devenir abbé de Saint-Gildas-de-Rhuy, en Bretagne. En

1127, il invite Héloïse, évincée par Suger avec les religieuses de son abbaye d'Argenteuil, à se réfugier au Paraclet et lui en fait don, donation confirmée par le pape Innocent II le 28 novembre 1131. La communauté des religieuses, avec Héloïse pour abbesse, est aidée par Abélard qui leur donne une règle inspirée de celle de saint Benoît. Elle s'ancre dans une spiritualité spécifiquement bénédictine. Les restes d'Abélard sont transférés au Paraclet après sa mort en 1142. L'abbaye essaime ; elle compte cinq filiales en France et constitue un ordre autonome au XIIIe siècle. Elle est supprimée en 1792.

Renvois : Abélard. Fontevrault.

PARAY-LE-MONIAL

Prieuré fondé en 973 et couvent de Visitandines fondé en 1626.

Le comte Lambert de Châlon fonde en 973 avec Maïeul, abbé de Cluny, un monastère bénédictin à Paray-le-Monial dans la région de Mâcon. À cette époque, cette localité s'appelait Sainte-Marie-de-Pareda ; son nom actuel n'est pas attesté avant 1271. En 995, le monastère est donné par le fils de Lambert à l'abbaye de Cluny, qui a alors à sa tête Odilon. Une église est construite entre 1100 et 1110. En 1875, le cardinal Perraud obtiendra du Saint-Siège pour cette église le titre de basilique mineure. Elle offre encore aujourd'hui un bel exemple d'art roman bourguignon.

Dans cette même ville, en 1626, s'installe un couvent de visitandines. Il sera illustré par une religieuse, entrée en 1671, et qui a pour nom sœur Marie Alacoque, gratifiée à partir de 1673 d'apparitions au cours desquelles elle est invitée à propager la dévotion au Sacré-Cœur de Jésus. Marie Alacoque meurt le 17 octobre 1690 ; elle sera canonisée en 1920. Le grand mouvement de ferveur suscité par la visionnaire fait de Paray-le-Monial, et plus particulièrement de la chapelle consacrée au Sacré-Cœur dans le couvent des Visitandines, le centre d'un pèlerinage d'audience mondiale.

Paray-le-Monial. La nef.

Renvoi : Jeanne de Chantal.

Bibl. : *Catholicisme*, art. Paray-le-Monial. *Enciclopedia cattolica*, art. Paray-le-Monial. *Les Ordres religieux* (dir. G. Le Bras), t. I, 1979, p. 151. Ch. Oursel, *Paray-le-Monial et Cluny*, Dijon, 1926.

PÈRES BLANCS. Voir Missionnaires d'Afrique.

PETITES SŒURS DES PAUVRES

Congrégation fondée par Jeanne Jugan au XIXe siècle.

Jeanne Jugan naît en Bretagne près de Cancale le 25 octobre 1792 dans un milieu modeste. Orpheline de père dès 1794, elle est engagée à quinze ans dans un manoir seigneurial. Sa maîtresse, femme charitable, associe Jeanne à ses œuvres. Elle travaille ensuite six ans à l'hôpital de Saint-Servan, puis entre dans le tiers ordre des eudistes. Avec deux compagnes, elle partage à partir de 1823 un appartement à Saint-Servan. Décidées à se vouer au service des malheureux, Jeanne et ses amies hébergent une vieille femme aveugle, puis plusieurs autres personnes en détresse. Le groupe grossit, émigre dans un nouveau logis, plus vaste. L'abbé Le Pailleur les aide à s'organiser en association de charité. Le 29 mai 1842, les servantes des pauvres reconnaissent Jeanne comme sœur supérieure et lui font vœu d'obéissance. Leur maison accueille des vieillards en nombre croissant. Une règle s'élabore au sein de la communauté. En 1843, Jeanne est réélue comme supérieure, mais l'élection est invalidée ; l'abbé Le Pailleur fait nommer une autre supérieure plus jeune à la suite d'événements plus ou moins obscurs. Malgré cet incident, ces religieuses sont appelées communément « les petites Jeanne Jugan » ; elles deviennent en février 1844 les « sœurs des pauvres », puis « petites sœurs des pauvres ».

Le nom de la nouvelle congrégation se répand à partir de Nantes. D'une activité inépuisable, Jeanne Jugan parcourt l'ouest de la France, quêtant de maison en maison ; en 1845, le prix Montyon de l'Académie française lui est attribué. En 1846, elle fonde une maison à Rennes, et jouit d'un grand prestige dans les villes bretonnes. Elle n'est plus supérieure, mais c'est elle qu'on connaît et vers elle qu'affluent les dons. En 1851, la congrégation compte une dizaine de maisons et une centaine de sœurs, ces chiffres ne cessant de croître. La règle élaborée en 1852, influencée par celle de saint Augustin, est approuvée par l'archevêque de Rennes puis par le pape Pie IX le 1er mars 1879. Il y a alors deux mille quatre cents sœurs, groupées dans une véritable congrégation. Jeanne Jugan meurt le 27 ou 28 août 1879 dans l'effacement et l'humilité qui avaient toujours été siens.

Renvois : Eudistes. Filles de la Charité.

Bibl. : P. Milcent, *Jeanne Jugan*, Paris, 1971.

PHILIBERT. Voir Jumièges. Noirmoutier. Tournus.

PHILIPPE NERI

Prêtre, fondateur de l'Oratoire. 1515-1595.

Né à Florence en 1515, Philippe Neri se rend à Rome en 1533. Après avoir fait des études théologiques, il se consacre au soin des malades et des pèlerins. En 1548, il établit à Rome une confrérie de la Sainte-Trinité destinée à porter secours aux pèlerins étrangers, puis fonde l'Hospice des pèlerins. Après avoir reçu les ordres en 1551, il se voue à l'instruction des enfants et s'entoure de quelques jeunes prêtres, que l'on nommera «oratoriens» parce qu'ils se plaçaient sur le parvis des églises pour appeler le peuple à la prière. Philippe Neri forme ensuite une congrégation de l'Oratoire, dont les statuts seront approuvés par le pape Grégoire XIII en 1575. La formule de cette nouvelle société est comparable à la Compagnie de Jésus fondée une trentaine d'années auparavant par Ignace de Loyola; elle s'en distingue en ce qu'elle est plus libre dans sa forme. Il s'agit en effet d'une simple association de prêtres liés entre eux par un idéal de vie sacerdotale, sans vœux et presque sans vie commune, désireux seulement d'édifier par leur piété et leur désir de diffuser la culture.

Philippe Néri. Gravure de B. Picart, 1726. Paris, Bibliothèque nationale.

Renvoi : Oratoire de France.

Bibl. : *Les Ordres religieux* (dir. G. Le Bras), t. I, 1979, pp. 53 et 58.

PORTERIE

À l'entrée du monastère, dans certains ordres (chez les bénédictinss notamment), l'accueil des visiteurs est assuré dans un lieu, la porterie, par un frère, ou un père, qui assure l'office de portier.

Porterie de l'abbaye de Preuilly.

PORT-ROYAL

Abbaye de moniales cisterciennes, fondée en 1204.

HISTORIQUE

L'abbaye de Port-Royal, du diocèse de Paris, est fondée en 1204 dans la région de Chevreuse. Pour peupler la nouvelle fondation, l'évêque de Paris, Eudes de Sully, y fait venir des moniales de l'abbaye de Saint-Antoine, proche de la capitale. Protégée par les seigneurs de Montmorency et le roi Saint Louis, l'abbaye prospère, et

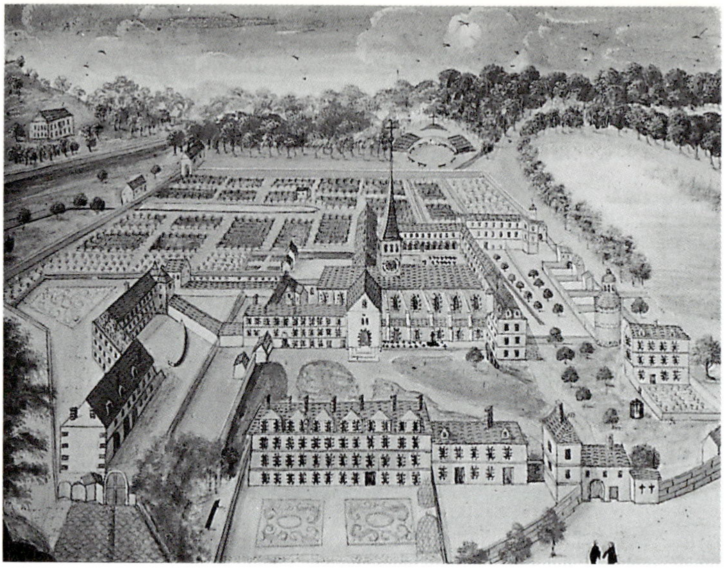

Port-Royal-des-Champs. Madeleine de Boulogne, XVIIe siècle. Versailles, musée.

durant une longue période est un foyer de ferveur et de piété. L'institution du régime de la commende engendre un relâchement de la discipline et de l'observance.

En 1599, l'avocat parisien Antoine Arnauld y fait accepter sa fille Jacqueline Marie, âgée de huit ans, avec un droit de succession à la charge d'abbesse. Trois ans plus tard, l'abbesse en charge meurt, et Jacqueline Marie, devenue sœur Angélique, lui succède. Elle a onze ans et reçoit l'investiture de l'abbé de Cîteaux. En 1608, un sermon de Toussaint, prononcé par un jeune profès de l'abbaye cistercienne de Bégard, la touche profondément ; alors âgée de dix-sept ans, elle décide

Religieuses de Port-Royal. Philippe de Champaigne, 1662.

de réformer son monastère et commence par restaurer la clôture — ce qui provoque la colère de son père, sans que la jeune abbesse fléchisse. Encouragée par saint François de Sales puis par l'évêque de Langres, Sébastien Zamet, elle mène à bien la réforme de son abbaye, et la réforme de Port-Royal gagne diverses autres abbayes féminines. En 1625, la communauté quitte définitivement Port-Royal-des-Champs, à l'instigation de Mme Antoine Arnauld qui, trouvant l'humidité du lieu trop malsaine, a acheté l'hôtel de Clagny, à l'extrémité du faubourg Saint-Jacques.

En 1627, Urbain VIII soustrait l'abbaye à la dépendance du monastère de Clairvaux et la fait passer dans l'obédience de l'archevêque de Paris, Mgr de Condé, de l'archevêque de Sens et de l'évêque de Langres. La mère Angélique prend ensuite pour directeur spirituel l'abbé de Saint-Cyran, que Richelieu fait incarcérer en 1638. En 1647, les religieuses adoptent l'habit blanc, avec une croix rouge, qui fut la marque d'un institut du Saint-Sacrement, fondation éphémère de mère Angélique.

Le monastère de Port-Royal-des-Champs est abandonné par les religieuses en 1625; un groupe de disciples de Saint-Cyran s'y établit et ouvre en 1646 les «petites écoles» pour l'éducation de la jeunesse.

LA CRISE JANSÉNISTE

En 1653, le pape Innocent X condamne cinq propositions de l'*Augustinus*, livre de Jansénius. La plupart des religieuses de Port-Royal refusent d'adhérer à cette condamnation. Devant leur obstination, l'archevêque de Paris disperse d'abord douze d'entre elles dans diverses maisons et introduit quelques religieuses de la Visitation. Les moniales de Port-Royal persistant dans leur refus, l'archevêque Arduin de Périfixe les expédie toutes en 1665 à Port-Royal-des-Champs, d'où sont partis les disciples de Saint-Cyran. Dès lors, il y a deux abbayes de Port-Royal, l'une à Paris avec une abbesse à vie nommée par le roi, l'autre à Port-Royal-des-Champs, avec une abbesse élue pour trois ans. En 1708, les religieuses de cette dernière maison sont dispersées et, deux ans plus tard, les bâtiments sont rasés par ordre du roi. Quant au monastère de Paris, il est supprimé en 1791. Il abrite aujourd'hui une maternité. La chapelle des religieuses est conservée.

Renvois : Cisterciens. Cîteaux.

Bibl. : *Catholicisme*, art. Port-Royal. *Dict. de Spiritualité*, art. Port-Royal. *Diz. degli. Ist. di Perf.*, art. Port-Royal.

PRÉMONTRÉS

Ordre de chanoines réguliers fondé par Norbert en 1120.

NORBERT ET LES DÉBUTS DE L'ORDRE

Norbert naît entre 1080 et 1082 dans une famille noble à Xanten, en Allemagne. À l'âge de neuf ou dix ans, il entre comme oblat à la

Bréviaire à l'usage des **prémontrés**. Paris, 1507. Paris, Bibliothèque nationale.

collégiale de Saint-Victor, dans sa ville natale. Destiné à la cléricature, il est envoyé à l'école canoniale de Laon. En 1108 ou 1109, il est chapelain de l'archevêque de Cologne, et appartient ainsi à l'église du Saint Empire au moment de la querelle des Investitures. Dès 1119, on lui offre le siège épiscopal de Cambrai, qu'il refuse. Il mène une vie de jeune noble insouciant, semble-t-il, jusqu'à l'année 1115 où il faillit être foudroyé lors d'un orage — cet accident serait à l'origine de sa conversion. Il se rend dans un monastère bénédictin à Siegburg, près de Cologne, et décide de changer de vie. Dès le mois de décembre de cette même année, il est ordonné prêtre. Ses premières tentatives de réforme du chapitre de Xanten entre 1116 et 1118 sont très mal accueillies et se soldent par un échec.

Norbert devient alors prédicateur itinérant, comme cela se fait beaucoup dans les premières années du XIIe siècle ; radical, il s'est débarrassé de tous ses biens et s'est démis de son canonicat. Son attitude surprend, scandalise même. Il est accusé de prêcher sans juridiction. Acquitté, il reprend la route en compagnie d'un jeune clerc, Hugues, en 1118.

Au cours de ses pérégrinations, il arrive en Picardie dans un lieu désert, mais pourvu d'une chapelle, Prémontré, lieu-dit qui a donné son nom à l'ordre des Chanoines prémontrés. Norbert envisage de s'y installer, mais il lui faut recruter des compagnons. C'est pourquoi il reprend la route en 1119-1120. Quatorze personnes s'installent en 1120 à Prémontré, qui a été donné à Norbert par l'abbaye Saint-Vincent de Laon.

En 1121, la nouvelle communauté adopte la règle de saint Augustin. Ce sont donc des chanoines qui assurent une charge pastorale, mais vivent comme des moines. À la tête de la communauté, il y a un abbé. Celui de Prémontré a rang de supérieur général. Plusieurs communautés de chanoines se rattachent aux prémontrés, tandis que de nouvelles fondations naissent : Saint-Martin de Laon, Floreffe près de Namur en 1121, Cappenburg et Saint-Michel d'Anvers en 1122. Deux légats pontificaux se trouvant à Noyon en 1124, Norbert leur demande de donner à l'ordre l'approbation officielle de l'Église qui est octroyée au nom de Calixte II. Or, celui-ci meurt à la fin de l'année. Norbert part alors pour Rome demander la confirmation au pape Honorius II, qu'il obtient en mars 1126 alors que l'ordre compte déjà dix églises.

Norbert est élu archevêque de Magdebourg le 25 juillet 1126. Il désigne Hugues de Fosses pour le remplacer à Prémontré, mais n'oublie pas pour autant son ordre : des fondations ont lieu dans son diocèse, à Magdebourg même, avec le monastère double de Notre-Dame de Magdebourg (1129). Survient alors le conflit qui a pour enjeu l'élection du pape Innocent II. Convaincu par Bernard de Clairvaux, Norbert prend parti pour Innocent et entraîne l'adhésion de l'empereur Lothaire qu'il accompagne à Rome, où il tombe malade. Il meurt à peine rentré à Magdebourg, le 6 juin 1134. Une bulle de Grégoire XIII le canonise en juillet 1582.

LES PRÉMONTRÉS, DU XIIe SIÈCLE À NOS JOURS

L'ordre de Prémontré se développe très rapidement ; une quinzaine d'années après sa fondation, il compte cent vingt abbayes, et on en

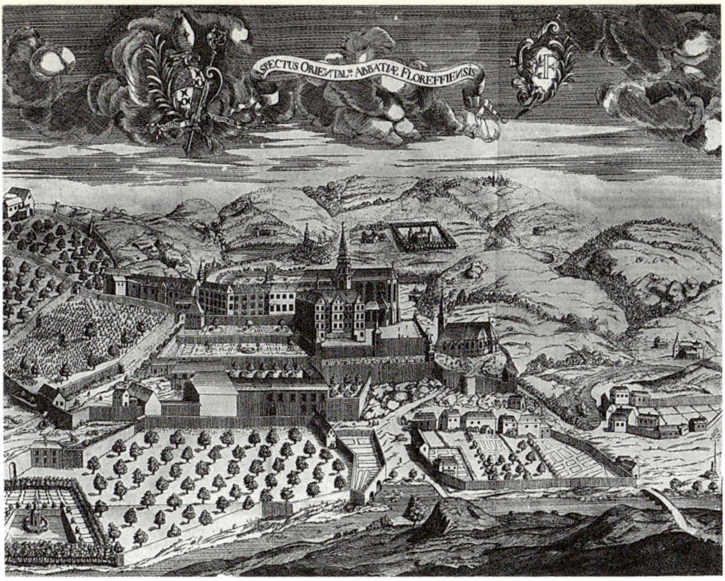

Prémontrés. L'abbaye de Floreffe. Gravure, 1734. Chantilly, bibliothèque les Fontaines.

dénombre cent cinquante vers 1150. Les premières abbayes s'installent en France, en Allemagne et en Belgique ; l'ordre essaime aussi en Angleterre et en Espagne, puis en Hongrie au XIIIe siècle. Finalement, il se répand dans toute l'Europe, à l'exception de l'Italie où les fondations ne survivent pas au-delà du XVe siècle. Ces implantations sont regroupées en provinces, appelées *circaries*.

Au XVIIe siècle, la maison mère est transférée à Pont-à-Mousson. La décadence est déjà fortement amorcée, les protestants ayant contribué au déclin. Même s'il reste quelque deux cents abbayes au XVIIe siècle, elles ne résistent pas aux suppressions du XVIIIe siècle et de la Révolution. Un certain nombre d'entre elles ont pu renaître, comme Saint-Michel de Frigolet en Provence, en 1858 ; l'ordre de Prémontré est aussi présent au monastère du Grand-Saint-Bernard.

Costume : les chanoines avaient adopté le costume canonial — surplis de lin et chape de laine noire. Un capuchon de fourrure que les moines se mettaient sur la tête durant les offices en hiver, l'*aumusse*, fait toujours partie du costume, mais c'est désormais une bande de fourrure déposée sur l'autel pendant l'office.

Renvois : Augustin. Chanoines réguliers. Oblat. Province ecclésiastique.

Bibl. : *Les Ordres religieux* (dir. G. Le Bras), t. II, p. 83 *sqq*.

PRIEUR

Utilisé exclusivement dans le domaine religieux, le terme recouvre plusieurs situations différentes. Dans l'ordre bénédictin, le prieur d'une abbaye représente l'abbé, il est son vicaire. À la tête des prieurés cependant, ou des monastères créés par une abbaye et dépendant d'elle, on trouve aussi des prieurs. Ceux-ci peuvent être «conventuels», s'ils gouvernent une maison *sui juris*, ou «simples», s'ils régissent au nom de l'abbé un prieuré dépendant de l'abbaye.

HISTORIQUE

Le mot *prior* apparaît au VIe siècle avec un sens proche de ce que nous entendons par supérieur. Dans la règle de saint Benoît, le *prior* semble être le premier du monastère, celui qui préside. Sans que la terminologie soit encore rigoureusement fixée, le deuxième personnage dans la hiérarchie de l'abbaye est appelé *præpositus* (prévôt). Puis, à partir du IXe ou Xe siècle, ce terme tend progressivement à être remplacé dans cette acception par *prior*, tandis que le supérieur est dénommé «abbé». Au XIe siècle, marqué par une expansion foisonnante du monachisme, l'abbé de Cluny, foyer de réforme active, est chargé par le pape de réformer et réorganiser un certain nombre de monastères. Dans le cadre de ce mouvement, le pape Pascal II transforme en 1110 un nombre appréciable d'abbayes qui dépendent de Cluny en autant de monastères directement soumis à l'autorité de l'abbé de Cluny ; dans chacun de ces prieurés, son représentant porte le titre de prieur. Un certain nombre d'ordres nouveaux, d'esprit érémitique, comme celui de Grandmont ou celui des Chartreux, ne retiennent pas dans leur organisation le titre d'abbé, mais ont à leur tête de simples prieurs.

De même au XIIIe siècle, les ordres mendiants appellent prieurs leurs supérieurs : ces *priores fratrum* ne sont élus que pour un temps limité. C'est un frère parmi les autres, sans charisme de paternité spirituelle, à la différence des abbés. Aux divers niveaux de la hiérarchie, on trouve dans chaque couvent un prieur conventuel, puis, à la tête de chaque province, un prieur provincial et enfin le prieur général. Dans les ordres mendiants, le prieur ne porte pas de signe distinctif. À partir du XVIe siècle, la généralisation du système de la commende multiplie les abbés vivant loin de leur abbaye ; il appartient dès lors à leurs seconds, les prieurs des abbayes bénédictines, de maintenir la cohésion de la communauté et d'y assurer la continuité d'une vie religieuse. La solution consistant à n'établir qu'un prieur et pas d'abbé a permis à la congrégation de Saint-Maur, par exemple, d'échapper en partie aux inconvénients de la commende.

SITUATION ACTUELLE

De nos jours, dans l'ordre bénédictin, on trouve des prieurés conventuels, monastères autonomes qui ne sont pas encore érigés en abbayes, et des prieurés simples, qui ne jouissent d'aucune autonomie, fût-elle relative ; ils sont soumis à l'autorité directe de l'abbé de l'abbaye mère, qui a sur place un simple représentant, appelé lui aussi prieur.

Renvois : Abbé. Bénédictins. Chartreux. Commende. Couvent. Monastère. Ordres mendiants. Prieuré.

Bibl. : *Catholicisme*, art. Prieur (J. Dubois). *Dict. de droit canonique*, art. Prieur (R. Naz). *Diz. degli Ist. di Perf.*, art. Priore (G. Picasso, J.-P. Müller, D.-M. Montagne). *New Catholic Encyclopedia*, art. Prior (A. Donahue). Colloque *Prieurs et prieurés dans l'Occident médiéval*, actes sous la dir. de J.-L. Lemaître, Genève-Paris, 1987.

Moines. Jean Bellegambe, *Polyptyque de la glorification de la Sainte Trinité*, XVIe siècle. Douai, musée de la Chartreuse.

Oblat. Miniature du *Décret de Gratien*, 1314. Paris, Bibliothèque nationale.

Prieuré de Saint-Martin-des-Champs. Frère Martellange, dessin. Paris, Bibliothèque nationale.

PRIEURÉ

Les maisons religieuses désignées sous le nom de prieuré sont, en règle générale, gouvernées par un supérieur appelé prieur. C'est surtout dans l'ordre bénédictin qu'on rencontre des prieurés, maisons religieuses dépendant d'une abbaye, et qui sont le plus souvent le centre d'une exploitation agricole. À la différence des granges cisterciennes, les prieurés ont progressivement acquis une autonomie qui a eu pour effet de les soustraire à l'autorité de l'abbaye mère.

HISTORIQUE

Le mot latin *prioratus* désigne d'abord la charge d'un *prior*, qui peut être un évêque, sens attesté chez Tertullien (début du IIIe s.) et Grégoire le Grand (VIe s.). À l'époque carolingienne (IXe s.), les grandes abbayes s'en remettent à des laïcs pour la gestion de leurs possessions plus ou moins lointaines. Les troubles du Xe siècle obligent les abbayes bénédictines à placer à la tête de ces domaines des moines représentant fidèlement l'abbé de l'abbaye. Ces implantations portent des dénominations variables ; on parle indifféremment de *cellæ*, *d'ecclesiæ* (églises), de *villæ* (exploitations agricoles), de *grangiæ* (granges), et le plus souvent d'*obedientiæ* (obéissances) ; on les appelle aussi doyennés, ou prieurés (*priorati*). L'ordre cistercien, imité par d'autres, a adopté une organisation rigide, strictement hiérarchisée avec leurs «granges». Il en va de même pour les clunisiens. Les autres «moines noirs» se sont cependant montrés plus libéraux dans l'aménagement de leurs structures, et ont laissé d'avantage d'indépendance aux maisons disséminées dans les campagnes, devenues parfois de véritables monastères. La terminologie est longtemps restée flottante. Il faut attendre le XIIIe siècle pour voir se généraliser l'appellation prieuré, avec un sens juridique plus ou moins précis. Les prieurs placés à leur tête sont pratiquement inamovibles dans nombre de cas ; souvent ils gèrent les finances de leur prieuré de manière autonome, en se contentant de verser un revenu fixe à l'abbaye mère. À la différence des granges cisterciennes, les prieurés sont en général des lieux de

Prieuré
de Chamonix.
J.L. David, dessin, 1814.

culte où l'on peut célébrer l'office divin; ils sont toujours soumis au devoir de l'hospitalité. Gardons-nous cependant de trop généraliser, car ce terme de prieuré recouvre au long des siècles des réalités très disparates; il y a là un thème de recherche qui reste largement ouvert.

Au XVIIIe siècle, les prieurés subissent les effets de la crise multiforme qui éprouve le monde des religieux; ils pâtissent en outre des méfaits du système de la commende. Beaucoup disparaissent avant la Révolution.

ASPECTS JURIDIQUES

Sous l'Ancien Régime, on distingue un certain nombre de catégories parmi ces prieurés. Il y a ainsi des prieurés réguliers — s'ils sont conventuels, il s'agit de véritables monastères —, avec à leur tête non pas un abbé mais un prieur. Dans le cas d'un prieuré conventuel doué d'autonomie, le prieur est élu par les religieux. Dans le cas contraire, le prieur est nommé par l'abbé de l'abbaye. Au XVIIIe siècle, on trouve aussi une catégorie de prieurés réguliers simples, dans lesquels une vie religieuse subsiste, quoiqu'ils aient pour prieur nominal un laïc soucieux seulement de percevoir les revenus de l'établissement, dans le cadre de la commende. On connaît également des prieurés dits séculiers — dans ce cas les prieurs sont choisis dans le clergé séculier; il peut s'agir de simples clercs ou de prêtres.

SITUATION ACTUELLE

Depuis la rénovation de l'ordre bénédictin par dom Guéranger, au XIXe siècle, on connaît des prieurés conventuels, monastères autonomes, qui n'ont pas encore atteint une maturité suffisante pour se voir accorder le statut d'abbaye; d'autre part il existe des prieurés simples, maisons religieuses qui n'ont pas une assise suffisamment stable pour avoir une existence autonome. Ces prieurés simples restent soumis au gouvernement de l'abbé de l'abbaye fondatrice, qui délègue son pouvoir à un prieur.

Renvois : Bénédictins. Cisterciens. Cluny. Commende. Grange. Grégoire le Grand. Prieur.

Bibl. : *Catholicisme*, art. Prieuré (J. Dubois). *Dict. de droit canonique*, art. Prieuré (R. Naz). *Diz. degli Ist. di Perf.*, art. Priorato (G. Spinelli et G. Picasso). Colloque *Prieurs et prieurés dans l'Occident médiéval*, actes sous la dir. de J.-L. Lemaître, Genève-Paris, 1987.

Profès.
Albert le Grand.
Gravure. Paris, bibliothèque de Saulchoir.

PROFÈS, PROFESSE

Religieux (ou religieuse) qui a accompli l'acte de la profession religieuse en prononçant des vœux simples ou solennels. Les religieux profès ont voix au chapitre de la communauté dans laquelle ils se trouvent.

Renvoi : Chapitre. Vœux religieux.

PROUILLE. Voir Dominique.

PROVINCE ECCLÉSIASTIQUE

Les ordres ou congrégations, dont le développement s'est effectué hors de France, et qui sont implantés dans divers pays, ont aménagé des structures adaptées à cette extension et ont volontiers utilisé le terme de «province» pour désigner une partie délimitée des territoires dans lesquels ils ont essaimé. Une province peut s'étendre sur plusieurs pays, voire plusieurs continents.

QUMRAN. Voir Communauté de Qumran.

RANCÉ (Armand de)

Armand de Rancé. Gravure, 1683. Paris, Bibliothèque nationale.

Fondateur des trappistes. 1626-1700.

Armand Jean Le Bouthillier de Rancé naît dans une famille de noblesse de robe, à Paris, le 9 janvier 1626. Son père est secrétaire de la reine Marie de Médicis. Pourvu de prébende dès l'âge de dix ans, il fréquente la cour et appartient à la jeunesse dorée du début du XVIIe siècle. À la mort de son frère aîné, Armand devient abbé commendataire de l'abbaye cistercienne de la Trappe, ainsi que de plusieurs autres monastères. Ayant reçu une solide éducation classique, c'est un lettré et un abbé de cour.

Rancé refuse l'évêché de Laon, trop éloigné de Paris où il a de fortes attaches : il est intimement lié avec la duchesse de Montbazon, veuve d'Hercule de Rohan. À la mort de la duchesse, il fuit Paris, fait retraite à Tours sous la direction d'un oratorien, se dépouille peu à peu de tous ses bénéfices, mais reste abbé de la Trappe. Il entre au noviciat du monastère de Perseigne en juin 1663, fait profession le 4 juin 1664 et se retire à l'abbaye Notre-Dame de la Trappe le 14 juillet de cette même année. Il reste alors six ou sept moines dans cette abbaye cistercienne qui tombe en ruines. Dès 1662, Rancé leur propose de choisir entre une vie conforme à la règle ou le départ : ils s'en vont presque tous, pourvus d'une somme d'argent.

Le 17 août 1664, Rancé s'installe avec quelques cisterciens de stricte observance qu'il a amenés de l'abbaye réformée de Perseigne. Il se rend à Rome et tente vainement d'obtenir que l'ordre de Cîteaux tout entier revienne à l'étroite observance des règles primitives. Malgré cet échec, Rancé impose à son abbaye de la Trappe une règle de vie encore plus stricte que celle refusée par le Saint-Siège. Les constitutions, d'une grande rigueur, sont éditées en 1671 et complétées en 1672. Rancé, en se référant à saint Bernard, propose en exemple les anachorètes et les Pères du désert. Humiliation, mortification, pénitence sont les maîtres mots de sa doctrine. La Trappe plonge dans le silence, mais attire de nombreux visiteurs parisiens : chaque année, six à sept cents personnes y accourent de la capitale.

Rancé entre en conflit avec les jésuites, puis les jansénistes, avec qui il avait jusque-là entretenu des liens d'amitié, et enfin avec Mabillon, à qui il reproche sa passion pour les travaux érudits, car «l'étude détruit l'humilité». Cette dernière querelle est close en 1693 par une entrevue à la Trappe, où le mauriste Mabillon rend visite à l'abbé. Par la suite, ce sont les chartreux qui sont l'objet de ses attaques.

Les dernières années de Rancé sont assombries par la maladie. Il démissionne en 1696, essaie d'obtenir que son abbaye ne retombe pas en commende, et choisit un successeur; dom Gervaise, qu'il a désigné, démissionne et donne l'abbaye à dom Jacques de La Cour. Rancé meurt le 27 octobre 1700.

Renvois : Jésuites. Mabillon. Oratoire de France. Trappe (la).

Bibl. : *Dict. de Spiritualité*. B. Barret-Kriegel, *Jean Mabillon. Les historiens et la monarchie*, Paris, 1988. H. Brémond, *L'Abbé Tempête, Armand de Rancé*, Paris, 1929.

RECLUS

Les reclus sont des religieux ou des laïcs ayant adopté une forme de vie érémitique solitaire, assez proche de celle menée par les ermites d'Égypte et de Palestine aux débuts du christianisme. Le reclus se tient enfermé dans une cellule, ou celle, dont il ne sort jamais.

HISTORIQUE

Cette forme de vie érémitique se répand en Égypte, en Syrie et en Palestine vers le IVe siècle. D'une rigueur extrême, les reclus se consacrent à la méditation, à la prière, et à un travail leur permettant de subsister; ils s'emploient aussi à la direction spirituelle de disciples que leur réputation attire. Leurs cellules, ou huttes, sont généralement situées aux abords d'un village ou d'un monastère.

Le mouvement érémitique se propage d'Orient en Occident au Ve ou VIe siècle, diffusé par le succès des récits de la vie de saint Antoine ou de saint Hilaire notamment. Le mouvement concerne les hommes plus que les femmes. Les formes de vie érémitique sont soumises par divers conciles (Vannes en 463, Agde en 506, Orléans en 533, par exemple) à des règles qui en limitent la rigueur. Seuls les moines ayant passé au moins trois ans dans un monastère sont autorisés à mener cette forme de vie — autorisation qui peut être limitée à un certain nombre de mois ou d'années.

Aux XIIe et XIIIe siècles, au temps du développement du monachisme bénédictin, ces formes extrêmes d'érémitisme connaissent un succès remarquable. Le nombre des reclus et des recluses tend à s'accroître;

Reclus.
Gravure de Sadeler,
1594-1600.
Chantilly,
bibliothèque
les Fontaines.

il s'agit le plus souvent de moines ou de moniales ayant vécu longtemps dans un monastère, et qui sont logés dans des celles ou huttes proches, parfois dans un ermitage isolé.

Aux XIIIe et XIVe siècles, la croissance des villes a pour conséquence de placer beaucoup de ces reclus dans un cadre urbain, tandis que le nombre des recluses augmente. Ces ermites nouveaux vivent dans des celles dont ils ne sortent en principe jamais, et qui sont situées à proximité d'une église. Les moines désireux d'adopter ce mode de vie doivent obtenir l'autorisation de leur abbé ; les laïcs candidats à la vie de reclus s'adressent à l'évêque du lieu, qui fixe un cadre et des normes aux reclus de son diocèse et détermine les conditions auxquelles est soumise l'entrée dans l'état de reclus. Il veille en outre sur les reclus de son ressort ; ceux-ci sont l'objet, de la part de la population, d'une ferveur parfois exaltée. À partir du XVIe siècle, cette pratique tend à se raréfier et revêt un caractère exceptionnel, sans disparaître entièrement.

Renvois : Antoine le Grand. Celle, cella. Ermite.

Bibl. : *Catholicisme*, art. Reclus (P. Rouillard). *Diz. degli Ist. di Perf.*, art. Reclusione (A. di Nola). *Enciclopedia cattolica*, art. Reclusi (G. Mollat) et Reclusione (F. Ercolani). L. Gougaud, *Ermites et reclus*, Ligugé, 1928. P. L'Hermite-Leclercq, «Le reclus dans la ville au bas Moyen Âge», *Journal des savants*, juillet-décembre 1988, pp. 219-262, et «La vie quotidienne des recluses», *L'Histoire*, n° 126, octobre 1989, pp. 30-37. *Prier au Moyen Âge* (dir. N. Bériou), Paris, 1991, «La mauvaise prière du reclus hypocrite», p. 108, «La prière du reclus selon Grimlaïc», p. 137, «La prière de la recluse», p. 158. A. de Rievaulx, *La Vie de recluse (XIIIe siècle)*, Paris, 1961.

Récollet.
École flamande, XVIIIe siècle. Gand, musée des Beaux-Arts.

RÉCOLLET

Ce terme sert d'épithète à certains ordres qui ont été l'objet d'une récollection, c'est-à-dire d'une réforme dans le sens d'une rigueur accrue, et s'applique en particulier aux augustins et aux franciscains.

Renvoi : Augustins récollets.

RÉDEMPTORISTES

Congrégation du Très-Saint-Rédempteur, fondée par Alphonse de Liguori en 1732.

HISTORIQUE

Alphonse de Liguori, avocat réputé du barreau de Naples, scandalisé en 1723 par un déni de justice dont est victime son client le duc Orsini de Grava, quitte sa charge d'avocat et s'engage dans la vie religieuse. Il est ordonné prêtre le 21 décembre 1726. Il œuvre comme membre de la Société des missions apostoliques de la cathédrale de Naples, et découvre en 1730 la vie misérable des bergers des monts de Scala, hameau proche d'Amalfi.

Le 9 novembre 1732, il fonde avec quatre compagnons à Scala la congrégation du Saint-Sauveur groupant des missionnaires pour les pauvres, abandonnés de tous. En 1743, il est élu recteur supérieur à vie de la congrégation, prononçant les trois vœux majeurs et s'engageant à persévérer dans la congrégation et à renoncer à toute dignité ecclésiastique. En 1749, le pape Benoît XIV approuve la règle, ainsi que l'institution auquel il donne le privilège de l'exemption et un nouveau nom : congrégation du Très-Saint-Rédempteur. À cette date celle-ci possède déjà quatre maisons. Le but proclamé est de «continuer le Christ sauveur en annonçant la parole de Dieu aux pauvres» (Constitution n° 1).

La jeune congrégation se heurte bientôt à l'hostilité du royaume de Naples contre l'autorité pontificale. En 1780, le roi de Naples accorde enfin une existence légale à la congrégation, mais il impose à Alphonse de Liguori des conditions inconciliables avec une partie de la règle approuvée par Benoît XIV. Le Saint-Siège riposte en excluant de l'institut les maisons situées dans le royaume de Naples. La congrégation se trouve ainsi coupée en deux jusqu'en 1790, date à laquelle les rédemptoristes du royaume napolitain obtiennent l'autorisation de reprendre la règle approuvée par Benoît XIV. Un chapitre général réunit la congrégation en 1793 et la place sous l'autorité d'un supérieur général.

LES RÉDEMPTORISTES À L'ÉPOQUE MODERNE

En 1846, l'institut compte vingt et une maisons hors d'Italie ; il avait été divisé en six provinces par Grégoire XVI, dès 1841. Tout vestige de la scission de 1780 est effacé en 1869, date à laquelle les maisons du royaume de Naples sont remises sous l'autorité du supérieur général, qui réside à Rome depuis 1853. L'expansion de l'ordre dans le monde est dès lors rapide et la congrégation compte plus de quatre cent cinquante maisons en 1948 (en 1917, elle s'étendait sur soixante-trois pays, avec plus de six mille membres). Le supérieur général, ou recteur majeur, est élu par le chapitre général. Il réside à Rome.

Alphonse de Liguori, fondateur des **rédemptoristes**. Anonyme, XIXe siècle. Pagani (Salerne), couvent des rédemptoristes.

BUTS DE LA CONGRÉGATION

Son apostolat propre est d'ordre missionnaire, privilégiant «les hommes les plus délaissés, surtout les pauvres» (Constitution n° 1). Chaque mission comprend une série de prédications de dix à quinze jours consécutifs. Puis, lorsque c'est possible, les missionnaires reviennent après quelques mois là où ils ont exercé leur apostolat afin d'éprouver son succès éventuel. Les rédemptoristes ont en outre développé des travaux d'ordre littéraire et intellectuel remarquables.

Bibl. : *Catholicisme*, art. Rédempteur (Instituts religieux), et art. Congrégation du Très-Saint-Rédempteur. *Enciclopedia cattolica*, art. Congregazione del Santissimo Redentore. *Diz. degli Ist. di Perf.*, art. Santissimo Redentore.

RÈGLE MONASTIQUE

Plan de vie religieuse, les règles monastiques définissent un ensemble de principes et de recommandations destinées à guider les membres de différents ordres, à les aider à mieux réaliser leur projet commun. Chaque règle concerne un ordre déterminé ; elle est souvent attribuée à un personnage exceptionnel. On connaît surtout les règles de saint Basile, de saint Benoît, de saint Augustin, et de saint François d'Assise. Il convient de distinguer les règles des constitutions religieuses. Celles-ci concernent certains établissements, et adaptent les principes généraux de la règle aux différents cas particuliers.

HISTORIQUE

Aux origines mêmes de la vie monastique, on voit s'imposer la nécessité de respecter un certain nombre de règles pour rendre possible une vie commune de prière, d'ascèse et de travail. Les *Préceptes* de Pacôme (mort en 347), fondés sur une expérience vécue, sont si empreints de mesure et de respect des traditions de l'Église primitive qu'ils ont exercé une influence certaine sur les documents postérieurs.

Le premier document normatif, doué d'une autorité suffisante pour s'imposer, est cependant attribué à saint Basile (330-379), qui fut évêque de Césarée en Cappadoce. Ses *Règles morales* ont posé des principes généraux auxquels une série de commentaires ont donné des formulations pratiques.

Dans les dernières années du IVe siècle, saint Augustin a énoncé dans un *Libellus* des préceptes de vie commune à l'intention des moines groupés autour de lui. Inséré à d'autres textes, ce libelle a plus tard constitué la règle de saint Augustin, base de la vie de toutes les communautés de chanoines. Au début du ve siècle, on voit apparaître à Lérins deux règles des Pères qui servent de base à la littérature subséquente.

Au vie siècle, vers 550, saint Benoît élabore sa règle à partir de la *Règle du Maître*, texte apparu en Italie une vingtaine d'années auparavant. L'étape suivante est jalonnée par les textes de saint Colomban, élaborées à la fin du vie siècle dans le milieu du monachisme irlandais. La règle de saint Benoît n'est diffusée en Gaule que plus tard par les soins de disciples de saint Colomban. À l'époque carolingienne, elle devient une norme de référence générale adoptée par la plupart des communautés de moines. Au xiiie siècle la réforme cistercienne, reste fidèle à la règle de saint Benoît, interprétée avec une rigueur extrême.

Règle des frères mineurs, 1528.

La *Regula* de saint François, approuvée en 1223 par le pape Honorius III, rompt délibérément avec la tradition et n'admet que l'Évangile pour référence : «Ne me parlez ni d'Augustin, ni de Pacôme, ni de Benoît, s'écrie le Poverello, j'écris ce que le Seigneur m'a révélé.»

Le concile de Latran IV a entrepris en 1215 d'apporter ordre et lumière dans une situation qui tendait à une diversification abusive. Le canon 13 des *Actes* de ce concile prévoyait pour toute création d'un nouvel ordre l'obligation d'adopter l'une des quatre règles fondamentales (celle de saint Basile, de saint Augustin, de saint Benoît ou de saint François).

Règle de saint Augustin. Frontispice du *Monasticum Augustinianum*, 1623. Paris, Bibliothèque nationale.

SITUATION CRÉÉE PAR LA RÉVISION DU CODE DE DROIT CANONIQUE EN 1983

Le nouveau Code manifeste le souci majeur de «protéger plus fidèlement la vocation propre et l'identité de chaque institut religieux» (canon 587). En règle générale, chaque institut doit posséder son «code fondamental», et a tout loisir de donner à celui-ci le nom de constitution, ou de règle. Cette dernière appellation n'est donc plus désormais réservée à l'un des quatre grands textes normatifs officialisés par le concile de Latran IV, mais peut être adoptée par tous les instituts. La tendance à l'assouplissement de réglementations, qui peuvent être trop lourdes, se fait jour dans ce domaine comme dans d'autres.

Renvois : Augustin. Basile. Benoît d'Aniane. Code de droit canonique. Colomban. François d'Assise. Monachisme. Pacôme.

Bibl. : *Catholicisme*, art. Règles des Instituts religieux (M. Dortel-Claudot). *Dict. encycl. du Christianisme ancien*, art. Règles monastiques. *New Catholic Encyclopedia*, art. Religious rule. V. Desprez, *Les Règles monastiques d'Occident*, Bellefontaine, 1980, et *Les Règles des saints Pères*, Paris, 1982.

RÉGULIERS

Ce terme désigne les religieux appartenant à un ordre, ou à un institut religieux caractérisé par l'émission de vœux. Les membres du clergé séculier, qui vivent dans le «siècle», c'est-à-dire dans le monde, comme les évêques par exemple, n'appartiennent à aucun ordre ou institut religieux. Les moines ont longtemps été appelés les «réguliers». Cette expression est de moins en moins employée aujourd'hui.

Renvoi : Vœux religieux.

REICHENAU

Abbaye fondée en 724.

Un religieux du nom de Firmin fonde en 724 un monastère sur l'île Reichenau du lac de Constance. À l'époque carolingienne, l'abbaye compte plus de cent moines et ses abbés sont de grands personnages du Saint Empire. Très riche, elle est l'un des principaux foyers de culture : à partir du IXe siècle, la bibliothèque de Reichenau détient plusieurs centaines de manuscrits, dont certains très célèbres tel le *Codex Sangallensis* (de Saint-Gall, 914), qui présente un des plus anciens manuscrits de la règle de saint Benoît. L'église conventuelle est construite entre 806 et 822. Après une période de déclin, l'abbaye est absorbée, par l'évêché de Constance (1548) ; les évêques de ce diocèse seront tous abbés de Reichenau. En 1770, l'abbaye ne compte plus que douze moines. Elle sera sécularisée en 1802 puis démantelée.

Renvois : Benoît de Nursie. Règle monastique. Saint-Gall.

Bibl. : *Catholicisme*, art. Reichenau. *Diz. degli Ist. di Perf.*, art. Reichenau. *Enciclopedia cattolica*, art. Reichenau.

Reichenau.
La cour de l'abbaye.

Reims. Saint-Remi.

REIMS

Abbaye Saint-Remi, fondée au XIe siècle.

Illustrée par le baptême de Clovis par saint Remi en 496, Reims est devenue le centre religieux de la monarchie française, le lieu du sacre des rois de la dynastie capétienne. Située dans les faubourgs de la ville, la chapelle abritant le corps de saint Remi est desservie vers 550 par une communauté de clercs placé sous l'autorité de l'évêque de Reims.

En 779, l'évêque Tilpin reçoit le pallium et devient ainsi le premier archevêque de Reims. Il introduit la règle de saint Benoît à Saint-Remi, et prend le titre d'abbé. Ses successeurs seront tous abbés de l'abbaye, qui deviendra très riche au Xe siècle grâce aux nombreuses donations royales et sera réformée par l'abbé de Fleury — désormais l'abbé sera régulièrement élu par les religieux.

Au XIIIe siècle, l'archevêque tente de supprimer le privilège de l'exemption qui met l'abbaye hors de sa juridiction et de son emprise. Elle se place alors sous la protection du roi (plusieurs rois de France y seront inhumés). L'abbaye entre en 1627 dans la congrégation de Saint-Maur. Elle est supprimée à la Révolution. L'église abbatiale, construite entre 1005 et 1170, est à peu près intacte aujourd'hui. Les bâtiments monastiques ont été transformés en musée.

Renvois : Congrégation de Saint-Maur. Exemption. Saint-Benoît-sur-Loire.

Bibl. : *Catholicisme*, art. Reims, la vie monastique. *New Catholic Encyclopedia*, art. Saint-Remi.

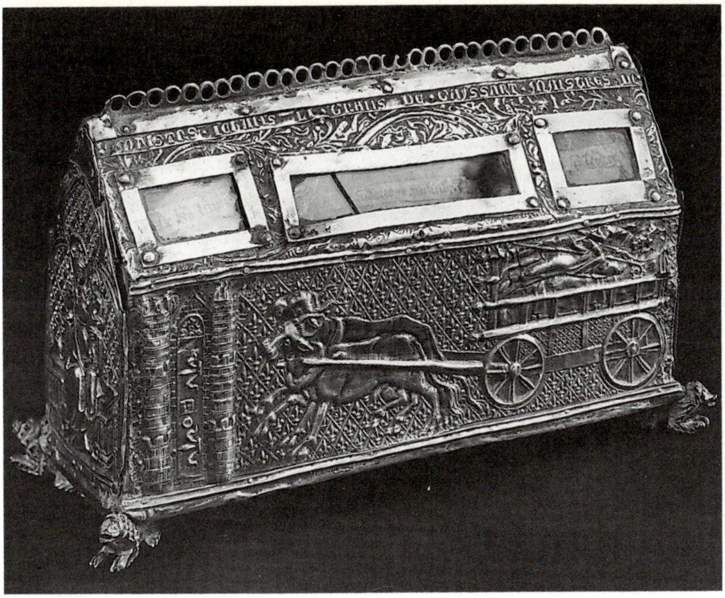

Reliques.
Châsse de saint Fursy.
Église de Gueschard
(Somme).

RELIQUES

Dès le IIe siècle, les chrétiens portent une vénération aux restes des martyrs : on se réunit auprès de la tombe du saint pour commémorer le jour de sa naissance au ciel, c'est-à-dire de son martyre. Ce culte porte aussi sur les vêtements et objets perpétuant le souvenir du saint. Il prend son essor en Occident après la victoire du christianisme en 313. Saint Basile enseigne en effet : «Celui qui touche les os d'un martyr participe à la sainteté et à la grâce qui y réside» — on ne vénère alors pas seulement les martyrs, mais aussi les autres saints. Les découvertes ou «inventions» de corps saints se multiplient. Celle des reliques de saint Étienne, près de Jérusalem en 415, eut un retentissement considérable : elles furent dispersées dans l'Occident tout entier.

L'interdiction de partager ou de morceler les corps saints formulée par le Saint-Siège au VIIIe siècle ne fut guère observée : au Moyen Âge, toute église, tout monastère possédant des reliques d'un saint célèbre font de ces fondations des centres de pèlerinages importants et fructueux. Aussi, les abus furent-ils trop fréquents : un monastère n'hésitera pas à dérober les reliques célèbres d'une autre maison. Un exemple fameux est celui des reliques de sainte Foy d'Agen qui passent frauduleusement en la possession des moines de Conques. Autre exemple trop célèbre, celui des reliques de saint Nicolas conservées à Smyrne, qui émigrèrent à Bari. Ces abus, ces formes souvent ambiguës de la dévotion populaire, expliquent en partie la virulence de leur dénonciation par les protestants au XVIe siècle.

Au XVIe siècle aussi, le concile de Trente, dans le décret sur les reliques et les images, a tenu à définir ce qu'il y a de légitime dans ces formes de vénération : «Les fidèles doivent aussi vénérer les corps saints des martyrs et des autres saints qui vivent en Jésus-Christ, ces

Translation des **reliques** de saint Benoît. Linteau du portail de Saint-Benoît-sur-Loire.

corps qui ont été autrefois les membres vivants du Christ et le temple du Saint-Esprit, et par le moyen desquels il procure aux hommes de nombreux bienfaits». Plus loin, cependant, on trouve cet avertissement : «Toute superstition devra être bannie de l'invocation des saints, de la vénération des reliques et de l'usage sacré des images.» L'histoire du culte des reliques est cependant étroitement liée à celle des formes architecturales de certaines églises. On explique ainsi l'aménagement des cryptes sous les édifices religieux par le souci d'assurer un accès à la tombe du saint, sous l'autel.

Renvoi : Basile de Césarée. Conques en Rouergue.

Bibl. : *Catholicisme*, art. Reliques. *Enciclopedia cattolica,* art. Reliquie.

ROBERT D'ARBRISSEL

Fondateur de l'ordre de Fontevrault. V.1045-1116.

Né à Arbrissel, près de Rennes, vers 1045, Robert est fils d'un prêtre. À la mort de son père, il lui succède comme curé d'Arbrissel. Il étudie cependant à Paris, à l'époque de la réforme grégorienne. Son séjour dans la capitale se termine mal : Robert est accusé de simonie — il aurait reçu de l'argent lors de l'élection d'un évêque breton — et doit quitter Paris. Il est ensuite, pendant quatre ans, archiprêtre de l'évêque de Rennes, Sylvestre, et dirige en fait le diocèse. L'épisode est clos par la mort de Sylvestre.

En 1099, il reprend ses études à Angers. Son humeur vagabonde le pousse alors à adopter la vie d'ermite itinérant dans la forêt de Craon, à la limite de l'Anjou et de la Bretagne. Ces bois abritent un

Robert d'Arbrissel.
Gravure de Sadeler, 1594-1600. Chantilly, bibliothèque les Fontaines.

nombre considérable d'anachorètes qui se fréquentent les uns les autres. Doué d'un exceptionnel talent d'éloquence, Robert est bientôt entouré de disciples. Tout ce monde forme une communauté de chanoines réguliers qui se fixe sur la terre de la Roé, qu'il quittera pour reprendre une vie errante. Cette fois, Robert a reçu du pape Urbain II l'autorisation de prêcher en tous lieux (licence de prédication). Il parcourt donc le plat pays, suivi d'une troupe hétéroclite d'hommes et de femmes.

Vers 1101, Robert et sa troupe se fixent à Fontevrault; ces *pauperes Christi* vivent en communauté dans un certain nombre de huttes disséminées autour d'un oratoire. Les femmes sont soumises au régime de la clôture; les hommes, plus libres, doivent partager leur temps entre la prière et le travail, selon qu'ils sont prêtres ou laïcs. De temps à autre, Robert sort et prêche. Son charisme fait affluer les dons. On peut enfin construire deux maisons, une pour les hommes, une autre, à quelque distance, pour les femmes. Robert se fait appeler «maître» (*magister*) et non abbé.

Les fondations se succèdent, à Beaugency, Redon, Rouen, jusqu'à l'été 1115, où la maladie arrête cet infatigable prédicateur. Avant de mourir, il pose en principe que, dans son ordre, les hommes devront obéir aux «servantes du Christ», et seront soumis à l'autorité de l'abbesse qu'on élit alors, Pétronille de Chemillé. Robert meurt le 25 février 1116 au cours d'une ultime errance, dans le prieuré d'Orsan qu'avaient fondé les religieux de Fontevrault en 1157. Sa dépouille mortelle est rapportée à Fontevrault après de multiples péripéties.

Renvoi : Fontevrault.

Bibl. : J.-M. Bienvenu, *L'Étonnant Fondateur de Fontevrault, Robert d'Arbrissel*, Paris, 1981. J. Dalarun, *L'Impossible Sainteté*, Paris, 1985, et *Robert d'Arbrissel, fondateur de Fontevrault*, Paris, 1986.

Robert de Molesmes avec les modèles des abbayes de Molesmes et de Cîteaux. Bois, fin du XVe siècle. Troyes, église de la Madeleine.

ROBERT DE MOLESMES

Fondateur de Cîteaux. 1028-1110.

Entré jeune à l'abbaye de Moutier-la-Celle, Robert en est nommé prieur en 1050. Appelé par les moines de Saint-Michel de Tonnerre qui veulent faire de lui leur abbé, il s'éloigne bientôt devant l'hostilité manifestée par ceux-ci à la réforme qu'il veut imposer. Il devient ensuite prieur de Saint-Ayoul-en-Provins. En 1074, à la demande du pape Grégoire XII, il accepte de diriger un groupe d'ermites qui vivent dans le bois de Colan, près de Celle, et souhaitent l'avoir pour supérieur. Avec ce groupe de solitaires, devenus ses disciples, Robert fonde dans une forêt du diocèse de Langres le monastère de Molesmes à la fin de 1075, et le soumet à la règle de saint Benoît. L'église et le monastère sont construits en bois. Au terme d'une période de pauvreté extrême et de rude travail, l'abbaye exerce un grand rayonnement. En 1085, l'abbaye est riche et puissante grâce à la protection du duc de Bourgogne, Eudes Ier, frère de l'évêque de Langres. Robert quitte Molesmes, où il déplore un certain relâchement de l'austérité première. Mais le pape Urbain II l'oblige à y revenir, sans doute en 1094.

Trois ans plus tard, après un certain nombre de péripéties, Robert se retire avec une vingtaine de compagnons dans le désert de Cîteaux où il crée une nouvelle fondation indépendante de Molesmes, avec l'approbation de l'évêque de Chalon-sur-Saône. Monastère *sui juris*, Cîteaux connaît un succès rapide et donne naissance à un nouvel ordre, l'ordre cistercien. En 1099, un concile réuni à Port-d'Anselle par le pape Urbain II oblige de nouveau Robert à regagner l'abbaye de Molesmes, où il meurt le 21 mars 1110.

Renvois : Cisterciens. Cîteaux.

Bibl. : *Bibliotheca Sanctorum*, art. Roberto di Molesme. *Catholicisme*, art. Robert de Molesmes (saint). *Diz. degli Ist. di Perf.*, art. Roberto di Molesme.

ROMAINMÔTIER

Abbaye bénédictine fondée au Xe siècle.

Le monastère est fondé dans l'actuel canton de Vaud, en Suisse, par deux moines de l'abbaye de Condat, Lupicin et Romain à qui il doit son nom — en effet, *Romani monasterium* signifie le moutier de Romain, ou Romainmôtier. Détruit en 610 par les Alamans, il est restauré et placé sous la règle de saint Colomban. Au Xe siècle, la comtesse Adélaïde de Bourgogne donne Romainmôtier à l'abbé de Cluny, Odon, qui y introduit l'observance de la règle de saint Benoît. Très riche, l'abbaye acquiert de vastes domaines aux XIe et XIIe siècles. Tombé sous le régime de la commende au XIVe siècle, le monastère devient un simple prieuré rural en 1560. Il est supprimé en 1789.

L'église du monastère, construite dans la première moitié du XIIIe siècle et successivement remaniée au XIIIe siècle et de 1381 à 1432, existe toujours.

Renvois : Colomban. Benoît de Nursie. Cluny.

Bibl. : *Catholicisme*, art. Romainmôtier. *Dict. d'Archéo. chrét. et de Liturgie*, art. Romainmôtier.

ROMUALD. Voir Camaldoli. Camaldules. Fonte Avellana.

SABAS

Fondateur de la Grande Laure, en Palestine. 439-532.

Né en 439 en Cappadoce, dans le diocèse de Césarée, Sabas est d'abord moine dans un monastère proche de son village natal. À dix-huit ans, il se rend en pèlerinage à Jérusalem, puis entre dans un monastère créé et dirigé par saint Théoctiste en Palestine. À la mort de ce dernier, il adopte pendant cinq ou six ans la vie d'ermite. Il se fixe ensuite dans une grotte sur la rive gauche du Cédron. Des disciples se groupent autour de lui ; le monastère qu'il fonde sur la rive droite, la Grande Laure, existe encore aujourd'hui, et a été l'un des modèles du monachisme oriental. Sabas fonde trois autres laures. Le patriarche de Jérusalem l'ordonne prêtre en 491 et le met à la tête de tous les ermites de Palestine. L'autorité de Sabas est si grande qu'il est amené à deux reprises à entreprendre une démarche à Constantinople pour défendre la cause des chrétiens de Palestine auprès de l'empereur Justinien. Il meurt le 5 décembre 532.

Renvois : Ermite. Laure.

Bibl. : *Dict. encycl. du christianisme ancien*, art. Sabas, Paris, 1983. *Diz. degli. Ist. di Perf.*, art. Saba.

SACRÉ-CŒUR (Société du)

Société fondée en 1800 par Madeleine-Sophie Barat.

Madeleine-Sophie Barat (1779-1865) naît à Joigny où son père était petit propriétaire de vignobles et tonnelier. Elle reçoit une sérieuse éducation humaniste et religieuse dirigée par son frère aîné Louis, qui se destine au sacerdoce. Sophie l'accompagne en 1795 à Paris, où règne toujours la terreur anticléricale. Elle aide Louis, devenu prêtre, à assurer son ministère clandestin. Le père Varin, qui vient de fonder les

Pères de la foi, invite Madeleine-Sophie à créer une congrégation parallèle à la sienne. La nouvelle congrégation, née en 1800, est placée sous le patronage du Sacré-Cœur. En octobre 1801, une première maison d'éducation de jeunes filles est fondée à Amiens, et l'année suivante, à la Pentecôte, Madeleine-Sophie fait profession. Elle est élue première supérieure, puis mère générale après la fondation des maisons de Grenoble et de Belley. Un noviciat est ouvert en 1806 près de Poitiers. Napoléon juge utile cette nouvelle institution et l'approuve le 10 mars 1807, tandis que les Pères de la foi sont dispersés.

Après une période trouble due à une fusion avec les sœurs de l'Instruction chrétienne et à la rédaction des constitutions — éloignées dans leur esprit du projet initial et de la pensée de Sophie Barat —, les difficultés se dissipent. On revient aux règles de vie primitives. Avec l'aide du père Varin, qui vient d'entrer dans la Compagnie de Jésus, et du père Druilhet, la constitution de la Société du Sacré-Cœur de Jésus est rédigée.

Le développement des maisons du Sacré-Cœur destinées à l'instruction et à l'éducation des jeunes filles (remplaçant les couvents créés avant la Révolution) est rapide. Une dizaine de maisons naissent en France et une à Rome.

En 1826, Léon XII approuve les constitutions, qui sont proches de celles de la Compagnie de Jésus. Lors de la révolution de 1830, le noviciat est transféré hors de France. À plusieurs reprises, la congrégation est menacée de crises. De 1820 à 1904, le couvent de Paris est installé à l'hôtel Biron (actuel musée Rodin).

Madeleine-Sophie Barat meurt à Paris le 25 mai 1865, après cinquante-neuf années de supériorat. À sa mort, l'ordre compte quatre-vingt-neuf maisons et trois mille cinq cents religieuses. Son expansion a pris une dimension mondiale. Madeleine-Sophie Barat est canonisée en 1925.

L'essentiel de son enseignement est conservé dans quatorze mille lettres. On y découvre l'originalité de ses conceptions sur l'éducation en général, et l'importance considérable qu'elle attache à une solide instruction des filles de la bourgeoisie. D'autre part, la congrégation a joué un grand rôle dans l'extension de la dévotion au Sacré-Cœur.

Renvoi : Jésuites.

Bibl. : *Catholicisme*, t. VIII, pp. 131-132. L. Baunard, *Histoire de Madeleine Barat, fondatrice de la Société du Sacré-Cœur*, 2 vol., Paris, 1876. *Bibliotheca Sanctorum*, VIII, 1967, col. 470-473. Jeanne de Charry, *Histoire des constitutions de la Société du Sacré-Cœur*, 1974.

SAINT-BÉNIGNE DE DIJON

Abbaye fondée au VIe siècle.

Une église desservie par quelques moines est construite au VIe siècle sur la tombe de saint Bénigne, qui aurait évangélisé la Bourgogne. La communauté des moines adopte la règle de saint

Benoît à la fin du IXe siècle. Guillaume de Volpiano, devenu abbé en 990, reconstruit l'église entre 1002 et 1018, et y établit l'observance clunisienne. L'église abbatiale est reconstruite pour la deuxième fois entre 1281 et 1325. Soumis au régime de la commende sous François Ier, le monastère entre au XVIIe siècle dans la congrégation de Saint-Maur. Au XVIIIe siècle, l'abbaye est mise à sac par les révolutionnaires ; cependant l'église abbatiale est utilisée comme cathédrale par l'évêque constitutionnel ; elle est déclarée comme telle lors du concordat de 1801.

L'église, qui est restée cathédrale, est de style gothique, à trois nefs, avec collatéraux ; le transept est peu saillant, avec une abside à cinq pans. La crypte, située en retrait de l'abside actuelle, n'est autre que l'étage inférieur de la rotonde construite par Guillaume de Volpiano. Elle comprend une rotonde centrale à huit colonnes, entourée de deux colonnades circulaires. Des bâtiments du monastère, il reste la salle capitulaire datant du XIe siècle surmontée d'un dortoir et d'un cellier du XIIIe siècle.

Saint-Bénigne de Dijon. Chapiteau de la crypte.

Renvois : Commende. Congrégation de Saint-Maur. Guillaume de Volpiano.

Bibl. : *Catholicisme*, t. XIII, fasc. 60 (1991). *Dict. des églises de France*, Paris, 1966, t. II.

SAINT-BENOÎT-SUR-LOIRE

Abbaye bénédictine Saint-Benoît (Loiret) fondée au VIIe siècle.

Une première implantation monastique à Fleury-sur-Loire, sur une butte située à quelques centaines de mètres de la Loire, a lieu sous le règne de Clotaire II (613-629). Cet embryon de monastère est placé sous le vocable de la Vierge Marie. Une quinzaine d'années plus tard, sous le règne de Clovis II (639-657), l'abbé de Saint-Agnan — monastère réformé à l'instigation de la reine Bathilde — se fait attribuer par Clovis II le domaine royal de Fleury et y fonde un second monastère, Saint-Pierre de Fleury, qui absorbe le premier.

Le monastère garde ce nom jusqu'à l'arrivée, vers 670, des reliques de saint Benoît et de sa sœur sainte Scholastique, venues du Mont-Cassin. L'abbaye est alors appelée Saint-Benoît de Fleury, puis Saint-Benoît-sur-Loire. Après les destructions causées par les invasions normandes, l'abbaye est réformée vers 930 par l'abbé Odon et devient, avec Saint-Bénigne de Dijon, un actif centre de diffusion de la réforme de Cluny. Son influence s'exerce jusqu'en Angleterre et en Lorraine.

Sous l'abbatiat d'Abbon (988-1004), homme de haute culture, et sous son successeur Gauzlin, l'abbaye est un foyer de culture religieuse et littéraire extrêmement brillant. L'activité d'ordre artistique s'épanouit surtout sous l'abbatiat de Gauzlin : la tour-porche de l'église abbatiale, chef-d'œuvre de l'architecture et de la sculpture romanes, est érigée à cette époque. Mais la guerre de Cent Ans puis les guerres de religion ruinent l'abbaye.

Saint-Benoît-sur-Loire.
Le porche.

Au XVIIIe siècle, l'abbaye doit un regain de vie religieuse à la congrégation de Saint-Maur. Supprimée en 1791 par un décret de l'Assemblée constituante qui interdit les congrégations à vœux solennels, elle renaît en 1865 quand trois moines, venus de La-Pierre-qui-Vire, s'installent au presbytère et restaurent la vie de la paroisse. En 1881 (lois laïques de Jules Ferry), puis en 1902-1903, les moines sont expulsés de France. De nouveau l'abbaye de La-Pierre-qui-Vire, rendue à la vie communautaire monastique à partir de 1920, achète en 1935 une partie des terrains de Fleury. En 1944, treize des moines de La-Pierre-qui-Vire reprennent la vie religieuse à Fleury ; la reconstruction du monastère est menée à bien sous l'abbatiat de dom Marie-Louis de Haldat.

Renvois : Cluny. Congrégation de Saint-Maur. La-Pierre-qui-Vire. Saint-Bénigne de Dijon.

Bibl. : *Catholicisme*, art. Saint-Benoît-sur-Loire. *Dict. d'Hist. et de Géo. eccl.*, art. Fleury. *Diz. degli Ist. di Perf.*, art. Fleury. *Les Ordres religieux* (dir. G. Le Bras), t. I, 1979, pp. 38-39. *Saint-Benoît-sur-Loire*, Éd. Zodiaque, 1965.

SAINT-DENIS

Abbaye royale fondée vers 625.

Sainte Geneviève fait construire en 475 une église sur la tombe de saint Denis, premier évêque de Paris, et de ses compagnons Rustique et Eleuthère. Vers 625, Dagobert Ier fait élever un nouveau sanctuaire. La reine Bathilde, épouse de Clovis II (639-657), introduit parmi les clercs qui le desservent des usages qui se réfèrent tout à la fois aux règles de saint Benoît et de saint Colomban. À cette époque encore, il semble qu'il s'agissait de différentes celles groupées en une sorte de laure autour de l'église. Au IXe siècle sans doute, cet ensemble est transformé en un monastère unique, placé sous la règle de saint Benoît.

L'abbaye de Saint-Denis devient à partir du VIIe siècle un sanctuaire royal qui assure la garde des tombeaux des rois de France. Sous la dynastie capétienne, elle conserve en outre les ornements du sacre (les *regalia*) et l'oriflamme autour duquel se rangent les armées du royaume pour les batailles — il sera ainsi exhibé à Bouvines en 1214, et une dernière fois en 1465.

Saint-Denis.
Le chœur.

L'abbatiat de Suger illustre les liens étroits tissés entre Saint-Denis et la royauté française. Conseiller et ami de Louis VI, Suger assure la régence du royaume lorsque Louis VII part pour la croisade (de 1147 à 1149). Il a fait reconstruire l'église abbatiale, chef-d'œuvre de l'art architectural gothique. Il groupe autour du chantier des ateliers célèbres d'art du vitrail et d'orfèvrerie. La bibliothèque et ses trésors seront détruits lors des guerres de religion.

L'abbaye de Saint-Denis fonde en 1607 une congrégation autonome, puis s'agrège à la congrégation de Saint-Maur en 1633. Les constructions dues aux mauristes sont imposantes par leurs dimensions et leur qualité architecturale. En 1691, Saint-Denis perd cependant son titre d'abbaye et devient un simple prieuré de Saint-Germain-des-Prés. Les moines sont dispersés à la Révolution. En 1793, la Convention fait détruire les monuments royaux dans la basilique qui échappe quant à elle à la destruction. Les tombes royales sont profanées. Les bâtiments monastiques ont été reconstruits au XVIIIe siècle par Robert de Cotte et Jacques Gabriel.

Renvois : Bibliothèque monastique. Celle. Congrégation de Saint-Maur. Laure. Prieuré.

Bibl. : *Catholicisme*, art. Saint-Denis-en-France. *Dict. des églises de France*, t. IV, art. Saint-Denis (E. Eschapasse). *Diz. degli Ist. di Perf.*, art. Saint-Denis. P. et M.-L. Biver, *Abbayes, monastères et couvents de Paris, des origines à la fin du XVIIIe siècle*, Paris, 1975.

SAINT-GALL

Abbaye bénédictine fondée au VIIIe siècle.

Saint-Gall.
Gravure, 1648.
Chantilly, bibliothèque les Fontaines.

Au VIIIe siècle, un prêtre alaman du nom d'Otmar édifie un monastère à l'emplacement choisi vers 610 par saint Gall, un des compagnons de saint Colomban, pour établir un ermitage entre le lac de Constance et les Alpes, au nord-est de la Suisse. En 747, la règle de saint Benoît est donnée à la fondation qui prend le nom de saint Gall (en allemand Sankt Gallen). Au VIIIe siècle, l'abbaye est soumise à l'évêque de Constance, qui a le titre d'évêque-abbé. En 815, l'empereur Louis le Pieux accorde à l'abbaye le privilège de l'immunité, et en 833 elle reçoit le droit d'élire librement son abbé.

Aux IXe et Xe siècles, Saint-Gall est un des plus importants foyers de culture de l'Empire carolingien. Le catalogue des manuscrits rédigé vers 850 cite quatre cent vingt-six manuscrits et, cent ans plus tard, il y en aura plus de cinq cents. L'école de Saint-Gall s'est particulièrement illustrée dans le domaine de la musique, avec les noms de Rutpert, Notker et Tutilon, qui se situent tous trois à l'extrême fin du VIIIe siècle et sont morts entre 900 et 913. Les moines de Saint-Gall cultivent aussi la liturgie. L'église abbatiale, de plan carolingien, est construite avec une richesse qui correspond à celle de l'abbaye au début du IXe siècle. Sous l'abbatiat de Salomon (880-919), le scriptorium de l'abbaye atteint un sommet dans la production de manuscrits enluminés. Le sculpteur Tutilon a ainsi façonné les deux ivoires taillés de la reliure de l'*Evangelium longum*, ouvrage éminemment célèbre.

L'invasion hongroise de 926 dévaste l'abbaye ; cependant des moines se réfugient à Reichenau et mettent à l'abri le trésor et les manuscrits les plus précieux. Les abbés reçoivent la dignité de princes d'empire au début du XIIIe siècle et soutiennent l'empereur dans la querelle des Investitures. Le monastère est réformé au XVe siècle ; des structures plus ouvertes sont substituées à des formes trop nobiliaires de recrutement et de gouvernement. Les XVIIe et XVIIIe siècles sont marqués par un renouveau de ferveur religieuse, encouragée de Rome par Charles Borromée.

Les moines sont dispersés par la Révolution en 1797. Du vaste territoire de l'abbaye, on forme en 1803 le canton de Saint-Gall qui supprime définitivement l'abbaye. Par la bulle *Ecclesias*, le pape Pie VII transforme en 1823 l'église abbatiale en une cathédrale épiscopale.

Renvoi : Bénédictins. Charles Borromée.

Bibl. : *Catholicisme*, art. Saint-Gall. *Diz. degli Ist. di Perf.*, art. San Gallo.

Le roi Childebert présente l'église de **Saint-Germain-des-Prés.**

SAINT-GERMAIN-DES-PRÉS

Abbaye bénédictine fondée au VIe siècle.

Fils de Clovis, le roi Childebert Ier (511-558) rapporte de Saragosse, au retour d'une expédition militaire en Espagne, des vases sacrés et les reliques de saint Vincent de Saragosse. Il fait construire une église pour les accueillir, et la place sous le vocable de Sainte-Croix-Saint-Vincent. Saint Germain, évêque de Paris, la consacre un 23 décembre, entre 557 et 559. Pour abriter ces reliques, un monastère est édifié auprès de l'église et occupé par des moines venus de l'abbaye Saint-Symphorien d'Autun. L'abbaye adopte la règle de saint Benoît au VIIe siècle ; elle est alors placée sous le patronyme de saint Germain. Mort en 576, ce dernier est inhumé dans l'église, qui a ensuite abrité les tombeaux des rois mérovingiens. On l'appelle Saint-Germain-des-Prés afin de la distinguer de Saint-Germain-l'Auxerrois.

L'abbaye se développe, dotée par les souverains mérovingiens, puis carolingiens, mais trois sièges successifs mis par les Normands autour de Paris entre 846 et 885 la ruinent. Guillaume de Volpiano,

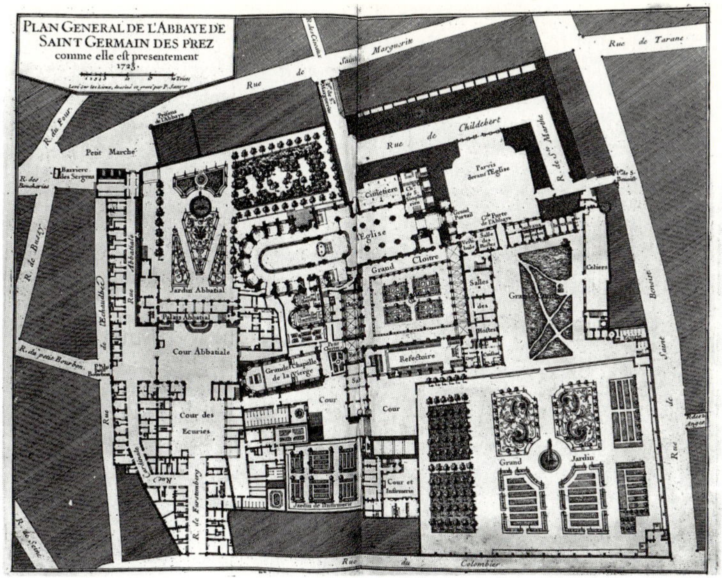

Saint-Germain-des-Prés. Plan général de l'abbaye, Paris, 1724. Chantilly, bibliothèque les Fontaines.

nommé abbé en 1024, restaure la vie commune religieuse dans le monastère qui vient d'être reconstruit. L'abbatiale est consacrée en 1163 par le pape Alexandre III. Au XIIIe siècle, Saint-Germain est ceinturée de remparts.

L'abbaye entre dans la congrégation de Saint-Maur en 1631 et en devient le chef d'ordre. Elle est pourvue de revenus copieux, car son domaine couvre les VIe et VIIe arrondissements actuels, et s'étend à l'ouest jusqu'à Saint-Cloud. Saint-Germain-des-Prés est alors un centre d'études de premier ordre, illustré par les noms de Félibien, de Mabillon ou de Montfaucon. La Révolution expulse les quarante-sept religieux encore présents. Une partie des ouvrages et manuscrits de la bibliothèque ont été détruits par un incendie, et les autres transférés en 1792 à la Bibliothèque nationale nouvellement créée.

L'église, construite entre le Xe et le XIIIe siècle, a été restaurée en 1819, puis l'intérieur fut décoré par Hippolyte Frandrin. Seuls les trois étages inférieurs du clocher-porche datent du XIe siècle. Les parties supérieures sont du XIXe siècle.

Renvois : Congrégation de Saint-Maur. Guillaume de Volpiano. Mabillon. Montfaucon (dom Bernard de). Reliques.

Bibl. : *Catholicisme*, art. Saint-Germain-des-Prés. *Dict. des églises de France*, t. IV (Yvan Christ), Paris, 1968. P. et M.-L. Biver, *Abbayes, monastères et couvents de Paris, des origines à la fin du XVIIIe siècle*, Paris, 1975.

SAINT-MAUR. Voir Congrégation de Saint-Maur.

Châsse de l'abbaye **Saint-Maurice d'Agaune.**

SAINT-MAURICE D'AGAUNE

Abbaye fondée en 515.

L'abbaye, située dans le Valais suisse, au bord du Rhône, doit son nom au martyre de saint Maurice et des chrétiens de la légion thébaine qui serait survenu en ce lieu sous le règne de Dioclétien et de Maximien (285-292). Le monastère, fondé en 515 par Sigismond, frère de Gondebaud, roi des Burgondes, développe de multiples activités. Placé sous la protection et la dépendance immédiate du Saint-Siège, il jouit du privilège de l'exemption. L'abbaye possède un grand pouvoir temporel — elle a le droit de battre monnaie au VIIe siècle. Aux VIIIe et IXe siècles, les évêques de Sion occupent à plusieurs reprises le siège abbatial de Saint-Maurice, qui a une série d'abbés laïcs.

Au XIe siècle, cependant, un changement notable s'opère : les moines sont remplacés par des chanoines, qui sans doute suivent les observances prescrites au concile d'Aix-la-Chapelle de 817. Les abbés sont issus des familles régnantes en Savoie, la direction de la communauté religieuse étant assurée par un prieur. En 1128, Amédée III de Savoie renonce au titre d'abbé, et une réforme introduit la règle de saint Augustin. Il s'agit dès lors d'une communauté de chanoines réguliers. L'élection de l'abbé par les moines est restaurée vers 1150.

En plein essor, Saint-Maurice contribue à fonder d'autres maisons de chanoines réguliers, ainsi que des prieurés ruraux dans le comté de Savoie, et organise même une congrégation dont elle prend la tête. Entre 1292 et 1313, l'abbaye passe du statut communautaire à un statut collégial aux liens plus lâches. À chaque fonction est attachée une prébende. L'abbaye perd ses possessions lointaines mais l'abbé conserve une juridiction sur les terres qui l'entourent. Au XVIe siècle, le pouvoir temporel de l'abbaye est tenu en brèche par l'extension des républiques de Berne et de Fribourg jusqu'au Rhône. À la fin du XVIe siècle, la dignité abbatiale est de nouveau accaparée par une famille puissante.

À la fin du XVIIe siècle, un incendie détruit l'abbaye, qui est reconstruite entre 1704 et 1715. Elle entretient alors des liens étroits avec Einsiedeln, et les moines peuvent développer aux XVIIe et XVIIIe siècles d'importants travaux d'érudition. Au temps de la Révolution française, l'abbaye perd ses derniers droits temporels. L'abbé Joseph III Exquis (1795-1808) la maintient cependant en vie et sauve le collège de Saint-Maurice, établissement d'enseignement supérieur, qui est rouvert en 1806. Dès lors l'éducation prend une place prépondérante dans les activités de l'abbaye.

Les liens étroits qui existaient entre l'abbaye de Saint-Maurice et l'hospice du Grand-Saint-Bernard contribuent à sauver l'existence de l'abbaye sous le règne de Napoléon, ce dernier ayant approuvé l'utilité de cet établissement. Supprimés par les autorités suisses entre 1830 et 1848, les cours supérieurs du collège reprennent à partir de 1859. Un accord entre l'État et l'abbaye s'instaure, et permet un remarquable développement de l'enseignement supérieur au XXe siècle. En 1840, les abbés de Saint-Maurice sont élevés par le pape Grégoire XVI à la dignité d'évêques de Bethléem. Le XXe siècle est marqué par le développement d'une activité sacerdotale, dans un territoire défini par Pie XI en 1933. D'autre part, un élan missionnaire porte les chanoines réguliers en Inde et au Bengale.

L'église abbatiale, détruite par une avalanche en mars 1942, est reconstruite ; déjà pourvue par Grégoire XVI en 1840 du titre de cathédrale, elle est proclamée basilique mineure par Pie XII en 1948. En 1987, l'abbaye abrite cent deux chanoines réguliers qui se consacrent à l'enseignement et à différentes activités d'ordre pastoral.

Renvois : Augustin. Chanoines réguliers. Collégiale. Einsiedeln. Grand-Saint-Bernard.

Bibl. : *Diz. degli. Ist. di Perf.*, art. Canonici regolari della congregazione swizzera di St-Maurice, et art. Saint-Maurice d'Agaune. *Enciclopedia cattolica*, art. Saint-Maurice d'Agaune. *Les Ordres religieux* (dir. G. Le Bras), t. II, 1979. E. Chevalley, «La Passion anonyme de saint Maurice», *Vallesia*, t. XVI, Sion.

SAINT-VICTOR DE MARSEILLE

Abbaye fondée vers 415.

Jean Cassien, ascète et écrivain ecclésiastique qui fut un des adversaires de saint Augustin, fonde vers 415, hors de l'enceinte de Marseille, un monastère double : d'une part une maison de religieux placée sous le patronage de saint Pierre, puis de saint Victor (en

Saint-Victor de Marseille. La nef.

mémoire du martyr dont on vénérait les restes), d'autre part un monastère de religieuses, Saint-Sauveur. Au Xe siècle, après une série d'invasions sarrasines, il ne reste rien du monastère Saint-Victor. Il est restauré en 977, sans doute par Honorat, l'évêque de Marseille. L'église nouvelle est consacrée en 1040. En 1079, le pape Grégoire VII accorde au monastère le privilège de l'exemption.

Aux XIe et XIIe siècles, Saint-Victor crée des dizaines d'abbayes et de prieurés dans la partie méridionale de la France. La puissance et la richesse de l'abbaye sont alors considérables. En 1361, l'abbé Guillaume de Grimoard devient évêque de Marseille, puis pape sous le nom d'Urbain V. L'instauration du régime de la commende en 1424 aggrave une décadence amorcée depuis la fin du XIVe siècle. Au XVIIe siècle, les moines de Saint-Victor s'opposent avec succès à l'entrée dans la congrégation de Saint-Maur et à toute réforme. L'abbaye est sécularisée en 1739 et, en 1751, Louis XV érige Saint-Victor en église collégiale.

Devenu bien national en 1791, l'église est utilisée comme magasin à fourrage. Elle devient église paroissiale en 1802. Les bâtiments monastiques sont détruits.

Renvois : Collégiale. Congrégation de Saint-Maur. Exemption.

Bibl. : *Catholicisme*, art. Saint-Victor de Marseille. *Les Ordres religieux* (dir. G. Le Bras), t. I, 1979, pp. 22-25.

SAINT-VICTOR DE PARIS

Abbaye de chanoines réguliers fondée au XIIe siècle.

Guillaume de Champeaux (1070-1122) occupe une place importante dans la vie universitaire et intellectuelle parisienne lorsque, en 1108, il quitte son enseignement au cloître Notre-Dame, et fonde avec quelques compagnons un monastère auprès d'une chapelle située sur la rive gauche de la Seine, hors des murs de la ville. Il adopte la règle des chanoines réguliers de Saint-Augustin. En 1113, Guillaume de Champeaux est nommé évêque de Châlons-sur-Marne. Le monastère qu'il a créé, placé sous le vocable de saint Victor, est alors érigé en abbaye.

L'essor intellectuel donné par Guillaume à Saint-Victor de Paris est poursuivi : l'école de Saint-Victor occupe une place de tout premier plan dans l'histoire de la philosophie médiévale, et plusieurs «victorins» sont célèbres — Hugues, et Richard de Saint-Victor, ainsi que Pierre le Mangeur. Le monastère ouvre sa riche bibliothèque au public cultivé. Saint Bernard, lié d'amitié avec Guillaume de Champeaux, et Thomas Beckett séjournent à l'abbaye, qui, au XIIIe siècle, est le chef d'ordre d'une congrégation comprenant une trentaine de monastères. La Révolution supprime l'abbaye, qui ne comptait plus que dix-huit chanoines en 1768. Démolie en 1811, elle laisse place à une halle aux vins, elle-même remplacée en 1958 par la faculté des sciences.

Port-Royal-des-Champs. Madeleine de Boulogne, aquarelles, XVIIe siècle. Versailles, musée national du château.

Saint-Germain-des-Prés. Miniature, 1519. Paris, Archives nationales.

Saint-Victor de Paris et la chapelle des Augustins. École française, XVIIIe siècle. Paris, musée Carnavalet.

Renvois : Abélard. Bernard de Clairvaux. Chanoines réguliers. Saint-Victor de Marseille.

Bibl. : *Catholicisme*, art. Saint-Victor de Paris. *Dict. de Biographie française*, art. Champeaux (Guillaume de). P. et M.-L. Biver, *Abbayes, monastères et couvents de Paris, des origines à la fin du XVIIIe siècle*, Paris, 1975. Colloque *L'Abbaye de Saint-Victor au Moyen Âge*, communications présentées au 13e colloque d'humanisme médiéval de Paris et réunies par J. Longère, Paris, 1991.

SAINT-WANDRILLE DE FONTENELLE

Abbaye bénédictine fondée en 649.

En 649, à l'instigation de l'évêque de Rouen, saint Ouen, deux moines, Wandrille et Gond, fondent un monastère dans la forêt de Jumièges, au bord de la Fontenelle. Protégée tout spécialement par les évêques de Rouen, la jeune fondation se développe vite et crée de nombreuses maisons. Les *Gesta Abbatium Fontallenensium* (vers 840) décrivent les actes des abbés de Saint-Wandrille. Les incursions des Normands obligent les moines à transporter les reliques de saint Wandrille à Gand, en 944.

Des moines, venus du monastère Saint-Bavon de Gand, reconstituent la communauté de Saint-Wandrille en 960. Guillaume le Conquérant (1060-1086) comble de donations le monastère qui est alors florissant. Au XIIIe siècle, certaines pratiques abusives s'instaurent, avec l'appropriation des offices et de leurs revenus par les moines. Incendiée en 1248, l'église est reconstruite au XIVe siècle. Le régime de la commende est imposé à l'abbaye en 1523. Le XVIe siècle est marqué par le saccage de l'abbaye en 1512, et la mainmise de la famille de Neufville de Villeroy sur le monastère. En 1636, la réforme mauriste rend vie au monastère. Les bâtiments claustraux sont reconstruits, la bibliothèque reconstituée ; un enseignement est organisé à l'intention des jeunes profès et des novices.

À la Révolution, les bâtiments sont vendus comme biens nationaux. Ils sont achetés par le marquis de Stacpoole, qui en fait sa résidence de campagne. En 1894, des moines de Ligugé, appelés par l'archevêque de Rouen, Mgr Thomas, rétablissent la vie monastique à Saint-Wandrille. Dom Y. Pothier, restaurateur du chant grégorien, devient prieur, puis abbé en 1897. En 1901, chassés par la politique anticléricale du gouvernement Combes, les moines se réfugient en Belgique. La communauté rentre en 1931. Endommagés par un bombardement en 1944, les bâtiments sont restaurés par dom G. Gontard, abbé de 1943 à 1962. Une nouvelle église abbatiale, aménagée dans une grange seigneuriale du XIIIe siècle, est dédicacée le 12 septembre 1970. On dénombre en 1991 à l'abbaye de Saint-Wandrille quarante-six moines profès résidents.

Saint-Wandrille.
Ruines de l'abbaye.

Renvois : Chant grégorien. Jumièges. Ligugé.

Bibl. : *Catholicisme*, art. Saint-Wandrille de Fontenelle. *Les Ordres religieux* (dir. G. Le Bras), t. I, 1979, p. 241.

SALÉSIENS. Voir François de Sales.

SCAPULAIRE

Mot dérivé du latin *scapula*, qui signifie épaule.

Vêtement couvrant les épaules et retombant plus ou moins bas sur le dos et la poitrine, avec un capuchon. Le scapulaire fait partie du costume de certains ordres religieux masculins.

SCRIPTORIUM

Le scriptorium est le lieu où les moines calligraphiaient des manuscrits, illustraient les plus riches d'entre eux de décorations peintes, ou enluminures, et élaboraient des reliures parfois très raffinées. Il s'agissait en réalité de l'atelier des copistes et artisans du livre, illustré ou non. Longtemps, le scriptorium et l'endroit où l'on conservait les livres ont été confondus. Ce n'est guère avant la fin du Moyen Âge que furent distingués dans les grands monastères le scriptorium et la bibliothèque.

Scriptorium. Miniature du *Livre des miracles de Notre-Dame*, XVe siècle. Paris, Bibliothèque nationale.

Renvoi : Bibliothèque monastique.

Bibl. : *Histoire des bibliothèques françaises* (dir. A. Vernet), Paris, 1989-1990, 3 vol.

SÉCULIERS. Voir Réguliers.

SÉNANQUE

Abbaye cistercienne fondée en 1148.

Fille de Cîteaux, l'abbaye cistercienne de Sénanque a été fondée en 1148 près de Gordes, en Provence, par des moines venus de l'abbaye de Mazan en Vivarais. En décadence aux XIVe et XVe siècles, elle renaît au tournant des XVe et XVIe siècles grâce à une réforme introduite par l'abbé Jean Casaletti (1475-1509). Mais, en 1544, les Vaudois venus de Savoie saccagent le monastère, l'incendient et pendent les moines. Les bâtiments sont reconstruits sans que la vie religieuse reprenne véritablement.

L'abbaye est supprimée à la Révolution. En 1854, la vie monastique est restaurée par l'abbé Léon Barnouin — il avait réuni cinq ans auparavant une communauté d'inspiration cistercienne — qui arrive

Sénanque.
Vue générale.

Sénanque.
Galerie du cloître.

avec ses disciples. Il instaure à Sénanque la règle cistercienne tout en en atténuant ce qu'elle a d'austère. En 1857, le pape Pie IX autorise les moines de Sénanque à revêtir l'habit cistercien ; l'abbaye est affiliée l'année suivante à la congrégation cistercienne de Saint-Bernard, en Italie. En 1869, Sénanque recouvre le titre d'abbaye. Les constitutions de la congrégation ne seront approuvées qu'en 1892. En 1864 déjà, les moines de Sénanque ont rendu vie à l'abbaye de Hautecombe, qui sera abandonnée en 1922. La principale réussite de dom Barnouin fut la renaissance de l'abbaye de Lérins.

Achetée en 1859 par l'évêque de Fréjus, Jordany, Lérins est restaurée par les cisterciens de Sénanque à partir de 1869. Le siège de la congrégation est transféré à Sénanque en 1872, dont les derniers moines se sont réfugiés à Lérins en 1969. Les bâtiments de Sénanque, qui offrent un spécimen remarquable de l'architecture cistercienne du XIIe siècle, abritent un centre culturel et un musée saharien. La congrégation de Lérins est constituée de cette abbaye elle-même et de deux fondations au Canada et en Extrême-Orient. En 1988, des moines cisterciens venus de Lérins ont repris la vie monastique dans l'abbaye de Sénanque.

Renvois : Cîteaux. Hautecombe. Lérins.

Bibl. : *Diz. degli Ist. di Perf.*, art. Sénanque. *Les Ordres religieux* (dir. G. Le Bras), t. I, 1979, p. 448.

SÉPARATION DES ÉGLISES ET DE L'ÉTAT (loi de)

La loi du 1er juillet 1901, qui reconnaît pour la première fois en France la liberté d'association, instaure un régime d'exception pour les congrégations religieuses, placées arbitrairement ainsi hors du droit commun. Celles-ci sont obligées de déposer une demande d'autorisa-

Expulsion des moines de la Grande-Chartreuse, en 1903.

J. Béraud, *L'Expulsion*, 1906.

tion avant le 1er octobre suivant. Aussitôt les bénédictins de Solesmes et les jésuites prennent le parti de s'exiler. Émile Combes, président du conseil de juin 1902 à janvier 1903, applique cet aspect de la loi de 1901 avec une rigueur fanatique.

En juin 1903, les demandes d'autorisation déposées par les congrégations sont rejetées en bloc, à l'exception de cinq congrégations hospitalières, missionnaires et contemplatives. Certains religieux s'exilent ; d'autres résistent mais seront expulsés. Le 29 avril 1903, les dragons chassent notamment les moines de la Grande-Chartreuse, dans une atmosphère de guerre civile. Une loi du 7 juillet 1904 interdit l'enseignement aux membres des congrégations autorisées.

Cet arsenal législatif est complété par la loi du 9 décembre 1905. Elle met fin en France au régime défini par le Concordat de 1901. L'État désormais ne reconnaît ni ne salarie aucun culte. La religion est considérée comme un phénomène d'ordre privé. La loi assure cependant la liberté de conscience et celle des cultes, et attribue les biens de l'Église à des associations cultuelles laïques. Votée sans aucune concertation avec le Vatican, la loi prévoit notamment un inventaire des biens de l'Église. Ces inventaires sont l'occasion de troubles violents en 1906, tandis que le pape Pie X condamne tout accommodement le 10 août 1906. Enfin, une loi du 2 janvier 1907 laisse les « édifices du culte » à la disposition des fidèles. Les rapports entre l'Église et l'État restent extrêmement tendus jusqu'en 1914. La Première Guerre mondiale marque une rupture, dans ce domaine comme dans les autres ; sans que la législation soit modifiée, les ordres religieux trouvent progressivement moyen de reprendre vie en France entre 1918 et 1940.

SMET (Eugénie). Voir Auxiliatrices.

SOCIÉTÉ DE MARIE. Voir Maristes (pères).

SOLESMES ET DOM GUÉRANGER

Monastère bénédictin restauré par dom Guéranger (1805-1875).

Prosper Guéranger naît à Sablé (Sarthe) en 1805, à quelques kilomètres du prieuré bénédictin de Solesmes, désaffecté depuis 1791. Il fait ses études à Sablé, Angers puis au Mans, où s'installent ses parents en 1821 et où son père ouvre une école. Il entre au séminaire du Mans en 1822, est admis prêtre en octobre 1827 et devient chanoine de la cathédrale.

Au printemps 1831, le prieuré de Solesmes est mis en vente. Fondé en 1010, devenu bien national en 1791, il est tombé aux mains de riches propriétaires qui ont vainement essayé d'en tirer profit. Leur échec les incite à se débarrasser de ces bâtiments et à les transformer en carrières.

L'abbé Guéranger a cependant toujours été attiré par ce lieu. Il souhaiterait louer les édifices, s'y installer avec quelques prêtres, et éventuellement y rétablir l'ordre de saint Benoît. Après quelques démarches sans effet, le bail de location est enfin signé et approuvé par l'évêque le 14 décembre 1832.

En mars 1833, l'abbé Guéranger entre à Solesmes puis se rend à Paris pour trouver l'argent nécessaire à la restauration du monastère. Le 11 juillet, en dépit de grandes difficultés, une cérémonie marque le rétablissement d'une vie religieuse à Solesmes, avec la rentrée de dom Guéranger comme cellerier (économe), en compagnie de trois autres

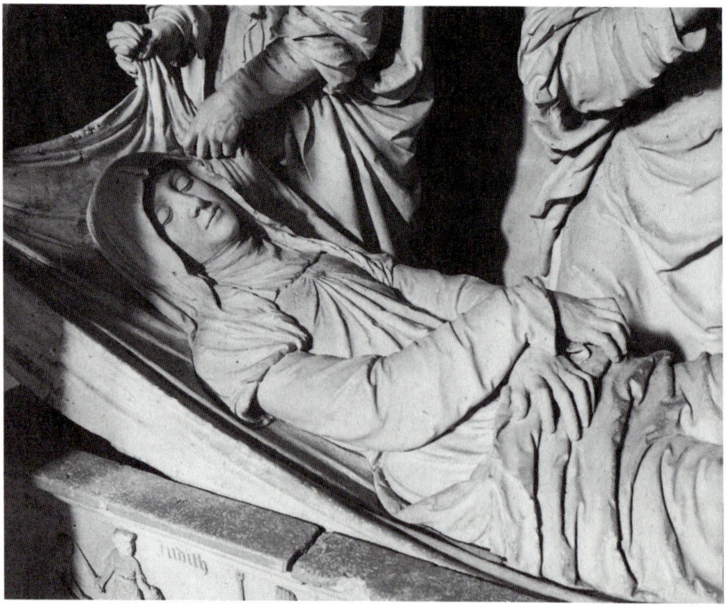

Solesmes.
Mise au tombeau de Notre-Dame, détail, 1553.

Solesmes.
Vue générale.

prêtres. Quatre convers se joignent à eux. Progressivement, la vie monastique renaît. Les vœux simples sont émis pour cinq ans en juillet 1836, et l'habit monastique est remis en vigueur. Au printemps de cette année, dom Guéranger et ses compagnons étaient devenus propriétaires du lieu, au prix de lourds emprunts. Un an plus tard, Guéranger part pour Rome afin de solliciter l'approbation pontificale. Le 26 juillet 1837, il fait profession à Saint-Paul-hors-les-Murs. Une bulle pontificale du 1er septembre transforme le prieuré de Solesmes en abbaye et en fait la tête de la congrégation bénédictine de France. Héritière des congrégations de Cluny, Saint-Vanne et Saint-Maur, ses constitutions sont approuvées le 9 juillet 1837. Dom Guéranger est nommé abbé de Solesmes à vie, et supérieur général de la congrégation.

Peu après son retour à Solesmes, à la Toussaint 1837, les quatre premières professions sont émises. Dès lors, malgré de nombreuses difficultés et un conflit avec l'évêque du Mans, la vie monastique se réorganise. Très attaché à la liturgie qu'il considère comme formatrice, Guéranger publie dès 1841 le premier volume de l'*Année liturgique*.

Dom Guéranger souhaite la restauration du chant grégorien, qui doit aller de pair avec celle de la liturgie, explique-t-il dans ses *Institutions liturgiques* en trois volumes. Ce retour à la tradition s'accompagne d'un énorme travail sur les manuscrits pour retrouver les mélodies primitives. Deux moines de Solesmes, dom Jansin et dom Pothier, se spécialisent dans la copie des manuscrits et inaugurent le scriptorium grégorien de l'abbaye. On s'applique aussi à la formation musicale des moines. Grâce à des dons, des achats, la bibliothèque que dom Guéranger souhaite riche s'étoffe peu à peu.

Des travaux sont entrepris dans les bâtiments en 1850, 1858, 1869 et 1896, vingt ans après la mort de dom Guéranger. C'est à Solesmes aussi que sont formés les futurs abbés de la congrégation de France. Le prieuré de Sainte-Madeleine de Marseille, créé par dom Guéranger en 1865, est d'abord exilé en Italie en 1901, puis s'installe à Hautecombe en 1922.

À partir de 1880, les mesures hostiles aux congrégations trouvent à Solesmes un foyer actif de résistance. D'abord dispersée dans des maisons amies, la communauté émigre en Angleterre, où elle construit un nouveau monastère près de l'abbaye cistercienne de Quarr. La congrégation de Solesmes réussit en cette période difficile à multiplier les fondations, illustrées par les noms des maisons de Silos en Espagne, Clervaux au Luxembourg ou Sainte-Anne de Kergonan. Les communautés exilées de France rentrent après 1919 ; la vie de la congrégation est placée sous le signe d'un vigoureux renouveau, avec de nombreuses jeunes vocations et la reprise du mouvement de fondations. À titre d'exemple, on peut retenir la restauration de l'antique abbaye de Fontgombault (Cher), qui a essaimé à son tour et a manifesté une fidélité sans faille à dom Guéranger et à Solesmes.

Parallèlement, un monastère féminin est fondé à Solesmes ; les débuts sont difficiles, car au moment où s'instaure une vie monastique, le 16 novembre 1866, le monastère n'est encore qu'un chantier. C'est le 14 août 1867 que dom Guéranger conduit les fondatrices dans leur nouveau bâtiment où il leur confère l'habit. Le 14 juillet 1871 a lieu la bénédiction de la première abbesse, Cécile Bruyère. Le rétablissement d'une vie bénédictine en France fut l'œuvre majeure de dom Guéranger, mort en 1875.

Renvois : Bénédictins. Congrégations bénédictines. Congrégation de Saint-Maur. Congrégation de Saint-Vanne. Fontgombault. Hautecombe. Kergonan.

Bibl. : *Dict. de Spiritualité*, art. Guéranger (J. Hourlier). *Diz. degli Ist. di Perf.*, art. Solesmes (J. Gribomont). Dom Louis Soltner, *Solesmes et dom Guéranger*, Saint-Pierre de Solesmes, 1974. *Dom Guéranger, abbé de Solesmes*, par un moine bénédictin, 2 vol., Paris, 1910-1911.

SOMASQUES. Voir Emiliani (Jérôme).

SOURCE (la)

Abbaye bénédictine Sainte-Marie de Paris.

Située rue de la Source, dans le XVIe arrondissement, l'abbaye Sainte-Marie est actuellement l'unique monastère bénédictin de Paris. En 1893, des moines de Saint-Martin de Ligugé établissent à Paris, près de l'église Saint-Sulpice, un pied-à-terre à l'intention de ceux qui effectuent des recherches dans les bibliothèques de la capitale. En 1897, ils s'installent rue de la Source dans un bâtiment qui devient en 1900 un prieuré ; il est érigé en abbaye en 1925. La bibliothèque de l'abbaye, située à l'intérieur de la clôture, est riche en ouvrages d'érudition. L'abbaye fait partie de la congrégation de Solesmes.

Renvois : Bibliothèque monastique. Clôture. Ligugé. Prieuré.

Bibl. : *Les Ordres religieux* (dir. G. Le Bras), t. I, 1979, p. 321.

SPIRITAINS

Séminaire du Saint-Esprit, congrégation religieuse cléricale de droit pontifical, fondée à Paris en 1703.

HISTORIQUE

Le 27 mai 1703, jour de la Pentecôte, un jeune séminariste tonsuré de vingt-quatre ans, Claude-François Poullart des Places, se voue, avec deux de ses condisciples, au service de Dieu à Paris. Cette cérémonie simple marque le début d'une fondation nouvelle, le séminaire du Saint-Esprit. Claude-François accueille de jeunes étudiants pauvres afin de leur donner une éducation ecclésiastique de haut niveau. Bientôt, les séminaristes groupés autour de lui constituent une congrégation du Saint-Esprit. Claude-François Poullart des Places meurt en 1709, à trente ans à peine.

Vers 1732, les prêtres groupés dans la congrégation se lancent dans l'activité missionnaire. Profitant du déclin de la Société pour les missions extérieures de Paris, ils forment des missionnaires pendant tout le XVIIIe siècle et les envoient en Chine, en Indochine ainsi que dans le Nouveau Monde, au Canada. Le succès de leur travail apostolique en Amérique du Nord décide le Saint-Siège à engager officiellement la congrégation du Saint-Esprit dans l'œuvre missionnaire. Après une première mission à Saint-Pierre-et-Miquelon en 1766, les spiritains sont chargés de la Guyane française en 1777, et de Saint-Louis du Sénégal l'année suivante. Leur réussite a pour effet d'entraîner un changement de structures au sein de la congrégation. On y admet désormais des missionnaires comme membres associés, tandis que seuls les directeurs et les professeurs des séminaires affiliés à la congrégation restent membres effectifs. La congrégation est supprimée en 1792. Momentanément rétablie en 1804, elle l'est officiellement en 1816. Le gouvernement du roi Louis XVIII lui confie l'apostolat missionnaire dans les colonies françaises.

En 1848, les spiritains sont en difficulté, menacés de disparaître à la suite de nouvelles persécutions. En même temps, ils se heurtent en Afrique à la concurrence de missionnaires appartenant à la congrégation du Sacré-Cœur de Marie. Cette dernière — fondée en 1840 par François Libermann, juif converti au catholicisme — avait pour but d'exercer un apostolat auprès des Noirs d'Afrique. Un décret du Saint-Siège dissout l'institut de Libermann et fait entrer tous ses membres dans la congrégation du Saint-Esprit. Le père Libermann devient son supérieur général. Il meurt en 1852.

Une nouvelle expansion disperse les missionnaires du Saint-Esprit dans les différents continents. La politique hostile d'Émile Combes en 1902 entraîne la suppression des nombreux collèges entretenus en France par la congrégation ; elle a pour autre conséquence la naissance de nouvelles provinces en Angleterre, Belgique, Suisse, Hollande et au Canada. Depuis la Seconde Guerre mondiale, la congrégation a surtout porté son effort vers l'Amérique latine.

CONSTITUTION

D'abord autorisée par l'archevêque de Paris en 1734, la congrégation est approuvée par la congrégation de la Propagande de la foi et est placée en 1824 sous la dépendance immédiate du Saint-Siège qui, en 1855, la reconnaît comme une congrégation à vœux simples, composée de religieux prêtres et de frères coadjuteurs. À sa tête, le pouvoir central est exercé par le supérieur général, élu pour vingt-deux ans, qui nomme les supérieurs provinciaux ; les provinces sont soumises à son autorité. La congrégation est régie par la règle de vie votée par le chapitre général en 1986. Si l'activité missionnaire est essentielle, la congrégation du Saint-Esprit n'en attribue pas moins d'importance au travail apostolique en France et dans les autres pays de la chrétienté. Elle conserve ainsi la direction du séminaire français de Rome, construit à ses frais en 1853.

Renvois : Missionnaires d'Afrique. Missions étrangères.

Bibl. : *Diz. degli Ist. di Perf.*, art. Spirito Santo di Parigi. *Enciclopedia cattolica*, t. IV, col. 293, art. Congregazione dello Spirito Santo.

Stalles de l'abbaye de Valloires.

STALLES

Sièges de bois sculpté disposés de part et d'autre du chœur des églises monastiques et des collégiales, et qui sont destinés aux moines de chœur ou aux chanoines. Chaque siège est mobile ; il peut se lever et se baisser.

Vers le Vᵉ siècle, les clercs entourant l'évêque durant les offices religieux disposent de bancs de pierre, placés à droite et à gauche de la *cathedra* (siège de l'évêque). Des sièges à dossier en bois sculpté sont attestés à partir du XIIᵉ siècle.

L'installation des stalles s'organise au XIIIᵉ siècle ; elle consiste en sièges qui ne sont pas indépendants, mais attachés les uns aux autres ; chaque siège est muni de bras qui le séparent de ses voisins. L'ensemble qu'ils forment est fixe et intégré à la structure de l'édifice par une riche ornementation, souvent surabondante à partir du XVᵉ siècle : elle couvre les deux faces des dossiers généralement très élevés, les sièges eux-mêmes et les miséricordes — consoles fixées à la partie postérieure du siège qui permettent aux moines fatigués de prendre appui durant les longues stations debout imposées par la liturgie (d'où leur nom).

Renvois : Abbatiale. Cathédrale. Chœur. Collégiale. Moine de chœur.

Bibl. : *Dict. d'Archéo. chrét. et de Liturgie*, art. Stalles (H. Leclercq). *The Catholic Encyclopedia*, art. Stalles (G. Gietnamm). Viollet-le-Duc, *Dictionnaire raisonné de l'architecture*, 1866, art. Stalle.

SUBIACO

Abbaye *nullius*, soumise immédiatement au Saint-Siège, fondée vers 520.

Subiaco.
Vue générale.

Subiaco. Le «jardin de saint François».

Berceau de l'ordre bénédictin, les monastères de Subiaco ont été construits à quelque distance d'une villa impériale élevée sur les ordres de Néron, dans la vallée de l'Anio (province de Rome).

Après avoir mené une vie d'ermite pendant trois ans au bord de l'un des deux lacs artificiels construits par Néron, saint Benoît, rejoint par des disciples en nombre sans cesse croissant, y fonde vers 620 un monastère. Placé sous le patronage de saint Clément, celui-ci est plus tard appelé Sacro Speco, du nom de la grotte où s'est retiré saint Benoît. Une douzaine de petits monastères doivent bientôt être édifiés pour loger de nouveaux arrivants.

Endommagé par les Sarrasins au IXe siècle, comme le monastère féminin Sainte-Scholastique, Saint-Clément, protégé par les papes, est florissant aux XIIe et XIIIe siècles. En 1455, le régime de la commende y est introduit par le pape Calixte III. Les deux abbayes sont supprimées par Napoléon en 1809. En 1850, Subiaco devient le centre d'une province réformée par dom Casaretto, qui sera érigée en congrégation bénédictine autonome en 1852.

L'abbaye féminine de Sainte-Scholastique est construite au flanc d'une vallée étroite. Elle compte trois cloîtres : le premier date du XIIe siècle, et a été restauré après avoir été bombardé en 1944. Les deux autres ont été aménagés au XIIIe siècle. Consacrée en 981, l'église de l'abbaye a été reconstruite au XIIIe siècle.

Le monastère Saint-Clément, ou Sacro Speco, très proche de Sainte-Scholastique, a deux églises construites sur une série de neuf arcades. L'église supérieure est décorée de peintures murales de l'école siennoise (XIVe siècle), tandis que l'église inférieure présente une série de fresques du XIIIe siècle décrivant des scènes de la vie de saint Benoît. Cet ensemble architectural répond, par ses dimensions et sa richesse, à l'importance religieuse de ce site bénédictin. Selon la tradition, c'est au monastère Saint-Clément qu'a été imprimé le premier livre produit en Italie au XVe siècle.

Renvois : Abbaye. Benoît de Nursie.

Bibl. : *Enciclopedia cattolica*, art. Subiaco.

SYNAXE

Ce terme est utilisé dans l'église d'Orient pour désigner l'assemblée des fidèles à la messe ou la communion. Tout comme synagogue, synaxe procède du grec *sunaxis*, qui signifie assemblée religieuse.

Bibl. : *Dict. encycl. du christianisme ancien*, t. II, art. Synaxe.

TAIZÉ

Communauté œcuménique créée en 1949.

Un jeune pasteur protestant de Lausanne, Roger Schultz, arrive en 1940 à Taizé, village de Côte-d'Or, et s'y installe. Deux ans durant, il y accueille des réfugiés et les met à l'abri des recherches des nazis. Il a un projet qui lui tient à cœur : créer un lieu communautaire placé sous le signe de la Réconciliation. Sa perspective est donc d'essence chrétienne et œcuménique, à une époque où de telles spéculations tenaient de la chimère et de la pure utopie. En 1944, Roger revient à Taizé, qu'il a quitté en 1942, avec trois frères. En 1949 il s'engage, avec les disciples qui l'ont rejoint, dans une forme de vie communautaire et de célibat. En 1953, il achève de rédiger une règle de caractère monastique et de référence protestante. Cependant, il partage avec un compagnon de la première heure, Max Thuriau, l'intention de donner à ce mouvement qu'ils ont créé un caractère résolument œcuménique, avec le projet audacieux de dépasser l'antagonisme opposant *grosso modo* le catholicisme au protestantisme. Frère Roger et Max Thuriau sont invités à participer comme observateurs au concile Vatican II (1962-1965). En 1962, l'église de la Réconciliation est inaugurée à Taizé. Un premier rassemblement de jeunes a lieu en 1966. Depuis 1960, des jeunes y viennent de l'Europe entière pour participer à des semaines de rencontres. Il est frappant de constater que la communauté de Taizé a accueilli depuis 1969 des membres catholiques. Placé sous le signe de l'ouverture et de la générosité, le nom de Taizé est incontestablement porteur d'espoir.

La communauté de **Taizé.**

Bibl. : *Théo*, p. 768a, art. Taizé. *Les Ordres religieux* (dir. G. Le Bras), t. I, 1979, p. 74.

TEMPLIERS

Ordre religieux militaire fondé en 1119 à Jérusalem.

Au début du XIIe siècle, huit chevaliers français, groupés autour d'un noble champenois, Hugues de Payns, décident à Jérusalem d'assurer la protection des pèlerins. Le roi de Jérusalem, Baudouin II (1118-1131), leur donne une maison à l'emplacement même occupé jadis par le Temple de Salomon — ainsi s'explique le nom de l'ordre créé alors, «Chevaliers du temple» ou «Pauvres chevaliers du Christ et du Temple de Salomon». Saint Bernard les aide à élaborer leur règle, inspirée de celle des cisterciens, et la fait approuver par le concile de Troyes en 1128, et se fait un ardent défenseur de la «nouvelle milice» dans son traité *De laude novæ militiæ*, écrit vers 1130. Tout à la fois moines et soldats, ces chevaliers semblaient concilier dans leur organisation les idéaux de la chevalerie médiévale et du plus exigeant monachisme. Ils ont pour finalité de protéger et secourir les pèlerins qui se rendent en Terre sainte. Le temps passant, cette fonction hospitalière et militaire se double d'activités bancaires, toujours en rapport avec les besoins des pèlerins et des croisés. Les templiers participent avec les hospitaliers de Saint-Jean-de-Dieu à la défense des royaumes latins de Jérusalem.

Très hiérarchisés, les templiers comprennent des chevaliers et des chapelains nobles, ainsi que des frères lais et des sergents. À la tête de l'ordre, le grand maître est élu par les chevaliers. Il est tenu de consulter le chapitre pour les décisions les plus importantes. Prestigieux, réputés pour leur courage inflexible, les templiers forment un véritable État souverain grâce aux privilèges dont les comble la papauté : ils prospèrent et sont quinze mille à la fin du XIIIe siècle. Leur activité,

Le Krak des chevaliers. Maquette. Paris, musée national des Monuments français.

Le **Temple** de Paris. Anonyme, XVIIIe siècle. Paris, musée Carnavalet.

leur gestion scrupuleuse leur permettent d'organiser la première des banques internationales, dont ils emploient les gains pour des causes généreuses, tel le rachat des chrétiens retenus en esclavage par les infidèles; ils construisent aussi quelques-unes des plus grandes forteresses de Terre sainte. La chute de Jérusalem en 1291 et l'éviction des ordres militaires hors de Palestine les privent de leur raison d'être. Sourd aux pressions de la papauté et des souverains, le grand maître Jacques de Molay refuse toute fusion entre les templiers et les hospitaliers de Saint-Jean. Au début du XIVe siècle, le roi de France Philippe le Bel décide la perte de l'ordre. Le 13 mai 1307, Jacques de Molay est arrêté. Cinq ans plus tard, Clément V, pressé par Philippe le Bel, prononce la dissolution de l'ordre par une bulle du 3 avril 1312, les biens de celui-ci étant transférés aux hospitaliers de Saint-Jean. Le 19 mars 1314, Jacques de Molay et Geoffrey de Charnay sont brûlés vifs après avoir refusé de reconnaître le bien fondé des accusations absurdes portées contre eux.

Renvois : Bernard de Clairvaux. Cisterciens. Hospitaliers de Saint-Jean-de-Dieu. Ordres militaires.

Bibl. : *Grande Encyclopédie Larousse*, éd. 1974, art. Templiers, ou Chevaliers du Temple. M. Mourre, *Dict. encyclopédique d'histoire*, Paris, 1978, art. Templiers. R. Pernoud, *Les Templiers*, coll. Que Sais-je ?, P.U.F., Paris, 1974.

TERESA (mère)

Fondatrice de la congrégation des Missionnaires de la Charité à Calcutta en 1950.

Née le 27 août 1910 à Skopje en Macédoine, Agnès Gonxha Bajaxhin a pour parents des paysans albanais. Elle a douze ans lorsque sa vocation religieuse et missionnaire est éveillée par des jésuites. Ils lui parlent de l'Inde, ainsi que de l'œuvre des sœurs de Notre-Dame-de-Lorette, à Calcutta. Elle est acceptée comme postulante dans la maison mère de la congrégation, en Irlande. Elle part ensuite pour l'Inde. En 1929, elle enseigne dans une école pour jeunes filles de la haute société. En 1931, elle prononce des vœux simples, suivis de vœux solennels en 1937. Troublée par le spectacle de la misère qui entoure le lieu privilégié de l'école, elle décide de quitter le couvent de Notre-Dame-de-Lorette en 1946, sans l'autorisation pontificale qui lui sera acordée deux ans plus tard par le pape Pie XII le 12 avril 1948. Vêtue d'un sari de coton blanc bordé de bleu, elle s'enfonce au cœur de la misère de Calcutta après un stage de trois mois à Patna, chez des «Medical Sisters». Dès lors elle parcourt la ville, apportant des secours de première nécessité aux plus démunis ; s'épuisant dans cette lutte contre le désespoir, elle tombe malade. La situation s'améliore quelque peu lorsqu'un fonctionnaire, Michel Gomez, met un local à la disposition de mère Teresa, comme on l'appelle désormais. Des aides commencent à affluer autour d'elle, et la secondent dans une tâche qui paraît insensée à la plupart des Indiens. Mère Teresa ébauche les règles des futures sœurs missionnaires de la Charité. Elle ajoute aux trois vœux fondamentaux celui du «service gratuit et dévoué de tous les déshérités». Elle a bientôt autour d'elle une douzaine de postulantes. Le premier étage d'une grande maison leur sert de couvent. Le 7 octobre 1950, le Saint-Siège approuve la congrégation, qui devient congrégation pontificale en 1965. Le mouvement de charité active s'amplifie, avec l'ouverture d'écoles, et de multiples visites dans les taudis ; des mourants recueillis dans la rue, et que l'hôpital rejette, sont installés dans un asile — deux salles offertes à titre provisoire dans l'enceinte d'un temple dédié à la déesse Kali. Les lépreux, abandonnés dans des conditions de vie inhumaines, sont un autre objet de sollicitude pour mère Teresa. Elle voudrait faire construire une cité capable d'accueillir les familles des lépreux. Ce sera la «Cité de la Paix», financée curieusement par la vente de la voiture à bord de laquelle le pape avait circulé lors de son voyage en Inde. Paul VI en fit don à mère Térèsa.

Mère Teresa.

Dès 1963, une congrégation masculine de frères missionnaires de la Charité vient grossir la famille de mère Teresa. Les sœurs missionnaires de la Charité ont essaimé en plus de cent cinquante communautés à travers le monde.

De nombreux prix et récompenses ont été décernés à mère Teresa, dont le prix Nobel de la Paix à Oslo, le 10 décembre 1979. En 1980, le pape Jean-Paul II l'a invitée à participer aux travaux d'un synode réuni autour du thème de la famille chrétienne. Depuis, mère Teresa poursuit sa tâche admirable.

Bibl. : G. Gorrée et J. Barbier, *Amour sans frontière, mère Teresa*, Calcutta, 1972.

THÉATINS. Voir Clercs réguliers. Emiliani (Jérôme).

Thérèse d'Ávila. Jean de la Misère, 1576.

THÉRÈSE D'ÁVILA

Teresa d'Ávila ou Teresa de Jesus. Réformatrice du Carmel. 1515-1582.

Thérèse est née en mars 1515, de don Alonso Sanchez de Cepeda, hidalgo, et de sa seconde femme Beatriz de Alumada, qui meurt en 1528, laissant sept fils et deux filles. Pleine de vivacité, Thérèse est aussi animée dès son enfance d'une piété ardente. À l'âge de sept ans, elle entraîne un de ses frères dans la recherche du martyre au pays des Maures, plongeant sa famille dans l'inquiétude.

À seize ans, son père la conduit au couvent des augustins de Notre-Dame de Grâce, qui abrite des moniales de haute naissance. La religieuse chargée de l'éducation des jeunes séculières a une grande influence sur Thérèse, et c'est sans joie que la jeune fille rentre dans sa famille. Dès lors, elle proclame qu'elle souhaite devenir religieuse, mais se heurte au refus de son père. En octobre 1535, elle s'enfuit et entre au couvent de l'Incarnation du «carmel mitigé» (la règle du carmel a été adoucie, «mitigée» par Eugène IV en 1492), où l'une de ses amies est moniale, et décide son frère Antonio à se faire dominicain.

Son père cède enfin et, le 31 octobre 1536, s'engage à verser une rente au monastère; Thérèse, elle, renonce à son héritage. Elle prend l'habit le 2 novembre 1536 et fait profession un an plus tard. La prieure du couvent doit lui interdire les pénitences excessives qu'elle s'inflige car elles compromettent sa santé. Elle est affligée de syncopes; son père s'inquiète et l'emmène chez une guérisseuse célèbre, sans succès. Son oncle Pedro lui donne le traité d'un franciscain, Francisco de Osuma, qui lui révèle l'oraison mystique.

Une période très difficile s'ouvre alors : Thérèse sombre dans le coma et, déjà, on prépare sa tombe. Au bout de trois jours, elle revient à elle, mais souffre sans cesse; cet état dure neuf mois, au terme desquels elle regagne le couvent où elle reste trois ans à l'infirmerie. Enfin guérie, elle attire de nombreux visiteurs : on se précipite au parloir du couvent pour la voir et l'admirer. Ces réceptions semi-mondaines ne lui déplaisent pas. La mort de son père, en 1543, puis la vision d'un *Ecce homo* l'ébranlent. Dès lors, visions et extases se succèdent au point d'inquiéter son entourage. Des jésuites, dont François Borgia, reconnaissent qu'elle est une âme pleine de Dieu.

Elle forme le projet de fonder un monastère selon la règle primitive. Une petite maison est achetée et aménagée au nord d'Ávila — le monastère Saint-Joseph —, où Thérèse et quelques compagnes entrent le 24 août 1562. Jeûne, silence, clôture absolue, vêtements de bure sont les prescriptions essentielles. Les autorités de la ville et le couvent de l'Incarnation réagissent violemment à son départ. Après leur avoir tenu tête, Thérèse est obligée de réintégrer son couvent d'origine; mais au printemps 1563 elle peut regagner, accompagnée de quatre religieuses, pieds nus, Saint-Joseph et ses compagnes.

C'est alors que Thérèse devient Teresa de Jesus. Dès lors, elle entend multiplier les nouvelles fondations : le supérieur de l'ordre l'y autorise en 1567, alors qu'elle rédige *Le Chemin de la perfection*, expliquant ce qu'est l'oraison. Le 13 août de cette même année, elle quitte Ávila pour fonder le couvent de Medina del Campo avec plusieurs religieuses de l'Incarnation et deux de Saint-Joseph. C'est à ce moment

Scriptorium. École de Ségovie, XVIe siècle. Madrid, musée Lazaro Galdiano.

La Cité de Dieu de saint Augustin. Manuscrit, 1473. Paris, Bibliothèque nationale.

Saint Thomas d'Aquin. Miniature des *Heures de Louis de Savoie*, 1440-1465. Paris, Bibliothèque nationale.

Vincent de Paul. D’après Simon Vouet. Paris, maison mère des Lazaristes.

qu'elle rencontre Jean de la Croix, qui n'est encore que le carme Juan de Santo Matia. Elle le convainc d'inaugurer la réforme des carmes déchaux en s'installant à Duruels en 1568. Suivent les fondations de Valladolid (1568), Tolède, Pastrana et Salamanque en octobre 1570.

Le carmel de Salamanque, fondé par **Thérèse d'Ávila** en 1570.

Rappelée à Ávila pour réformer le couvent de l'Incarnation, Teresa juge le nombre des moniales beaucoup trop élevé — plus de cent — alors qu'elle prône de petites unités, de treize religieuses au plus. Prieure du couvent de l'Incarnation depuis le 6 octobre 1571, elle fait appel à Jean de la Croix pour assurer la direction spirituelle des moniales.

En 1574, celle qui est dorénavant la *madre* fonde la maison de Ségovie. Jusqu'en 1575, toutes les maisons thérésiennes se répartissent autour d'Ávila. C'est alors qu'on lui demande d'ouvrir un couvent à Séville, ce qui ne va pas sans mal car la guerre se déchaîne entre les «mitigés» et les déchaux. L'Inquisition intervient et lui interdit de créer de nouvelles maisons, et même de sortir de son couvent. En décembre 1575, et jusqu'en 1579, les carmes réformés devront se soumettre aux «mitigés». Depuis un certain nombre d'années, Thérèse parcourt les routes dans des conditions difficiles ; elle est en effet d'une santé fragile depuis sa jeunesse. Durant un séjour d'un an qu'elle fait à Tolède en 1577, elle expose sa doctrine sur la vie spirituelle dans un traité intitulé le *Château intérieur*. Son *Autobiographie*, rédigée en 1574-1575, lui est confisquée par l'Inquisition de Tolède.

En 1581, les fondations créées par Thérèse obtiennent le statut d'une «province» particulière, avec approbation du pape. Il y a vingt-deux monastères «thérésiens», avec trois cents religieux et deux cents moniales.

Thérèse part pour Burgos où une fondation nouvelle ouvre le 18 avril 1582. À cette époque, elle rédige la règle et les constitutions de l'ordre réformé de Notre-Dame du Mont-Carmel. Thérèse avait fondé quinze couvents en dix-neuf ans. Elle meurt à Alba de Tormes dans la nuit du 4 au 5 octobre 1582. En vertu d'une bulle du pape Grégoire XIII instituant le nouveau calendrier grégorien, le 5 octobre est devenu le 15 octobre. Thérèse est canonisée en 1622 par Grégoire XV.

Tous les manuscrits de Thérèse d'Ávila où elle donne le récit de ses expériences spirituelles et mystiques, ainsi que son importante correspondance, sont conservés à la bibliothèque de l'Escurial.

Renvois : Carmélites. Carmes. Jean de la Croix.

Bibl. : *Dict. de Spiritualité*, art. Thérèse de Jésus (Ávila). *Diz. degli Ist. di Perf.*, art. Teresa d'Ávila. M. Auclair, *La Vie de sainte Thérèse d'Ávila*, Paris, 1950.

THÉRÈSE DE L'ENFANT JÉSUS

Thérèse de Lisieux, carmélite. 1873-1897.

Renvoi : Carmélites.

Bibl. : P. Descouvement et H. N. Loose, *Thérèse de Lisieux*, Paris, 1991. *Sainte Thérèse de Lisieux, œuvres complètes,* Nouvelle édition du Centenaire, Paris, 1992.

TERTIAIRES. Voir Tiers ordre.

Thomas d'Aquin. Fra Angelico, fresque, vers 1442. Florence, couvent de San Marco.

Thomas d'Aquin. Gravure du *De viris illustribus ordinis prædicatorum*, Bologne, 1517. Chantilly, bibliothèque les Fontaines.

THOMAS D'AQUIN

Théologien italien. 1225-1274.

Thomas d'Aquin naît au château de Rocca Serra, dans une famille imbue de sa noblesse. Son père, seigneur d'Aquino, l'envoie faire ses premières études à l'abbaye prestigieuse du Mont-Cassin, et prévoit un avenir brillant pour ce fils qui se révèle très tôt d'une vive intelligence. Cependant, Thomas quitte le milieu monastique bénédictin pour suivre les cours de la jeune université de Naples. Il y découvre la philosophie d'Aristote. Sa décision d'entrer dans l'ordre des Frères prêcheurs indigne son père qui le fait arrêter sur la route de Paris. Au bout d'un an, sa famille cède et le laisse entrer au couvent des frères prêcheurs de Naples. Les dominicains l'envoient en 1245 au couvent Saint-Jacques, à Paris ; à l'université de cette ville, il a pour maître Albert de Souabe, surnommé Albert le Grand, qui se propose de faire comprendre l'enseignement d'Aristote aux Latins, en mettant à l'honneur l'étude des différentes disciplines de la science grecque. Thomas suit son maître à Cologne lorsqu'il y fonde une faculté de théologie. Il y étudie la philosophie et la théologie. Ordonné prêtre et de nouveau à Paris, il occupe à l'université, à partir de 1256, une des deux chaires tenues par les dominicains.

Les maîtres de l'université sont divisés et s'affrontent alors sur les rapports entre la foi et la raison, sur Aristote et Averroès. Cependant, Thomas est reçu comme maître avec Bonaventure le 15 août 1257. Deux ans plus tard, il est rappelé en Italie. Professeur de théologie à Rome de 1265 à 1268, il rédige alors sa *Somme théologique*. Après avoir refusé de devenir archevêque de Naples, il regagne Paris où il enseigne pendant quatre ans. C'est en Italie cependant qu'il finit sa vie, au monastère cistercien de Fossa Nova. Le pape Urbain V fait transporter sa dépouille mortelle à Toulouse en 1369. Canonisé en 1323, Thomas est proclamé docteur de l'Église en 1567.

Renvois : Bonaventure. Dominicains. Franciscains.

Bibl. : *Dict. de Spiritualité*, art. Thomas d'Aquin. M.-D. Chenu, *Saint Thomas d'Aquin et la théologie,* coll. Maîtres spirituels, éd. du Seuil, Paris, 2e éd., 1986. M. de Paillerets, *Petite Vie de Thomas d'Aquin*, Paris, 1992. J.A. Weisheilpl, *Frère Thomas d'Aquin. Sa vie, sa pensée, ses œuvres*, Paris, 1992. *La Somme théologique*, 4 vol., Paris, 1984-1986.

TIERS ORDRE

On appelle tiers ordre des groupements de fidèles qui aspirent à une perfection de vie chrétienne, tout en restant dans l'état laïque et en se conformant à une règle de vie sous le contrôle d'un ordre religieux. Un lien d'une grande force se noue entre le tiers ordre et l'ordre religieux de référence. Les «tertiaires» font une profession solennelle, précédée d'un noviciat semblable à celui des religieux. Ils ne prononcent cependant pas de vœux et ne sont pas astreints à la vie commune.

C'est François d'Assise qui a donné un cadre à ces modes originaux de vie religieuse, en marge d'un ordre. En 1220, il élabore une règle et la publie dans sa *Lettera ai fedeli*. En 1289, le pape Nicolas IV (1288-1292) donne une règle plus élaborée au tiers ordre franciscain. À partir du XIVe siècle, les tertiaires tendent à des formes de vie religieuse commune, avec émission de vœux. Ils s'organisent souvent en congrégations ayant des statuts originaux. Au XVIe siècle, Léon X (1513-1522) leur impose une règle comprenant l'obligation d'une vie commune et l'émission de vœux solennels. Pie XI (1922-1939) atténue cette rigueur, et ne demande aux tertiaires que de prononcer des vœux simples.

Le tiers ordre de saint François suit la règle de Nicolas IV revue par Léon X. Il a offert un modèle dont se sont inspirés d'autres ordres. Ainsi les dominicains en 1406, les carmélites en 1451 ont créé des tiers ordres affiliés à leurs ordres respectifs.

En règle générale, seul le Saint-Siège peut accorder à un ordre l'autorisation d'ériger un tiers ordre qui lui soit propre. Les tiers ordres sont placés sous le contrôle de l'évêque du lieu pour certains aspects de leur activité. L'évêque peut aussi autoriser l'érection d'un tiers ordre en corps organique. Formules originales, les tiers ordres sont liés par leurs origines à la spécificité des ordres mendiants.

Renvois : Franciscains. François. Ordres mendiants. Règle monastique. Vœux religieux.

Bibl. : *Enciclopedia cattolica*, art. Tertiarii (Sisinio da Romallo). *New Catholic Encyclopedia*, art. Third Orders (S. Hartdegen). V.-M. Breton, *Le Tiers Ordre franciscain*, Paris, 1934.

TOURNUS

Ancienne abbaye bénédictine fondée en 875.

Une église dédiée à un saint local, Valérien (martyrisé en 177), est construite vers le VIe siècle sans doute à Tournus (Saône-et-Loire). En 875, l'empereur Charles le Chauve en fait don à des moines de Noirmoutier, qui ont fui leur monastère en 836 en raison des invasions normandes, avec les reliques de saint Philibert. La fondation est approuvée par le pape Jean VIII en 877. Le monastère construit alors est détruit par un raid hongrois en 937. Il est bientôt reconstruit. L'église abbatiale est achevée vers la fin du Xe siècle, mais un incendie détruit les parties hautes de l'édifice en 1008. L'abbatiale est rebâtie sous la direction de l'abbé Bernier, et consacrée en 1119. L'abbaye Saint-Philibert déploie un remarquable rayonnement, tout à la fois spirituel et intellectuel, entre le Xe et le XIIIe siècle. Elle tombe en décadence

Tournus.
Le narthex de l'église Saint-Philibert.

au XVe siècle, et subit le régime de la commende. Pillée au XVIe siècle par les huguenots, elle est transformée en 1627 en une fondation collégiale, puis supprimée en 1785.

L'église romane à trois nefs et son narthex monumental constituent un admirable ensemble remarquablement bien conservé. La crypte, du Xe siècle, est intacte. Grâce à des travaux de restauration menés avec beaucoup de soin et de compétence, cet ensemble présente un intérêt exceptionnel.

Renvoi : Noirmoutier.

Bibl. : *Catholicisme*, art. Philibert. *Dict. d'Archéo. chrét. et de Liturgie*, art. Tournus. *Enciclopedia cattolica*, art. Tournus. *New Catholic Encyclopedia*, art. Tournus. R. Oursel, *Abbayes et prieurés*, Mâcon.

TRAPPE (la)

Abbaye cistercienne Notre-Dame de la Trappe fondée en 1140.

Cette abbaye célèbre, la grande Trappe de Soligny (Orne), doit son nom au lieu appelé «la Trappe» qui faisait partie du domaine du comte du Perche, Rotrou III. Le comte y fit construire en 1122 une chapelle en forme de vaisseau renversé en souvenir du naufrage de la Blanche-Nef, où périt sa femme Mathilde.

En 1140, les bénédictins voisins desservent la chapelle : la communauté de la Trappe commence alors son existence, et sept ans plus tard s'agrège à l'ordre des Cisterciens. Comme nombre de monastères cisterciens, la Trappe connaît beaucoup de difficultés aux XIVe et XVe siècles, période de guerres, d'épidémies et autres calamités. Puis le régime de la commende y est instauré jusqu'au XVIIe siècle. L'abbé de

Les religieux de la **Trappe** au travail. Gravure extraite des *Vies des saints Pères d'Occident*, 1708. Chantilly, bibliothèque les Fontaines.

Rancé, commendataire mais converti, reprend alors en main la communauté, qui devient une des plus ferventes du royaume. La Révolution disperse la communauté : vingt-deux moines s'installent en Suisse dans une ancienne chartreuse, la Val-Sainte, mais en sont délogés par les armées révolutionnaires. Ils errent ensuite à travers l'Europe. C'est à partir de ce noyau de «trappistes» que l'ordre cistercien se réinstalle en France. On appelle trappistes les cisterciens de la stricte observance (O.C.S.O.), même s'il ne sont pas moines à la Trappe — les cisterciennes sont des «trappistines».

À leur retour en 1815, les moines ne trouvent que des ruines ; les bâtiments actuels et l'église datent de la fin du XIXᵉ siècle.

Le chauffoir de la **Trappe.** Gravure de P. Houlig, début du XVIIIᵉ siècle.

Renvois : Cisterciens. Rancé (Armand de).

Bibl. : *L'Abbaye Notre-Dame de la Trappe* (brochure).

La «vision» de Jean de Matha, fondateur des **trinitaires.** Mosaïque, 1210. Rome, Saint-Thomas-in-Formis.

TRINITAIRES

Ordre de la Sainte-Trinité fondé par Jean de Matha au XIIIe siècle.

HISTORIQUE

Né à Barcelonnette, Jean de Matha (1160-1213) fait ses études à Paris. Il y fréquente l'école de l'abbaye de Saint-Victor, où Richard de Saint-Victor et d'autres maîtres portent leurs recherches sur le mystère de la Trinité. Une vision qu'il aurait eue lors de sa première messe décide de sa vocation. Elle est représentée sur une mosaïque, datée de 1210, qui décore le portail de l'église Saint-Thomas-in-Formis à Rome : le Christ en gloire donne la main à deux esclaves enchaînés, l'un, blanc, porteur d'une croix rouge, l'autre noir. La vocation de Jean de Matha est dès lors fixée : la libération des captifs. À partir de 1193, au terme d'un séjour de trois ans auprès d'un ermite dans la forêt de Meaux, il commence à grouper des disciples autour de lui, avec pour objectif lointain de délivrer les prisonniers et esclaves tombés aux mains des païens. Jean de Matha se rend à Rome et y soumet au pape Innocent III la règle qu'il a élaborée avec l'aide de l'évêque de Paris, Maurice de Sully, et de l'abbé de Saint-Victor. À son retour de Rome, Jean de Matha fonde un premier couvent à Cerfroid, dans l'Aisne. La maison de Cerfroid est longtemps restée la maison mère de l'ordre.

Le pape approuve la règle par une bulle du 17 décembre 1198. Les «frères de la maison de la Trinité» devront vivre dans l'obéissance, la charité, la prière, et le jeûne, sans rien posséder personnellement. Une partie de leurs revenus sera affectée statutairement au rachat des «captifs emprisonnés par les païens». Ils sont tenus à la célébration en commun de l'office. Le pape attribue à l'ordre nouveau le monastère

Procession des captifs français libérés par les **trinitaires.** Gravure, XVIIIe siècle.

Saint-Thomas-in-Formis, première fondation trinitaire à Rome. Jean de Matha et ses compagnons ramènent d'un premier voyage en Afrique cent quatre-vingt-six prisonniers libérés.

À Paris, les trinitaires fondent en 1209 le couvent de Saint-Mathurin, auquel ils doivent leur surnom de «mathurins». Jean de Matha meurt à Rome en 1213. Il sera canonisé par le pape Innocent XI en 1679. Vers 1240, l'ordre compte déjà plus de six cents maisons. L'ordre est réformé en 1599 par un religieux espagnol, Jean-Baptiste de la Concepción, suivant le modèle offert par la réforme des carmélites.

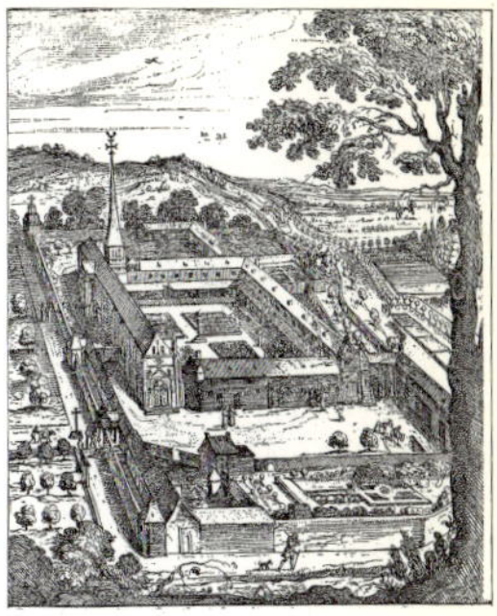

Le couvent **trinitaire** de Cerfroid. Gravure, XVIIe siècle.

SITUATION ACTUELLE

Les trinitaires exercent leur activité dans la plupart des pays du monde. Ils se consacrent surtout à l'assistance et aux soins donnés aux malades dans les hôpitaux, visitent les prisonniers, en collaboration avec les organismes internationaux et les différents ordres missionnaires. Des instituts de sœurs trinitaires sont voués à l'enseignement, d'autres sont hospitaliers, d'autres encore sont contemplatifs.

Costume : les trinitaires portent depuis leur fondation un habit de laine blanc sur lequel se détache une croix rouge et bleue.

Renvoi : Saint-Victor de Paris.

Bibl. : *Enciclopedia cattolica*, t. IX, pp. 239-240. L.-H. Despointes, *De la Trinité aux captifs. Jean de Matha*, Paris, 1993.

URSULINES

Congrégation fondée en 1535 par Angèle Merici (1474-1540).

Ursuline. Jean Tassel, *Catherine de Montholon, fondatrice des ursulines de Dijon*, XVIIe siècle. Dijon, musée des Beaux-Arts.

Angèle Merici, née à Desenzano, près du lac de Garde, dans le diocèse de Vérone, est très tôt orpheline. Elle adopte une vie d'oraison et de recueillement et part en pèlerinage pour la Terre sainte en 1524. De retour en Italie, elle décide de s'orienter vers une vie caritative. À Brescia, elle réunit douze jeunes filles, auxquelles se joignent bientôt une vingtaine d'autres.

En 1535, Angèle place ce groupe sous le patronage de sainte Ursule et dicte une règle en vingt-cinq chapitres. Elle y définit une formule originale : les compagnes ne prononcent pas de vœux, ne portent pas de costume distinctif, n'ont pas de maisons communautaires, ni ne récitent d'offices ; elles vivent dans leurs familles et circulent à travers la ville pour soigner les malades, catéchiser les enfants, exhortant les habitants à la pénitence. Une fois par mois, elles se réunissent à Brescia, qu'elles ont divisée en huit quartiers, pour faire le point de leurs activités. Angèle est élue supérieure générale en 1537. Elle meurt en 1540.

En 1568, Charles Borromée, évêque de Milan, introduit les ursulines dans son diocèse. Avec l'accord du pape Grégoire XIII, il leur impose une règle comprenant la vie commune, le port d'un habit et trois vœux simples. Dès lors elles habitent dans des couvents, où elles assurent l'éducation de jeunes filles. En 1581, elles sont six cents religieuses réparties en dix-huit maisons. Les ursulines s'installent en France, d'abord en Provence en 1596, puis à Paris en 1608. En 1612, des vœux solennels leur sont imposés, ainsi qu'une clôture rigoureuse ; seule Brescia reste fidèle à la règle d'Angèle Merici gardant les vœux simples. À partir de 1614, le vœu de s'occuper de l'instruction et de l'éducation des jeunes filles est exigé des ursulines.

Au XVIIe siècle, les ursulines se répartissent entre différentes congrégations. À la veille de la Révolution, elles comptent en France neuf mille religieuses dans trois cent cinquante couvents.

La tempête révolutionnaire abolit l'ordre en 1790. Il sera rétabli en 1802, en différentes implantations, dont celle de Jésus, à Chavagnes, en Vendée. Napoléon reconnaît l'ordre en 1806, grâce à son activité éducatrice.

À la fin du XIXe siècle, les ursulines sont implantées partout à travers le monde. En 1899, Léon XIII demande à toutes les congrégations d'opérer une fusion : celles qui y consentent forment le noyau de l'Union romaine à laquelle s'adjoignent chaque année de nouveaux couvents. Un certain nombre d'ursulines restent hors de cette union ; elles forment des congrégations diocésaines à vœux simples ou des instituts, tous consacrés à l'éducation des jeunes filles.

Renvoi : Charles Borromée.

Bibl. : *Les Ordres religieux* (dir. G. Le Bras), t. I, 1979, pp. 59, 64 et 66.

VALLOMBREUSE. Voir Bénédictins. Convers.

VAUHALLAN

Abbaye Saint-Louis-du-Temple, fondée en 1814.

Louise Adélaïde de Bourbon-Condé (1757-1824) est nommée par Louis XVI abbesse du chapitre noble de Remiremont. La Révolution l'oblige à émigrer. Elle passe d'un couvent à l'autre, et fait profession chez les bénédictines du Saint-Sacrement, à Varsovie, le 21 septembre 1802. Chassée par l'avance des armées napoléoniennes, elle se réfugie en Angleterre. En 1814, elle rentre en France. Louis XVIII, qui est son cousin, lui fait don du domaine du Temple, à Paris, afin qu'elle y établisse un monastère en mémoire de la famille royale, incarcérée à la tour du Temple par les révolutionnaires. Elle devient la première prieure du monastère du Temple, alors simple prieuré qui deviendra abbaye en 1932. Elle meurt en 1824. En 1848, la donation de Louis XVIII étant déclarée nulle, la communauté est expulsée et va s'établir rue Monsieur, dans l'hôtel Montesquiou. En 1904, la communauté est dissoute par le ministère Combes et ses biens sont mis sous séquestre. C'est seulement en 1938 que les religieuses quittent Paris, et les bâtiments du monastère sont mis en vente et achetés par l'État. La communauté émigre alors à Meudon, et y reste jusqu'en 1951. À cette date, le monastère et l'église en construction à Limon, hameau de la commune de Vauhallan (Essonne) sont terminés. L'abbaye, qui a gardé la dénomination de Saint-Louis-du-Temple, reprend vie ; son rayonnement spirituel est très renommé.

VICAIRE GÉNÉRAL

Dès le IXe siècle, les évêques éprouvent le besoin d'avoir auprès d'eux un collaborateur capable de participer au gouvernement de leur diocèse. C'est d'abord l'archidiacre qui remplit cette fonction éminente, dont la position va se fortifiant au cours des siècles ; les évêques veillent alors à limiter leurs pouvoirs, devenus exorbitants. C'est ainsi qu'apparaissent au XIIIe siècle des vicaires généraux pour le gouvernement «ordinaire» du diocèse, tandis qu'un official a en charge la justice ecclésiastique. Au XVIe siècle, le concile de Trente conclut cette évolution en donnant un caractère purement honorifique à la dignité d'archidiacre, et en confirmant les pouvoirs du vicaire général. Actuellement, le vicaire général est le collaborateur le plus proche de l'évêque, celui qui exerce la fonction la plus générale et l'assiste dans les affaires administratives et disciplinaires du diocèse.

Bibl. : *Enciclopedia cattolica*, art. Vicario generale. *Théo*, pp. 990 et 1008a, Paris, 1989.

VINCENT DE PAUL

Fondateur, en 1625, de la Société des prêtres de la Misson, ou lazaristes. 1581-1660.

Issu d'une famille de cultivateurs des Landes, Vincent de Paul fait ses études chez les cordeliers de Dax, puis à l'université de Toulouse. Ordonné prêtre en 1600, il est fait prisonnier des pirates barbaresques en 1605, au cours d'un voyage en Méditerranée. Il réussit à s'enfuir, et devient aumônier de la reine Marguerite de Valois. Bérulle, qu'il rencontre alors, le charge en 1611 de l'éducation des enfants de Philippe Emmanuel de Gondi, général des galères, et reste au service de la famille de Gondi de 1613 à 1625. Il entend se dévouer à l'apostolat des campagnes déshéritées et fonde une confrérie de la Charité dans un pauvre village des Dombes, Châtillon-sur-Chalaronne. Il organise ensuite des missions dans les terres des Gondi ; grâce à leur protection, Vincent de Paul devient aumônier général des galères en 1619, et leur appui financier lui permet de fonder en 1625 la Société des prêtres de la Mission ; installés au prieuré de Saint-Lazare, ceux-ci sont bientôt surnommés lazaristes. En proie à l'obsession de la misère populaire,

Vincent de Paul aux Conférences du mardi. Gravure d'après de Troy, XVIIIe siècle.

Vincent crée en 1633, avec Louise de Marillac, la communauté des Filles de la Charité. À l'instar de Bérulle, Vincent de Paul s'est efforcé d'améliorer la formation intellectuelle et spirituelle du clergé, en créant en 1633 les Conférences ecclésiastiques du mardi. Après la mort de Louis XIII, Anne d'Autriche le place à la tête du conseil de conscience, chargé de régler les affaires religieuses du royaume. Au temps de la Fronde, il s'emploie non sans succès à atténuer la détresse des provinces les plus éprouvées par la guerre civile. Par sa qualité personnelle et sa valeur morale, Vincent de Paul domine le renouveau catholique français du premier tiers du XVIIe siècle.

Renvois : Bérulle (Pierre de). Lazaristes. Oratoire.

Bibl. : L. Cognet, *Saint Vincent de Paul*, Paris, 1959. A. Dodin, *Saint Vincent de Paul et la charité*, coll. Les maîtres spirituels, éd. du Seuil, Paris, 1960.

L'église de Clichy-la-Garenne dont **Vincent de Paul** fut le curé. Gravure d'Israël Silvestre, 1654.

VISITATION DE MARIE. Voir Jeanne de Chantal.

VŒUX RELIGIEUX

Le terme vœu, du latin *votum* (promesse), désigne dans le domaine religieux la «promesse délibérée et libre faite à Dieu d'un bien possible et meilleur» (canon 1191). Qui prononce un vœu doit avoir pleinement conscience de son acte qui l'engage.

HISTORIQUE

La règle de saint Benoît prévoit que le nouveau moine, lorsqu'il est reçu dans la communauté, doit émettre une *promissio oralis*, une promesse orale, formule de serment très proche du vœu, et qui a pour objet essentiel la *conversatio morum*. Elle est d'abord articulée en trois articles : *de stabilitate et conversatione morum, et obœdientia* — stabilité, conversion des mœurs et obéissance. Ces trois termes finissent par s'imposer au début du IXe siècle environ, et se répandent en France et en Allemagne.

DIFFÉRENTES SORTES DE VŒUX RELIGIEUX

On distingue les vœux personnels, où l'on promet d'accomplir «personnellement» une action, des vœux réels — engagement relatif à des choses, des biens que l'on s'engage à donner, par exemple. Il y a aussi des vœux temporels ou perpétuels selon que l'engagement est pris pour une durée limitée ou non. Parmi les différentes modalités recensées, on peut retenir la distinction entre vœux solennels définitifs,

«Les compagnons de Jésus prononcent leurs **vœux** à Montmartre, le 15 août 1534.» Gravure extraite d'une *Vie de saint Ignace*, 1602. Chantilly, bibliothèque les Fontaines.

auxquels l'Église reconnaît des effets particuliers dans l'ordre juridique et théologique, et vœux simples.

Les vœux simples, ou temporaires, sont émis par des religieux pour une durée limitée de probation. Leur teneur est identique à celle des vœux solennels. Cette «première profession» permet au profès de prendre la décision de s'engager définitivement en toute liberté au terme de la période probatoire, car il peut ainsi vivre pleinement les engagements que contractent les religieux.

Dans le cadre des vœux solennels, le vœu de chasteté rend un éventuel mariage ultérieur invalide de plein droit. De même, en cas de vœux solennels, le vœu de pauvreté est plus contraignant : le religieux ne perd pas seulement le droit d'administrer et d'user de ses biens propres, mais il lui est interdit d'acquérir et de posséder.

Le Code de droit canonique de 1917 oblige les membres des ordres religieux à émettre des vœux solennels, ceux des congrégations pouvant prononcer des vœux simples. Cette distinction a disparu dans le Code promulgué après le concile Vatican II, en 1983, qui a considérablement atténué la différence entre congrégations et ordres religieux.

Renvois : Benoît d'Aniane. Code de droit canonique. Congrégation.

Bibl. : *Dict. d'Archéo. chrét. et de Liturgie*, art. Vœux monastiques (H. Leclercq). *Enciclopedia cattolica*, art. Voto (E. Lio). L. Misserey, «Contribution à l'histoire du vœu solennel», *Mélanges thomistes*, Paris, 1934, pp. 140-151.

ZACCARIA (Antoine-Marie). Voir Barnabites.

UN TEXTE FONDATEUR : LA RÈGLE DE SAINT BENOIT

*Le texte écrit par saint Benoît vers la fin de sa vie a pour source principale une Règle du Maître (*Regula Magistri*) légèrement antérieure. La règle de saint Benoît a servi de base à toutes celles qui ont été élaborées ensuite. Née des expériences quotidiennes de la vie communautaire, elle ne suit pas un plan logique strict mais se distingue par un souci de précision qui va jusque dans les plus humbles détails.*

Nous en présentons quelques extraits, classés selon un ordre thématique d'après la traduction originale de dom Prosper Guéranger, abbé de Solesmes.

PROLOGUE

Écoute, ô mon fils, les préceptes du Maître, et incline l'oreille de ton cœur. Reçois volontiers l'avertissement d'un père plein de tendresse, et accomplis-le efficacement, afin que le labeur de l'obéissance te ramène à celui dont t'avait éloigné la lâcheté de la désobéissance.

À toi donc s'adresse en ce moment ma parole, qui que tu sois, qui, renonçant à tes propres volontés pour militer sous le vrai roi, le Seigneur Jésus-Christ, prends en main les puissantes et glorieuses armes de l'obéissance.

Et d'abord, quelque bien que tu entreprennes, demande-lui par une très instante prière qu'il le mène à bonne fin ; en sorte que lui qui a daigné nous compter parmi ses fils n'ait pas un jour à s'attrister de nos mauvaises actions.

Il nous faut donc lui obéir en tout temps, à l'aide des biens qu'il a mis en nous, afin que non seulement le père irrité n'ait pas à déshériter un jour ses enfants, mais que le Maître redoutable, provoqué par nos mauvaises actions, n'ait pas à nous livrer à la peine éternelle, comme de très méchants serviteurs qui n'auraient pas voulu le suivre à la gloire.

Levons-nous donc enfin à cette exhortation de l'Écriture, qui nous dit : «Voici l'heure pour nous de sortir du sommeil.»

Les yeux ouverts à la lumière déifique et les oreilles attentives, écoutons cet avertissement divin que nous adresse chaque jour la voix qui nous crie : «Aujourd'hui, si vous entendez sa voix, n'allez pas endurcir vos cœurs» ; et encore : «Que celui qui a des oreilles pour entendre écoute ce que l'Esprit dit aux Églises».

Et que dit-il ? «Venez, mes fils, écoutez-moi : je vous enseignerai la crainte du Seigneur.»

«Courez, pendant que vous avez la lumière de vie, de peur que les ténèbres de la mort ne vous saisissent.»

Et le Seigneur, cherchant son ouvrier dans la multitude du peuple auquel il fait entendre ce cri, dit encore : «Quel est l'homme qui veut la vie, et désire voir des jours heureux ?» Que si, à cette parole, tu réponds : «C'est moi», Dieu te dit alors : «Si tu veux avoir la vie, garde ta langue du mal et que tes lèvres ne profèrent pas de paroles trompeuses. Détourne-toi du mal et fais le bien ; cherche la paix et poursuis-la.»

Et lorsque vous aurez fait ces choses, mes yeux seront sur vous et mes oreilles attentives à vos prières, et avant même que vous m'invoquiez, je dirai : «Me voici.»

Quoi de plus doux pour nous, frères très chers, que cette voix du Seigneur qui nous invite ?

Voici que, dans sa bonté, le Seigneur lui-même nous montre le chemin de la vie.

Nos reins étant donc ceints de la foi et de l'observance des bonnes œuvres, et nos pieds chaussés pour suivre l'Évangile, marchons dans ses sentiers, afin que nous méritions de voir dans son royaume celui qui nous a appelés.

Mais si nous voulons prendre notre habitation dans le tabernacle de ce royaume, il y faut courir par les bonnes œuvres sans lesquelles on n'y parvient pas.

Car si nous interrogeons le Seigneur avec le prophète, lui disant : «Seigneur, qui habitera dans votre tabernacle ? Qui reposera sur votre montagne sainte ?» après cette demande, mes frères, écoutons le Seigneur qui répond et nous indique la voie à suivre, disant : «C'est celui qui marche sans tache et opère la justice, celui qui dit la vérité du fond de son cœur, qui n'a pas employé sa langue à la tromperie, qui n'a point fait de mal à son prochain, ni accueilli des discours injurieux contre lui.»

C'est celui qui, conseillé par l'esprit mauvais, le repousse, lui et son conseil, loin des regards de son cœur, le met à néant, saisit les premiers rejetons de la pensée diabolique et les brise contre le Christ.

Ce sont ceux qui, craignant le Seigneur, ne s'élèvent pas de leur bonne observance et, persuadés que le bien qui se trouve en eux ne vient pas de leur pouvoir, mais est accompli par le Seigneur, le glorifient opérant en eux, et disent avec le prophète : «Non pas à nous, Seigneur, non pas à nous, mais à votre Nom donnez la gloire.»

De même aussi, l'apôtre Paul ne s'est rien attribué à lui-même du succès de sa prédication, car il a dit : «C'est par la grâce de Dieu que je suis ce que je suis.»

Ailleurs il dit encore : «Que celui qui se glorifie, se glorifie dans le Seigneur.»

De là vient que le Seigneur dit dans l'évangile : «Celui qui écoute mes paroles et les accomplit, je le comparerai à l'homme sage qui a bâti sa maison sur la pierre. Les fleuves ont débordé, les vents ont soufflé et se sont déchaînés contre cette maison ; mais elle n'est pas tombée, car elle était fondée sur la pierre.»

Pour achever, le Seigneur attend toujours que nous répondions par nos œuvres à ces saintes leçons.

C'est pour l'amendement de nos péchés que les jours de cette vie nous sont prolongés comme une trêve, ainsi que dit l'apôtre : «Ignores-tu que la patience de Dieu te ménage pénitence ?»

Car notre misécordieux Seigneur dit aussi : «Je ne veux pas la mort du pécheur, mais qu'il se convertisse et qu'il vive».

Lors donc, mes frères, que nous avons interrogé le Seigneur sur celui qui habitera dans son tabernacle, nous avons entendu le commandement imposé à celui qui veut y habiter ; c'est donc en remplissant le devoir qui procure cette heureuse habitation que nous deviendrons héritiers du royaume des cieux.

Il nous faut donc préparer nos cœurs et nos corps à combattre sous la sainte obéissance des divins commandements ; et quant à ce que la nature en nous trouverait moins facile, prions le Seigneur d'ordonner à sa grâce de nous fournir le secours.

Et si nous voulons fuir les peines de l'enfer et parvenir à la vie éternelle, tandis qu'il est temps encore, et que, demeurant en ce corps, nous pouvons à la lumière de cette vie accomplir toutes ces choses, il nous faut courir et agir d'une façon qui nous profite pour l'éternité.

Nous allons donc constituer une école où l'on apprenne le service du Seigneur. En l'instituant, nous espérons n'y rien établir de rigoureux, ni rien de trop pénible.

Néanmoins, si, conformément à la règle de l'équité, pour l'amendement des vices et pour la conservation de la charité, nous allons jusqu'à un peu de rigueur, garde-toi de fuir, sous une émotion de terreur, la voie du salut, dont l'entrée est toujours étroite ; car à mesure que l'on avance dans la bonne vie et dans la foi, le cœur se dilate et l'on se met à courir la voie des préceptes de Dieu avec une ineffable douceur d'amour ; en sorte que, ne nous écartant jamais de l'enseignement de ce Maître souverain, et persévérant en sa doctrine dans le monastère jusqu'à la mort, nous entrons en part des souffrances du Christ par la patience, afin de mériter d'avoir aussi part à son royaume.

L'ABBÉ

Dans l'élection de l'abbé on tiendra pour règle constante que celui-là doit être établi qui aura été élu d'un commun accord, selon la crainte de Dieu, par toute la communauté, ou seulement par une partie de la communauté, quoique la moins nombreuse, dirigée par un jugement plus sain.

On fera le choix pour cet office d'après le mérite de la vie et selon la doctrine et la sagesse de la personne, lors même que celui qu'on préférerait tiendrait le dernier rang dans la communauté.

Si, par malheur, il arrivait que la communauté tout entière élût à l'unanimité une personne complice de ses dérèglements, lorsque ces désordres parviendront à la connaissance de l'évêque au diocèse duquel appartient ce lieu, ou des abbés et des chrétiens du voisinage, qu'ils empêchent le complot des méchants de prévaloir, et qu'ils pourvoient eux-mêmes la maison de Dieu d'un dispensateur fidèle, assurés qu'ils en recevront une bonne récompense, s'ils le font pour un motif pur et par le zèle de Dieu, de même qu'ils commettraient un péché s'ils s'y montraient négligents.

L'abbé, une fois établi, devra penser sans cesse au fardeau qu'il a reçu, et quel est celui auquel il aura à rendre compte de son administration. Qu'il sache aussi qu'il lui faut bien plutôt songer à être utile qu'à être le maître.

L'abbé qui aura été jugé digne de gouverner le monastère doit se souvenir sans cesse du nom qu'on lui donne, et réaliser dans ses actions le titre de supérieur. En effet, il est réputé tenir dans le monastère la place du Christ, comme il en porte le titre, d'après ces paroles de l'apôtre : «Vous avez reçu l'esprit de l'adoption des enfants, par lequel nous crions : Abba, c'est-à-dire Père.»

L'abbé ne doit donc rien enseigner, rien établir ou prescrire qui soit contraire aux préceptes du Seigneur ; ce que Dieu ne permette pas ; mais ses ordonnances, ses enseignements doivent se répandre dans les âmes de ses disciples comme le levain de la divine justice.

L'abbé doit se souvenir toujours qu'au redoutable jugement de Dieu, il sera fait un examen sur deux points, savoir : sur son enseignement et sur l'obéissance de ses disciples. Qu'il sache que l'on imputera au pasteur, comme faute, tout ce que le père de famille trouvera de mécompte dans ses brebis. Alors seulement il sera en assurance, s'il a donné tous ses soins de pasteur à un troupeau turbulent et indocile, et s'il a employé toute sa sollicitude à guérir leurs actions maladives. [ch. 2 : 1 à 8]

Que l'abbé ne fasse point acception des personnes dans le monastère.

Que l'un ne soit pas plus aimé de lui que l'autre, si ce n'est celui qu'il reconnaîtra plus avancé dans les bonnes œuvres et l'obéissance.

Qu'on ne préfère pas l'homme libre à celui qui sera venu d'une condition servile, à moins qu'il n'y ait à cela une cause raisonnable.

Que si, pour un motif d'équité, il semble à l'abbé qu'il doit faire cette distinction, qu'il en use ainsi à l'égard de chacun, de quelque rang qu'il soit : sinon, que chaque frère garde sa place ; car, libres ou esclaves, nous sommes tous un dans le Christ, et nous faisons le même service dans la milice du même Seigneur, parce qu'il n'y a pas acception de personnes auprès de Dieu.

Le seul côté sous lequel nous sommes distingués par lui, c'est lorsqu'il nous trouve préférables aux autres dans les bonnes œuvres et dans l'humilité.

Que l'abbé ait donc une égale charité pour tous, et que la règle de sa conduite envers tous procède du mérite de chacun. [ch. 2 : 16 à 22]

Avant tout, qu'il se garde de négliger ou de compter pour peu de chose le salut des âmes qui lui sont confiées, donnant plus de soin aux choses passagères, terrestres et caduques. [ch. 2 : 33]

Vivant ainsi dans l'appréhension continuelle de l'examen que fera le pasteur sur les brebis qu'il lui a confiées, ce compte qu'il doit rendre d'autrui le rendra plus soigneux en ce qui le concerne personnellement et, tandis qu'il procurera l'amendement des autres par ses instructions, il arrivera à se corriger lui-même de ses propres défauts. [ch. 2 : 39]

LE PRIEUR

Il arrive souvent que l'établissement du prieur donne occasion à de graves scandales dans les monastères.

C'est lorsqu'il s'en trouve qui, enflés d'un méchant esprit de superbe, s'imaginant être de seconds abbés et s'attribuant un empire

Saint Benoît de Nursie. G. Sartina, fresque, XIVe siècle. Florence, Santa Maria del Carmine.

Saint Benoît de Nursie ressuscite un moine au Mont-Cassin. Spinello Aretino, vers 1380. Florence, San Miniato al Monte.

tyrannique, entretiennent des scandales et suscitent des dissensions dans la communauté, principalement en ces lieux où le prieur est établi par le même évêque ou par les mêmes abbés qui ont institué l'abbé. [ch. 65 : 1 à 3]

L'OBLAT

Lorsque quelqu'un des nobles veut offrir son fils à Dieu dans le monastère, si l'enfant est en bas âge, ses parents feront eux-mêmes la pétition dont nous avons parlé ci-dessus. Ils envelopperont cette cédule et la main de l'enfant avec l'oblation, dans la nappe de l'autel, et ils l'offriront ainsi.

Quant à leurs biens, ou ils s'engageront sous serment, par la cédule qu'ils présentent, à n'en jamais rien donner à l'enfant, et à ne lui fournir aucun moyen d'y avoir part, soit par eux-mêmes, soit par une personne interposée, soit enfin de toute autre manière ; ou bien, s'ils ne veulent pas faire cela, et qu'ils aient cependant l'intention d'offrir quelque chose en aumône au monastère, ils feront donation à la communauté des choses qu'ils ont résolu de lui donner, s'en réservant même l'usufruit s'il leur plaît.

Par ce moyen, on fermera toute avenue en sorte qu'il ne restera plus à l'enfant aucun espoir, qui ne servirait (ce dont Dieu le préserve) qu'à le tromper et à le perdre, ainsi que nous l'avons appris par expérience.

Ceux qui sont moins riches se conduiront de la même manière. Quant à ceux qui n'ont rien du tout, ils feront simplement leur pétition, et ils offriront leur fils avec l'oblation, en présence de témoins. [ch. 59 : 1 à 8]

LES FRÈRES EN CONSEIL

Toutes les fois qu'il y aura dans le monastère quelque affaire importante à traiter, l'abbé convoquera toute la communauté, puis il exposera lui-même ce dont il s'agit. Après qu'il aura entendu l'avis des frères, il examinera la chose en lui-même, et fera ensuite ce qu'il aura jugé le plus utile. Or, si nous avons réglé que tous doivent être appelés au conseil, c'est que souvent le Seigneur révèle au plus jeune ce qu'il y a de mieux à faire.

Les frères donneront leur avis en toute humilité et soumission, en sorte qu'ils n'aient pas la présomption de soutenir avec arrogance leur manière de voir ; mais il dépendra de l'abbé de prendre le parti qu'il jugera le plus salutaire.

Mais, de même qu'il est juste que les disciples obéissent au maître, il faut aussi que le maître dispose toute chose avec prévoyance et équité. Que tous suivent donc la règle en tout comme la maîtresse, et que personne n'ait la témérité de s'en écarter. [ch. 3 : 1 à 7]

LES MOINES

Il est manifeste qu'il y a quatre espèces de moines.

La première est celle des cénobites, c'est-à-dire de ceux qui demeurent dans les monastères, militant sous une règle et sous un abbé.

La deuxième est celle des anachorètes ou ermites, c'est-à-dire de ceux qui, n'étant plus dans la ferveur d'une conversion récente, mais ayant subi la longue épreuve du monastère, ont appris, avec l'aide de plusieurs, à combattre contre le diable, et qui, aguerris dans les rangs de leurs frères pour les combats singuliers du désert et assez fermes pour se passer de l'assistance d'autrui, sont devenus capables, moyennant le secours de Dieu, de soutenir avec leur seule main et leur seul bras la lutte contre les vices de la chair et des pensées.

La troisième espèce de moines, laquelle est détestable, est celle des sarabaïtes. Ce sont des hommes qui, n'étant astreints à aucune règle et n'ayant point été éprouvés sous la direction d'un maître comme l'or dans la fournaise, mais plutôt amollis comme le plomb, annoncent par leurs œuvres qu'ils gardent leur foi au siècle et mentent à Dieu par leur tonsure.

On les voit se renfermer sans pasteur deux ou trois ensemble, même seuls, non point dans les bergeries du Seigneur, mais dans leur propre bercail. Ils n'ont d'autre loi que la satisfaction de leurs désirs ; car tout ce qu'ils pensent ou préfèrent, ils le tiennent pour saint, et tout ce qui ne leur plaît pas, ils le regardent comme illicite.

La quatrième espèce de moines est de ceux qu'on appelle gyrovagues, lesquels passent toute leur vie à courir de province en province, restant trois ou quatre jours en chaque monastère, sans cesse errants, jamais stables, esclaves de leurs passions et adonnés aux plaisirs de la bouche, enfin pires en toutes choses que les sarabaïtes. Mais il vaut mieux se taire sur la misérable conduite de ces moines que d'en parler davantage.

Omettant donc les uns et les autres, occupons-nous, avec l'aide du Seigneur, à régler la plus forte espèce de moines, celle des cénobites. [ch. 1 : 1 à 13]

LA PROPRIÉTÉ

Qu'on s'applique avec grand soin à retrancher du monastère ce vice de la propriété.

Que personne n'ait la témérité de donner ou de recevoir quelque chose sans l'autorisation de l'abbé, ni d'avoir quoi que ce soit en propre, aucune chose absolument, ni un livre, ni des tablettes, ni un poinçon ; en un mot, rien du tout. [ch. 33 : 1 à 3]

LE SILENCE

On ne devra donc, attendu l'importance du silence, accorder que rarement, aux disciples même parfaits, la permission d'avoir ensemble des entretiens, bien que sur des matières bonnes, saintes et propres à édifier ; car il est dit : «Tu n'éviteras pas le péché, en parlant beaucoup.» [ch. 6 : 3, 4]

C'est donc au maître qu'il convient de parler et d'instruire ; se taire et écouter sied au disciple. Et c'est pourquoi, si l'on a quelque chose à demander au supérieur, on le fera en toute humilité, soumission et révérence, pour ne pas se mettre à même de parler plus qu'il ne convient.

Quant aux bouffonneries, aux paroles oiseuses et qui ne sont bonnes qu'à provoquer le rire, nous les condamnons à tout jamais et en tout lieu, et nous ne permettons pas au disciple d'ouvrir la bouche pour de tels discours. [ch. 6 : 6 à 8]

LA PRIÈRE

L'oratoire sera ce qu'indique son nom. On n'y fera et on n'y disposera rien d'étranger à sa destination.

L'œuvre de Dieu étant terminée, tous les frères sortiront dans un profond silence, et on observera la révérence envers Dieu ; en sorte que si quelqu'un veut rester pour prier en son particulier, il n'en soit pas empêché par l'importunité d'un autre.

De même, si un autre désire prier avec plus de recueillement, qu'il entre simplement et qu'il prie, non pas avec des éclats de voix, mais avec larmes et application de son cœur.

Celui donc qui n'agit pas en cette manière, on ne lui permettra pas de demeurer dans l'oratoire après l'Œuvre de Dieu, comme il a été dit, de peur qu'un autre ne souffre de son importunité. [ch. 52 : 1 à 5]

La prière doit donc être courte et pure, à moins que la grâce de l'inspiration divine ne nous porte par l'affection à la prolonger.

Néanmoins il faut qu'en communauté on la fasse très courte ; et, le supérieur ayant donné le signal, que tous se lèvent en même temps. [ch. 20 : 4, 5]

L'OBÉISSANCE

Le premier degré de l'humilité est l'obéissance accomplie sans retard. Elle est propre à ceux qui, n'ayant rien de plus cher que le Christ, mus par la pensée du service sacré qu'ils ont voué, par la crainte de l'enfer et par le désir de la gloire de l'éternelle vie, dès que le supérieur a commandé quelque chose, comme si Dieu lui-même avait donné l'ordre, ne sauraient souffrir de délai dans l'exécution. [ch. 5 : 1 à 4]

Ce n'est pas seulement à l'abbé que tous doivent rendre le bien de l'obéissance : il faut encore que les frères s'obéissent les uns aux autres, sachant que c'est par cette voie de l'obéissance qu'ils iront à Dieu.

Mettant d'abord au-dessus de tout les ordres de l'abbé et des officiers qu'il a établis, auxquels ordres nous ne permettons pas de préférer ceux des particuliers, tous les jeunes obéiront pour le reste à leurs anciens, en toute charité et empressement. [ch. 71 : 1 à 4]

L'HUMILITÉ

La divine Écriture, mes frères, nous fait entendre ce cri : «Quiconque s'élève sera humilié, et celui qui s'humilie sera exalté.» [ch. 7 : 1]

Si donc, mes frères, nous voulons atteindre le sommet de la suprême humilité, et parvenir promptement à cette élévation céleste où l'on monte par l'humilité de la vie présente, il nous faut, par les degrés ascendants de nos œuvres, dresser cette échelle qui parut à Jacob durant son sommeil, et par laquelle il voyait des anges descendre et monter.

Cette descente et cette montée signifient pour nous, sans aucun doute, que l'on descend par l'élèvement et que l'on monte par l'humilité. [ch. 7 : 5 à 7]

L'EXCOMMUNICATION

La mesure de l'excommunication ou du châtiment doit être proportionnée à la qualité de la coulpe. L'appréciation des coulpes dépendra du jugement de l'abbé. Cependant si quelque frère est trouvé coupable de coulpes moindres, sa peine consistera seulement à être privé de la participation à la table commune. [ch. 24 : 1 à 3]

Le frère qui sera rendu coupable d'une faute plus grave sera exclu tout à la fois de la table commune et de l'oratoire. [ch. 25 : 1]

Si un frère a été souvent repris pour une faute quelconque, si l'on a été envers lui jusqu'à l'excommunication et qu'il ne soit pas amendé, il faudra lui infliger une correction plus rude, c'est-à-dire procéder contre lui par le châtiment des verges. [ch. 26 : 1, 2]

LES HÔTES

On recevra comme le Christ lui-même tous les hôtes qui surviendront, car lui-même doit dire un jour : «J'ai demandé l'hospitalité et vous m'avez reçu.»

On rendra à chacun l'honneur qui lui est dû, principalement aux domestiques de la foi et aux voyageurs.

Aussitôt qu'on aura annoncé l'arrivée d'un hôte, le supérieur et les frères iront à sa rencontre en tout empressement de charité. [ch. 53 : 1 à 3]

La table de l'abbé sera toujours avec les hôtes et les voyageurs.

Cependant lorsque les hôtes sont en moindre nombre, il pourra appeler ceux des frères qu'il voudra.

Il aura soin néanmoins de laisser avec les frères un ou deux des anciens, pour le maintien de la discipline. [ch. 56 : 1 à 3]

LE PORTIER

On placera à la porte du monastère un sage vieillard qui sache recevoir et rendre une réponse, et d'une maturité qui le préserve de courir çà et là.

Le portier doit avoir son logement près de la porte, afin que ceux qui arrivent le trouvent toujours présent pour leur rendre réponse. Et aussitôt que quelqu'un aura frappé ou qu'un pauvre aura fait entendre son cri, il répondra *Deo gratias*, ou dira *Benedicite*, et dans toute la mansuétude que donne la crainte de Dieu, il s'empressera de répondre avec une charité fervente. [ch.66 : 1 à 4]

LES ARTISANS

S'il y a dans le monastère des frères capables d'exercer un art, ils s'y emploieront en toute humilité et révérence, si toutefois l'abbé le leur a commandé. [ch. 57 : 1]

Si l'on doit vendre quelque ouvrage fait par les ouvriers, ceux par les mains desquels ces objets doivent passer se garderont bien d'y commettre quelque fraude. [ch. 57 : 4]

Que jamais le mal de l'avarice ne se glisse dans les prix de vente ; mais au contraire que l'on vende toujours un peu moins cher que les séculiers, afin qu'en toutes choses Dieu soit glorifié. [ch. 57 : 7 à 9]

LES REPAS

Nous croyons que deux mets cuits doivent suffire à toutes les tables pour la réfection quotidienne, tant de la sixième que de la neuvième heure eu égard à l'infirmité des divers tempéraments ; en sorte que celui qui ne pourra manger d'un mets puisse faire son repas avec l'autre.

Ainsi donc, deux mets cuits devront suffire aux frères, et si l'on a des fruits ou des légumes tendres, on les ajoutera en troisième lieu.

Une livre de pain, à bon poids, suffira pour chaque jour, soit qu'on fasse un seul repas, soit qu'il y ait dîner et souper. [ch. 39 : 1 à 4]

Ce n'est donc pas sans quelque scrupule que nous entreprenons de régler pour les autres la mesure de leur nourriture.

Néanmoins, ayant égard au tempérament de ceux qui sont faibles, nous croyons qu'une hémine de vin suffit à chacun pour la journée.

Quant à ceux auxquels Dieu donne la force de s'en passer, qu'ils soient assurés qu'ils en recevront une récompense spéciale.

Que si la situation du lieu, ou le travail, ou les chaleurs de l'été demandent quelque chose de plus, la volonté du supérieur en décidera ; mais il veillera avant tout à ne pas laisser aller jusqu'à la satiété ou à l'ivresse.

Nous lisons, il est vrai, que le vin ne convient aucunement aux moines ; mais comme on ne peut le persuader aux moines de notre temps, convenons du moins de n'en pas boire jusqu'à satiété ; car le «vin fait apostasier même les sages». [ch. 40 : 2 à 7]

LA LECTURE PENDANT LES REPAS

La lecture ne doit jamais manquer à la table des frères pendant leurs repas. Et il ne faut pas que le premier venu s'empare du livre et s'ingère à faire cette lecture ; mais le lecteur entrera en fonction le dimanche et lira une semaine entière. [ch. 38 : 1]

Qu'on observe un complet silence à table, et qu'on n'y entende ni chuchotement ni parole, mais seulement la voix du lecteur. Que les frères se communiquent mutuellement ce qui est nécessaire pour le manger et le boire, en sorte que nul n'ait besoin de demander quoi que ce soit.

Si cependant on avait besoin de quelque chose, on le demandera par quelque son ou quelque signe, plutôt que par parole. [ch. 38 : 5 à 7]

LE SOMMEIL

Ils dormiront chacun dans un lit à part.

La literie que l'on donnera à chacun sera conforme à leur profession, et selon les ordres de l'abbé.

Si faire se peu, ils coucheront tous dans un même lieu ; mais si le trop grand nombre ne le permet pas, ils reposeront dix ou vingt ensemble, ayant avec eux leurs anciens qui veilleront sur eux.

Une lumière éclairera le dortoir sans interruption jusqu'au matin.

Les moines dormiront vêtus, ayant leurs ceintures ou une corde, afin d'être toujours prêts ; mais ils n'auront point de couteau à leur côté, de peur qu'ils ne se blessent en dormant. [ch. 22 : 1 à 5]

LES VÊTEMENTS

Pour les vêtements que l'on donnera aux frères, on aura égard à la qualité et à la température des lieux qu'ils habitent ; car dans les régions froides il faut davantage, et moins dans les pays chauds : l'abbé doit donc prendre ceci en considération. Nous croyons toutefois que dans les climats tempérés, une coule et une tunique suffisent pour chaque moine, avec un scapulaire pour le travail.

La coule sera d'étoffe velue pour l'hiver, et pour l'été mince ou usée. On donnera aussi pour les pieds des bas et des souliers.

Les moines ne doivent se mettre en peine ni de la couleur ni de la grossièreté de ces divers objets ; mais ils les accepteront tels qu'on les trouve dans le pays qu'ils habitent, et d'aussi bas prix qu'on pourra se les procurer.

Quant à la mesure des habits, l'abbé veillera à ce qu'ils ne soient pas trop courts, mais proportionnés à la taille de ceux qui doivent s'en servir.

Quand on en recevra de neufs, on rendra toujours en même temps les vieux qui seront déposés au vestiaire pour les pauvres ; car il suffit à un moine d'avoir deux tuniques et deux coules, pour en changer la nuit et pour les faire laver.

Tout ce qui serait au-delà est superflu et doit être retranché. [ch. 55 : 1 à 11]

LE TRAVAIL MANUEL

L'oisiveté est ennemie de l'âme. Les frères doivent donc à certains moments s'occuper au travail des mains et à d'autres heures fixes s'appliquer à la lecture des choses de Dieu. [ch. 48 : 1]

LE PARTAGE DE LA JOURNÉE

C'est pourquoi nous croyons devoir régler comme il suit ce double partage de la journée.

De Pâques aux kalendes d'octobre, les frères sortant dès le matin travailleront à ce qui sera nécessaire depuis la première heure jusque vers la quatrième.

À partir de la quatrième heure jusque vers la sixième, ils vaqueront à la lecture.

Après la sixième heure, s'étant levés de table, ils reposeront sur leur couche dans un silence complet. Si quelqu'un veut lire, qu'il lise pour lui seul, de manière à ne pas incommoder les autres.

None sera un peu avancée au milieu de la huitième : puis ils retourneront au travail assigné jusqu'à vêpres.

Si la nécessité du lieu ou la pauvreté exigent que les frères s'emploient eux-mêmes à faire les moissons, qu'ils ne s'en affligent pas ; car c'est alors qu'ils sont véritablement moines, s'ils vivent du travail de leurs mains, comme nos pères et les apôtres.

Que tout se fasse cependant avec mesure, à cause des faibles.

Des kalendes d'octobre à l'entrée du carême, ils vaqueront à la lecture jusqu'à la fin de la deuxième heure.

La deuxième heure étant passée, on dira tierce ; après quoi ils s'occuperont tous au travail qui leur aura été enjoint.

Au premier son de none, chacun quittera son ouvrage, et ils se tiendront prêts pour le moment où l'on donnera le second coup.

Après le repas, ils vaqueront à leurs lectures ou à l'étude du psautier.

Durant le carême, ils feront leurs lectures depuis le matin jusqu'à la troisième heure pleine, et ils s'occuperont ensuite au travail qui leur aura été enjoint, jusqu'à la fin de la dixième heure. [ch. 48 : 2 à 14]

ÉPILOGUE

Nous avons écrit cette règle afin qu'en l'observant dans les monastères il paraisse que nous avons quelque honnêteté de mœurs, ou du moins un commencement de la vie que nous devons mener.

Au reste, pour celui qui tend à une vie parfaite, il y a les enseignements des saints Pères, dont l'observation conduit l'homme au sommet de la perfection.

Quelle est en effet la page, quelle est la parole d'autorité divine dans l'Ancien et le Nouveau Testament, qui ne soit une règle très sûre pour la vie humaine ?

Ou encore, quel est le livre des saints Pères catholiques qui ne nous enseigne hautement le droit chemin pour parvenir à notre Créateur ?

En outre, les Conférences des Pères, leurs Institutions et leurs Vies, comme aussi la règle de notre père saint Basile, que sont-elles autre chose, sinon l'exemplaire des moines qui vivent et obéissent convenablement, et la source des vertus ?

Pour nous autres, lâches et mal vivants, remplis de négligence, nous en devons rougir de confusion.

Qui que tu sois donc qui hâtes ta marche vers la patrie céleste, accomplis d'abord, avec l'aide du Christ, cette faible ébauche de règle que nous avons tracée ; puis enfin tu arriveras, sous la protection de Dieu, à ces hauteurs sublimes de doctrine et de vertu que nous venons d'indiquer. [ch. 73 : 1 à 9]

ORIENTATION BIBLIOGRAPHIQUE

DICTIONNAIRES ET ENCYCLOPÉDIES

Bibliotheca Sanctorum, 12 volumes, un volume d'index, un volume de supplément, Rome, Vatican, Institut Jean XXIII, 1961-1987.

Catholicisme, 12 volumes parus et 4 fascicules du volume XIII (de A à Saint-Germain), Paris, 1948 ; en cours de publication.

Dictionnaire d'archéologie chrétienne et de liturgie (dom. Cabrol et dom. Leclercq), 3 volumes, Paris, 1903-1953.

Dictionnaire de droit canonique (R. Naz), 7 volumes, Paris, 1935-1965.

Dictionnaire d'histoire et de géographie ecclésiastiques, 23 volumes parus (de A à H), Paris, 1912 ; volume XXIV en cours de publication.

Dictionnaire de la liturgie (dom. R. Le Gall), Chambray, 1982.

Dictionnaire des mots de la foi chrétienne (O. de La Brosse, A.M. Henry, Ph. Rouillard), Paris, 1989.

Dictionnaire des ordres religieux (G.M. Oury), Paris, 1988.

Dictionnaire de spiritualité ascétique et mystique, 16 volumes parus (de A à Vide), Paris, 1932 ; en cours de publication.

Dictionnaire encyclopédique du christianisme ancien (A. di Bernardino, adapté en français par F. Vial), 2 volumes, Paris, 1990.

Dizionario degli Istituti di Perfezione, 12 volumes parus (de A à Spirituali), Rome, Vatican, 1974 ; en cours de publication.

Enciclopedia cattolica, 12 volumes, Rome, Vatican, 1948-1954.

New Catholic Encyclopedia, 14 volumes et un volume d'index, New York, 1967.

Théo, nouvelle encyclopédie catholique, Paris, 1989.

GÉNÉRALITÉS - HISTOIRE

Concile œcuménique Vatican II. Constitution. Décrets. Déclarations, Paris, 1967.

Histoire de l'Église depuis les origines jusqu'à nos jours, dir. A. Fliche et A. Martin, Paris, 1938-1952.

Histoire du christianisme des origines à nos jours, dir. J.M. Mayeur, Ch. Pietri, A. Vauchez, M. Vénard, 4 volumes parus ; en particulier : volume VI, *Un temps d'épreuves (1274-1449)*, Paris, 1990 ; volume XII, *Guerres mondiales et totalitarismes (1914-1958)*, Paris, 1990 ; en cours de publication.

Histoire religieuse de la France contemporaine (G. Cholvy et Y.-M. Hilaire), 2 volumes, Paris, 1985-1988.

Les Ordres religieux, dir. G. Le Bras, 2 volumes, Paris, 1979 et 1980.

Vatican II. Bilans et perspectives 25 ans après (1962-1987), dir. R. Latourelle, Paris, 1988.

INSTITUTIONS

Histoire du droit et des institutions de l'Église en Occident, dir. Gabriel Le Bras, 10 tomes parus, en particulier : tome 10, *L'Âge classique, les religieux* (Dom J. Hourlier), Paris, 1974 ; tome 15, volume II, *L'Époque moderne. Le monde des religieux* (Dom R. Lemoine), Paris, 1976 ; tome 18 : *Le Droit et les institutions de l'Église catholique latine de la fin du* XVIIIe *siècle à 1978 : Église et sociétés* (J.M. Aubert, R. Metz, G. Sicard, Ch. Wackenheim, P. Winninger), Paris, 1984 ; en cours de publication.

SPIRITUALITÉ

L. Cognet, L. Bouyer, *La Spiritualité moderne*, Paris, 1966.

J. Leclercq, F. Vandenbroucke et L. Bouyer, *La Spiritualité du Moyen Âge*, Paris, 1961.

A. Vauchez, *La Spiritualité du Moyen Âge occidental*, Paris, 1975.

ORDRES RELIGIEUX ET VIE MONASTIQUE

L.H. Cottineau, *Répertoire topo-bibliographique des abbayes et prieurés*, 3 volumes, Mâcon, 1936-1970.

M. de Fontette, *Les Religieuses à l'âge classique du droit canon*, Paris, 1967.

P.R. Gaussin, *Les Cohortes du Christ. Les groupements religieux en Europe et hors d'Europe des origines à la fin du* XVIIIe *siècle*, Rennes, 1985.

R. Hostie, *Vie et mort des ordres religieux*, Paris, 1972.

Ch. Langlois, *Le Catholicisme au féminin. Les congrégations françaises à supérieure générale au* XIXe *siècle*, Paris, 1984.

Le Monachisme, histoire et spiritualité, extraits du *Dictionnaire de spiritualité*, tome 10, fascicule 68, Paris, 1979.

L. Moulin, *La Vie quotidienne des religieux au Moyen-Âge (*X[e]-XVe *siècles)*, Paris, Hachette, 1978.

M. Mourre, *Histoire vivante des moines, des Pères du désert à Cluny*, Paris, 1965.

Naissance et fondation des réseaux monastiques et canoniaux. Actes du premier colloque international du C.E.R.C.O.R., Saint-Étienne, 1985.

G.M. Oury, *Les Moines*, Paris, 1987.

M. Pacaut, *Les Ordres monastiques au Moyen Âge*, Paris, 1970.

M. Pacaut, *Les Moines blancs*, Paris, 1993.

M. Parisse, *Les Nonnes au Moyen Âge*, Paris, 1983.

Règle des moines, Pacôme, Augustin, Benoît, François d'Assise, éd. J.-P. Lapierre, collection Point-Sagesse 28, Paris, 1982.

J. Ryan, *Irish Monasticism*, Dublin, 1931.

Ph. Schmitz, *Histoire de l'ordre de saint Benoît,* 7 volumes, Maredsous, 1942-1956.

A. de Vogüé, *Histoire littéraire du mouvement monastique dans l'antiquité*, 2 volumes parus : *Le Monachisme latin*, Paris, 1991 et 1993 ; en cours de publication.

COSTUME RELIGIEUX

Benedectina 19, p. 227-238 (A. de Vogüé).

J. Braun, *Die liturgische Gewandung in Okzident und Orient*, Fribourg-en-Brisgau, 1907.

Catholicisme, art. Habit ecclésiastique et religieux, (B. Chassagnade Belmin).

Dizionario degli Istituti di Perfezione, volume I, art. Abito religioso del XVI a oggi ; volume III, art. Costume.

J.-C. Guy, «Le vêtement religieux hier et aujourd'hui», dans *Vie consacrée*, n° 39, pp. 81-93, Louvain, Bruxelles, 1967.

Hélyot, *Histoire des ordres monastiques, religieux et militaires*, 8 volumes, Paris, 1714-1719. Illustrations reprises dans Migne, 4 volumes sur les ordres religieux dans la série *Encyclopédie théologique.*

O. Krenn, *Die Trachten der Katholischen Ordensleute*, Ratisbonne, 1932.

H. Norris, *Church Vestments, their origin and their development,* Londres, 1949.

A. Van Biervliet, «L'habit religieux», dans *La Vie spirituelle, ascétique et mystique*, supplément 13, p. 206-216, Paris, 1960.

INDEX

Les chiffres en caractères gras signalent qu'une notice a été consacrée au personnage ou à l'abbaye.

CRÉDITS PHOTOGRAPHIQUES

Abbaye de Solesmes : 271. J. Achille : 254. Agip : 193. Bibliothèque nationale, Paris : 10, 11h, 18, 53, 60, 72, 88, 98b, 102b, 144, 253h, 237, 241, 243 ; pl. I, XIII, XVIII, XXX, XXXI. B. Biraben : 141, 157h, 219. J. Bottin : 89b, 90b, 252. E. Boudot-Lamotte : 27h, 39, 40, 56, 69h, 71, 81, 90h, 92, 117, 147, 167, 208b, 217, 223, 249, 250, 260b, 270, 275h. Bulloz : pl. III, XXVIII. CNMH (© Spadem) : 83h, 148, 160, 233, 251, 258, 264. F. Catala Roca : 218. Dom M. Cocheril : 285b. M. Descosses : 268b. Dieuzaide-Zodiaque : 209. D.R. : 276, 286, 287h. Éditions franciscaines : 47, 58, 103, 122h, 129. Flammarion : 9, 10, 11b, 13, 19, 20, 25, 27b, 35, 38, 41, 42, 43, 44, 52, 57, 61, 62b, 63, 65h, 75, 78, 79, 83b, 85h, 86, 95b, 96b, 98h, 106, 107, 108b, 110, 111, 122b, 123, 129b, 130h, 133, 134, 135, 136, 143b, 145, 149, 152, 157b, 158, 159, 169, 178b, 179, 180, 194, 195, 207, 208h, 210, 211, 214, 215, 216, 224, 226, 229h, 231, 236, 239, 241, 245, 247b, 248, 253, 259b, 261, 265, 278, 282b, 285h, 287b, 291. J.-E. Fortier : 73, 100, 176h, 280, 281, 290 ; pl. V, VII, IX, X, XXVII. J. A. Fortier : pl. XVII. Giraudon : 16, 50, 84, 108h, 126, 150h, 153b, 163, 175, 178h, 186, 201, pl. XVI, XIXI, XXI, XXV, XXVI, XXIX ; 46, 125b, 143h, pl. XX (Alinari-Giraudon) ; 99, 166, 282h (Anderson-Giraudon) ; 112, 153, 284, pl. XI, XII, XIV (Lauros-Giraudon). Hachette : 277. Janet Lecaisne : 228. Más, Barcelone : 62b, 69b, 85b, 95h, 174. J.-L. Mennesson : 102h. Metropolitan Museum of Arts, New York : pl. XXII. Office allemand du tourisme : 197. Musée du Prado, Madrid : pl. XV. B. Rast : 96b, 173. R.M.N. : pl. II, IV, VIII. J. Roubier : 37, 64, 119, 165, 188, 196, 200, 235b, 257, 262, 266. J. Satirion : 34. Scala : pl. VI, XXIII, XXIV. E. Stephens : 51h, 268h. Touring-Club de France : 168, 274. Viollet : 17, 76, 104, 125h, 162, 173, 177, 267, 269, 279 ; 15 (Harlingue-Viollet) ; 176b (CAP-Viollet) ; 222 (FA-Viollet) ; 246 (ND-Viollet). L. Von Matt : 23, 65b, 127, 129h, 130b, 153h, 171, 172, 190, 275b. Yan : 89h, 94.

Les éditeurs remercient Constance Didier, Christophe Cornubert et Véronique Toscer pour leur précieuse collaboration.

TABLE DES MATIÈRES

Tom 6/93

Maquette réalisée par Yves Raynaud

Achevé d'imprimer en mai 1993
sur les presses de Mame Imprimeurs,
à Tours

Photocomposition par P.F.C., à Dole
Photogravure par Bussière, à Paris
Façonnage par Mame

N° d'édition : 0630
N° d'impression : 30018
Dépôt légal : juin 1993

Imprimé en France